工商管理经典译丛　BUSINESS ADMINISTRATION CLASSICS

BUSINESS ESSENTIALS

TWELFTH EDITION

商学精要

第12版

［美］罗纳德·埃伯特（Ronald J. Ebert）
　　里基·格里芬（Ricky W. Griffin）　著

苏丽文　译

中国人民大学出版社
·北京·

图书在版编目（CIP）数据

商学精要：第 12 版 /（美）罗纳德·埃伯特，（美）
里基·格里芬著；苏丽文译 . -- 北京：中国人民大学
出版社，2024.1
（工商管理经典译丛）
ISBN 978-7-300-32538-5

Ⅰ . ①商… Ⅱ . ①罗…②里…③苏… Ⅲ . ①商业管
理－教材－教材 Ⅳ . ①F712

中国国家版本馆 CIP 数据核字（2024）第 009796 号

工商管理经典译丛

商学精要（第 12 版）

［美］ 罗纳德·埃伯特
里基·格里芬 著

苏丽文 译

Shangxue Jingyao

出版发行	中国人民大学出版社	
社　　址	北京中关村大街 31 号	**邮政编码**　100080
电　　话	010 - 62511242（总编室）	010 - 62511770（质管部）
	010 - 82501766（邮购部）	010 - 62514148（门市部）
	010 - 62515195（发行公司）	010 - 62515275（盗版举报）
网　　址	http://www.crup.com.cn	
经　　销	新华书店	
印　　刷	涿州市星河印刷有限公司	
开　　本	787 mm×1092 mm　1/16	**版　　次**　2024 年 1 月第 1 版
印　　张	26 插页 1	**印　　次**　2024 年 7 月第 2 次印刷
字　　数	602 000	**定　　价**　99.00 元

工商管理经典译丛
出版说明

随着中国改革开放的深入发展，中国经济高速增长，为中国企业带来了勃勃生机，也为中国管理人才提供了成长和一显身手的广阔天地。时代呼唤能够在国际市场上搏击的中国企业家，时代呼唤谙熟国际市场规则的职业经理人。中国的工商管理教育事业也迎来了快速发展的良机。中国人民大学出版社正是为了适应这样一种时代的需要，从1997年开始就组织策划"工商管理经典译丛"，这是国内第一套与国际管理教育全面接轨的引进版工商管理类丛书，该套丛书凝聚着100多位管理学专家学者的心血，一经推出，立即受到了国内管理学界和企业界读者们的一致好评和普遍欢迎，并持续畅销数年。全国人民代表大会常务委员会副委员长、国家自然科学基金会管理科学部主任成思危先生，以及全国MBA教育指导委员会的专家们，都对这套丛书给予了很高的评价，认为这套译丛为中国工商管理教育事业做了开创性的工作，为国内管理专业教学首次系统地引进了优秀的范本，并为广大管理专业教师提高教材甄选和编写水平发挥了很大的作用。其中《人力资源管理》（第六版）获第十二届"中国图书奖"；《管理学》（第四版）获全国优秀畅销书奖。

进入21世纪后，随着经济全球化和信息化的发展，国际MBA教育在课程体系上进行了重大的改革，从20世纪80年代以行为科学为基础，注重营销管理、运营管理、财务管理到战略管理等方面的研究，到开始重视沟通、创业、公共关系和商业伦理等人文类内容，并且增加了基于网络的电子商务、技术管理、业务流程重组和统计学等技术类内容。另外，管理教育的国际化趋势也越来越明显，主要表现在师资的国际化、生源的国际化和教材的国际化方面。近年来，随着我国MBA和工商管理教育事业的快速发展，国内管理类引进版图书的品种越来越多，出版和更新的周期也在明显加快。为此，我们这套"工商管理经典译丛"也适时更新版本，增加新的内容，同时还将陆续推出新的系列和配套参考书，以顺应国际管理教育发展的大趋势。

本译丛选入的书目，都是世界著名的权威出版机构畅销全球的工商管理图书，被世界各国和地区的著名大学商学院和管理学院所普遍选用，是国际工商管理教育界最具影响力的教学用书。本丛书的作者，皆为管理学界享有盛誉的著名教授，他们的这些著作，经过了世界各地数千所大学和管理学院教学实践的检验，被证明是论述精辟、视野开阔、资料丰富、通俗易懂，又具有生动性、启发性和可操作性的经典之作。本译丛的译者，大多是国内各著名大学的优秀中青年学术骨干，他们不仅在长期的教学研究和社会实践中积累了丰富的经验，而且具有较高的翻译水平。

本丛书的引进和运作过程，从市场调研与选题策划、每本书的推荐与论证、对译者翻译水平的考察与甄选、翻译规程与交稿要求的制定、对翻译质量的严格把关和控制，到版式、封面和插图的设计等各方面，都坚持高水平和高标准的原则，力图奉献给读者一套译文准确、文字流畅、从内容到形式都保持原著风格的工商管理精品图书。

本丛书参考了国际上通行的 MBA 和工商管理专业核心课程的设置，充分兼顾了我国管理各专业现行通开课与专业课程设置，以及企业管理培训的要求，故适应面较广，既可用于管理各专业不同层次的教学参考，又可供各类管理人员培训和自学使用。

为了本丛书的出版，我们成立了由中国人民大学、北京大学、中国社会科学院等单位专家学者组成的编辑委员会，这些专家学者给了我们强有力的支持，使本丛书得以在管理学界和企业界产生较大的影响。许多我国留美学者和国内管理学界著名专家教授，参与了原著的推荐、论证和翻译工作，原我社编辑闻洁女士在这套书的总体策划中付出了很多心血。在此，谨向他们致以崇高的敬意并表示衷心的感谢。

愿这套丛书为我国 MBA 和工商管理教育事业的发展，为中国企业管理水平的不断提升继续做出应有的贡献。

中国人民大学出版社

　　21 世纪正在经历百年未有之大变局，世界经济、科技、文化、安全、政治等格局正在发生深刻的变革。营商环境不断变化，互联网经济、信息经济、知识经济、数字经济等新的经济形式发挥着日益重要的作用，国内外市场的竞争异常激烈，企业迫切需要既拥有高水平的外语能力又掌握科学可行的经营理念和方法的复合型人才，以在激烈的竞争中脱颖而出，实现可持续发展。

　　《商学精要》（第 12 版）以全方位、全视角呈现出一幅动态的商界全景图。读者通过研读本书可以开拓职业发展的视野，充分深入地了解世界各国尤其是重要大国的企业及其商务活动，系统全面地认识创业、兴业、守业的过程，掌握相关商务理论，尤其是企业运作的原理与规则，了解知名企业的管理实践活动以及它们如何提升企业管理和运作经营水平。

　　本书的两位作者罗纳德·埃伯特（Ronald J. Ebert）和里基·格里芬（Ricky W. Griffin）均为美国知名大学的教授，有着丰富的教学和科研经验，十分了解商界的新动态以及商务理论研究的前沿动态，对本书进行了及时的更新和完善。

　　本书通过 6 篇共 15 章的内容，向读者呈现现代商学的基本原理和企业实践，主要内容涵盖企业道德和社会责任，创业、新企业和企业所有权，全球商务环境，企业管理，企业组织，运营和质量管理，员工行为和激励，领导和决策，人力资源管理和劳动关系，营销过程和消费者行为，产品开发和定价，产品分销和促销，商务信息技术，会计和会计信息的作用，企业财务管理等主题内容。可以说，这是一本特色鲜明、紧跟时代、畅销的商学著作。本书关注全球化等当代商界的热点问题，紧跟企业管理理论研究与实践前沿，在前版基础上对书中各章节进行了更新和增补，重新设计了动荡时期的管理、寻觅良策、创业和新企业等专栏，更新了相关数据和资料，内容更加丰富、全面，体例结构亦得到优化。作者成功地将多个学科的知识有效地融于一体，将理论与案例分析相结合，使读者在学习商务知识的同时也能够提高商务技能。

笔者在翻译时力求保持英文原版的语体和语言风格，准确呈现其思想内容，保证术语翻译专业、译文用词地道。笔者相信，在消除语言障碍之后，中国读者能更顺畅地阅读学习，更好地借鉴学界和商界的现行理论和做法，将之有效地应用到自己的实际工作中。笔者在翻译时深感译学相长，对商学理论和商务世界有了更深刻的认识。相信读者在使用本书时，能提升双语思维能力和表达能力。

本书是一本通识教育的入门教学用书，旨在普及商学基础知识，适用范围十分广泛。对于高校商学相关专业学生而言，本书将有助于他们快速掌握企业管理的整体框架和精要所在，在头脑中建立清晰的概念，为日后进入职场打下良好的基础。对于大学教师和相关研究人员而言，本书将起到辅助作用，为他们的教学和研究工作提供更多的便利。对于创业者、职业经理人和其他人员而言，本书将有助于其职业发展和职位晋升，有助于其积极应对各种压力和挑战，成为知识更加精深和广博的专才和通才。

衷心希望各位读者能够借助本书所呈现的商界全景图，领悟商务管理真谛，洞悉商界风云变幻，解码商事成功秘诀。希望我们的商学教育和研究硕果累累，能够助力国家经济建设的人才培养战略，赋能经济发展，夯实国家强盛、民族复兴之基石。

本书的付梓出版，离不开多方人士的大力支持、鼓励和帮助。笔者所在的东北财经大学国际商务外语学院的领导和同事给予了笔者无微不至的关怀、鼓励支持以及各种形式的帮助，使笔者能够坚持下来做好翻译工作，尤其感谢王岩教授的不断鼓励和大力支持。中国人民大学出版社管理分社社长熊鲜菊女士对本书的出版给予了大力支持和鼓励，谷广阔编辑对译稿的审阅耐心细致、专业高效。在此，对为此书的出版付出辛劳的各位编辑表示最崇高的敬意。

本书由苏丽文主译和统稿。东北财经大学国际商务外语学院研究生马子晗、郁淑娟和赵佳琦参与了个别章节的初译工作，在此向他们表示由衷的谢意。因学识有限，书中难免有纰漏和不妥之处，恳请读者批评指正。

苏丽文
东北财经大学师贤居

第 12 版的新内容

章首案例

所有案例都已更新。这些真实案例涉及各种主题和组织，如奈飞和韦格曼斯食品超市，以此引入相关主题，激发学生学习相应章节正文内容的兴趣。

近期重大事件

增加了英国退出欧盟、员工队伍日益多样化、社交媒体的持续影响以及美国经济发展缓慢而稳定增长的内容，还谈到了美国和古巴两国之间关系正在出现的新变化。所有资料和统计数据已更新。

章末问题与练习

因广受欢迎，第 12 版新增了以前版本曾设于章末供学生讨论、旨在强化章节中出现的概念的问题与练习，帮助学生巩固知识。

应对教学和学习挑战

许多学习商学课程的学生很难理解课程主题与自己现实生活和未来职业发展的相关性。这降低了许多学生上课和参与课堂活动的意愿。本书使用以下专栏寓教于乐，并强调商学课程对就业能力和职业生涯的重要性。

应用相关理论知识的学习机会

• 动荡时期的管理。学生们从真实公司面对的失望和挑战中学习。"动荡时期的管理"专栏新增了对首次公开募股、虚拟世界中的领导力和职场霸凌等的讨论。

• 寻觅良策。"寻觅良策"专栏介绍的是努力找到更好的办法来应对营商挑战的组织实例，讲述它们如何采取有效对策，成功应对挑战。

• 创业和新企业。"创业和新企业"专栏向学生们介绍真正有所作为的企业家，他们有些人在大公司，有些人在小型初创企业，都作出了不同凡响的创举。

戴好"角色帽"

老话说，人们都戴着各不相同的"角色帽"。一般而言，人们在不同的环境中通常会有不同的角色。例如，你的角色可能包括学生、子女、配偶、员工、朋友或家长。可以把扮演不同角色想象成戴上不同的帽子，例如，当你扮演学生的角色时，你要戴上一顶帽子，但当你离开校园去做兼职时，你会戴上与之不同的另一顶帽子。从与企业相关的角度来看，你可能会戴上各种不同的帽子，扮演不同的角色：

• 员工的角色。为企业工作的员工需要戴上这顶帽子。在职业生涯的早期阶段，许多人都会戴上这顶帽子。要想戴好这顶帽子，你需要了解你在组织中的职位——你的工作，如何与同事和老板共事，等等，才能成功地扮演好这个角色。当你在第 5 章中了解更多关于组建企业的知识，在第 9 章中了解组织如何管理人员，以及在本书中的其他一些地方学习到更多相关知识后，你将开始了解如何最好地扮演这个角色，戴好这顶帽子。

• 雇主或老板的角色。有一天，你也许会雇用其他人为自己工作。当然，你仍然需要知道自己的工作职责。但你现在还需要了解如何管理他人，如何理解、领导和激励他人，了解影响你如何与他人打交道的社会和法律方面的决定性因素。第 2、4、7、8 章提供了很多关于如何做好管理者的信息，而如何发挥管理者作用的内容贯穿全书。

• 消费者的角色。即使你不为任何一个企业工作，你仍然会戴上消费者的帽子。当你在壳牌加油，从达美航空购买机票并刷维萨卡付费，从亚马逊订购新背包，在 eBay 上出价购买某件拍卖品，在 H&M 购买衣服或从 iTunes 下载歌曲时，你都在消费企业创造的产品。为了有效地扮演好这一角色，你需要了解如何评估你所买的东西的价值，知道你作为消费者的权利等。第 3、6、10、11、12 章中讨论的内容将帮助你戴好消费者的角色帽。

• 投资者的角色。最后一顶与经营活动有关的帽子是投资者的角色帽。你可能会收购一家公司，或者为一家允许你购买其股票的公司工作。你也可以通过购买其他公司的股票或共同基金的股份来投资这些公司。要想进行明智的投资，你必须了解一些基本知识，比如金融市场、经营收益和基本投资成本。第 3、14、15 章将帮助你学习如何成为更好的投资者。

许多人戴着不止一顶角色帽。无论戴了多少顶角色帽，无论什么时候佩戴，你都应该清楚，过去、现在和将来你都会以不同的方式与许多企业打交道。如何最佳地戴好所有这些角色帽正是本书要讲授的内容。

发展职业技能

为了在快速变化的就业市场中取得成功，学生应该意识到自己可以选择

哪些职业以及如何培养各种能力。本书专注于通过以下方式培养这些能力:

• 沟通能力。本书有几个部分谈及沟通能力。例如,第 4 章讨论了领导者如何沟通企业文化,第 5 章讨论了管理者如何在授权过程中进行沟通以及管理者如何利用沟通来消除小道消息中的错误。

• 批判性思维能力。第 8 章有一部分内容专门讲述决策过程。第 10 章介绍市场调研流程和方法。第 6 章和第 8 章对协作、团队和基于团队的组织方法进行了探讨。

• 遵守企业道德和履行社会责任的能力。第 1 章专门讨论了企业道德与社会责任的相关问题。

• 信息技术应用和计算能力。第 13 章专门探讨了企业需要的信息技术应用能力和计算能力。

目录

第Ⅰ篇　当代商务世界　　　　　　　　　　　　　　　　　　　1

第1章　企业道德和社会责任　　　　　　　　　　　　　　3

1.1　工作场所中的道德问题　　　　　　　　　　　　5
1.2　社会责任　　　　　　　　　　　　　　　　　11
1.3　社会责任的领域　　　　　　　　　　　　　　14
1.4　实施社会责任项目　　　　　　　　　　　　　21
1.5　政府和社会责任　　　　　　　　　　　　　　23
1.6　管理社会责任　　　　　　　　　　　　　　　25

第2章　创业、新企业和企业所有权　　　　　　　　　　31

2.1　什么是小企业　　　　　　　　　　　　　　　33
2.2　创　业　　　　　　　　　　　　　　　　　37
2.3　创立和经营新企业　　　　　　　　　　　　　38
2.4　初创企业的趋势及其成败　　　　　　　　　　43
2.5　非公司制企业所有权　　　　　　　　　　　　47
2.6　公司制企业　　　　　　　　　　　　　　　　50

第3章　全球商务环境　　　　　　　　　　　　　　　　58

3.1　当代全球经济　　　　　　　　　　　　　　　60
3.2　国际贸易　　　　　　　　　　　　　　　　　63
3.3　国际企业管理　　　　　　　　　　　　　　　68
3.4　文化环境　　　　　　　　　　　　　　　　　72
3.5　国际贸易壁垒　　　　　　　　　　　　　　　75

第 II 篇　管理职责 ··· 81

第 4 章　企业管理 ··· 83

4.1　管理过程 ··· 85

4.2　管理者的类型 ··· 89

4.3　管理者的角色和技能 ··· 92

4.4　战略管理:设定目标和制定战略 ··· 96

4.5　应变规划和危机管理 ··· 102

4.6　管理与企业文化 ··· 104

第 5 章　企业组织 ··· 108

5.1　何为组织结构 ··· 110

5.2　组织结构的构成要素 ··· 112

5.3　构建决策层次 ··· 116

5.4　组织结构的基本形式 ··· 121

5.5　非正式组织 ··· 126

第 6 章　运营和质量管理 ··· 131

6.1　如今运营有何含义 ··· 133

6.2　通过运营创造价值 ··· 135

6.3　作为运营驱动力的业务战略 ··· 138

6.4　运营规划 ··· 140

6.5　运营进度表的编制 ··· 145

6.6　运营控制 ··· 149

6.7　质量改进和全面质量管理 ··· 151

6.8　通过供应链实现增值 ··· 155

第 III 篇　组织中的人 ··· 161

第 7 章　员工行为和激励 ··· 163

7.1　员工行为方式 ··· 165

7.2　员工中的个体差异 ··· 167

7.3　员工与工作的匹配 ··· 172

7.4　激励的基本概念和理论 ··· 174

7.5　增强员工激励的策略和技巧 ··· 180

CONTENTS

第8章	领导和决策	188
8.1	领导的本质	190
8.2	关于领导的早期研究	192
8.3	情境领导理论	193
8.4	追随者眼中的领导	194
8.5	领导工作中的特殊问题	197
8.6	领导特征的变化	198
8.7	新出现的领导问题	200
8.8	领导、管理与决策	202

第9章	人力资源管理和劳动关系	210
9.1	人力资源管理的基本原理	212
9.2	人力资源管理的法律环境	214
9.3	组织的人员配置	218
9.4	薪酬与福利	220
9.5	员工发展	224
9.6	变化的工作场所面临的新挑战	228
9.7	应对有组织的劳动力	232

CONTENTS

第Ⅳ篇	市场营销原理	239

第10章	营销过程和消费者行为	241
10.1	什么是营销	242
10.2	制订营销计划	249
10.3	营销策略:目标营销与市场细分	252
10.4	市场调研	255
10.5	消费者行为	258
10.6	组织营销与购买行为	260
10.7	小企业及其营销组合	265

第11章	产品开发和定价	269
11.1	什么是产品	271
11.2	开发新产品	275
11.3	产品生命周期	279

11.4	确定价格	283
11.5	定价策略与战术	286
第 12 章	**产品分销和促销**	**293**
12.1	分销组合	294
12.2	批　发	297
12.3	零售业	300
12.4	物　流	303
12.5	促销的重要性	306
12.6	人员推销	310

第 V 篇　信息管理 317

第 13 章	**商务信息技术**	319
13.1	信息技术的影响:商务变革的推动力	321
13.2	信息技术基础构件:企业资源	325
13.3	信息系统:利用信息技术的竞争力	331
13.4	信息技术风险与威胁	334
13.5	信息技术保护措施	337
第 14 章	**会计和会计信息的作用**	343
14.1	什么是会计? 谁使用会计信息?	345
14.2	会计等式	351
14.3	财务报表	353
14.4	编制报表的标准与惯例	358
14.5	分析财务报表	359
14.6	把职业道德带入会计等式	361
14.7	国际会计	364

第 VI 篇　财务问题 369

第 15 章	**企业财务管理**	371
15.1	资本增长最大化	373
15.2	为实现财务目标而投资	375

CONTENTS

15.3 证券交易业务 378

15.4 风险-收益关系 385

15.5 为商业公司融资 389

15.6 成为上市公司 392

15.7 证券市场监管 396

CONTENTS

I

第 篇

当代商务世界

第 1 章　企业道德和社会责任

学习目标

1. 解释个人道德准则是如何形成的，以及为什么道德在工作场所非常重要。

2. 区分社会责任和道德，确定组织的利益相关者并概括当今社会意识的特点。

3. 说明如何将社会责任观应用于环境问题，如何应用于企业与消费者、员工和投资者之间的关系问题。

4. 说明企业对社会责任的四种姿态，并指出社会责任在企业中的作用。

5. 从政府与企业如何互相影响的视角，解释政府在社会责任方面的作用。

6. 讨论企业如何从正式和非正式的层面入手管理社会责任，以及企业如何评价它们的社会责任。

开篇案例　　　　　　　　　　　　　就是非凡

世界上超过 70% 的可可供应来自遍布西非国家的小农场，包括科特迪瓦和加纳。在过去的 10 多年里，消费者愈发意识到一种特别令人不安的商业行为——可可行业雇用童工。

在科特迪瓦等国家，可可出口占国家出口总量的一半。即便雇用童工，可可种植者的收入也往往低于贫困线。[1]可可是一种价格极不稳定的商品，全球价格波动剧烈。除了价格的不稳定性之外，其盈利能力还取决于一些种植者无法控制的因素，如干旱和作物病害。为了增加盈利机会，可可种植者寻找降低成本的方法，而雇用童工是最有效的省钱办法。

公平贸易是旨在确保发展中国家中依赖出口的农产品种植者能够获得公平价格的项目。美国公平贸易组织（TransFair USA）等组织负责认证供应可可的种植者得到了公平的价格，同时也向他们的员工支付了合理的工资，并提供了安全、环保的工作场所。虽然许多公平贸易产品也是有机的，但这并不是美国公平贸易组织认证的要求。该组织禁止使用转基因生物（genetically modified organisms，GMOs），并鼓励农民限制对农药和化肥的使用。[2]

一颗贴有"公平贸易"标签、3.5 盎司重的糖果，售价可达 3.49 美元，而如果没有此标签，售价则约为 1.84 美元。为什么相差这么多？据美国公平贸易组织发言人妮可·切特罗（Nicole Chettero）所说，公平贸易糖果占据的是利基市场。但是她预测，"随着公平贸易认证产品的需求和数量不断增加，市场会自动调节……零售商自然会开始降低价格，以保持竞争力"。她最后说道："没有理由认为，公平贸易产品和传统产品之间的价格应该相差悬殊。"

一些对公平贸易的做法和价格持批评态度者原则上同意这一观点，但他们认为，即使在当前的市场条件下，消费者也无须支付如此之高的价格。他们指出，根据美国公平贸易组织的数据，具有社会责任意识的消费者购买经过公平贸易认证的糖果，要支付 3.49 美元，而可可种植者只能从中得到 3 美分。消费者研究人员劳伦斯·所罗门（Lawrence Solomon）报告说，"农民通常得到的收入很少"。"公平贸易认证产品通常以溢价出售，"他说，"但全部溢价都到了中间商手里。"

所罗门等批评者认为，销售公平贸易认证产品的商家正在利用那些具有社会责任意识，但对价格并不十分敏感的消费者。他们指出，如果卖家将 3.49 美元的糖果定价为 2.49 美元，农民也还是只拿到 3 美分。他们还声称，价格抬高至 3.49 美元，仅仅是因为市场上有一小部分人愿意付此高价购买该商品。英国经济学家蒂姆·哈福德（Tim Harford）认为，"公平贸易认证项目承诺的是生产者能够得到价格公道的交易。但他们没有承诺消费者也能如此。精明的消费者需要自行决策"。[3]

非凡巧克力公司（Divine Chocolate）正在将公平贸易可可推上新高度。与其他销售公平贸易巧克力的企业不同的是，非凡巧克力公司将自己的一部分利润返给供应链上的农民。非凡巧克力公司最大的股东群体是一个公平贸易可可合作社 Kuapa Kokoo。属于这一群体的可可种植者不仅能够以公平贸易价格出售自己生产的可可，而且能得到非凡巧克力公司的利润分红。[4]

我能从中学到什么

假设你是一家便利店的店主，销售常见的糖果品牌——士力架（Snicker's）、好时（Hershey）等等，有三家新糖果经销商希望你也能销售它们的产品。你知道，其中第一家经销商的糖果按照标准做法制成，其原料都是以尽可能低的价格购得，所有的利润都归生产商。第二家经销商推销的是贴有"公平贸易"标签的糖果，每块糖果的价格要贵 1 美元，可可供应商能够从中得到 0.25 美元左右。第三家经销商的产品要比第一家贵 2 美元，但你知道其可可种植者能拿到利润的一半，也就是多得 1 美元。因为价格差异，第一家经销商的糖果销量会更高，第二家经销商的糖果销量次之，第三家经销商的糖果销量最低。你会选择销售哪一种产品？

现在的商业活动相比以前受到了更多的监督。企业家和经理经常进退维谷，要在做对企业盈利有益的事情和做对社会总福祉有益的事情之间作出选择。通过学习本章内容，作为员工、老板或企业主，你能够更好地评估自己面对的道德和社会责任问题，作为消费者和投资者，你能够理解自己要应对的企业道德和社会责任行为。

在本章中，我们将学习企业道德和社会责任的相关内容：它们的含义是什么，以及如何将它们应用于环保问题，应用于处理企业与客户、员工和投资者的关系问题。与此同时，我们会了解到解决社会责任问题的一般方法，企业实施社会责任项目所必须采取的步骤，社会责任和道德问题对于小型企业的影响，以及企业如何管理社会责任项目。我们将以工作场所中的道德问题——个人道德、企业道德和管理道德开场。

1.1 工作场所中的道德问题

究竟什么是符合道德的行为？**道德**（ethics）是指有关对与错、好与坏的信念。个人的价值观和道德标准，再加上其行为发生时所处的社会背景，决定着这一行为被认为是道德的还是不道德的。换言之，**道德行为**（ethical behavior）指的是那些与对的和好的个人信念和社会规范相符合的行为。**不道德行为**（unethical behavior）指的是那些与错的和坏的个人信念和社会规范相符合的行为。**企业道德**（business ethics）经常被用于指代员工和管理者在工作环境中表现出来的道德行为或不道德行为。

1.1.1 个人道德

道德建立于个人信念和社会观念的共同基础之上，随个人、情境和文化的变化而变化。社会标准很宽泛，足以支持各种不同的信念。在不违反一般道德标准的情况下，人们可能会形成反映各种态度和信念的个人道德标准。

因此，道德行为和不道德行为，部分是由个人来决定的，部分是由文化来决定的。例如，大家会一致认为，如果你看见某人掉落 20 美元，把它物归原主就是道德行为。但是，如果这 20 美元的失主未知，就会产生不同的声音：你应该将它上交给失物招领处吗？或者因为其合法拥有人不可能来认领，你可以把它据为己有吗？

1.1.2 法律和现实世界

法律通常能够反映现行道德标准或社会规范。比如，因为大多数人认为偷盗是不道德的，所以我们有防范此类行为的法律，还有处罚偷盗者的办法。我们试图制定明确的法律，但是在解释和应用法律的时候，仍会产生模棱两可的道德问题。现实问题经常会有不同的解读方式，将法律标准应用到现实行为中并不总是那么容易。例如，在飓风或地震等自然灾害发生后，绝望的幸存者有时会闯入杂货店，拿走食物和水。这些行为当然是违法的，但大多数执法机构不会因为这种情况而提出指控。

过去几年来，商业新闻中丑闻当道，大肆蔓延，这说明人们希望利用甚至去创造模棱两可的情况。例如，总部位于佛罗里达州的汉堡王收购了一家加拿大快餐连锁店，并考虑要将企业总部搬到加拿大，就为了利用加拿大较低的税率。总部位于伊利诺伊州的沃尔格林公司（Walgreens）收购了一家瑞士企业，以合法地将企业总部迁往瑞士。然而，面对媒体的责难和政府的压力，两家企业都放弃了搬迁计划。[5] 类似地，2016 年，一些制药企业因将某些药品的价格提高了数倍而受到抨击。一些企业迫于压力将其中一些药品价格降回原来的水平，但其他企业不惧惹众怒，仍将价格保持在很高的水平。

1.1.3　个人价值观和个人道德观

我们应该如何对待在道德上和法律上都模棱两可的商业行为？毫无疑问，我们必须从企业中的相关人员——管理者、员工和其他利益相关者的价值观和道德观入手。个人的价值观和道德观决定了个人道德准则，而价值观和道德观则是由众多因素共同决定的。我们在孩提时感知到父母和其他成年人的行为，然后作出回应，由此开始形成价值观和道德观。上学后，我们受到同龄伙伴的影响。随着长大成人，我们的人生经历塑造着我们的生活，进一步影响我们的道德信念和我们的行为。如果你将金钱放在最重要的位置，你可能形成一套支持追求物质享受的道德准则；如果你将家人和朋友放在第一位，你必然将采纳与前者不同的另一套准则。

1.1.4　企业道德和管理道德

管理道德（managerial ethics）指的是在管理者的工作中起指导作用的行为标准。[6]管理道德影响工作的方式有很多，大致可分为三大类型。

针对员工的行为

这类管理道德涉及员工的雇用和解雇、工资和工作条件以及员工隐私和相互尊重等问题。根据道德准则和法律标准，雇用和解雇决策只应该根据某个人执行某项工作的能力而作出。在招聘过程中，管理者歧视某个群体的行为，既是不道德的又是不合法的。但是，在其他求职者能力相当或者更高的情况下，管理者雇用能胜任这份工作的朋友或亲戚又如何呢？这一行为可能不违法，但在道德上可能会遭到指责。

工资和工作条件尽管是由法律规定的，但也存在争议。一位管理者支付给员工的工资可能低于员工应得的工资，因为他知道员工承担不起被辞退的后果，或者不想因抱怨而丢掉工作。有的人认为，这位管理者的行为是不道德的，而也有的人认为这是一种精明的经商之道。尽管很难判断某些情况是道德的或不道德的，但是确有一些情形是明确的，比如安然公司（Enron）管理层对员工的行为。安然公司的管理层曾鼓励员工将退休金投资到公司的股票上，然而在公司财务问题开始浮出水面后，却不允许他们卖掉股票（即使允许高层管理者出售股票）。最后，该公司破产倒闭让数千名员工付出沉痛的代价，失去了工作和大部分养老金。

针对组织的行为

道德问题还产生于员工针对雇主的行为，尤其是在利益冲突、保守机密和诚实守信等方面。当一项活动能使员工受益但对其雇主不利时，员工与雇主之间就出现了利益冲突。大多数企业会制定相关的政策，禁止采购员接受供应商的赠品，因为这可能带有贿赂或者徇私舞弊的企图。处在高度竞争行业的企业，如软件行业和流行服装行业的企业，会制定相应的保护措施，防止设计人员将企业机密卖给竞争对手。

比较普遍的诚信问题包括偷窃办公用品、虚报开支、谎称生病在家休息和使用企业电话拨打个人长途电话。[7]大多数员工是诚实的，但是许多组织仍然保持警惕。安然公司的案例就是一个员工对组织有不道德行为的例子：高级管理者不仅滥用企业资产，还经常让企业承担有风险的投资项目，以谋取一己私利。

针对其他利益相关者的行为

道德也在企业及其员工与所谓的主要利益相关者的关系中发挥一定的作用。主要利益相关者大体上包括顾客、竞争者、股东、供应商、经销商和工会。在与这些利益相关者打交道时，几乎在每一项活动中，如做广告、财务披露、订货和采购、议价和谈判以及其他商务联系，都有发生模棱两可的道德问题的可能。伯纳德·麦道夫（Bernard Madoff）的投资骗局使成千上万的客户失去了一生的积蓄。麦道夫首先让客户信任他，相信钱放在他那里是安全的，同时用高额的回报吸引客户。事实上，客户的钱被麦道夫侵吞，用于支撑他个人的奢侈生活。他用后期客户的资金偿还前期客户的利息（这被称为庞氏骗局）。麦道夫的欺骗行为是对其客户的公然漠视。

如前所述，从更具争议性的角度来看，制药企业经常因药品价格的不断上涨而受到批评。批评者认为，制药企业为了牟取暴利而让普通消费者支付昂贵的药费。而制药企业辩称，只有把价格定得很高，才能收回开发新药的研发成本。类似地，石油企业也经常因为在天然气供应较少时漫天要价而被批评。解决这类问题的方法似乎显而易见：在合理定价和哄抬价格（为了应对增加的需求而过度地抬高价格）之间找到适当的平衡。但是，就像许多涉及伦理道德的问题一样，人们对何为适当的平衡存在重大的意见分歧。

还有一个问题是世界各地的商业惯例大不相同。在许多国家，贿赂（有时也称为"买通"）被视为商业经营活动中的一种正常行为。然而，美国法律禁止行贿，即使来自其他国家的竞争对手在进行贿赂，美国企业这样做也是违法的。美国的一家电力企业曾在某地区失去了一份价值3.2亿美元的合同，因为该企业拒绝行贿，而日本的一家企业却以此得到了这笔生意。沃尔玛设在墨西哥的子公司曾遭到指控，称其为了规避管制获得新店的建筑许可证，向当地官员行贿2 400万美元。[8]尽管这一行为在墨西哥是非法的，但当地专家指出，这也是常见的做法。在第3章中，我们将会讨论社会、文化和法律差异影响国际商务活动的一些方式。

1.1.5　评估道德行为

如何区分道德行为与不道德行为？这个判断通常是很主观的，受不同观点的影响。那么，我们如何决定某个特定的行动或决定是不是道德的？下面三个步骤可以帮助我们将道德判断应用于商务活动：

1. 收集相关的事实。
2. 分析事实以确定最恰当的道德观。
3. 根据所提出的行动或方针的对错标准，作出合乎道德标准的决策。

但是，现实情况是并不总是能按照上述三个步骤顺利进行。比如收集到的事实可能不够明确，或者没有一致认同的道德观。无论如何，你必须作出判断，决定如何向前推进。

有关专家指出，以符合伦理道德的方式作出的判断和决策，能够使所有当事人增进彼此的相互信任。而且在任何商业往来中，信任都是不可或缺的一个要素。

为了全面评估具体行为是否道德，我们需要一个更复杂的视角。考虑经理在报销费用时面临的两难境地。企业为经理提供的报销账目，包括因公出差或因业务需要招待客户时所发生的与工作相关的费用、酒店住宿费、餐饮费、租车费、打车费。企业希望其员工只报销与工作有关的费用。

如果一名经理宴请客户消费了 100 美元，那么他提交 100 美元的报销凭证是合理的。假设这位经理在第二天晚上单纯为了社交而消费 100 美元请一位朋友吃饭，那么他提交报销凭证就属于不道德行为。但是，有些经理认为，在出差的过程中请朋友吃饭，然后将票据拿去报销是合理的。或许他们会认为自己的工资过低，这样做只是"补偿"那部分本该属于自己的收入。（大多数企业会允许经理报销自己的餐费，但不会允许报销朋友的餐费。）

在此类情形中，道德准则（norm）也在发挥作用。考虑如下四项道德准则及其涉及的问题[9]：

1. 效用。一个特定行为能否使那些受该行为影响的人的利益最大化？（即是否使所有利益相关者都"公平地"得到相应的好处？）

2. 权利。该行为是否尊重了所有当事人的权利？

3. 公正。该行为是否符合公平原则？

4. 为他人着想。该行为是否与人们之间的相互责任相一致？

图 1-1 将对这些道德准则的考量纳入道德判断决策模型。

现在让我们回到不合理的报销上来。尽管效用准则承认从虚报账目中受益的是那位经理，而不是同事和老板等其他人，但不可忽视该行为没有尊重其他人的权利（比如间接为此买单的投资者）。此外，该行为显然不公平，并且因为辜负了其他利益相关者的信任而弱化了这名经理应负的责任。因此，该项特定的行为显然是不道德的。

图 1-1 给出了用于处理特殊情况下的道德问题的机制。例如，假设经理不小心弄丢了商务宴请客户的票据，但保留了社交宴请的票据。这时有些人就会认为，可以用社交宴请的票据顶替商务宴请的票据来报销相关费用，因为只有这样做，经理才能得到适当的补偿。然而，另一些人则认为，提交不正确票据的行为在任何情况下都是不对的。我们不是要裁断此案，只是想表达以下观点：大多数情形下的改变可能使道德问题要么更加明确，要么更加不明确。

1.1.6　企业行为和企业道德

随着越来越多的企业受到管理人员和普通员工的不道德甚至违法行为的困扰，许多企业已经采取专门措施，对工作场所中的道德行为予以鼓励。针对企业及其员工应该如何开展业务工作，许多企业制定了行为准则，形成了明确的道德立场。在企业行为和企业道德方面，争议较大的领域包括电子邮件和在组织内部发生的其他信息交流的隐私问题。例如，一些企业监控员工进行的网络搜索，特定关键词的出现可能触发企业更严密地审查员工在如何使用企业的计算机网络。尽管一些企业声称这样做是出于商业原因，但一些员工认为，如此做法侵犯了他们的隐私。

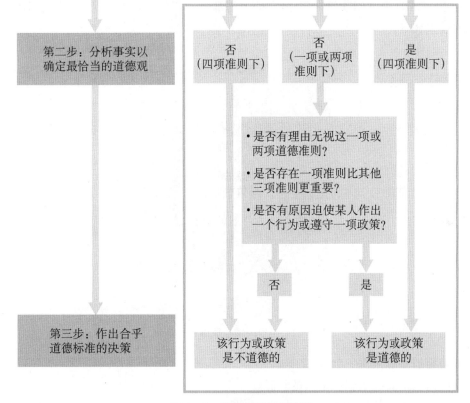

图1-1 道德判断决策模型

资料来源：Bases on Gerald Cavanaugh, *American Business Values*：*With Internation Perspectives*，4th ed（Upper Saddle River，NJ：Prentice Hall，1998）71，84.

　　或许企业可以采用的最有效的措施是表明高级管理层对道德标准的支持。这项措施有助于形成重视遵守道德标准的企业文化，同时表明企业既关心利润，也关心良好的形象。例如，总部设在康涅狄格州的工业集团——联合技术公司（United Technologies，UT）在公布长达21页的道德准则的同时，还任命了一位负责企业行为的副总裁，确保企业的经营活动符合企业道德，负起社会责任。通过制定详尽的道德准则和委任一位高管落实它，该企业发出了这样一个信号：企业期望员工表现出道德行为。使高级管理层正式承诺践行企业道德有两种最常用的方式：采用成文的道德准则和开展道德项目。

采用成文的道德准则

很多企业，如星巴克、得州仪器（Texas Instruments）、波音、苹果公司和微软，都像联合技术公司一样，制定了成文的道德准则，正式声明企业在经营活动中遵守道德。在过去的 30 年里，这类企业的数量急剧上升，如今，几乎所有的大型企业都有成文的道德准则。甚至安然公司也曾有一套道德准则，但是要使准则奏效，管理人员必须加以遵守。曾经为了完成一笔违反道德准则的交易，安然公司的董事会投票表决废除了该准则。交易完成后，董事会又投票表决恢复了这套准则。

图 1-2 说明了企业核心原则和价值观在企业政策中应该起到的作用。从中可以看出如何构思一份好的道德准则。图 1-2 说明尽管策略和实践能够经常改变，目标偶尔也能够改变，但是一个组织的核心原则和价值观应该保持不变。例如，自 1957 年以来，惠普（Hewlett-Packard）一直采用同一套成文的道德准则，叫作《惠普之道》（The HP Way）。它的基本要素如下：

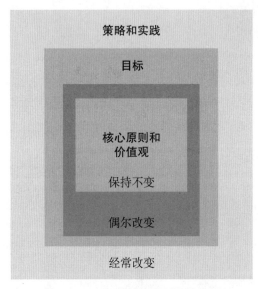

图 1-2 组织的核心原则和价值观

- 我们相信和尊重每一个人；
- 我们追求最高的成就和最大的贡献；
- 我们百分百诚信经营；
- 我们通过团队合作实现我们的共同目标；
- 我们鼓励灵活性和创新性。

开展道德项目

很多实例表明，管理者可以从经验中习得应对道德问题的策略。那些真诚地强调道德行为的重要性，并不断地促进道德文化的企业，往往比那些只在口头上宣传遵守道德的企业少发生道德丑闻。可以在工作场所或者学校教授商业道德吗？答案是肯定的，在有关道德教育的辩论中，商学院已然成为重要的参与者。大多数分析人士都认同，商学院必须设法解决职场的道德问题，企业也必须承担教育员工的主要责任。事实上，越来越多的企业正在这样做。

例如，埃克森美孚（Exxon Mobil）和波音都非常重视开展道德项目。所有管理人员都必须定期接受道德培训，以谨记道德决策的重要性，同时及时了解可能与企业相关的最新法律和法规。有趣的是，如今一些受欢迎的培训课程是由因违背道德而坐过牢的前高管们主讲。[10]其他公司如得州仪器，设有道德热线，员工可以拨打电话，讨论特定问题或特定情形中涉及的道德问题，也可以检举其他人的不道德行为或活动。

企业还必须认识到，良好的声誉有可能毁于一旦。几十年来，富国银行（Wells Fargo）一直享有无可非议的好声誉，但 2016 年爆发的一桩重大丑闻令其声誉受损。银行员工受到诱惑为现有客户开立虚假账户，获得虚增的市场份额，这使银行的客户群看起来在扩大。事实上，其报告的增长大多是虚构的。

1.2 社会责任

道德影响着工作场所中的个人行为，**社会责任**（social responsibility）是与之相关的一个概念，指的是企业为了从总体上平衡对社会环境中相关群体和个人所承担的责任或义务而作出的努力。这些个人或群体即为**企业的利益相关者**（organizational stakeholder），它们受企业经营行为的直接影响，因此与企业的绩效有利害关系。企业主要的利益相关者如图 1-3 所示。

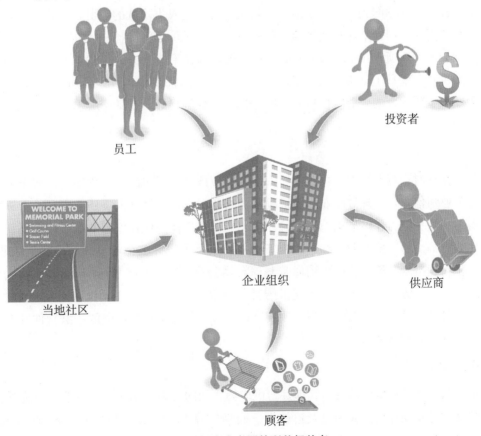

图 1-3 企业主要的利益相关者

1.2.1　利益相关者模型

力求对利益相关者负起责任的大多数企业，首要关注五类主要群体：(1) 顾客；(2) 员工；(3) 投资者；(4) 供应商；(5) 经营活动所在的当地社区。然后，企业会挑选出与自身关联程度特别高或特别重要的其他利益相关者，并尽力满足它们的需求和期望。

顾客

对顾客负责的企业会尽力公平、诚实地对待顾客。它们设法制定合理的价格，履行保修期内的承诺，按期交货以及保证所售产品的质量。里昂比恩（L. L. Bean）、奥维斯（Orvis）、星巴克和强生在这个方面声誉卓著。最近，许多小型银行通过提供比大型全国性银行（如富国银行和美国银行（Bank of America））更优质的服务使利润有所增加。譬如，有些银行为办业务的顾客提供免费的咖啡和幼儿托管。小型银行更了解顾客想要什么，并强调它们同处一个社区。所以，在过去几年里，小型银行的利润增速一直大于大型全国性银行。

这些企业将社会责任与风险投资和贷款实践结合起来，帮助社区摆脱贫困，让世界变得更加美好。

员工

富有社会责任感的企业会公平地对待员工，使他们成为团队的一员，尊重他们，满足他们的基本需要。康泰纳零售连锁店（Container Store）、纽柯钢铁（Nucor Steel）、星巴克、微软和美国运通（American Express）等企业都在不遗余力地寻找、雇用、培训和提拔合格的少数族裔员工。每年《财富》（*Fortune*）杂志都发布"美国最适宜工作的企业"和"最适合少数族裔的企业"榜单。这些榜单宣传效果很好，有助于吸引更多人到声誉良好的企业工作。

投资者

为了保持对投资者承担社会责任，管理人员应该遵循正规的会计程序，向股东提供准确的财务业绩信息，管理好企业以保护股东的权益和投资。管理人员还应当对企业未来的增长潜力和盈利能力作出准确而公正的评估，应该避免在一些较敏感的领域出现不正当行为，比如内幕交易、操纵股价和瞒报财务数据。实际上，许多企业丑闻都出自上述领域。例如，坚果和爆米花等零食的经销商戴蒙德食品公司（Diamond Foods）不得不两次重申自己的收入，因为此前它曾被公布支付给杏仁种植者的 8 000 万美元没有正确入账。[11] 同样地，惠普也曾卷入一桩会计丑闻，涉及其在以 111 亿美元收购英国的一家软件开发公司时处理各种交易的具体做法。[12]

供应商

企业和管理者还应该认真地管理好与供应商之间的关系。例如，大企业可以通过把不合适的交货时间强加给供应商以及迫使供应商降价等手段，充分压榨供应商而轻松获利。现在许多企业认识到与供应商建立互惠共赢关系的重要性。因此，它们告知供应商未来的计划，与其协商双方都能接受的交货时间和价格，等等。丰田和亚马逊在与供应商保持良好关系方面被公认做得好。

当地社区

大多数企业努力寻求各种方式去履行对当地社区的社会责任。它们可能赞助地方性项目，比如少年棒球联盟（Little League Baseball）；积极参与慈善事业活动，比如美国联合慈善总会（The United Way）；以及力争做一个良好的企业公民，减少对社区的不良影响等。例如，塔吉特（Target）将一定比例的销售额捐赠给经营活动所在的当地社区，每周为遍布美国各地的社区、项目和学校发放超过 400 万美元善款。[13]

创业和新企业　　　**社会资本正在让世界变得更美好**

为追逐利润，大型银行的贷款方式有时似乎会被质疑，而像吉瓦（Kiva）这样的小型非营利企业则力图通过小额贷款将人们连接起来去减少贫困。这些小额贷款的钱是通过最少 25 美元的捐款众筹而来。自成立以来，吉瓦的小额贷款平台已帮助 82 个国家的新兴市场中的创业者获得 9.45 亿美元贷款，还款率为 97%，而且大多数借款人是女性。[14]此外，国际救援委员会（International Rescue Committee，IRC）等组织正在向难民提供小额贷款，并为他们提供培训和支持，以帮助他们重新开始生活。国际妇女赋权组织（Women's Empowerment International）在世界各地提供小额贷款，帮助妇女摆脱贫困。这些组织的一个共同之处是，它们依靠人的特征、信任和潜在的社区利益，而不是信用报告和财务报表来决定谁获得贷款。

小额贷款的来源并不局限于众筹。还有一些以社区为基础的小型小额贷款机构，从州和地方政府获得资金，受到小企业管理局（Small Business Administration）的监督。众筹小额贷款机构依靠社会资本来确定借款人的信用，而传统贷款机构则依靠更传统的承销流程。由于贷款数额小、回收期短，这些小额贷款适合那些信用记录和个人资金有限的创业者。

KickStarter 和 GoFundMe 等众筹网站也可以帮助初创企业将产品推向市场，但它们往往更倾向于助推商业产品，而非小额贷款机构瞄准的小型创业企业。不仅如此，还有证据表明，众筹网站更倾向于帮助女性创业者。[15]

利益相关者模型也有益于深刻理解管理人员在国际商务活动中的行为。特别是一个组织在履行对利益相关者的责任时，也应该意识到在其经营活动所在的每一个国家，同样有多个利益相关者。例如，戴姆勒-奔驰公司（Daimler-Benz）不仅在德国有投资者，而且在美国、日本和其股票可以公开交易的其他国家也有投资者。它也在多个国家拥有供应商、员工和顾客；它的行动影响着分布在几十个国家的许多社区。同样，在工资、工作条件和环境保护等方面具有不同法律规定的国家中，国际企业也必须担负起在这些方面的相应责任。譬如，埃克森美孚曾帮助西非国家安哥拉兴建医院，扩建学校，还在这里建起一家不断发展壮大的石油企业。该企业还支持了当地的一项抗疟疾项目。

1.2.2　当代社会意识

社会意识和社会责任观一直在演进。约翰·洛克菲勒（John D. Rockefeller）、摩根

（J. P. Morgan）和科尼利尔斯·范德比尔特（Cornelius Vanderbilt）等早期商业领袖创立了庞大的企业，积累了大量财富，但也引起人们对权力滥用的担忧。此种担忧导致了美国第一部规范基本商业行为的法律的出台。在 20 世纪 30 年代，很多人将大萧条归咎于企业贪婪之风的盛行和管制措施的缺位。经济动荡之后，一些新的法律诞生，要求企业在保护和提高社会普遍福利方面要发挥更大的作用。因此，问责观念得以正式确立。在 20 世纪 40 年代末和 50 年代经济日益增长的繁荣时期，这些新的法律和法规促进了对企业经营活动自由放任气氛的形成。

然而，在 20 世纪 60—70 年代，企业再一次被视作负面的社会力量。一些批评人士甚至指责说，国防承包商为了快速获得丰厚利润，对越南战争起到了推波助澜的作用。最终，社会行动主义活动的增加促使政府在各个领域加强了监管。例如，要求在香烟盒上印上健康警告语，以及颁布更严苛的环境保护法律。

20 世纪 80—90 年代，大多数经济部门享受到了经济繁荣带来的红利，致使人们再度对企业采取自由放任的态度。尽管商业丑闻或大型企业倒闭事件时有发生，但在大多数情况下，人们还是将企业视作社会中的一股积极力量，认为企业一般能够通过自制力和自由市场的力量来进行自身监管。很多企业继续本着开明和对社会负责的方式从事经营活动。然而，在经济衰退期间，这种观点再度发生转变。许多批评人士将 2008 年金融危机归咎于大型银行抵押贷款的做法。批评人士还对美国政府救助这些银行以及通用汽车和克莱斯勒等其他大型企业的做法表示不满。

随着人们对气候变化的担忧和对更具可持续性经营行为的呼吁日益高涨，许多企业再次转向了更负责任的经营方式。例如，在百思买（Best Buy）、杜邦和通用汽车等公司，回收项目蓬勃发展。许多企业继续在其他领域以开明和对社会负责的方式经营。例如，西尔斯（Sears）和塔吉特等零售商制定了禁止出售手枪和其他武器的政策。游戏驿站（GameStop）拒绝向未成年人出售成人游戏，安海斯-布希公司（Anheuser-Busch）也在一些广告中倡导理性饮酒。

其他行业的许多公司也将社会责任意识融入生产计划和营销活动。生产对环境安全的产品已经成为潜在的新兴生产领域，许多公司都推出了对环境友好的产品。瑞典家电制造商伊莱克斯（Electrolux）开发出了节水型洗衣机、太阳能割草机和不破坏臭氧层的电冰箱。福特和通用汽车都在积极研究和测试各种方法，开发和营销电动、氢能源和其他新能源驱动的低污染车辆。宾朋商店（The Company Store）每卖出一床被子或一条毯子，就会给一个无家可归的孩子捐赠一床被子或一条毯子。瓦尔比派克眼镜公司（Warby Parker）将售出每副眼镜获得的利润的一半捐赠给非营利组织。

➡ 1.3　社会责任的领域

企业在确定自己是否具有社会责任时，通常要考虑四个方面的问题：对环境的责任、对顾客的责任、对员工的责任和对投资者的责任。

1.3.1 对环境的责任

全球气候问题已经成为商界和政府共同关心的重大问题。尽管大多数专家都认为地球正在变暖，但其原因、严重程度和可能的解决方案都处于广泛争论之中。气候变化看似进程相对缓慢，人们日常也几乎察觉不到天气变化，然而全球出现干旱、飓风、严寒等恶劣天气的可能性确因人类活动而不断增加。[16]对温室气体排放问题的指控颇有争议，但是正如一位研究人员所言："提供确切证明的唯一办法就是等待10年、20年或30年，直到积累的证据足以具有压倒性的说服力。但是与此同时，我们在进行一项全球性的实验，而且我们都在实验所用的试管中。"电影《后天》（*The Day After Tomorrow*）描绘了破坏环境使气候快速恶化所造成的后果，2011年的电影《传染病》（*Contagion*）和2013年的电影《僵尸世界大战》（*World War Z*）展现的是全球性大流行病的可怕后果。

控制污染，即控制向环境中排放有害物质，是当代企业面临的一个巨大挑战。尽管噪声污染现在得到更多的关注，但是空气、水和土地污染仍然是最大的问题，需要政府和企业共同采取措施加以解决。下面我们将重点探讨这些问题的实质，以及为解决这些问题所作出的一些努力。

空气污染

当多种因素共同作用导致空气质量降低时，就发生了空气污染。汽车排放的二氧化碳会造成空气污染，制造企业产生的烟尘和其他化学品也会导致空气污染。某些地区的空气质量通常极差，比如丹佛和洛杉矶盆地，在这些地区，污染物往往被困在大气中，无法消散。由于这个原因，墨西哥城被认为是世界上空气污染最严重的城市之一。

立法对控制空气污染有很大的帮助。根据现行法律，许多公司必须安装特殊设备，将排放到空气中的污染物控制在一定限度之内，但是这样做成本高昂。排放到大气中的硫若与自然界中的水汽结合，就会以降雨的形式落到地面，形成酸雨。空气污染因酸雨等问题而加剧。美国和加拿大东部的森林和河流所遭受的破坏很大程度上是由美国中西部地区制造厂和发电厂排放硫所形成的酸雨造成的。北美自由贸易协定（North American Free Trade Agreement，NAFTA）中也包括严格控制空气污染的条款，尤其针对影响不止一个成员国的地区。

寻觅良策　　　　　　　　　**零排放**

1970年，米尔顿·弗里德曼（Milton Friedman）提出如下观点：企业只有一项责任，那就是为所有者实现利润最大化。这是一条看似简单的规则，在近50年的时间里，它一直是企业文化的主导力量。然而，也有一些商业领袖对此有不同的看法，英特飞（Interface）的雷·安德森（Ray Anderson）说："对于一家公司或任何一个组织来说，没有比其最终目标更具有战略意义的问题了。对于那些认为经营企业是为了盈利的人，我建议他们三思。经营企业，要赚钱才能生存。但它的存在肯定是为了比这更高远、更高尚的目的。"

安德森于1973年创立了英特飞，该公司到1994年已发展成为世界上最大的组合式地毯供应商。1994 年，安德森应邀为一个特别任务小组作讲话，组建该小组的目的是回答客户提出的有关公司在环境问题上的立场问题。收到邀请后，他碰巧看到了保罗·霍肯（Paul Hawken）撰写的《商业生态学》（*The Ecology of Commerce*）一书。该书的观点与弗里德曼截然相反，它使安德森确信，当前的产业体系正在毁灭地球，只有产业领袖才有能力扭转局势。安德森公开倡导社会责任，并为英特飞设定了到 2020 年实现 100％可持续发展的目标。

正如他所说的，"我是地球的掠夺者，这是我自己的判断，不是其他人的判断，但这一判断不是根据我们文明的定义。按照我们文明的定义，我是产业领袖。在许多人的眼中，我是现代英雄。但实际上，第一次工业革命是有缺陷的，它现在不起作用了，它是不可持续的。它犯了错误，我们必须转向另一场更好的工业革命，并要在这次把它做对"。

安德森在 2010 年被诊断出癌症，并于 2011 年 8 月 8 日去世，但他建立的企业文化和他对公司的愿景将持续存在。2016 年，英特飞在道德企业（Ethical Corporation）社会责任奖（Responsible Business Awards）评选中获得最佳公司奖，随着其接近实现可持续发展目标，该公司采纳了一项新的使命——"气候恢复"（Climate Take Back），专注于推进在世界上产生积极影响的项目，创造宜居的气候。

水污染

水污染主要源自化学品和垃圾的倾倒。多年来，企业和城市不计后果地将垃圾倒入河流、湖泊。克利夫兰的凯霍加河一度污染十分严重，甚至在一个炎热的夏日燃起了大火。

归功于新的立法和日益增强的环保意识，美国多个地区的水体质量正在得到改善。凯霍加河现在已是鱼类的家园，甚至还成为人们休闲娱乐的好去处。纽约和佛罗里达州禁止排放磷酸盐（许多洗衣粉中含有这一成分）的法律帮助伊利湖和其他主要水体再次成为人们钓鱼和游泳的安全场所。由于这些新法律的实施，新泽西州的帕塞伊克河和纽约州的哈德逊河比几年前干净清澈了许多。

土地污染

土地污染有两个关键性问题。第一个是如何恢复已经被破坏的土质。例如，受到有害废物污染的水和土地必须得到彻底清理，因为人们仍然需要使用它们。第二个问题是防止未来的污染。固体废物处理的新方式为这些问题提供了解决对策。可以将可燃的废弃物分离出来用作工业锅炉中的燃料，还可以让报废物资与某些微生物充分接触从而加速分解。

有害废物的处理　一个颇有争议的土地污染问题是有害废物的处理。有害废物通常是生产过程中所产生的危险化学品或具有放射性的副产品。美国制造商每年产生 4 000 万～6 000 万吨有害废物。一般来说，有害废物不能被销毁或加工成无害物质，必须被妥善储存起来。然而，没有人愿意让有害废物存放场所设在自家后院。美国航空（American Airlines）曾受到重罪指控，罪名是公司误将包装成托运货物的某些有害物质装上了客机。美国航空承认有罪，并成为第一家拥有犯罪记录的主要航空公司。尽管美国航空的总法律顾问安妮·麦克纳马拉（Anne McNamara）承认该公司的犯罪事实，但还是争辩说："这是一个涉及多个监管层面、相当复杂的领域，稍有不慎就会跨过那道界线。"

回收利用　回收利用是土地污染问题另一个颇有争议的话题。所谓回收，就是将废弃物转化成有用的产品，它不仅已经成为各地政府关心的问题，也成为从事高废物活动的许多公司关注的问题。某些产品，比如铝制易拉罐和玻璃，可以被高效地回收利用，而其他一些产品的处理格外麻烦。例如，某些洗衣液桶和果汁瓶等色彩艳丽的塑料制品必须与奶瓶等透明塑料制品分开进行回收处理。此外，大多数塑料瓶盖的内层含有乙烯基涂层，可能会损坏一般的回收炉。许多当地社区积极支持各种回收项目，包括拾起路边的铝罐、塑料制品、玻璃制品和木浆纸。但是，提高消费者在这方面的意识和兴趣以及让企业制定这方面的优先政策，可能更迫在眉睫。

当今，与自然环境相关、争议较大的企业惯常做法之一是水力压裂。水力压裂是向地下岩层泵入水和化合物，以使岩石破裂。在岩石裂开之后，石油公司可以更容易地在以前不可能钻井的地区开采石油。水力压裂导致石油供应大幅增加，从而导致能源价格下降。但与此同时，环保人士也表达了他们的担忧，他们担心采用水力压裂法时使用的化合物可能会污染地下水源，并造成附近区域地质不稳定。[17]

许多有社会责任感的企业的所作所为已远远超出政府法律法规的要求，它们想方设法减少对环境的破坏，走上绿色发展的道路。表1-1总结了绿色营销的核心要素，绿色营销是指对环境友好型产品所进行的营销。

表1-1 绿色营销的核心要素

- **生产过程** 福特和通用电气等企业不断改进生产工艺，目的是通过提高能源效率，来减少化石燃料等宝贵资源的消耗，同时通过减少温室气体排放，减少废弃物和污染物的排放。
- **产品改良** 为了使用更多的环保型材料，可以对产品加以改进。为了鼓励该行为，庄臣公司（S. C. Johnson）首先将原料按照对人类健康和环境的影响加以分类，然后列出环保型原料清单。庄臣公司承诺只使用清单上最安全的原料，从公司的玻璃清洁剂稳洁（Windex）中去除了180万磅易挥发有机化合物。[18]
- **碳补偿** 一些公司承诺，对因自己的经营活动尤其是产生二氧化碳的经营活动，致使环境受到破坏的部分，利用碳补偿进行补救、修复或复原。在2007年，大众汽车开展了一个植树项目，地点位于密西西比河下游沉积河谷中的"大众树林"，目的是抵消公司销售汽车所带来的二氧化碳排放。[19]
- **减少包装** 减少和重复使用产品包装材料是绿色营销的一个重要策略。星巴克率先采用了该策略。2004年，美国食品药品监督管理局（Food and Drug Administration，FDA）首次批准咖啡零售商在其食品和饮料的包装中使用可再生材料。星巴克估计，仅是使用含10%环保纤维的杯子每年就能够在包装上节省500多万英镑。[20]
- **可持续性** 对于追求绿色政策的企业而言，使用可再生资源和有效而负责任地管理有限的资源是两个重要的目标。例如，全食超市（Whole Foods Market）承诺，其购买的食品均来自那些采用可持续的农业生产方式的农民，这种行为既保护了环境，也保护了土地和水等农业资源。

1.3.2 对顾客的责任

一个企业如果不本着对顾客负责的态度行事，最终将会失信于顾客，甚至破产。为了鼓励企业承担责任，美国联邦贸易委员会（Federal Trade Commission，FTC）对广告和定价行为进行了治理，同时美国食品药品监督管理局还颁布了食品标签使用指南，并予以强制执行。这些政府监管机构对于违反法规者施加处罚，而且这些违法者还可能遭遇民事诉讼。例如，在2006年，美国联邦贸易委员会对社交网站Xanga给予100万美元的罚款，因为该网站允许13岁以下的儿童创建账户，这显然违反了美国《儿童网络隐私保护法》（Children's Online Privacy Protection Act）。[21]

消费者的权利

企业对消费者的责任问题受到人们的广泛关注，这要追溯至消费者保护主义的兴起。**消费者保护主义**（consumerism）指的是致力于积极保护消费者权利的社会行动。保护消费者权利的第一次正式声明出现于 20 世纪 60 年代初期，当时美国总统约翰·肯尼迪总确定了消费者的四项基本权利。此后，增加了两项得到普遍接受的消费者权利，形成了《消费者权利法案》（Consumer Bill of Rights），其受到众多联邦法律和州法律的支持。图 1－4 介绍了该法案中的消费者权利条款。

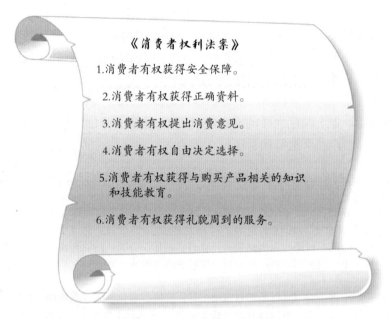

图 1－4　《消费者权利法案》

默克公司（Merck）的案例很好地说明了一个公司若触犯《消费者权利法案》中的条款会有什么后果。数年来，默克公司一直在强行销售万络止痛药。然而，临床试验显示该止痛药增加了患心脏病和卒中的风险，该公司于 2004 年被迫召回该药。此后，有消息透露，默克公司早在 2000 年就知道这些风险，但对此进行了隐瞒，以便继续销售该药。2007 年，默克公司同意向那些因服用该药致死或受害的个人或家庭支付 48.5 亿美元赔偿金。

不公平定价

企业可能采用不公平定价的形式干扰正常竞争。两个或两个以上的公司相互勾结，达成协议，共同采取一些不正当行为如操纵价格，这种行为就是**串谋**（collusion）。2007 年，英国维珍大西洋航空公司（Virgin Atlantic）和德国汉莎航空公司（Lufthansa）承认曾与竞争对手串谋，抬高客运航班的燃油费价格，使之在长达 18 个月的时间里一直是正常价格的 12 倍。英国航空公司（British Airways）和大韩航空公司（Korean Air Lines）都被处以重罚，但是，维珍大西洋航空公司和汉莎航空公司因检举揭发此案而幸免。[22]美国司法部（U. S. Justice Department）对苹果公司提起诉讼，指控苹果对电子书进行限价和串谋。

公司也会因哄抬价格（price gouging）而备受指责，它是指在产品供不应求时，推动价格过快（且经常是毫无依据的）上涨。例如，由于恶劣天气的影响，人们常常储备矿泉水和电池，有些零售商趁火打劫，囤积居奇。大量的报告显示，2001 年"9·11"恐怖袭击事件之后不久，汽油零售商大肆哄抬价格，使汽油价格成倍增长，甚至上涨至原来的 3 倍。在美国入侵伊拉克之后，在飓风"卡特里娜"和"丽塔"摧毁了墨西哥湾沿岸的炼油厂之后，以及在英国石油公司的钻井事故导致该地区石油作业中断之后，也出现了类似的情况。

广告中的道德问题

近年来，广告和产品信息中的道德问题越来越受到关注。据《新闻周刊》（*Newsweek*）报道，索尼公司曾虚构了一名电影评论家，专门对哥伦比亚电影公司（Columbia Pictures）发行的影片大加夸赞。在为影院最新放映的电影做广告宣传时，制片方通常引用这位子虚乌有的电影评论家的评论进行大肆吹捧。

该事件曝光后，索尼公司紧急叫停了这种做法，并且为此道歉。一些批评人士还指出，农业部门的一些产品标签和广告具有误导性。鸡蛋和鸡肉生产商有时会给它们的产品贴上"散养"的标签。这个词有特定的含义，但实际上它只意味着鸡不是关在笼子里的，但并没有说明在开放鸡圈中鸡的密集程度。

与广告相关的另一个道德问题是有些消费者认为某些产品，例如，内衣、避孕套、酒、香烟和枪支等的广告存在道德上的争议，令人反感。法律对这类广告进行了一定程度的管制（例如，香烟不能通过电视商业广告进行推销，但可以刊登在杂志平面广告中），而许多广告商在营销过程中运用常识和自由裁量权。但是，有些公司如卡尔文·克雷恩（Calvin Klein）和维多利亚的秘密（Victoria's Secret）因其广告过于无所顾忌而备受谴责。狗爹域名（GoDaddy）和阿贝兹快餐店（Arby's）也受到了同样的谴责。

1.3.3　对员工的责任

在第 9 章中，我们将说明人力资源管理的几项活动如何对公司的平稳运行产生至关重要的影响。这些活动包括招聘、录用、培训、晋升和支付薪酬，也是企业对员工所负社会责任的基础。

法律和社会责任

法律规定，企业在处理任何雇佣关系问题时，不能因为任何与业绩无关的原因歧视员工。例如，企业不能因种族差异而拒绝录用某人，或者因为性别而支付给某人低于其他人的工资。一个企业能够给员工提供平等的机会，而不考虑种族、性别或其他无关因素，就是在履行自己应负的法律和社会责任。不履行这些责任的企业将会失去优秀的员工，甚至卷入诉讼案件。

大多数人认为，一个组织应该努力确保工作场所内员工的人身安全和社交安全。具有高度社会责任感的企业会帮助员工平衡工作和生活、发展个人爱好，帮助员工获得工作技能，甚至在必须解雇员工时对他们给予人文关怀。

道德义务：举报者的特殊情况

尊重员工也意味着尊重他们的行为。理论上讲，员工发现所在的公司存在非法、不道德或不负责任的社会行为时，应该主动向高层管理者汇报，并且相信管理者会处理这些可疑的行为。如果公司管理者放任不管，员工可能向监管机构或媒体举报此事，这时，他就成了所谓的**举报者**（whistle-blower），即发现了公司非法、不道德或不负责任的社会行为，并试图通过将其公之于众而阻止这些行为的人。

遗憾的是，举报者的下场可能是被降级、解雇，或者即使他仍然留在原来的岗位，也会招致同事的不信任、怨恨或敌意。一项研究表明，在所有的举报者中，约有一半的人最终会被解雇，而在那些被解雇的举报者中，又有一半的人会随之失去住所和家庭。[23]采取揭发检举行动的员工可以寻求法律援助。目前的举报者法案起源于 1863 年的《虚假申报法案》（False Claims Act），旨在防止美国内战期间承包商向联邦军出售残损物资。该法案 1986 年修订之后规定，如果政府胜诉，可以从采取欺诈手段的承包商那里获得 3 倍的损害赔偿。如果司法部门不予受理，举报者可以提起民事诉讼。在这种情况下，举报者可以获得追回款项的 25%～30% 作为奖励。然而，可观的现金奖励导致了一连串虚假或可疑的举报案件。[24]麦道夫诈骗案曝光之后，有消息称，一名波士顿反欺诈调查员多年来一直试图让美国证券交易委员会（SEC）相信，麦道夫还在从事非法和不道德的活动。尽管 SEC 对此不予置理，但是这一事件披露后，SEC 宣布要对与检举相关的所有手续进行核查，同时 SEC 主席承诺将会采用新的举报程序来防范未来可能出现的问题。

1.3.4 对投资者的责任

管理者会无视对投资者的责任，以多种方式滥用职权。一般来说，对股东不负责任的行为是指滥用公司的财务资源，致使股东无法获得应得到的收益或红利。对公司资源的不实报告也是公司对股东不负责任的表现。财务管理不善、公然滥用财务资源，可能是不道德的，但未必是违法的，比如给高层管理者支付过高的薪酬，送高层管理者去异国度假胜地的奢华场所休养，提供名目繁多的特别待遇等。在这些情况下，债权人和股东可选择的解决方式寥寥无几。强行更换管理层是一个比较困难的过程，可能会使股票价格下跌，股东通常不愿意承担这样的后果。而内幕交易和虚报财务显然是既不道德又违法。

内幕交易

内幕交易（insider trading）是指利用内部机密消息从买卖股票中获利的行为。例如，假设一家小公司目前的股票交易价格为每股 50 美元（这意味着人们买卖股票的当前价格是 50 美元）。一家大公司如果计划收购这家小公司，那么可能不得不以每股 75 美元的价格才能获得控股权。在收购消息公布之前就已经知悉这个消息的人，比如负责安排收购事宜的两家公司或金融机构的相关管理者，若以 50 美元的价格买进股票，在收购消息公布后，再以 75 美元的价格出售手中的股票，即可获利。

知悉股票价格即将下跌的管理人员也可以通过出售股票而避免财务上的损失。从法律上说，股票交易的产生要以公开信息对所有的投资者都有效为基础。玛莎·斯图尔特

(Matha Steward) 之所以卷入内幕交易丑闻，就是违反了这一规定。英克隆制药公司 (ImClone) 的董事长山姆·瓦克萨 (Sam Waksal) 得知公司的股票价格即将下跌后，急忙抛售自己持有的股票。据说，他还将这个消息透露给他的密友玛莎·斯图尔特。随后斯图尔特也出售了她所持有的股票。斯图尔特辩称，她从来没有从瓦克萨那里得知内幕信息，出售股票只是因为她想把资金用于其他地方。最后她对其他的指控（对调查人员撒谎）供认不讳，并入狱服刑了几个月。瓦克萨因抛售自己的股票进行内幕交易而被判处更长的刑期（7年以上），受到了更严厉的处罚（罚款400多万美元）。

虚报财务

在记录和报告财务状况时，企业都要遵守一般公认会计原则（generally accepted accounting principle，GAAP，见第14章）。管理者的不道德行为包括：设置一个超过他们实际预期的利润；隐瞒亏损和支出情况，虚增账面利润；歪曲财务报表，使企业看起来比实际情况更好等。2002年，美国国会通过了《萨班斯-奥克斯利法案》（Sarbanes-Oxley Act），该法案要求组织中的首席财务官以个人名义保证财务报表的准确性（见第14章）。

1.4 实施社会责任项目

对于把社会责任作为企业目标，人们的看法大不相同。一些人反对任何威胁到利润的企业活动，另一些人却认为企业必须把社会责任放在首位。一些持怀疑态度的人则担心企业对整个社会实施社会责任项目的方式拥有太多的控制权，或者它们缺少应对社会问题所需的专业知识和技能。许多人认为，企业应当帮助改善公民的生活质量，因为企业本身就是公民，常常控制着大量的资源，能够为社会责任项目试图解决的问题作出贡献。

1.4.1 对社会责任的姿态

鉴于人们对社会责任的看法存在上述差异，企业采取各种各样的姿态来解决社会责任问题。如图1-5所示，企业对社会责任的四种姿态按社会责任感由低到高排列处于一个连续的范围。

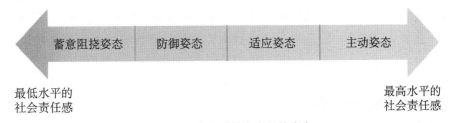

图1-5 企业对社会责任的姿态

蓄意阻挠姿态

对社会责任采取**蓄意阻挠姿态**（obstructionist stance）的组织寥寥无几，它们通常对解决社会或环境问题没什么贡献，很少注意道德行为，会竭尽全力否认或掩盖不道德的行为。例如，艾奥瓦牛肉罐头公司（IBP）作为肉类加工企业的佼佼者，长期以来一直违反环境保护法、劳动法和食品加工法，并想方设法掩盖其罪行。2009 年，美国花生公司（Peanut Corporation of America）旗下位于佐治亚州的一家花生加工厂明知其产品已被沙门氏菌污染，仍将产品装运出去。据说公司的高层管理者已经知道其产品未通过食品安全检测，但为了避免经济损失，仍将产品装运出去。工厂经理和其他三名责任人随后被判刑。大众汽车故意歪曲尾气排放数据，以使其汽车看起来更环保。在这起丑闻之后，大众汽车支付了数十亿美元的罚款，声誉遭受了严重的损害。

防御姿态

采取**防御姿态**（defensive stance）的组织会按法律规定行事，包括承认错误和采取纠正措施，但仅此而已。采取防御姿态的管理者坚持认为，他们的工作就是在遵守法律的前提下创造利润，如安装污染控制设备，但不会为了进一步控制污染而安装质量更高的设备。烟草公司在营销过程中一般会采取这种姿态。美国法律规定，香烟产品上必须有警示语，并且必须在法定媒体上进行广告宣传。在美国国内，烟草公司遵守这些法律规定，但是在其他许多国家，由于没有这些规定，烟草公司大肆宣传推销其香烟产品，尽管产品中焦油和尼古丁的含量偏高，却很少或根本没有健康警示语。

适应姿态

对社会责任采取**适应姿态**（accommodative stance）的企业会遵守法律和道德的要求，甚至在某些情况下会高于法律和道德的要求。对这类企业而言，如果它们相信某个社会责任项目值得资助，那么它们将会同意参与这些项目。例如，壳牌（Shell）和 IBM 公司将员工的捐助用于所选定的慈善事业。

主动姿态

具有高度社会责任感的企业显示出**主动姿态**（active stance）。它们把企业的社会责任铭记于心，支持企业社会责任优先的观点；将自己视为社会公民；真诚地承诺提高社会总福利；积极地寻求奉献的机会，比采用适应姿态的企业更胜一筹。落实这一姿态的最普遍、最直接的方式是创办基金会，为各种各样的社会责任项目提供直接的资金支持。

麦当劳的"麦当劳叔叔之家"项目就是采取主动姿态的一个例子。"麦当劳叔叔之家"靠近主要的医疗中心，患病的儿童接受治疗时，其家人只需支出很少的费用就可暂住在这里。不过，这四种姿态并非界线分明：组织并不总是恰好采取某种姿态。"麦当劳叔叔之家"项目一直被广泛称赞，但是麦当劳也被指控其食品宣传的营养价值存在误导消费者之嫌。

1.4.2　小企业和社会责任

作为一家园艺用品商店的店主，当建筑检查员暗示花钱可以使你更快拿到建筑许可证时，你将如何回应？作为一家酒类商店的经营者，有一个疑似持有伪造身份证的顾客光顾，你会怎么做？作为一个小实验室的所有者，你想要与某家公司签约处理医疗废物，你会去州卫生局核实这家公司是否具有营业执照吗？如果为了获得一笔急需的银行贷款，一家小企业虚报公司的利润表，那么谁将会是真正的受害人？本章中的许多例子说明大企业积极应对道德和社会责任问题，而小企业也必须应对许多同样的问题。这两类企业之间的主要差异是规模不同。

同时，道德问题在很大程度上是个人问题。那么该如何应对社会责任的问题呢？比如，小企业能否负担得起社会工作的费用？它有义务赞助少年棒球联盟的球队、向美国联合慈善总会捐款、从国际狮子会（Lion's Clubs International）那里购买灯泡吗？加入美国商会和美国商业促进局（The Better Business Bureau）的成本是否太高？显然，道德和社会责任是所有组织的管理者都要面对的问题。企业成功的关键是预先确定如何应对涉及道德和社会责任的问题。

1.5 政府和社会责任

影响企业履行社会责任的一个尤为重要的因素是政府与企业之间的关系。例如，在计划经济体制中，政府对经济活动施行严格管制，确保企业能够支持某些重要的社会共同目标。在市场经济体制中，政府对企业仍然有一定程度的管制，大多是为了保证企业利益不会损害社会利益。另外，企业也想方设法抵消政府管制造成的不利影响或使政府撤销管制，试图以此影响政府。企业和政府都在努力尝试运用多种方法互相施加影响。

1.5.1 政府如何影响企业

国家、州或当地政府可以通过直接管制和间接管制影响企业履行社会责任的方法。直接管制最常表现为立法，而间接管制可能采用多种形式，最常见的是税收政策。[25]

直接管制

政府最常通过**规章制度**（regulation）来直接影响组织，即制定法律和条例以规定组织什么能做和什么不能做。这种管制通常是从有关企业应该如何行事的社会信念演化而来。为了实施相关法律，政府一般会创建一些专门的机构来监控某些企业活动。例如，美国环境保护署（US Environment Protection Agency）负责处理环境问题；美国联邦贸易委员会和食品药品监督管理局重点关注消费者关心的问题；平等就业机会委员会（Equal Employee Opportunity Commission）、国家劳动关系委员会（National Labor Relations Board）和美国劳工部（Department of Labor）旨在保护员工利益；美国证券交易委员会处理与投资相关的问题。这些机构有权对违法组织征收罚款或提出起诉。

政府直接管制企业行为的另一种方式是立法。例如，美国制定了《反海外腐败法案》（Foreign Corrupt Practices Act），规定依法对行贿企业或官员进行财务制裁。他们对德国大型工程公司西门子（Siemens AG）的行为展开了调查，包括西门子为了赢得基础设施建设项目而在日常工作中向外国政府官员行贿的行为。据称该公司总计已经花费10亿美元向至少10个国家的政府官员行贿。西门子同意向美国政府支付8亿美元的罚金；德国政府也在继续调查该公司的刑事和民事违法行为。（美国政府有权对西门子进行罚款，因为它有一类股票在纽约证券交易所上市交易，所以必须遵守《反海外腐败法案》。)[26]另一家德国公司戴姆勒-奔驰（Daimler-Benz AG）也被指控在 22 个国家行贿，以多赚得 5 000 万美元的利润。据称该公司为了赢得为外国政府供应车辆的合同，已向外国官员行贿数百万美元。对该公司的指控包括密谋和伪造记录。戴姆勒-奔驰同意为此支付 1.85 亿美元罚金。一位美国企业家约瑟夫·西格尔曼（Joseph Sigelman）在哥伦比亚成功创办了 PetroTiger 油田服务公司，但他被指控包括贿赂、收受回扣和洗钱等六项罪名。[27]

间接管制

还有一种间接管制的形式。例如，政府可以通过税收政策间接地影响组织的社会责任。实际上，政府可以通过加大或减小税收优惠幅度来影响组织社会责任经费的使用方式。假设政府想要使组织投入更多经费，培训缺乏最基本的职业技能、求职屡陷困境的长期失业者，那么政府就可能制定法律，向对外开放培训设施的公司提供税收优惠，结果就是更多的企业很可能会这样做。当然，有些批评者认为管制已经过度。他们坚持认为，对于企业和政府而言，自由市场体系终将实现与管制相同的目标且成本更低。

1.5.2　企业如何影响政府

正如政府可以影响企业一样，企业也可以影响政府。企业有四种途径来应对政府施加的履行社会责任的压力：个人交往、游说、政治行动委员会、恩惠。（贝拉克·奥巴马在执政初期实施了几条措施，旨在限制或控制企业对政府的影响，尤其是游说。[28]）

个人交往

由于许多公司高管与政治领袖拥有同样的社交圈，他们的人际关系和人脉提供了一种影响政府的方式。某个公司高管也许能够接触到从政者，向他们陈述公司的情况，阐述正在酝酿中的某一项立法的利害关系。

游说

游说（lobby），或者利用个人或群体在政治团体面前正式代表某一个组织或某一群组织表达诉求，也是企业影响政府的一种有效方式。例如，美国全国步枪协会（National Rifle Association，NRA）每年拨出一大笔预算用于员工在华盛顿进行游说活动。这些游说者的工作就是代表该协会在枪支管控问题上的立场，在国会议员对影响兵器工业和枪支拥有者权利的立法进行投票时，潜移默化地对他们施加影响。如前所述，奥巴马采取了多种措施控制或限制游说。例如，游说者与议员之间的任何谈话，只要超出一般性话题范围，就必须以信函的形式写下来，在网上公布。

政治行动委员会

依照法律，公司不能直接向政治活动捐款，所以其通过政治行动委员会来影响政府。**政治行动委员会**（political action committees，PACs）是为了募集资金然后分发给政治候选人而创建的特殊组织。某个公司可能会鼓励员工向某个特定的政治行动委员会捐款，因为管理者知道该委员会将支持与自己有相似政治观点的候选人。而后，政治行动委员会亲自将款项捐给各州和全国的候选人。例如，联邦快递的政治行动委员会 FedExpac，经常向最有可能使联邦快递利益最大化的政治候选人捐款。与游说一样，奥巴马采取了措施限制政治行动委员会的影响。

恩惠

组织有时依靠施加恩惠和其他影响策略来获得支持。施以恩惠虽然可能是合法的，但仍然受到批评。例如，两个很有影响力的众议院委员会委员在迈阿密参加融资大会，中途需要到华盛顿去完成一项对联邦快递有利的与立法有关的工作。起草的法律将允许该公司及其竞争对手在航班上给员工预留备用席位，作为给员工的一项免税福利。作为回报，联邦快递提供了一架专机送两位委员到华盛顿。联邦快递的这笔费用最终得到偿还，所以它提供的恩惠并不违法，但有些人认为从某些角度来看这样的行为是有风险的。

➡ 1.6 管理社会责任

阅历日益丰富、受教育程度日益提高的公众，要求组织履行社会责任的呼声比以往任何时候都要更加强烈。正如我们所见，未能坚持崇高道德标准的管理者，以及试图规避法律义务的公司，必然会埋下隐患。企业需要像发展其他战略一样，形成履行社会责任的方法。换言之，企业应该将社会责任视为一个重大的挑战，需要仔细对其进行规划、决策、考虑和评估。企业可以通过正式组织层面和非正式组织层面来管理社会责任，进而履行自己应该肩负的社会责任。

1.6.1 正式组织层面

企业需要在某些方面开展计划周密的正式活动来管理社会责任。事实上，一些企业把社会责任问题放在战略高度。[29]企业从正式组织层面管理社会责任的做法有：法律合规、道德合规、慈善捐助。

法律合规

法律合规（legal compliance）是指组织按照法律法规的相关规定从事经营活动的程度。法律合规问题的管理任务一般分配给适当的职能管理人员。例如，组织的人力资源主管负责确保组织在招聘、付酬和工作场所安全与健康等方面符合相关法律法规的要求；财务主管一般监督对证券和银行监管法规的遵守情况；法律事务部提供总体监督，以及解答管理人员在法律法规方面提出的疑问。然而，只遵守法律法规可能还不够，在某些情况下，完全合法的会计行为仍然可能导致欺骗和其他问题。[30]

道德合规

道德合规（ethical compliance）是指组织成员的行为符合基本道德（和法律）标准的程度。我们曾指出，组织已经增加了在道德方面的努力，提供道德培训，制定指导方针和行为准则。这些活动是加强道德合规建设的工具。许多组织还建立起正式的道德委员会。

这些委员会可能负责复审新项目意向书，帮助评估新的招聘策略，或者评定一项新的环境保护计划。这些委员会也可能作为同行评审小组，来评判被认为道德行为不端的员工。[31]

慈善捐助

慈善捐助（philanthropic giving）是向慈善机构等捐赠资金或物品的行为。塔吉特将 5％的应税收入捐给慈善机构和社会项目。奥马哈牛排（Omaha Steaks）每年捐助超过 10 万美元善款支持艺术创作活动。[32]跨国捐助也变得非常普遍。例如，美国铝业给巴西一个小镇捐助了 112 000 美元，建立了一个污水处理厂。索尼和三菱等日本公司也向美国若干社会项目捐款。然而，在当前缩减开支的大环境下，许多企业被迫限制其慈善捐助数额，以继续削减公司预算。[33]还有许多继续捐款的公司把目标设定在会给公司带来回报的一些项目或领域上。例如，公司更有可能把钱捐给职业培训项目而不是艺术活动，因为它们从前者能获得更直接的回报，能够从受过更好培训的劳动力中招聘到新员工。[34]事实上，企业给艺术项目的捐款在 2008—2010 年下降了 29％，之后逐渐恢复到经济衰退前的水平。[35]

1.6.2　非正式组织层面

除了上述管理社会责任的正式组织层面的举措之外，还有非正式组织层面的努力。组织领导和组织文化，以及组织对待检举揭发者的态度，这些都有助于塑造和界定员工对组织采取的社会责任姿态的认识。

领导行为和组织文化

领导行为和组织文化对定义一个组织及其成员对社会责任所采取的立场有很大帮助。[36]遵守道德规范的领导经常为整个组织定下基调。例如，多年来，强生公司的高管向员工传递出始终如一的信息，即顾客、员工、公司经营活动所在社区和股东都很重要，且重要性按这个顺序递减。因此，在 20 世纪 80 年代，当商店货架上出现了被投毒的瓶装泰诺胶囊时，强生公司的员工不需要等待总部的命令就知道该做些什么，他们没有优先考虑这种行为会如何影响股东的利益，而是立即行动起来，在其他顾客购买之前，把所有泰诺胶囊从货架上撤下来。[37]

举报

如此前所述，举报是指某一员工对组织内其他员工违法或不道德行为的检举揭发。[38]组织对此作出的反应经常表明它对待社会责任的姿态。举报者可能不得不通过多种渠道才能使举报得到受理，甚至有可能因此而被解雇。[39]然而，许多组织欢迎举报者作出贡献。当注意到可疑行为时，员工一般先将事件上报给自己的直属上级。如果直属上级未予以处理，举报者可以随后报告更高一层的管理者。如果公司有道德委员会的话，也可以上报道德委员会。如果在公司内部得不到解决，举报者可能不得不向监管机构甚至媒体进行举报。例如，查尔斯·小罗宾逊（Charles W. Robinson, Jr.）曾担任位于圣安东尼奥市的葛兰素史克公司（Glaxo SmithKline）的某个实验室的主任。他发现公司在利用一个可疑的收账模式，从医疗保险中收取实验室费用，账单都大大高于公司对相同测试所收取的正常费用。他向高层经理指出了这个问题，但不被理会。随后，他把自己发现的问题向美国政府举报。美国政府对该公司提起诉讼，并以 3.25 亿美元达成和解。[40]

密西西比州斯坦尼斯航天中心（Stennis Space Center）的前雇员大卫·麦基（David Magee）向上级和联邦探员报告，政府职员与洛克希德·马丁公司（Lockheed Martin）和科学应用国际公司（Science Applications International Corporation）合谋，以确保这两家公司可以赢得合同，承包海军海洋局主要共享资源中心（Naval Oceanographic Office Major Shared Resource Center）的建设工作，这样做违反了《虚假申报法案》。依麦基所诉，被告共享有关投标过程的保密信息，以确保能够中标。因为麦基的投诉，洛克希德·马丁公司最终支付了 200 万美元的费用，其中 56 万美元归麦基所有。[41]

1.6.3　评估社会责任

为了确保自己的努力产生预期效益，任何认真对待社会责任的企业都必须将控制理念应用于社会责任。许多组织要求所有员工阅读企业的职业道德准则或守则，然后签署一份同意遵守这项准则或守则的个人声明。企业还应该对自己是如何回应涉及法律或道德问题的行为作出评估。企业是否立即追查了问题行为？是否惩罚了参与者？是否使用了拖延和掩盖策略？这些问题的答案可以帮助组织形成一种履行社会责任的方法。

组织有时可能会评估其社会责任活动的实际效果。例如，当英国石油公司在芝加哥开展一个职业培训项目时，它额外投入资金来评估该项目在多大程度上实现了目标。此外，一些企业偶尔会进行**企业社会责任审计**（corporate social audit），即对企业社会责任工作的有效性进行正式的全面分析。通常由公司高管组成的专责小组负责进行审计工作。企业社会责任审计要求明确定义所有的社会责任目标，分析每个目标投入的资源，确定如何实现每个目标，并对需要额外关注哪些方面提出建议。评估显示，全球最大的 250 家公司中，大约有 80% 发布了年度报告，对它们在环境保护和社会责任方面所作出的努力进行了总结。

动荡时期的管理　　　　粉碎电子文件记录

2015 年，托管希拉里·克林顿（Hillary Clinton）私人电子邮件服务器的公司使用了一个名为 BleatBit 的简单程序，来删除个人电子邮件的存储文件（.pst 文件），从而使电子邮件保存问题成为全国瞩目的焦点。在那之前，就已有许多源于被泄露的个人电子邮件的重大企业丑闻。花旗集团（Citigroup）分析师杰克·格鲁曼（Jack Grubman）为了讨好首席执行官桑迪·威尔（Sandy Weill）而改变了推荐的股票，并通过电子邮件对这一安排加以确认。[42]调查人员发现，在美国司法部介入调查后不久，安达信会计师事务所（Arthur Andersen）的审计负责人大卫·邓肯（David Duncan）曾试图删除能够证明其罪行的电子邮件。[43]瑞士信贷第一波士顿银行（Credit Suisse First Boston）的一名分析师蒂姆·纽因顿（Tim Newington）拒绝更改一名客户的信用等级，之后一封关于纽因顿的诚实可能会带来麻烦的电子邮件流传开来。邮件中写道："我们所面临的更大的问题是针对纽因顿的事情，我们需要做些什么。我不敢肯定此时此刻他能否挽回局面。"[44]

大众汽车前信息经理丹尼尔·多诺万（Daniel Donovan）曾作为举报者提起一场涉及大众汽车的诉讼。美国环境保护署（EPA）发现大众汽车在某些柴油汽车上安装了软件以在排放测试中作弊。在 EPA 向该汽车公司提交违规通知后不久，多诺万向上司报告他的同事一直在删除电子数据和信函，结果因此遭到解雇。[45]

大众汽车的员工声称，他们删除数据是因为存储空间不足。除了释放硬盘空间外，还有其他正当理由删除商业电子邮件吗？保留数据文件的合理时间是多长？是否有必要删除电子邮件的所有痕迹？BleatBit 网站声称，其产品可以释放缓存、删除 Cookie、清除历史记录、粉碎临时文件、删除日志并清除垃圾；除了简单地删除文件之外，BleatBit 还具有一些高级功能，如粉碎文件以防止恢复、擦除可用磁盘空间以隐藏被其他应用程序删除的文件的痕迹等。它还指出，由于该程序是免费的，因此没有资金踪迹。但正如上述案例所表明的，电子邮件即使被粉碎，也有办法将它复原。

问题与练习

复习题

1. 哪些因素决定了一个人的道德观？对你而言，哪个因素最为重要？
2. 在作决策时，企业应该考虑哪些利益相关者？
3. 企业应该主要关注哪些领域的社会责任？
4. 企业对待社会责任问题采取的四种姿态是什么？
5. 政府如何影响企业的社会责任？

分析题

1. 在你看来，哪个领域的社会责任最重要？为什么？除了本章提到的，你认为还有哪些领域的社会责任也很重要？
2. 政府在社会责任中应该发挥什么作用？政府应该制定更多法规鼓励企业对利益相关者负责，还是应该采取一种自由放任的方式，允许企业只按照自己的选择承担社会责任？
3. 根据《反海外腐败法案》，美国企业向其他国家的政府官员行贿是违法的。这一规定给在海外从事商务活动的美国企业带来了哪些挑战？

应用练习题

1. 请描述你个人的道德准则，包括你采用的对错评判标准以及道德决策框架。
2. 通过查阅报纸、杂志和其他商业资料，找出至少一家对社会责任采取蓄意阻挠姿态的公司、至少一家采取防御姿态的公司、至少一家采取适应姿态的公司、至少一家采取主动姿态的公司。重点说明这些公司的哪些行动支持你得出这样的结论。

案　例

就是非凡

在本章开篇，我们阅读了公平贸易的具体做法，尤其是其在可可市场和非凡巧克力公司的实际应用。利用本章所学内容，你应该能够回答下列问题。

◇问题讨论

1. 虽然非凡巧克力公司已经接受了公平贸易的概念，但它的产品不是有机的。公司的网站上说明了这样做的理由：采用纯有机生产方法可能会导致生产更不稳定，因为可可很容易出现病害。你认为从道德意义上讲，非凡巧克力公司有义务要求种植者作出改变采用有机生产方式吗？为什么？

2. 你如何描述非凡巧克力公司履行社会责任的方式？它如何平衡对利益相关者的责任？

3. 你在购物时是否关注公平贸易产品？对于哪些产品，你可能愿意支付溢价来帮助那些生产原料的人？

4. 在什么情况下公平贸易可能会造成实际伤害？对谁造成伤害？在什么情况下公平贸易将不可接受？

当强风暴袭来

2012 年 10 月 25 日，飓风"桑迪"带来了一场毁灭性的袭击，从加勒比海一路席卷至美国东海岸。狂风暴雨呼啸而来，沿途重袭海地、牙买加和古巴，造成 72 人死亡，数百万人无家可归。海地于 2010 年发生过地震，"桑迪"来临时，海地仍处于恢复和重建中，这场飓风导致洪水泛滥，破坏了食物供应的安全性，使至少 1 500 万人面临感染霍乱和其他水传疾病的危险。

飓风继续北上，向美国东海岸袭去，于 10 月 29 日登陆新泽西州。祸不单行，飓风与冬季天气系统叠加，波及范围广大，南至田纳西州、西至密歇根湖地区都受到其影响。著名的泽西海岸受到毁灭性大风、暴雨以及史无前例的洪水的破坏。"桑迪"过后，许多地区断电延续数周。据估计，美国这次损失超过 500 亿美元，飓风"桑迪"成为美国有史以来最严重的自然灾害之一。

飓风对泽西海岸沿岸的企业造成了直接且深远的影响。辛勤工作的企业家们眼看着洪水毁掉了自己的企业，影响了自己的客户。大型家装商店，如劳氏公司（Lowe's）和家得宝公司（Home Depot）都被迫关门，而此时恰恰是顾客最需要它们的时候。

企业界的反应十分迅速。劳氏公司立刻用卡车运来电池、发电机和手电筒，让受灾最严重地区的商店重新开门营业。此外，公司不仅没有"趁火打劫"，而且承诺应急物资及其他商品的价格保持不变。[46]

家得宝公司旗下的慈善机构——家得宝基金会（Home Depot Foundation）向美国红十字会（American Red Cross）、Team Rubicon 和 Operation Homefront 等机构捐出 100 万美元，用于飓风后的救灾、恢复和重建。[47]

电器制造商惠而浦（Whirlpool）也行动起来，捐赠了 30 台家用电器。来自探索通信公司（Discovery Communications）和仁人家园（Habitat for Humanity）的志愿者对泽西海岸沿岸的住宅进行了重建，并安装上其所捐赠的家用电器。公司在发现旅游生活频道（Discover's TLC）插播广告重点宣传它们的捐赠情况。[48]

尽管灾后恢复工作要持续多年，但是这些企业为减轻自然灾害的影响作出了贡献，同时也加快了恢复和重建过程。

◇问题讨论

1. 在飓风"桑迪"过后，劳氏公司承诺保持应急物资价格不变。你认为其他零售商是否也会作出类似行为？为什么？

2. 你认为承担社会责任对企业有益吗？是什么促使一个以营利为目的的企业如惠而浦捐赠家用电器用于重建工作呢？

3. 你认为家得宝公司解决社会责任问题的做法有什么特点？请证明你的观点。

4. 你是否认为美国企业对支持新泽西州或海地的重建工作有更大的责任？试论述你的观点。

5. 面对飓风"桑迪"这样的自然灾害，政府应扮演何种角色？

注　释

第2章 创业、新企业和企业所有权

➡ **学习目标**

1. 定义小企业，论述它对美国经济的重要性，并解释受小企业欢迎的经营领域。
2. 解释什么是创业，并描述创业者在性格和行为上的主要特点。
3. 阐述小企业的独特能力、创业计划和初创企业要制定的决策，确定小企业可以获得融资的渠道。
4. 探讨初创小企业的趋势，明确小企业成功和失败的主要原因。
5. 解释什么是独资企业、合伙企业和合作企业，并且论述它们各自的优缺点。
6. 描述公司制企业，探讨它的优缺点并区分不同类型的公司制企业；阐述管理公司制企业时所涉及的基本问题，讨论与企业所有权相关的特殊问题。

开篇案例   **由滞纳金催生的企业**

在 20 世纪八九十年代，想宅在家中观看电影的消费者会前往附近的录像带租赁店租录像带。百视达（Blockbuster）是这个市场的领军者。消费者可以花几美元的固定费用租一部电影录像带，但是滞纳金很高。1997 年，加利福尼亚州企业家里德·哈斯廷斯（Reed Hastings）在百视达欠下了 40 美元的滞纳金。"逾期了六周，"他承认，"我把录像带放错了地方，但我不想告诉我妻子……我为此感到很难为情。"找到几周前租来的《阿波罗 13 号》电影录像带后，他在去健身房的路上归还了录像带，并且支付了滞纳金。事后想来，他当天的行程安排非常凑巧，他回忆道，"在健身的过程中，我意识到健身房拥有一种更好的商业模式。你每月支付三四十美元就可以随时去健身"。

于是，创办奈飞（Netflix）的想法就这样诞生了。但是，哈斯廷斯知道他得循序渐进。因此，在 1997 年成立的时候，奈飞仅有的创新只涉及在网上可方便预订碟片，以及可以通过邮寄方式收到和归还碟片；奈飞出租碟片的价格仅为每件 4 美元外加 2 美元邮费

（当然还有滞纳金）。用户主要是那些想宅在家里就能观看电影的人。哈斯廷斯和联合创始人马克·伦道夫（Marc Randolph）很快决定测试订阅模式，用户只需支付固定费用，就可通过邮寄方式无限次租片观看，还有最重要的就是取消到期日（即没有滞纳金）。用户首先能够从每次付费租碟片转换到免费体验订阅服务，然后有机会在付费基础上更新碟片订阅。"我们知道这不会很糟糕，"哈斯廷斯说，"但是我们不知道它是否会成功。"第一个月，80％尝试免费体验订阅服务的奈飞用户都选择了付费订阅租片服务。

哈斯廷斯在 2003 年说："取消到期日、不收取滞纳金，这些做法相当奏效，现在看起来成功是必然，但是在当时，我们不知道用户会不会建立线上待看影片列表并使用。"对于奈飞用户来说，"列表"就是给用户希望观看的影片编制的一份清单。奈飞记录用户的列表，跟踪用户的网络搜索方向，随时更新列表，并在用户每次寄还碟片的时候，自动寄出下一部用户可能想看的碟片。

编制待看影片列表以及奈飞商业模式的实质，是提供便利性。为用户提供便利性的能力，加上节约成本，通常会使一家公司在行业内拥有竞争优势，但很难像奈飞一样对整个行业产生影响。奈飞的用户订阅模式不仅仅以一种出人意料的方式提升了整个行业的服务水平，还削弱了已在该行业从事经营活动的一些企业的竞争地位，尤其是百视达。2010年百视达宣布破产，次年被迪什网络公司（Dish Network）收购。之后的几年里，百视达的所有零售店和 DVD 邮寄租赁业务都被关闭了，尽管迪什网络公司仍然保留了对这个名字的版权。2009 年初以 36 美元股价购买奈飞股票的投资者发现，到 2015 年初奈飞股价已经超过 440 美元。

那么，哈斯廷斯创办的奈飞是如何在行业中占据领先地位的呢？一方面，它的起步非常快。1997 年，DVD 在美国还正处于市场试销阶段，哈斯廷斯和伦道夫就断定，这种新媒介最终将取代录像带，成为家庭电影产业和家庭电影租赁者的新选择。他们的判断是正确的，到 2002 年，1/4 的美国家庭拥有 DVD 播放机。作为第一家以邮寄方式租赁 DVD 影碟的公司，奈飞也是第一家建立邮寄租赁用户群的公司。哈斯廷斯说："人们最初曾认为这个想法非常疯狂。但是，正是因为这个想法与众不同，才使我们能够超越竞争对手。"随着奈飞不断扩大经营范围，不断培育用户群，其品牌认知度和忠诚度也在不断提高。"奈飞享有很高的用户忠诚度，它是一个激情澎湃的品牌，"哈斯廷斯解释道，"让用户满意至关重要，因为用户使用奈飞的次数越多，就越有可能留下。"

另一方面，更重要的是，奈飞继续走在创新的前列。在百视达倒闭之后，红盒子（Redbox）成为首选，但随着流媒体视频变得越来越普遍，红盒子面临与百视达一样的命运。奈飞不断演变，提供更多的流媒体内容，包括不断增加的高质量原创内容。虽然面对迪什网络、苹果、美国家庭电影台 HBO、哥伦比亚广播公司（Columbia Broadcasting System，CBS）和亚马逊等的竞争，但奈飞 2016 年的国际流媒体收入增长了 47％，而国内订阅用户增加了 1 000 万，总订阅用户接近 5 000 万。[1]此外，该公司在 2016 年获得了 54 项艾美奖提名。哈斯廷斯表示，在可预见的未来，公司计划继续专注于全球电影和电视业务。[2]也许奈飞下一个征服的领域中将出现 HBO 和美国福克斯有线电视网（FX）等有线电视网络的衰落。而只有哈斯廷斯和时间能告诉我们答案。（学完本章内容后，你应该能够回答章末的一系列讨论题。）

我能从中学到什么

一项盖洛普（Gallup）民意调查显示，在当今的美国，约有一半的年轻人对创业非常感兴趣。[3]即使你不是其中一员，但作为消费者、投资者或是客户，你也依然会与小企业以及企业家们打交道。你也可能会设法向他们推销产品或服务。理解创业的关键之一就是要了解企业家本人以及他们获得成功的原因。里德·哈斯廷斯身上显示出了许多成功的创业者应具有的主要特点。奈飞也凸显出在将商业想法转化成盈利企业时的一些内在问题。如果你渴望创办和经营自己的企业，你可以从哈斯廷斯及其管理团队的经历中获得宝贵的经验。作为一名投资者，你应该更好地做准备，评估行业中以前所未有的方式提供某种服务的市场潜力。本章将会讨论这些内容以及对于创办和经营一家企业十分重要的其他问题，包括创业计划、成败原因，以及不同所有制的利弊。首先，我们将对小企业作出定义，然后认识小企业对美国经济的重要性，在此基础上开始本章的学习。

2.1 什么是小企业

小企业很难界定。本地人所拥有和经营的餐馆、干洗店、汽车修理店还有美发店都是小企业，而如耐克、星巴克、苹果、塔吉特、奈飞这些公司显然是大型企业。在这两个极端类型的企业之间，还存在着数以万计不易归类的公司。

美国商务部（U. S. Department of Commerce）把拥有员工数量少于500人的企业定义为小企业。**美国小企业管理局**（Small Business Administration，SBA）是一个专门为小企业提供帮助的政府机构，它为不同行业制定了不同的标准。例如，它认为在某些行业中，雇用员工人数少于1 000人的企业是小企业。如果一个批发公司有100~500名员工，那么它就是小企业。而在其他行业中，如服务业、零售业和建筑业，则通常是根据收入进行分类。按照严格的数值界定小企业有时会导致相互矛盾的分类，因为我们所指的**小企业**（small business）是独立的企业（即不属于较大企业或者不是较大企业的下属单位），而且在市场上的影响力相对较小。因此，倘若一家小型的社区杂货店不是连锁超市的一部分，而且它支付给批发商的价格以及它向消费者收取的价格，在很大程度上是由市场力量决定的，那么它的规模就很小，它就是小企业。1984年，迈克尔·戴尔（Michael Dell）创立了戴尔（Dell），当时它还是一家小企业，但如今它已经是世界上最大的个人电脑公司之一，而且从任何意义上说，它都不再是一个小企业。它可以凭借强势地位与供应商进行讨价还价，并且可以在定价时较少考虑其他电脑公司的价格。

2.1.1 小企业对美国经济的重要性

如图2-1所示，美国大多数企业雇用的员工数量在100人以下，而大部分员工受雇于小企业。大多数市场经济国家都存在类似的情况。

如图2-1（a）所示，在美国全部企业中，有89.59%的企业雇用员工的数量不足20人，8.58%的企业雇用员工的数量在20~99人，还有1.52%的企业雇用员工的数量为

100～499 人。只有大约 0.16％的企业雇用员工的数量达 1 000 人及以上。此外，如图 2-1（b）所示，在所有员工中，有 17.86％的人受雇于员工总数不到 20 人的企业，还有 17.14％的人受雇于员工总数在 20～99 人的企业，另有 14.49％的人受雇于员工总数在 100～499 人的企业。所以，在所有就业者中，大约有一半的人受雇于员工总数不足 500 人的企业，而剩下的人则为更大的企业工作。我们可以从小企业对美国经济体系的几个重要方面所产生的影响来衡量小企业的贡献，其中包括增加就业、创新和对大企业的贡献。

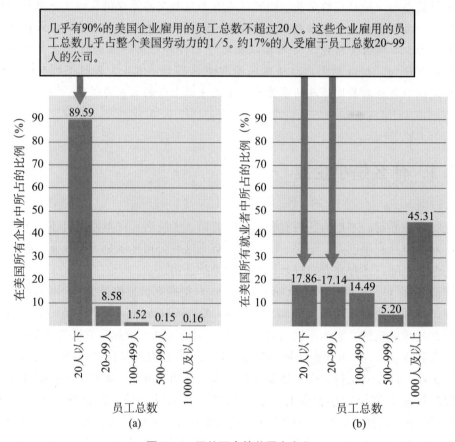

图 2-1 无处不在的美国小企业

资料来源：Data from www.census.gov/.

增加就业

小企业特别是某些行业中的小企业，是新增工作岗位（通常是高薪岗位）的重要来源。在美国经济中，高新技术产业大约有 40％的新增工作岗位来源于小企业。[4]创造工作岗位的公司规模有大有小，但它们都要聘用和解雇员工。虽然小企业的招聘速度通常更快，但它们裁员的速度往往也更快。在经济复苏时期，小企业一般最先开始雇用员工；而在经济低迷时期，大企业通常最后裁员。

然而，各种规模的公司增加就业的情况很难明确。其中一个原因是，当成功的小企业开始快速增加雇员时，它可能很快就不再是小企业了。例如，戴尔在 1984 年只有一名员工（迈克尔·戴尔本人）。但是到了 1986 年，公司在册员工增至 100 人左右，1992 年超过 2 000 人，2004 年超过 39 000 人，2010 年增至 94 300 人，到 2016 年超过 10 万人。尽管无法准确地确定戴尔在何时从小企业变成大企业，但它创造的工作岗位，有一些可以计入小企业部门，还有一些则应计入大企业部门。

创新

历史表明，重大发明不仅来自大企业，也可能来自小企业（或个人）。小企业和个人发明了个人电脑、不锈钢剃须刀片、复印机、喷气式发动机等新产品，推出了 Facebook、亚马逊、Instagram 和 eBay 等新模式。不过，创新并不总是意味着开发新产品。迈克尔·戴尔并没有发明电脑，而是发明了生产电脑的新方式（购买成品部件进行组装）和销售电脑的新方式（直销，即最初通过电话现在通过互联网直接卖给消费者）。同样，里德·哈斯廷斯既没有发明 DVD，也没有发明 DVD 租赁业务，但他引入了革命性的新型支付和交付模式。一般来说，小企业平均每位员工所产生的专利数量是拥有专利权的大公司的16 倍。[5]

对大企业的贡献

大企业生产的产品大多是通过小企业销售给消费者。例如，销售雪佛兰（Chevrolet）、丰田和本田（Honda）汽车的大多数经销商都是自主经营的小企业。虽然越来越多的消费者转向网上购物，但小企业仍扮演着关键角色。例如，大多数大型在线零售商实际上会将网站的创建和产品的分销外包给其他公司，其中很多是小企业或区域性企业。小企业也为大企业提供数据存储服务。此外，小企业还为大企业提供许多其他服务和原材料。例如，微软大部分日常代码编写函数就是依靠数百家小企业来提供的。

2.1.2 小企业广泛分布的领域

小企业在服务、零售、建筑、批发、金融和保险、制造以及交通运输等行业发挥着重要作用。一般情况下，所需的资源越多，创办企业就越困难，小企业就越难在行业中占据主导地位。记住，"小"只是相对而言的。小企业的划分标准随行业的不同而不同（依据员工人数和年销售额），且该标准只有在同真正意义上的大企业相比时才有意义。

服务业

在员工人数不足 20 人的小企业中，约有 56.2％从事的是服务业，业务范围从婚姻咨询到计算机软件，从管理咨询到专业遛狗等。小企业中的服务提供商增长最快，部分原因是其需要的资源较少。

零售业

将其他公司制造的产品直接出售给消费者的零售商在这些小企业中约占 11.9％。通常情况下，刚开始从事零售业的人更青睐于专卖店，比如销售大码男装和精品咖啡，因为它们可以把有限的资源集中在较小的细分市场上。

建筑业

约占 11.9％的美国小企业涉足建筑业。由于许多建筑工作都是地方性的小项目，譬如房主增建车库或者改造房屋，所以由当地承包商来处理这些项目通常是最合适的。

批发业

小企业在批发业领域常常做得比较好，在不足 20 人的小企业中批发商约占 5.0％。批发商从制造商或其他生产商那里大批购进产品并储存在便于出售给零售商的地方。

金融和保险业

金融和保险企业在小企业中约占 4.1％。这些企业大多是较大的全国性企业的子公司或代理商，如美国州立农业保险公司（State Farm Insurance）的办事处。在较小的社区和偏远的农村地区，地方性小银行也很常见。

制造业

虽然与其他行业相比，制造业更适合大企业，但是在不足 20 人的小企业中，仍然约有 3.9％属于制造业。在一些制造诸如电子产品、机械设备零部件和计算机软件的创新企业中，小企业有时比大企业做得更好。

交通运输业

在小企业中约有 2.8％属于交通运输业及其相关行业，包括许多出租车公司、豪华轿车出租公司、包机服务公司和旅行社。

其他行业

余下约 4.2％的小企业属于其他行业，如小型研发实验室和独立媒体公司，后者包括初创的媒体网站与小城镇的报纸和广播电台。

寻觅良策　　　　　　　　**服务业的崛起**

制造是指将各种资源组合转化成有形的成果，然后卖给其他人的商业形式。固特异（Goodyear）是制造商，因为它使用搅拌设备和造型机将橡胶和多种化合物混合起来制造出轮胎。布罗伊希尔（Broyhill）是制造商，因为它将采购的木材、金属部件、衬垫和织物组装成家具。苹果是制造商，因为它使用电子元件、金属零部件、塑料部件和合成材料组件来生产智能手机、电脑和其他数码产品。

制造业曾是美国的主流技术行业。然而 20 世纪 70 年代，制造业进入了一段漫长的衰落期，主要是因为外国竞争。美国制造企业发展迟缓乏力，而新的外国竞争对手进入市场，带来了更先进的设备和更高的效率。比如，亚洲的钢铁公司能够以低于美国大型钢铁企业伯利恒钢铁公司（Bethlehem Steel）和美国钢铁公司（U. S. Steel）的价格生产出高质量的钢铁。在这场生存之战中，一些企业消失了，而另一些企业经历了一段漫长而艰难的变革时期，通过精简机构、减少浪费，成功转型为更加高效、更加积极应对市场变化的企业。它们大量裁员，关闭过时或不必要的工厂，对保留下来的工厂进行现代化改造。经过十多年的努力，这些企业初见成效，美国制造业又重新获得竞争优势。尽管低价劳动力使亚洲继续成为全球制造业中心，但是曾经实力强大的美国制造企业再次蓬勃发展。

在制造业衰落期间，服务业取得了巨大的发展，这是因为受到了有远见的企业家的推动，才避免美国经济整体以相同速度衰退。服务业企业是将资源转变成无形成果、为顾客创造时间效用或者地点效用的组织。比如，奈飞通过邮寄和在线流媒体提供视频租赁服务,Facebook 为用户提供与他人进行社交和互动的场所,你所在地的理发师为你理发。1947 年,服务业产值在美国国民生产总值中占比不到一半。然而到 1975 年,该比例达到 65%,在 2016 年已经接近 80%。自 1990 年以来,服务业为美国创造了将近 90% 的新增工作岗位。

此外,服务业的就业人数预计将继续在美国经济就业总人数中占据更大的比例。2002 年,76.3% 的美国劳动者受雇于服务业,2012 年这一比例上升至 79.9%,2022 年约有 80.9% 的劳动者从事服务业工作。在所有服务业中,预计专业服务、商业服务以及医疗保健和社会救助这几类工作的就业人数将占更大的比例。根据美国劳工统计局(Bureau of Labor Statistics)的数据,2012—2022 年增长最快的职业几乎都属于服务业,主要是专业服务、商业服务、医疗保健和社会救助领域。

企业管理者逐渐认识到工厂里使用的许多工具、技术和方法对服务业企业也是很有用的。例如,汽车厂和理发店的管理者都需要决定如何设计所需设施和场地、选定最佳营业地点、确定最大产能、制定库存仓储决策、设定购买原材料的程序、设定生产效率和质量衡量标准。但与此同时,服务业企业必须根据与大多数制造企业有所不同的技能要求来雇用和培训员工。比如,消费者很少接触到为汽车安装座椅的丰田员工,因此可以根据技术技能需要雇用该岗位所需的员工;而销售和客户服务人员不仅要知道如何完成工作,还需要具备与各种各样的消费者有效地进行联系的能力。此外,大多数服务的生产与消费是同时进行的,因此需要重新审视传统的质量控制模式。随着服务业经济增长,管理者需要更多地了解如何有效地招聘、培训和奖励服务岗位的员工。[6]

➡ 2.2 创 业

前文提及,戴尔计算机公司最初是由一个人经营的小企业,后来成长为一家大型企业。创始人戴尔的设想和技能推动企业快速成长壮大。**创业者**(entrepreneur)是指像戴尔一样拥有企业并承担相关风险的人。[7]**创业**(entrepreneurship)是指敢于冒险、寻找商业机会的过程。然而,并不是所有的创业者都追求相同的目标。

2.2.1 创业的目的

人们决定创业,可能出于各种各样的原因。一些创业者创办新企业的目的是独立自主,不用为别人工作,同时获得一定程度的经济保障。这类创业者想要使自己和家人未来有稳妥可靠的生活保障,但是他们又不希望公司的增长超出自己的经营能力范围。例如,杰克·马茨(Jack Matz)曾是休斯敦一家公司的高管,当所在公司与另一家公司合并时,他失去了这份工作,但他并没有去谋求其他管理职位,而是在当地一所大学附近开办了一家打印社,提供复印和定制印刷服务。他的目标就是赚到足够的钱,舒适地生活,然后 10 年后退休。这类创业者创办的通常是小企业。

然而,另一些创业者创办新企业的目的是发展壮大,力图使自己的企业发展成大企业，这是戴尔在创办企业时的愿景。同样，霍华德·舒尔茨（Howard Schultz）在接手星巴克时，也计划使这家羽翼未丰的咖啡公司发展成为大企业。出于这类目的创办的企业通常是新兴企业、初创企业。

此外，在企业发展初期，创业者可能还不十分明确企业的发展目标。例如，某个创业者在创建企业时，可能并没有料想到它会有巨大的发展潜力，但后来发现，它能够大幅度增长。比如，马克·扎克伯格（Mark Zuckerberg）当初并没有料到 Facebook 会发展到现在的规模。而创业者也可能会在一开始制订雄心勃勃的发展计划，后来却发现很多增长机会并未成为现实，或者创业机会没有足够大的市场，或者另一家公司抢先确立了市场主导地位。

2.2.2 创业者的特征

无论创业的目的有何不同，许多成功的创业者都具有某些共同的特征：足智多谋，重视良好的客户关系尤其是与客户间的个人关系。他们中的大多数人有自己当老板的强烈欲望。许多人表示他们需要"获得对自己生活的支配权"，或者"为家人创造美好的生活"。他们相信，打造出成功的企业能帮助他们实现这些。他们也有应对不确定性和风险的能力。

过去人们刻板地认为，创业者就是"老板"——自力更生、决策迅速而果断的男性。现在创业者常常被看作开明的领导者，既可能是男性也可能是女性，他们更多依赖于网络、商业计划、共同意见。过去和现在的创业者对如下问题也有不同的看法：如何使企业成功，怎样将自动化技术运用于企业，何时借助交易经验或商业头脑等。[8]

下面以筱原欣子（Yoshiko Shinohara）为例：她 8 岁时失去父亲，28 岁时离婚，从没有接受过大学教育，70 岁时成为临时雇员集团（Tempstaff）的董事长兼总裁。临时雇员公司是一家日本临时工中介公司，筱原欣子在自己的一居室公寓里创办了这家公司。在 20 世纪 90 年代经济停滞时期，日本对临时工的需求大量增加，在此背景下，筱原欣子雄心勃勃，推动临时雇员集团发展壮大，现已发展为一家拥有 31 亿美元资产的大公司，总部位于东京。[9]

筱原欣子的故事说明了创业过程中的关键要素：敢于冒险。大多数成功的创业者很少认为他们所做的事情是在冒险。他们对想法和计划充满激情，几乎看不到失败的可能性，而有的没能成功创业的人则太在意失败，不敢冒险创办新企业。例如，当筱原欣子创办临时雇员集团时，几乎没有日本企业了解"临时工"这个概念，它们甚至都没有听说过这个概念。但是筱原欣子觉得"即使失败了，也不会损失什么"，并且她也不想自己一生都被束缚在现在的工作中，因此她敢于冒险。[10]

➡ 2.3 创立和经营新企业

首先，互联网和社交媒体极大地改变了创立和经营小企业的规则。创业比以往任何时候都更加容易、快捷，潜在的创业机遇比其他任何时候都更多，收集和评估信息的能力达到了前所未有的高度。例如，借助 eBay，许多由一个人经营的零售店的大部分交易都可以在互联网上进行。

即便如此，若要成功创业，创业者还必须作出正确的决策。例如，他们需要清楚为什么他们的企业将会成功。他们还必须决定如何开展业务——是收购现有的企业还是从头新建企业。他们必须知道什么时候向专家请教，以及从哪里筹措资金。如果新企业需要获得投资人的资金支持，或者从供应商或经销商那里得到一定的授信额度，创业者就必须提供一份精心设计、内容全面的创业计划。在起草创业计划之前，要先弄清拟创立公司的独特能力。

2.3.1 认清公司的独特能力

某个公司的独特能力是指该公司比竞争对手做得更好的方面。小企业的独特能力通常体现在三个方面：（1）在成熟市场中找到利基市场；（2）识别新市场；（3）先发优势。

在成熟市场中找到利基市场

成熟市场（established market）是指有许多企业按照相对明确的标准进行竞争的市场。例如，在哈斯廷斯决定创办奈飞时，音像制品租借市场就是成熟市场，占据主导地位的公司是百视达，但是其他一些独立音像制品租借公司生意也很兴隆。许多零售店都持有一定的音像制品存货。顾客开车或步行到店里付费租借音像碟片带回家。他们可以按规定租借一段时间，然后归还到店里（如果超过规定的时间未归还，就要交滞纳金）。**利基市场**（niche）是指目前尚未得到开发的细分市场。一般而言，小型创业企业比大型企业更善于发现这些利基市场。大型企业通常已经把大部分资源投入成熟业务活动，难以察觉新机会的存在。创业者可能会发现这些机会，并迅速采取行动以抓住机会。哈斯廷斯通过邮寄方式租借碟片的决定使奈飞得以开发并利用利基市场。

戴夫·吉尔伯亚（Dave Gilboa）和尼尔·布鲁门萨尔（Neil Blumenthal）这两位创业者创建了瓦尔比派克眼镜公司，通过邮寄的方式销售眼镜。这两位创业者意识到，大多数消费者到眼镜店试眼镜常常对过高的价格感到不满，因而购物体验很差。于是，瓦尔比派克眼镜公司以较低的价格销售设计时尚的眼镜，还提供退款保证。后来又借助灵活机动的营销，在利基市场上迅速崛起，仅在运营一年之后，就售出了 5 万多副眼镜，并实现了盈利。[11]瓦尔比派克眼镜公司现在已经成为领先的眼镜零售商。

识别新市场

成功的创业者也善于识别全新的市场。识别新市场的方法主要有两种。第一种，创业者可以将某一个市场上非常成熟的产品转移到另一个市场上。这正是马塞尔·比克（Marcel Bich）所采取的圆珠笔销售策略。在比克（Bic）圆珠笔占领了欧洲的成熟市场后，比克将它们引入美国。最终比克公司（Société Bic）逐渐占据了美国市场的主导地位。

第二种，创业者有时能够创造整个行业。由创业者发明的静电复印和半导体创造出规模庞大的新行业。首批进入这些市场的公司——施乐（Xerox）和美国国家半导体公司（National Semiconductor）不仅大获成功，而且它们的创业活动还带动了数百家其他企业的发展，并带来了数十万就业岗位。此外，因为不受过去特定经营方法的约束，初创企业通常比成熟的大型企业更善于识别新市场。

先发优势

先发优势（first-mover advantage）是指某家企业因在其他企业之前充分利用市场机会而得到的优势。有时大企业在现有市场或新兴市场上与小型创业企业几乎同时发现利基市场，却不能像小企业那样快速地利用这些机会。许多智能手机应用程序的开发者正在利用先发优势。

诸多原因造成了大小企业之间的这种差别。例如，许多大型企业决策速度较慢，因为它们的管理层较多，决策必须经过每一级的批准，才能予以实施。大型企业在利用新机会时，可能会将大量资产置于风险之中。波音每次决定建造一款新型商用飞机时，都是在做一个可能使公司因决策失败而破产的决策。风险可能致使大型企业格外谨慎。与之相反，小型企业面临风险的代价较低。当公司价值只有 10 万美元时，管理者可能愿意"拿公司赌一把"；当公司价值高达 10 亿美元时，他们可能就不愿意这样做了。

2.3.2　制定商业计划书

想要创业的人在认清公司的独特能力并决定一往无前之后，下一步就是制定**商业计划书**（business plan）。在商业计划书中，创业者要阐述初创企业的经营战略，并阐明企业将如何实施该战略。[12]商业计划书的真正益处在于：迫使创业者在投入时间和金钱之前，将创业的想法落实到书面，并使其对如何创业有更加明确的思考。商业计划书并不是最近才出现的，专业化的商业计划书的使用出现较晚，这主要是因为债权人和投资人要求提供商业计划书作为是否提供融资或进行投资的决策依据。

设定目标和目的

商业计划书要说明企业家的能力和经验可以满足生产和营销某种特定产品的要求。它从不同层面为企业制定了一系列战略，如生产和营销、法律、组织、财务与融资层面。商业计划书应具体回答三个问题：（1）创业者的目标和目的是什么；（2）采取什么战略来实现这些目标和目的；（3）如何实施这些战略。

销售预测

任何商业计划书的关键要素之一都是销售预测，商业计划书必须在合乎逻辑和系统研究的基础上认真论证取得商业成功的可能性。例如，创业者若没有做市场调研就不能预测销售收入。如果只是简单地断言初创企业月销售 10 万单位产品而没有提供市场数据，那么这个断言是不可信的。创业者必须证明自己了解目前市场情况，说明企业现有的优缺点以及竞争策略。没有销售预测，就无法估计出工厂、商店或办公室所需的规模，无法决定要持有多少存货以及雇用多少员工。

财务规划

财务规划指的是企业家将所有活动都转换为货币的计划。通常包括现金预算、利润表、资产负债表、盈亏平衡分析图。现金预算反映公司建成开始运营前需要多少资金，以及公司开始盈利之前维持正常运营需要多少资金。此外，财务规划的关键要求是稳妥可靠，切合实际。比如，计划经营几个星期后就能赚得巨额利润是不切实际的。

2.3.3 创立小企业

中国有一句古话：千里之行，始于足下。这对初创企业也很适用。创立新企业的第一步是明确个人成为企业主应负的责任。在制定商业计划书的过程中，创业者必须选择准备参与竞争的行业和市场。这一选择意味着不仅要评估行业环境和发展趋势，而且要评估创业者本人的能力和权益。像大企业的管理者一样，小企业主也必须明白他们所要创立的企业的性质。

收购现有企业

创业者在做好销售预测、完成财务规划之后，必须决定是收购现有的企业，还是白手起家，创立新企业。许多专家都推荐第一种方法，原因很简单，收购现有企业成功的概率比创立新企业更大。如果现有企业是一个成功的企业，这说明它已经有能力吸引顾客和创造利润，已经与贷款方、供应商和其他利益相关者建立了良好的关系。此外，与对初创企业前景的预期相比，现有企业的业绩记录会让潜在购买者更清楚地知道收购现有企业以后会发生什么。

雷·克罗克（Ray Kroc）收购麦当劳之后，凭借自己对创业的远见和对商业的洞察，把麦当劳发展成为一家巨型跨国公司。西南航空（Southwest Airlines）和星巴克之前都是处于艰难的运营状态中的小企业，被创业者接管之后，发展成为大型企业。在十几年内创建的所有初创企业中，大约有 35% 是收购而来的。

特许经营

麦当劳、赛百味、7 - 11 便利店（7 - Eleven）、瑞麦地产（RE/MAX）、假日酒店（Holiday Inn）和唐恩都乐（Dunkin' Donuts）的大多数零售店都是特许经营企业，即母公司向当地小企业主授权经营。**特许经营**（franchise）协议涉及被特许人（当地企业主）和特许人（母公司）。[13]

被特许人因获得特许人的经验和专长而受益。特许人甚至还会提供融资，帮助被特许人选址、洽谈租约、进行店铺设计和购买设备。特许人可以对首批雇员和经理进行培训，发布标准化政策和程序。开始营业后，特许人可能允许被特许人从配送中心采购原材料，从而节约成本。营销策略（尤其是广告）也可能由特许人负责实施。总之，被特许人不仅获得现有企业，还在企业经营中得到特许人专业化的帮助。

特许经营对特许经营权买卖双方都有好处。特许经营企业可以通过使用被特许人提供的投资而得到快速发展。被特许人得到属于自己的企业，并可以获得特许人的管理技能。被特许人无须从头创立企业，同时，因为每一家特许经营企业或许就是其他特许经营企业的复制品，所以失败的可能性较小。统计数据显示，特许经营发展势头良好。2015 年，特许经营企业增加了 24.7 万个就业岗位，创造了 8 680 亿美元的经济产出。据估计，特许经营行业在 2015 年贡献了美国 GDP 的 3.4%。[14]

采用特许经营模式最大的弊端是启动成本较高。特许权使用费差别很大。神奇山姆（Fantastic Sam's）美发店的特许权使用费为 18.5 万美元，被特许人还必须投入额外的资金建立美发店并配备设施。麦当劳特许经营店的初始特许权使用费至少为 100 万美元，除此之外还需要额外资金建立餐馆并配备设施，这些成本合起来一般会使启动成本高达 200 万美元左右。采用特许经营模式的职业运动队可能需要投资几亿美元。被许可人可能还必须按一定比例将部分销售额支付给特许人。一些公司不采取特许经营模式，其目的是更好地控制质量，赚取更多的利润。例如，星巴克不采用特许经营模式（星巴克允许其他公司通过许可协议加盟，经营星巴克咖啡店和其他利基市场上的零售店；然而，它没有将单个独立咖啡店的特许经营权出售给个人）。

白手起家

尽管困难重重，一些创业者还是从创业想法开始，一步步打造稳健运营的企业，寻求从头做起的满足感。选择新建企业有诸多现实原因。新建企业不会受到前企业主失误的不良影响，并且创业者可以自行选择贷款机构、设备、库存、地址、供应商和员工。在过去十多年的新建企业中，大约 64% 属于白手起家。现如今十分成功的一些企业，如戴尔、沃尔玛、微软和推特，都是当今最成功的创业者从头创立的企业。

但是，从头创立企业面临的风险要大于收购现有企业。新建企业的创始人只能预测企业的前景。企业的成败在于找准时机，比如生产一种目前市场上还未出现、将来消费者会高价购买的产品。为了找到打开市场的机会，创业者必须研究市场，然后回答下列问题：

- 我的顾客是谁？他们在哪里？
- 这些顾客愿意付多少钱购买我的产品？
- 我想以什么价格销售我的产品？
- 我的竞争对手是谁？
- 顾客为什么会购买我的产品，而不是购买竞争对手的产品？

2.3.4 小企业的融资

尽管选择创业方式很重要，但如果没有筹措到创业资金，这些就都无从谈起了。较为常见的资金来源包括家人和朋友、个人存款、贷款机构、投资人和政府机构。贷款机构更倾向于为收购现有企业的人提供融资帮助，因为更容易把控风险。创立新企业的个人很可能必须依靠个人资源。2008—2011 年的经济衰退有许多原因，其中之一是可获得的信贷额度锐减，包括用于帮助创业者创立新企业的贷款。信贷紧缩限制了初创企业的启动资金，也限制了现有企业进行新投资所需的资金。

据美国企业联合会（National Federation of Independent Business）的相关统计，个人资源是最重要的资金来源，而不是贷款。个人资源包括个人存款和向亲朋好友所借资金，它占投资初创小企业资金的 2/3 以上，其中一半用于收购现有企业。向银行、私人投资者筹资以及从政府机构得到贷款，都需要额外的努力。银行和私人投资者至少会要求审阅商业计划书，而政府贷款则有严格的资格审核。

风险投资公司（venture capital companies）是由一群小型投资人组建的、对具有快速增长潜力的公司进行投资以期获得利润的公司。大多数风险投资公司不发放贷款，它们做的是投资，就是给企业提供资金，以期得到企业的部分所有权（比如本章后面将谈到的股票）；它们可能还会要求成为董事会代表，在某些情况下，经理人在作出重大决策之前，需要得到风险投资公司的批准。在绝大多数情况下，风险投资公司并不投资于初创企业，而是在初创企业已经确切地显现出增长潜力时，才进行投资以帮助企业扩张。目前投资于美国的所有风险资本中，大约有 30％来自风险投资公司。美国在线（AOL）的创始人史蒂夫·凯斯（Steve Case）成功地经营一家风险投资公司。他希望投资于具有极好的经营理念、干劲十足的创业者和精心制订商业计划的初创企业。[15]

小企业投资公司（small-business investment companies，SBICs）也投资于具有快速增长潜力的公司。它们得到联邦政府的许可，可以将从小企业管理局借得的贷款用于向具有快速增长潜力的小企业投资或发放贷款。对其股东而言，这类投资公司本身就是投资。苹果、英特尔和联邦快递都曾得到小企业投资公司的资助。政府也资助少数族裔小企业投资公司（MESBICs），向少数族裔所拥有的企业提供贷款。

小企业管理局贷款项目

自 1953 年成立以来，小企业管理局专门设计了一些为小企业提供资金支持的项目。要获得小企业管理局的资助，必须符合小企业管理局规定的有关小企业规模和独立经营的标准，同时无法在合理的条件下获得私人融资。小企业管理局的融资项目中，最常见的形式是 7（a）担保贷款。担保贷款允许小企业向商业贷款机构借款，由小企业管理局提供担保，如贷款金额低于 15 万美元，小企业管理局的担保额度为 85％；如贷款金额高于 15 万美元，担保额度为 75％。[16]小企业管理局的专项贷款旨在帮助有特定需求的企业，比如为了满足国际化需要和实施污染控制措施。对于 5 万美元以下的贷款，小企业管理局提供小额贷款项目。认证开发公司（Certified Development Company）（504）项目提供来自非营利社区贷款机构的固定利率贷款，目的是促进当地经济增长。[17]

小企业管理局还帮助创业者提高他们的管理技能。退休主管服务团（Service Corps of Retired Executives，SCORE）是由退休主管组成的，他们自愿帮助创业者创立新企业。**小企业发展中心**（Small Business Development Center，SBDC）项目整合了各种准则和机构的信息，供初创小企业和现有小企业使用。

其他融资渠道

一些创业者从海外投资者那里获得融资。詹姆斯·巴克（James Buck）开发出一款用于治疗某些心脏疾病的植入式心脏装置，但未能找到合适的融资创立自己的企业。他后来到亚洲去寻找投资人，并从马来西亚政府那里获得 500 万美元的投资。[18]互联网也为创业者打开了新的融资渠道。例如，Kabbage.com 就是一家为小企业提供现金垫款的互联网企业。[19]

➡ 2.4 初创企业的趋势及其成败

山姆·沃尔顿（Sam Walton）、马克·扎克伯格、玫琳凯·艾施（Mary Kay Ash）以及比尔·盖茨等创业者都成功地将小企业发展壮大，但与此同时也有很多创业者遭遇失败。在美国，一般每年有 61 万～83.5 万家创企业，同时还有 60.5 万～80.5 万家企业遭遇失败。[20]2016 年有 66.5 万家初创企业开始经营，而另有 69 万家企业倒闭停业。在本节中，我们首先将探讨初创小企业的几个主要趋势，然后探究初创小企业失败或成功的一些原因。

2.4.1　小企业创立的趋势

如前所述，在美国每年都会涌现许多新企业。创业热潮出现的原因有很多，本小节只聚焦其中五个。

电子商务的兴起

创业发展最显著的趋势之一是电子商务的迅速兴起。互联网提供了一种全新的商业经营模式，彻底改变了企业传统的经营方法，因此，精明的创业者能够比以往任何时候都更快速、便捷地创立和发展新企业。例如，谷歌、亚马逊和 eBay 这类具有领先优势的企业能够横空出世，都应归功于互联网。

离开大公司

越来越多的人主动从大公司离职并运用积累的工作经验自己创业。原因如下：一些人产生了很棒的新创意，想要对其进行开发；一些人对在大公司里工作感到筋疲力尽；还有一些人失业后发现，为自己工作也是不错的选择。在决定一展身手去创业之前，约翰·钱伯斯（John Chambers）在 IBM 和王安公司（Wang Laboratories）工作过几年。1991 年他从王安公司辞职后，受雇于当时还只是一个在困境中苦苦挣扎的小企业的思科（Cisco）。在他的领导力和创业精神的引领下，思科现已成为全球最大和最重要的技术公司之一。

少数族裔和女性的创业机遇

选择创业的少数族裔和女性越来越多。[21]有关数据显示，非洲裔美国人拥有的企业数量增长了 60%，总数约为 200 万。拉丁裔美国人拥有的企业数量增长了 44%，总数约为 225 万。亚洲裔美国人和太平洋岛居民拥有的企业数量分别增长了 41% 和 35%。[22]

现如今，全美由女性拥有的企业达到 940 万家。这些企业每年创造的收入总计 1.6 万亿美元，雇用了约 900 万员工。[23]图 2-2 显示了女性创业者的一些创业原因。在丈夫决定成为一名免费的婚姻咨询师后，安妮·贝勒（Anne Beiler）买下了一个阿米什人的椒盐卷饼小摊来养家糊口。她长时间工作，不断改进菜单和椒盐卷饼的食谱，生意逐渐红火起来。如今，小摊已成为安妮阿姨软椒盐卷饼公司（Auntie Anne's Soft Pretzels），拥有 1 600 家门店，年收入超过 400 万美元。[24]

全球化机遇

许多创业者开始从国外市场寻找新的商机。道格·梅林杰（Doug Mellinger）是软件开发公司 PRT 集团的创始人兼首席执行官。梅林杰遇到的最大问题之一是如何找到受过良好培训的专业程序员。美国当地的程序员供不应求，而外国程序员面临移民配额的严格限制。于是，梅林杰在加勒比海岛国巴巴多斯建立了工作室，该国政府帮助他吸引外国程序员，使企业运营得更顺利。如今，PRT 已经拥有来自数十个国家的客户和供应商。

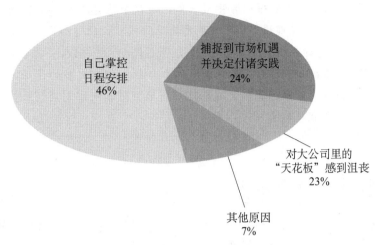

图 2-2 女性创业者的一些创业原因

存活率提高

由于创业的失败率有所下降，因而更多的人受到鼓舞，愿意发挥自己的创业技能。20 世纪六七十年代，只有不到一半的初创企业存活时间超过 18 个月，仅有 1/5 能维持 10 年。然而，现在超过一半的初创企业预期至少能存活 4 年，1/3 的初创企业至少可以存活 10 年。[25]

动荡时期的管理　　　　　　　　**风险大世界**

当信誉良好的个人或企业需要贷款时，他们通常会前往银行。提供信用评分和历史财务记录，他们一般都能借到发展业务所需的资金。但是，如果一个人需要少量资金来开始创业，而他没有信用记录，甚至没有任何与银行的业务关系，怎么办？在这种情况下小额贷款应运而生。这一情况在发展中国家尤为明显，跃跃欲试的创业者只需一两百美元就能让自己的企业起步。小额贷款的概念现已普及，但即使是最低额度的贷款，贷款机构仍要借助一些数据以决定最佳人选。除了基于众筹的小额贷款机构 Kiva 之外，小额贷款中还有更多的创新，比如 Tala 正在做的工作。

希瓦尼·希罗亚（Shivani Siroya）是一名投资回报研究员，她意识到小额贷款的借款人和贷款人都面临挑战。小额贷款成为她满怀热情致力研究的课题，她重返校园，在哥伦比亚大学（Columbia University）学习健康经济学和计量经济学。在此期间，她作为一名联合国研究员在非洲九个国家工作，深入研究了上述这些问题。她发现这些非洲国家的真正问题只是缺乏数据。2011 年 4 月，她创立了 InVenture 公司（现为 Tala），这是一家总部位于加利福尼亚州的科技公司，利用移动技术为印度、肯尼亚和南非没有银行账户的个人创建信用评分。

为了收集可用于小额贷款信贷决策的数据，Tala 开发了一款移动应用程序，用于监控用户的通话时长，并跟踪他们的金融交易。Tala 使用专有算法，对 10 000 多个指标进行评估。例如，平均通话时长超过 4 分钟的申请者被认为具有更牢固的业务关系，因此他们的信用风险更低。利用这些数据，Tala 为一半的申请人发放了小额贷款，通常为 20～100

美元，只收取 5％的利息。该公司在运营第一年，还款率就达到了 85％。

　　2017 年初，Tala 获得了超过 3 000 万美元的风险投资，通过加快产品开发和建立内部团队，其将服务扩展到新市场。但希罗亚并没有忘记初心。她在一次新闻发布会上说："从第一天起，Tala 的使命就是改变全球金融体系，让人们有更多的途径、选择。有了新的融资，有杰出的投资者和顾问团队，我们能够将数百万尚未得到周到服务的人与能够改善他们生活的金融服务联系起来。"[26]

2.4.2　初创小企业失败的原因

　　尽管创业存活率有所提高，但几乎一半以上的新企业难以获得长期的成功。为什么一些企业取得成功，而另一些却遭遇失败呢？虽然没有固定的成败模式，但导致企业失败的因素主要有四个：

　　1. 管理能力不足或经验不足。有些创业者会过分依赖常识，高估自己的管理能力或者错误地认为单凭辛勤工作就能成功。创业者如果缺乏基本的经营决策能力或者不懂基本的管理原则，那么通常是不会成功的。

　　2. 疏忽大意。一些创业者试图利用大量时间创办企业，而另外一些人只投入有限的时间来经营新企业。创业需要投入大量的时间。如果你不愿意付出创业所需的时间和精力，那么你的企业很难生存下来。

　　3. 薄弱的控制系统。有效的控制系统能够使企业步入正轨，并能提醒管理者注意潜在的问题。如果你的控制系统没有对即将出现的问题发出预警，那么你很可能因未能及时发现显而易见的问题而陷入难以应对的困境。例如，一些企业因对信贷和收款政策管理不当而失败。由于一味追求快速增长，它们可能对顾客延长贷款期限问题的处理过于随意，致使最终无法收回所有的应收账款。

　　4. 投资不足。一些创业者对公司多久将开始盈利的问题过于乐观。在大多数情况下，初创企业需要经过几个月甚至几年的运营之后才会开始盈利。亚马逊曾 10 年没有盈利，当然这期间仍需要资金来支付员工工资和其他费用。专家认为，企业至少需要经过 6 个月到 1 年才开始盈利，这期间需要有足够的资金来保证公司的正常运营。[27]

2.4.3　初创小企业成功的原因

　　在通常情况下，小企业取得成功有以下几点原因：

　　1. 工作努力、干劲十足、乐于奉献。小企业主必须全力以赴，并且愿意投入大量的时间和精力。塔伊·李（Tai Lee）想在得克萨斯州大学城（the College Station）开一家餐厅，但没有足够的启动资金。他与当地的一位投资者合作，于 2009 年开办了维利塔斯餐厅（Veritas Wine and Bistro）。在开业初期，他通常每天花费 14 个小时管理餐厅、烹饪餐食和接待顾客。他的妻子与他一同经营餐厅，为顾客服务，受理餐位预订。这种工作安排持续了三年多。最终维利塔斯取得了成功。如今，塔伊拥有三家餐厅，还有一辆广受好评的美食车。

2. 市场对企业产品或服务的需求。仔细分析市场状况能够帮助小企业主准确地评估产品可能受到欢迎的程度。专门经营烤土豆、松饼和冰激凌的餐厅往往很难扩大经营规模，而经营汉堡包和比萨饼的连锁店可以持续扩张。对维利塔斯而言，大学城可选择的精品餐饮相对较少，该细分市场对其产品或服务有旺盛的需求。

3. 管理能力。成功的创业者能够通过培训、总结经验或者借鉴他人的专业知识而获得管理能力。然而，很少有人能独自成功，或者大学毕业后就立即创业成功。大多数人会在成功的公司工作一段时间，或者与他人合作，将专业知识引进到初创企业。在维利塔斯开业之前，塔伊学习了商科课程和烹饪技术，他还向其他成功的企业家征求建议。

4. 好运气。艾伦·麦克金姆（Alan McKim）在新英格兰创办了一家环境清理公司——净港公司（Clean Harbors），他努力经营以使公司继续下去。就在这个时候，美国政府承诺提供160亿美元来清理有毒废弃物——这正是净港公司的专长。麦克金姆一举拿下几份政府的大项目合同，使公司有了稳定的资金来源。如果没有如此及时的政府资金，麦克金姆很可能已经失败了。同样地，哈斯廷斯若不是在顾客的需求从录像带转向DVD的时候就开始创建奈飞，他可能也不会成功。

2.5 非公司制企业所有权

创业者无论打算创建一家小型的本地企业，还是一家有快速增长计划的企业，都必须决定哪一种企业所有权形式最适合自己的目标：独资企业、合伙企业还是公司制。由于所有权形式的选择影响到一系列管理和财务问题，所以这一决定至关重要。创业者必须考虑自己的偏好、短期和长期的需要，以及每一种所有权形式的优势和劣势。表2-1比较了三种主要的所有权形式之间最重要的区别。

表2-1 三种所有权形式的比较

所有权形成	责任	连续性	管理	投资的来源
独资企业	个人承担无限责任	所有者去世或经营者决定停业时结束	个人，无限制	个人
合伙企业	个人承担无限责任	任何一位合伙人去世或决定停业时结束	无限制或依据合伙协议	合伙人个人
公司制	以出资额为限承担有限责任	按公司执照的规定，无限期或有具体年限	受董事会的控制，董事会由股东选举产生	股票承购

2.5.1 独资企业

独资企业（sole proprietorship）是由一个人所有，而且通常由一个人经营的企业形式。在所有的美国企业中，独资企业在数量上约占74%，然而其实现的收入仅占美国企业总收入的4%左右。独资企业一般规模都很小，但也有像炼钢厂或百货商店这样的大型企业。

独资企业的优势

自主经营或许是独资企业最重要的优势。由于企业归自己所有，所以独资人只需要对自己负责，而无须对其他任何人负责。独资企业也比较容易组建。创办独资企业的法律手续非常简便，起步成本也很低，所以这一所有权形式深受有主见、独立自主的创业者的欢迎。

独资企业颇具吸引力的另一个优势是政府对在创业初期可能遭受损失的企业给予税收上的优惠。税法允许企业主将销售收入和经营支出当作个人的财务问题，按个人所得税税率支付税款。这样，他们就可以通过从其他个人来源所产生的非企业经营收入中扣除企业亏损而得到减税。此外，独资人也不需要与其他人分享公司利润。

独资企业的劣势

独资企业最大的劣势在于个人承担**无限责任**（unlimited liability）。独资人对企业的所有债务承担无限责任。如果公司不能产生足够的现金，债务必须由公司所有者自己承担。另外一个劣势是缺乏连续性：所有者去世会导致独资企业依法解散。后继者可以对企业进行重组，前提是遗嘱执行人或继承人不另行出售其资产。

此外，独资企业依靠独资人一个人的资源，那么独资人个人在管理和财务上的局限性可能会限制企业的发展。独资人经常发现很难筹措到企业创立或扩张所需的资金，因为许多银行担心，倘若独资人丧失劳动能力或无力偿还债务，其将无法收回贷款。

2.5.2　合伙企业

合伙企业最常见的形式是**普通合伙制**（general partnership）。普通合伙企业与独资企业很相似，但它是由两个或两个以上的人所共同拥有的企业。其中，合伙人的出资额可以相等，也可以不等。在大多数情况下，合伙人平均分配利润或者按照最初的出资比例进行利润分配。但是，在某些情况下，也可能按照其他方式进行利润分配。比如，当地著名的运动员作为合伙企业的名义合伙人，没有实际出资却能获得利润。有的合伙人投入了企业需要的全部资金，但不参与公司的经营管理，这样的合伙人通常称为隐名合伙人（silent partner）。还有的合伙人可能不进行任何投资而只提供劳动力，在这种情况下，企业可能完全由出资方所有，但随着时间的推移，按合同规定，劳动力的提供者会逐渐获得企业的股权（通常称为汗水股权（sweat equity））。

合伙企业的优势

普通合伙制最显著的优势是新增合伙人能带来才能和资金，使企业具有更强的增长能力。由于银行更愿意贷款给不是仅靠一人经营的企业，所以相对于独资企业而言，合伙企业更容易获得银行贷款。它们也能够邀请新合伙人前来投资并加入企业。

如独资企业一样，合伙企业只需要满足很少的法律要求，就能够组建起来。即便如此，所有合伙企业都要首先制定某种合伙协议。美国各州都要根据《统一有限合伙法（修订版）》（the Revised Uniform Limited Partnership Act）的要求，填报合伙企业和合伙人的具体信息。除了法律规定的方式外，合伙各方也可能采取其他形式来约束彼此。在任何情况下，一份合伙协议都应该详细载明以下事项：

- 合伙人都有谁，每位合伙人的出资额是多少。
- 每位合伙人将按什么比例分配利润。
- 每位合伙人的职责是什么，向谁汇报工作。
- 合伙企业可以如何解散，解散时公司财产如何分配。
- 针对已故合伙人的继承人的要求，如何给予仍健在的合伙人适当的保护。

严格来说，合伙协议是一份私人文件。没有法律明文规定合伙人必须将协议提交给政府机构备案。合伙企业也不被视为法律实体。从法律角度来看，合伙企业就是两个人或者更多的人在一起工作。由于合伙企业没有独立的法律地位，所以国内税务部门按个人收入所得税形式对各合伙人进行征税。

合伙企业的劣势

和独资企业一样，合伙企业最大的劣势也是承担无限责任。每一位合伙人都可能要对合伙企业所产生的所有债务承担责任。任何一位合伙人产生的企业债务，都可能要由所有合伙人共同分担，即便是他们中的一些人不知道或不认可产生新的债务。

合伙企业也与独资企业一样缺乏连续性。任何一位合伙人去世或退出，都会导致原有企业的解散，即使其他合伙人想要继续经营企业。但是，解散并不意味着失去销售收入。其他合伙人可以组建一个新的合伙企业，将原有企业的业务延续下去。

合伙企业的另一个劣势是所有权难以转让。未经其他合伙人同意，合伙人不得出售自己所持股份。合伙人若想退出或将所持股份转让给子女，也必须征得其他合伙人的同意。

普通合伙制的替代形式

由于存在上述缺点，普通合伙制成为最不受欢迎的企业形式之一。据粗略统计，美国大约有 350 万家合伙企业，所创造的销售额仅占美国总销售额的 15%。[28] 为了解决普通合伙企业所固有的一些问题，尤其是无限责任问题，一些合伙人试图签订另一种合伙协议。**有限合伙制**（limited partnership）允许有限合伙人入伙。**有限合伙人**（limited partners）是指在公司经营中不发挥积极作用的合伙人，他们对公司投入资金并对公司的债务负有限责任，即只对投资范围内的债务承担责任。出于公司法律责任的目的，有限合伙企业必须至少有一位**普通合伙人**（general partner）或**积极合伙人**（active partner），来负责公司的经营、生存和增长。

在**业主有限合伙制**（master limited partnership）下，企业可以在纽约证券交易所等公开市场上将公司股份（合伙企业的股权）出售给投资者。而投资者可以从利润分配中享受丰厚的回报。主要合伙人持有企业至少 50% 的股份，负责公司的日常经营，而少数合伙人通常对公司的经营管理没有发言权。（主要合伙人与普通合伙人不同，后者没有持有股权份额的限制。）主要合伙人必须定期向少数合伙人提供详细的经营情况报告与财务报告。

2.5.3 合作企业

有时，独资企业或合伙企业会达成协议组成合作企业，为了共同的利益通力合作。**合**

作企业（cooperatives）这一企业形式既具备独资企业经营上的自由，又具有公司制企业雄厚的财力。它给予成员更强大的生产能力和营销能力。但它也受到限制，只为其成员的特定需求服务。尽管合作企业在美国经济中仅占很小的部分，但它在农业中的作用非常重要。优鲜沛（Ocean Spray）、佛罗里达柑橘种植者合作社（Florida Citrus Growers）、Riceland 和卡博特奶酪合作社（Cabot Cheese）是美国最知名的几家合作企业。

2.6　公司制企业

美国有数百万家公司制企业或股份制公司。如图 2-3 所示，公司制企业约占美国企业总数的 17%，却创造了总销售额的 81%。[29]几乎所有的大企业都采用这种所有权形式，公司制企业主导着全球商界。正如我们将看到的，公司规模不必很大，许多小企业也选择以公司制形式运营。

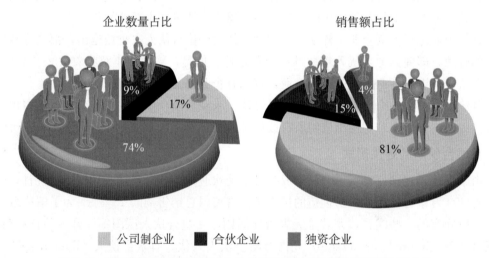

图 2-3　不同所有权形式的美国企业占美国企业总数量和销售额的百分比

资料来源：Based on http：//www.census.gov/.

世界最大的股份制公司沃尔玛公布的年收入在 4 820 亿美元以上，总利润为 160 多亿美元。即使较小的大型股份制公司亦公布称其创造了巨额销售收入。纽约时报公司（New York Times Company）的规模在美国公司制企业中排名第 500 位，其公布的年销售收入达 16 亿美元，利润为 3 800 万美元。鉴于公司制企业的规模和影响，我们对其给予极大关注。

2.6.1　法人实体

当提到股份制公司的时候，你可能想到的是通用汽车和 IBM 这样的企业巨头。提到"公司"，我们总会将它和规模较大、实力较强联系在一起。事实上，街角报摊具有和大型汽车制造商一样多的权利来组建公司。此外，报摊和通用汽车都具备所有**公司**（corporation）的特征：作为独立实体的法律地位、财产所有权和义务、永续经营。

1819 年，美国最高法院（U. S. Supreme Court）将公司制企业定义为"看不见、摸不着，且只在执法过程中存在的非自然人"。法院将这种公司定义为法人。因此，就像个人一样，公司可能进行下列活动：

- 起诉和被起诉；
- 买卖和持有资产；
- 生产和销售产品；
- 因从事违法犯罪活动而受到审判和处罚。

公司制企业的优势

公司制企业最大的优势是**有限责任**（limited liability）。投资者必须承担的责任仅限于自己在公司中的个人投资（通过持有股票进行投资，随后探讨这个话题）。一旦公司经营失败，法院可能查封并变卖公司的资产，但不能触及投资者的个人财产。例如，假设你以股票形式对一家公司投资 1 000 美元，如果公司破产了，那么你的损失仅为最初投资的1 000 美元。换言之，你应承担的责任仅限于你投入的 1 000 美元。

另一个优势就是连续性。因为公司的法定寿命与创立者和所有人无关，所以至少从理论上说，这类公司可以永远运营下去。股东既可以把公司的股票卖给别人，也可以把股票传给后代。同时大多数公司也会受益于专业化管理所提供的连续性。公司制企业在融资方面也有优势。通过出售股票，公司可以扩大投资者的数量和可用资金的数量。公司的连续性和法律地位也使贷款人更愿意贷款给公司。

公司制企业的劣势

虽然所有权易于转让是公司制企业最具吸引力的地方，但是它也会产生问题。比如，通过**要约收购**（tender offer）这一合法程序，即潜在的买家直接向公司的股东发出购买其所持公司股份的要约，买家可能在违背经营管理者意愿的情况下收购公司。还有一个劣势是创立成本。公司制企业受到严格监管，在哪个州成立公司领取执照，就必须遵守该州复杂的法律规定。

组建公司制企业最大的劣势是**双重征税**（double taxation）。除了需要就公司所得利润缴纳收入所得税之外，股东也要为自己对公司投资所得的回报缴税。因此，公司所得利润被两次征税——先是在公司层面征税，然后在个人层面征税。由于独资企业和合伙企业的利润被看作是企业主的个人收入，所以独资企业和合伙企业的所有者只被征税一次。

公司制企业的优势和劣势促使美国制定出建立不同类型公司的法律法规。大多数法规旨在帮助企业充分利用公司制的优势，而又不必承受公司制的劣势。下面，我们讨论不同类型的公司制企业。

2.6.2 公司制企业的类型

我们可以将公司制企业分为私营和公营两大类。这两大类又可以分为几种特定类型，表 2-2 进行了总结归纳。

表 2-2　公司制企业的类型

类型	区分特征	例子
封闭式公司	股票仅由少数人持有 适用公司税法	蓝十字/蓝盾（Blue Cross/Blue Shield） 万事达卡（MasterCard） 普莱姆星公司（Primestar）（卫星电视运营公司）
开放型公司	股票由投资者广泛持有 适用公司税法	苹果 星巴克 得州仪器（Texas Instrument）
S公司	类似封闭式公司 受补充性法规管制 适用合伙企业税法	Minglewood Associates 恩泰公司（Entech Pest System） 边业银行（Frontier Bank）
有限责任公司	类似开放型公司 受补充性法规管制 适用合伙企业税法	Pacific Northwest Associates Global Ground Support 丽思卡尔顿酒店（Ritz Carlton）
专业公司	适用合伙企业税法 有限企业责任 无限职业责任	Norman Hui，DDS & Associates B&H Engineering 安德森、麦考伊和奥尔蒂亚公司（Anderson，McCoy & Ortia）
跨国公司	经营范围跨越国界 受多国法律管制	丰田 雀巢 通用电气

• 美国公司制企业最常见的形式是**封闭式（或私营）公司**（closely held / private corporation）。所谓封闭式公司，是指股份由少数人持有，并且不能公开出售股票的公司。控股股东可能是一个家族、一个管理团队甚至该公司的员工。所以，对于热切的投资者来说，即使他们有兴趣购买公司的股票，也无计可施。大多数较小的公司制企业属于这种类型。

• 如果公司的股票可以公开发行，该公司就成为**开放型/公营公司**（publicly held/public corporation），也就是所谓的上市公司。公众可以广泛购买和持有上市公司的股票。许多大型企业都属于这种类型。

• **S公司**（Subchapter S Corporation，S Corporation）是封闭式公司和合伙企业的混合形式。它的组织和运营同一般的公司制企业没有区别，但与合伙企业享受一样的税收待遇。公司必须满足苛刻的法律条件才有资格成为 S 公司。例如，股东必须是自然人且是美国公民。

• 另一种混合形式是**有限责任公司**（limited liability corporation，LLC）。其所有者像合伙人一样纳税，根据自己的所得支付个人所得税。但是，有限责任公司与开放型公司享有同样的好处，即只承担有限责任。近年来，有限责任公司颇受青睐，部分原因是美国国税局（Internal Revenue Service，IRS）允许公司制企业、合伙企业和外国投资者持有有限责任公司的部分股权。

• **专业公司**（professional corporations）通常由医生、律师、会计师或其他专业人士组成。在这种组织形式下，所有者不必对公司的负债承担无限责任，但公司成员在某些情况下仍要对公司承担无限责任。比如由于个人的失误给公司带来的损失需由失误者自己承担，其他成员不必承担。

- **跨国公司**（multinational/transnational corporation），顾名思义，就是跨越国界在多个国家从事经营活动的公司。其股票可以在许多国家的证券交易所内进行交易，公司的管理者也可能来自不同的国家。

创业和新企业　　　　　　　　**不只是汉堡包和薯条**

2001 年，餐馆老板丹尼·梅耶（Danny Meyer）设在纽约市麦迪逊广场公园的一辆热狗售卖车开业。他希望能吸引更多的人来这一地区，为附近餐馆的员工提供更多的机会。这辆热狗售卖车很快就成长为一家休闲舒适的快餐店昔客堡（Shake Shack）。梅耶说，他们为这个小店铺取了很多名字（大多数不尽如人意，比如 Custard's First Stand、Dog Run 和 Madison Mixer），最终决定选择昔客堡。该公司网站解释了公司的定位：这家现代的路边小摊提供美味可口的汉堡包、热狗、奶油冻、奶昔、啤酒、葡萄酒等。作为一种社区快餐店，昔客堡欢迎来自本市、本国以及世界各地的人们聚集在一起，在舒适气派的就餐环境中品尝新鲜、简单、优质的经典美食。该公司只使用安格斯牛肉，安格斯牛肉来自吃素食喂养、人性化饲养、不使用抗生素的牛。

公司从这首个营业点开始发展壮大起来。梅耶聘请了一些投资者来推动公司的扩张，其中包括两家有限合伙企业 Green Equity Investors 和 Select Equity Group，以及私募股权投资人乔纳森·索科洛夫（Jonathan Sokoloff）。公司的扩张主要集中在美国的几个关键地区：纽约、马萨诸塞州、芝加哥和华盛顿特区。密西西比河以西唯一的一家餐厅位于内华达州的拉斯维加斯。截至 2015 年初，该公司在全球已有 13 家分店，包括伦敦、莫斯科和迪拜。这些餐厅非常受欢迎，人们经常排队一个多小时，希望能够吃到其著名的汉堡包和波浪形薯条。

为了将餐厅从 63 家扩大到 450 家，该公司于 2015 年 1 月进行了首次公开募股。当时，丹尼·梅耶持有公司 21% 的股份，两家有限合伙企业 Green Equity Investors 和 Select Equity Group 持有 38.3% 的股份。乔纳森·索科洛夫持有 26% 的股份。该公司以每股 21 美元的价格发售了 500 万股新股。通过首次公开募股，昔客堡筹集了 1.05 亿美元，用于推动业务扩张。在首次公开募股几天后，该公司的股票价格比发行价上涨了一倍多，仅梅耶所持股票的价值就超过 3.4 亿美元。Select Equity Group 在首次公开募股几天后出售了 400 多万股股权，实现了数百万美元的投资回报。根据该公司 2016 年 9 月 28 日提交给美国证券交易委员会的季度报告，该公司正在运营的餐厅有 105 家，其中 41 家为国际许可证持有人经营。这一切都始于公园里的一辆热狗售卖车。[30]

2.6.3　公司制企业的管理

由于必须满足各种法律条件，所以创建任何类型的公司制企业都可能是一个非常复杂烦琐的过程。此外，法人实体建成之后，必须由掌握**公司治理**（corporate governance）原则的人来进行管理，也就是说，公司的管理者要知道股东、董事和其他管理者在制定公司决策时的角色和责任。在本小节中，我们主要阐述有关股票所有权和股东权利的原则，说明董事会的作用。然后，我们研究与公司所有权相关的一些特殊问题。

公司治理的实行依赖于公司章程，通常涉及三大类明显不同的主体：股东、董事会和高层管理人员。**股东**（stockholder/shareholder）是公司的所有者，即购买了股票形式的所有权份额的投资者。董事会是由股东选举产生、对公司管理层进行监管的机构。高层管理人员由董事会聘用来管理公司的日常运营活动。

股东

公司将股份（股票）出售给投资者，这些投资者就成为股东。股东以分红的形式进行利润分配，而公司管理人员的任免由股东决定。在封闭式公司中，只有少数几个人持有股票，而开放型公司的股票可以由广大公众大量持有。

董事会

董事会（board of directors）是实施公司治理的机构，负责通过年度报告（即公司财务健康状况概要）等渠道向股东和其他利益相关者报告公司的状况。董事会还负责制定公司有关分红、主要支出和高管薪酬的政策。依照法律，董事会对公司的经营活动负责，而且董事个人对公司的经营活动承担越来越多的相关责任。

高层管理人员

尽管董事会负责监管公司的经营，但大多数董事并不参与公司的日常经营活动，而是聘用一批**高层管理人员**（officers）来管理公司。高管团队以**首席执行官**（chief executive officer，CEO）为首，并由首席执行官对公司的总体工作负责。其他的管理人员一般还包括总裁（主要负责公司内部管理）和副总裁（负责监督各职能部门，如销售部门和运营部门）。

2.6.4   与企业所有权相关的一些特殊问题

近年来，在企业所有权领域，有几个问题愈发重要，其中包括：战略联盟和合资企业、员工持股计划以及机构投资者持股。其他重要问题还包括企业合并、企业收购、资产剥离和资产分拆。

战略联盟和合资企业

战略联盟（strategic alliances）就是两个或两个以上的企业为了互惠互利而彼此合作的企业运营形式。如果战略合作伙伴实质上是共同组建一个新企业，共享这个新企业的所有权，也就是为了创办新企业而共同出资，则这样的企业称为**合资企业**（joint venture）。近年来，无论是在国内还是在国外，战略联盟的数量都在迅速增加。比如，通用汽车与福特宣布结成新的战略联盟，共同开发十速变速箱。[31]福特还与大众（在南美）和马自达（在日本）建有合资企业。

员工持股计划

员工持股计划（employee stock ownership plan，ESOP）允许员工通过代为托管的形式持有所在公司大部分股份。美国大约有 11 500 家公司实施了员工持股计划。近年来，新实施员工持股计划的公司的增长率略有降低，但是它仍然是美国企业所有权形式的一个重要组成部分。

机构投资者持股

大多数个人投资者拥有的股票份额较少，无法对公司管理者施加影响。近年来，更多的股份被**机构投资者**（institutional investors）持有。由于它们控制着巨大的资金资源，这些投资者，尤其是互助基金和养老基金，可以购买大量的股票。美国教师退休基金会（TIAA CREF）掌管着 4 800 多亿美元的资产，其中很大一部分投资于股市。在美国发行的所有股票中，机构投资者持股占 55% 以上。

企业合并、企业收购、资产剥离和资产分拆

另一组重要的问题包括企业合并、企业收购、资产剥离和资产分拆。企业合并和收购使两家或更多公司依法结合在一起。如果公司将某项业务运营部门出售给另一家公司，这种做法就是资产剥离。而通过资产分拆，公司将创建一个新的业务运营部门。

企业合并（merger），就是两个公司合二为一组成一个新公司。例如，美国联合航空公司（United Airlines）和美国大陆航空公司（Continental Airlines）合并成为世界上最大的航空公司之一。新公司沿用美国联合航空公司的名字，保留了大陆航空公司的装备设计。美国大陆航空公司的 CEO 接管新公司的控制权。公司用了两年多时间将原公司各自的运营业务整合在一起，变成一家步调统一、员工团结的新公司。美国航空公司（American Airlines）和全美航空公司（US Airways）宣布它们也在进行合并，截至本书撰写时，它们正在敲定整合计划。

企业收购（acquisition）是指一家公司完全买断另一家公司。许多被称为合并的交易实则是收购。为什么？因为合并后形成的新公司的所有权通常由其中一家公司所掌控。通常情况下，两家规模大致相同的公司之间的合并，即使一家公司由另一家公司接管，都称作合并。当收购公司的规模远远大于被收购公司时，这种交易才真正是收购。**并购**（merger and acquisition，M&A）是企业战略的重要形式。通过并购，企业可以实现某些战略目标：增加产品线、扩大运营规模、走向国际化和创办新企业。例如，哈里伯顿公司（Halliburton Corporation）收购了从事油田救火业务的 Boots and Coots 公司。

资产剥离和资产分拆（divestitures and spin-offs）。有时，公司会将现有业务的一部分出售，或者将其独立出去成立一个新公司。公司采取这一举措有几个原因。例如，公司可能决定应该更多关注核心业务，因此就会卖掉与此无关或者经营欠佳的业务部门，这一活动就是**资产剥离**（divestiture）。当公司为筹集资金而卖掉公司部分业务，这种战略就为**资产分拆**（spin-off）。资产分拆也可能指母公司认为将某一业务单位作为一个独立的公司更有价值，因而将其分离出去的战略。

问题与练习

复习题

1. 为什么小企业对美国经济很重要？
2. 小企业最容易进入哪些行业？最难进入哪些行业？为什么？
3. 创业成功和失败的主要原因是什么？
4. 非公司制企业所有权的基本形式有哪些？各种所有权形式的主要优势和劣势是

什么？

分析题

1. 在了解了创业者的特点之后，你觉得你适合创业吗？为什么？

2. 假如你打算创立一家新企业，你会选择什么类型？为什么？

3. 你更愿意收购现有企业，还是从头创立新企业？为什么？

4. 为什么封闭式公司会继续选择私营方式？它为什么可能会选择上市？

应用练习题

1. 采访一位独资企业或普通合伙企业的企业主/管理者。他为什么会选择这种所有权形式？他是否考虑过要改变企业的所有权形式？

2. 超过一半的小企业存活不过 5 年，但特许经营企业有更好的业绩记录。然而，可能很难获得特许经营权。对广受欢迎的餐饮业特许经营店，比如帕尼拉面包店（Panera Bread）、索尼克快餐店（Sonic）、加利福尼亚州墨西哥风味玉米饼店（California Tortilla）或赛百味连锁店做一次调研，详细说明开设特许经营店的资本净值和流动现金、先期费用和年费的要求。

案　例

由滞纳金催生的企业

在本章开头，你了解到创建奈飞想法的由来，以及奈飞选择业务模式的策略。运用本章所学内容，你应该能够回答下列问题。

◇**问题讨论**

1. 奈飞取得成功的主要原因有哪些？

2. 奈飞是一家公司制企业。你认为该公司为何采用这种所有权形式？

3. 哪些威胁可能会毁掉奈飞的成功？该公司可以采取什么措施应对这些威胁？

4. 假设里德·哈斯廷斯询问你如何使奈飞做得更好，你将建议他做些什么？

令人头痛的冰激凌

如果你去过酷圣石冰激凌店（Cold Stone Creamery），你会熟悉那里列出的似乎无穷无尽的各种冰激凌和配料单，以及成品蛋糕还有其他甜点。然而，你可能不知道，酷圣石是卡哈拉公司（Kahala Corporation）旗下的一个特许经营店，卡哈拉公司还拥有其他品牌，其中包括泰龙（Blimpie）三明治店和武士山姆日式烧肉店（Samurai Sam's Teriyaki Grills）。[32]

如果你考虑开一家自己的酷圣石冰激凌店，你可能会对它的加盟条件感兴趣。希望加盟酷圣石的创业者需要证明自己的资金状况良好，至少有 12.5 万美元现金以及 25 万美元净资产。先期特许费用为 27 000 美元，特许经营期限为 10 年。酷圣石在选址和开店方面提供大量帮助，但启动成本估计高达 467 525 美元。该公司估计，开设一家分店的平均时间为 4～12 个月，这对新的加盟商来说是一个真正的挑战。一旦门店开业，加盟商将支付总销售额 6% 的提成费和总销售额 3% 的广告费。[33]

酷圣石在选址、租赁条件以及设备选择方面提供支持。它在公司总部提供为期 11 天的培训，以及在加盟店提供为期 3 天的额外培训。门店开业后，公司会通过内部通信、年会、合作广告活动以及免费热线等方式提供持续帮助。

不过，酷圣石的收入有所下滑。2005 年一家门店一般每年收入约为 40 万美元，但是这个数字在 2011 年跌至 35.2 万美元。经济不景气减少了人们可自由支配的个人收入，打击了冰激凌行业。到 2016 年，酷圣石在全球的 1 500 家门店减少至大约 1 300 家，其中减少的大部分门店是美国的加盟店。2012 年，一群加盟商威胁要起诉酷圣石，声称公司并没有开展承诺的营销活动。此外，在未用礼品卡的收入和利息方面一直存在着争议。特许人和加盟商之间的紧张关系也越来越常见。《特许经营商业评论》（*Franchise Business Review*）总裁埃里克·斯蒂茨（Eric Stites）表示："当加盟店不再赚钱时，那就到了它们联合起来起诉特许人的时候了。"食品行业的加盟店受到的影响似乎最大。初始投资通常超过 45 万美元，但是年均利润仅为 88 382 美元。尽管一碗冰激凌几乎能让人一天都开心，但是一家酷圣石加盟店却未必能如此。[34]

◇问题讨论

1. 相比于从头创业，加盟一家酷圣石冰激凌店有哪些优势？

2. 加盟酷圣石冰激凌店有哪些劣势？

3. 加盟商必须要有至少 12.5 万美元的现金，但平均创业成本是其 2 倍之多。加盟资金最有可能从哪里来？

4. 在决定投资加盟之前你将如何进行研究？

5. 你有兴趣加盟一家酷圣石冰激凌店吗？为什么？

注　释

第**3**章 全球商务环境

➡ 学习目标

1. 阐述国际商务的兴起，并描述主要的世界市场、贸易协定和联盟。
2. 解释进出口平衡、汇率及竞争优势的差异如何决定国家和企业应对国际环境变化的方式。
3. 探讨开展国际商务活动及选择合适的国际化程度和组织方式所涉及的各种因素。
4. 阐释文化环境在国际商务活动中的作用和重要性。
5. 阐述国家间经济、法律和政治等方面的差异影响国际商务的方式。

开篇案例　　　　　　　　　　**打开大门**

2015年7月，在长达54年对古巴的敌对之后，美国正式与古巴恢复外交关系。贝拉克·奥巴马（出生于美国与古巴断交的那一年）敦促美国国会重新开放边境。[1]

边境的重新开放为美国企业创造了许多机会。其中最重要的一个影响就是美国公民能够前往古巴旅行。过去，前往古巴旅行仅限于从事某些教育或人道主义工作的人。然而，现在对12类前往古巴的旅行予以授权，其中包括体育比赛和民间项目，旅行者在旅行前不需要申请任何特殊的许可证。

在古巴，大多数酒店部分或完全由政府所有，一般都缺乏美国旅行者期望配备的设施。此外，酒店容量有限，没有新建的酒店。然而，许多私人住宅可供短期住宿，旧金山的爱彼迎（Airbnb）将旅行者与私人住宅对接。每晚只需25美元，旅行者就可以在古巴的私人住宅住宿，享受温暖的天气和加勒比海的阳光。[2]喜达屋酒店及度假村集团（Starwood Hotels & Resorts）通过与古巴政府谈判，获得了翻新和管理哈瓦那三家政府所有酒店的许可。

恢复外交关系、放宽旅行和金融限制，对旅游业和酒店业产生巨大影响，但美国对古巴的出口禁运仍然存在，只有美国国会才能废除这些限制。1960年，美国开始实行贸易禁运，严禁美国人以及由美国人拥有或控制的实体参与和古巴具有直接或间接的任何性质利益的交易。因此，古巴产品无法进入美国市场，也没有从美国进口产品，因而古巴积累下的巨额债务都是对其他贸易伙伴的。但是，观察人士同时也指出，如果取消贸易禁运，可能不会产生很大影响。现在，古巴人从总部位于瑞士的雀巢公司购买冰激凌和软饮料，从英国-荷兰合资企业联合利华购买香皂和洗发水，从巴西的苏扎克鲁兹公司（Souza Cruz）购买香烟。美国是世界上最大的朗姆酒市场这一事实并未阻止法国保乐力加集团（Pernod-Ricard）在古巴建造新的酿酒厂。英国的帝国烟草公司（Imperial Tobacco）预计当美国人能够再次购买优质古巴手卷雪茄时，其销量将能够翻一番。

加利福尼亚州精品咖啡生产商感恩咖啡公司（Thanksgiving Coffee Company）的创始人保罗·卡策夫（Paul Katzeff）认为，美国的贸易禁运非但不切实际（因为它没有达到目的），而且也很不道德（因为它惩罚的是古巴人民而不是古巴政府）。卡策夫在思考许多美国商人毫无疑问都在思考的同样问题——禁运取消之际，新的商机将会出现。他看到在取消禁运之后，古巴咖啡会有光明的前景，因为古巴咖啡豆质量好，潜力巨大。卡策夫对地缘政治的看法可能会激怒一些人，但他的商业意识似乎是合理的。当然，目前他还不能和古巴的咖啡种植者真正做生意，但他找到了一个方法来奠定坚实的基础。他已经与拉丁美洲和非洲的咖啡合作社建立了合作关系，这些合作社是由个体种植者组成的团体，他们将自己的作物集中在一起，以进入出口市场并获得更高的价格。

他的长期目标是投入资本，并掌握与古巴种植者打交道的诀窍。感恩咖啡公司古巴项目负责人尼克·霍斯金斯（Nick Hoskins）同样也已经开始与古巴咖啡种植者接触，卡策夫希望能够和古巴咖啡豆种植大省圣地亚哥的合作社达成"结对协议"，作为一个人文交流项目。在此期间，感恩咖啡公司愿意同美国咖啡消费者建立以货币或者其他方式进行交易的公共关系项目。（学完本章内容后，你应该能够回答章末的一系列讨论题。）

我能从中学到什么

正如我们将在本章中看到的，全球力量，无论是商业力量还是政治力量，每天都在影响着我们每一个人。随着你开始自己的职业生涯，不管你是旅居国外，还是为一家大公司工作，或是创办自己的企业，全球经济都会以各种方式影响你。不管每个人的角色和视角如何，不同货币的汇率和买卖产品的全球市场对每个人都十分重要。因此，本章将使你能够更好地了解作为顾客，各种全球力量如何影响你；了解作为员工，全球化如何影响你；了解作为企业主和投资者，全球化带来的机遇和挑战将如何影响你。你也将能够深入洞察不同地区的工资及工作条件与我们购买的商品和支付的价格有怎样的联系。

本章探讨的是全球商务环境。首先，我们将开始探讨一些影响国际商务活动的主要世界市场和贸易协定。然后，我们将探究国家和企业应对国际机遇和挑战的一些影响因素。之后，我们将关注管理层打算参与国际市场竞争时必须作出的一些决定。最后，我们将讨论影响国际商务活动的一些社会、文化、经济、法律和政治因素。

➡ 3.1 当代全球经济

世界贸易总额是巨大的，每年仅商品贸易额就超过 19.3 万亿美元。外国企业在美国的投资超过 2 250 亿美元，而美国在海外的投资超过 3 950 亿美元。[3]伴随着越来越多的公司参与国际商务活动，世界经济正通过**全球化**（globalization）过程迅速地发展成为一个相互依赖的系统。

我们所能购买的多样化商品是国际贸易带来的结果，我们通常认为这理所当然，对此习以为常。你所使用的电视机、所穿的鞋子，甚至是早晨喝的咖啡或果汁都可能是**进口商品**（imports），即在国外生产或种植而在国内市场上销售的产品。此外，许多公司的成功都依赖于**出口商品**（exports），即在国内生产或种植然后运至国外进行销售的产品，如机械设备、电子设备和农作物等。

麦当劳、微软、苹果和星巴克等公司已经发现利用国际市场可以取得丰厚发展成果。但是，公司在设法进行海外扩张时，有时会遭遇挫败。例如，家得宝关闭了它在中国开设的几十家商店，因为当地的劳动力成本较低，很少有房主对自己动手（DIY）组装的家具感兴趣。同样地，百思买（Best Buy）也关闭了它在中国开设的商店，因为当地的消费者能够从本地或网上商店购买价格更低廉的电子产品。[4]

全球化的影响并未随着公司设法在海外开店或被迫关掉经营失败的商店而停止。没有国际运营机构的小企业（比如独立的咖啡店）可能仍从国际供应商那里购买原材料，甚至个体承包人或自由职业者也可能会受到汇率波动的影响。

实际上，对大多数国家及其企业而言，国际贸易正变得越来越重要。许多国家过去曾经遵循严格保护国内商业的政策，而现在同样积极地鼓励贸易。它们向外商开放边境，鼓励本国企业进行国际扩张，让外国公司与本土公司的合作更容易。同样地，随着更多行业和市场走向全球化，在这些行业和市场上参与竞争的企业也走向全球化。

有几种力量共同推进全球化的进程。首先，政府和企业更深刻地意识到，全球化能够使企业和股东受益，能够提高生活水平和改善企业盈利能力。其次，新技术的出现使得国际旅游、沟通和商务变得比以往任何时候都更便宜、快捷。最后，各种竞争的压力使公司为了赶上竞争对手，不得不向海外市场扩张。

全球化也不乏批评者。一些批评者指责，全球化使企业得以剥削欠发达国家的工人，同时还能够避开国内的环境法规和税收法规的管制。比如，企业支付给越南工人和印度尼西亚工人的工资低于支付给美国工人的工资。在不同国家的工厂受到不同的环境保护法的管制。公司总部设在开曼群岛的企业缴纳的税款比较少。另外，他们还指责全球化导致文化遗产的丧失，而且从全球化中受益的往往是富人而不是穷人。譬如，随着英语在世界各地越来越广泛地传播，一些当地语言正在消失。同样地，在非洲大陆上发现石油或稀有矿产时，当地居民得到的经济利益也很少；富有的投资者从当地土地所有者手中买下所有权，而后者常常没有意识到这些资源的价值。所以，许多全球经济领袖国际峰会都会遭遇游行示威和抗议。

3.1.1 主要的世界市场

跨国公司的管理者需要充分理解全球经济，包括主要的世界市场。在这一小节中，我们首先来看一下富裕程度不同的国家之间最根本的经济差异，然后再探讨世界上一些主要的国际市场。

按富裕程度划分

世界银行（联合国下属的一个专门机构）采用人均收入来区分不同的国家。按照目前的分类方法，可以划分出四类国家[5]：

1. 高收入国家。年人均收入超过 11 115 美元的国家。
2. 中上收入国家。年人均收入在 3 595（不含）～11 115 美元的国家。
3. 中下收入国家。年人均收入在 905（不含）～3 595 美元的国家。
4. 低收入国家（常常称为发展中国家）。年人均收入不超过 905 美元的国家。

按照地理位置划分

世界经济主要围绕三大市场进行，即北美、欧洲和亚太地区。在这些地区中，中上收入国家和高收入国家相对较多，低收入国家和中下收入国家相对较少。

北美　美国作为世界上最大的市场和最稳定的经济体之一，在北美市场中占主要地位。加拿大在国际经济中也起着重要作用，另外，美国和加拿大互为最大的贸易伙伴。

墨西哥已成为主要制造中心，尤其是在沿美国边境一带，其由于劳动力成本和运输成本低，吸引了大批美国和其他国家的公司来这里投资建厂。然而，墨西哥作为一个低成本制造中心的角色似乎处于不断变化之中。许多专家认为，中国作为一个低成本制造中心的崛起，可能导致一些公司将生产从墨西哥转移到中国。[6]（墨西哥北部边境沿线地区不断升级的涉毒暴力也是导致工厂迁移的原因之一。）但是最近出现了回流趋势，我们将在本章"寻觅良策"部分予以探讨。

欧洲　欧洲可分为东欧和西欧。西欧一直以来都是一个成熟而分散的市场，其中占主要地位的是德国、英国和法国。西欧市场通过欧盟（稍后将做讨论）成为一个一体化的经济体系，其重要性更加凸显。电子商务和技术在该地区也越来越重要。在英格兰东南部、荷兰和斯堪的纳维亚国家，新创网络公司的数量激增；爱尔兰现已成为世界上最大的软件出口国之一；法国的斯特拉斯堡是新创生物技术公司的中心；西班牙的巴塞罗那拥有众多生意兴隆的软件和互联网公司；德国的法兰克福地区则有众多新成立的软件和生物技术公司。

东欧现已成为世界上重要的市场和商品生产基地。跨国公司如大宇（Daewoo）、雀巢、通用汽车和 ABB 集团等都已在波兰开展业务。福特、通用汽车、铃木（Suzuki）和大众等汽车企业在匈牙利也都建有新工厂。但是，政局的动荡、腐败和不确定性阻碍了俄罗斯、保加利亚、阿尔巴尼亚、罗马尼亚和其他国家部分地区的发展。

亚太地区　一般认为亚太地区包括日本、中国、泰国、马来西亚、新加坡、印度尼西亚、韩国、菲律宾和澳大利亚。20 世纪 70—80 年代，伴随着汽车、电子设备和银行业的大量涌入，这些国家和地区的经济得到迅速发展。但 20 世纪 90 年代末的一场金融危机，几乎使该地区每个成员的经济增长速度皆有所放缓。直到 2009 年全球经济衰退时，亚太地区才出现明显的复苏迹象。一旦全球经济重现增长势头，亚太地区有望再度跻身世界经济前沿，尤其是日本。

中国作为世界上人口最多的国家之一，已经成为世界上的一个重要市场，也是世界上最大的经济体之一。巨大的潜在消费者市场使中国备受瞩目。印度虽不属于亚太地区，却也正在迅速地崛起，成为全球最重要的经济体之一。正如在北美和欧洲一样，在不久的将来，技术在亚太地区将发挥越来越重要的作用。然而，在亚洲的一些地区，电子基础设施不完善，人们对计算机和信息技术的接受较慢，低收入消费群体所占比例较大，这些都阻碍了科技公司的出现。

3.1.2　贸易协定和联盟

各种法律协议推动了国际贸易的发展，影响着全球商务环境的形成。实际上，几乎每个国家都与其他国家签订了正式的贸易协定。一份协定就是一份法律协议，它明确规定了签订该协定的国家在哪些方面需要彼此合作。最重要的协定之一是《北美自由贸易协定》。欧盟、东南亚国家联盟和世界贸易组织都受到相关协定的约束，这些也都对国际贸易活动的开展起到积极的推动作用。

《北美自由贸易协定》

《北美自由贸易协定》（North American Free Trade Agreement，NAFTA）取消了美国、加拿大和墨西哥之间的大多数关税和其他贸易壁垒，该协定还对环境问题和劳工滥用问题制定了附加协定。

大多数观察家认为，NAFTA 即将实现它的基本目标——创建一个更加活跃、更加统一的北美市场。NAFTA 自生效以来，创造了数十万新的工作岗位。该数字虽然低于NAFTA 的支持者之前的期望，但可以肯定的一点是：NAFTA 的批评者，尤其是工会，曾预测美国将会因为墨西哥而失去大量的工作岗位，然而这一现象并没有发生。（另外值得注意的是，在 2016 年总统竞选期间，唐纳德·特朗普曾表示 NAFTA 是美国有史以来签订的最糟糕的协定之一。）

欧盟

欧盟（European Union，EU）包括大多数欧洲国家。欧盟成员国之间取消了限额，并且成员国之间进出口货物采用统一的关税。1992 年，随着内部几乎所有贸易壁垒的取消，欧盟成为世界上最大的自由市场。大多数成员国采用共同货币——欧元，这一举措进一步巩固了欧盟在世界经济中的地位。2016 年初，作为欧盟最重要的成员国之一的英国举行了全民公投，决定退出欧盟。英国政府于 2017 年 3 月正式启动脱欧进程。然而，短期内都难以完全了解英国脱欧的全部影响。

东南亚国家联盟

东南亚国家联盟（Association of Southeast Asian Nations，ASEAN，简称东盟）成立于 1967 年。该组织旨在促进成员国之间的经济、政治、社会和文化合作。由于规模相对较小，东盟在全球经济中的重要性不如 NAFTA 和欧盟。

世界贸易组织

《关税及贸易总协定》（General Agreement on Tariffs and Trade，GATT）签订于 1947 年，旨在削减或消除关税和进口配额等贸易壁垒。该协定鼓励各缔约方在规定的限额内保护国内产业，鼓励各方进行多边贸易谈判，削减或消除各种贸易壁垒。事实证明，GATT 相对来说是比较成功的。因此，为了进一步推动全球化的进程，成立了**世界贸易组织**（World Trade Organization，WTO），该组织于 1995 年 1 月 1 日正式开始运作。（GATT 实际上对 WTO 有制约作用。）WTO 要求成员开放市场，以扩大国际贸易。WTO 被赋予相应的权力，致力于实现以下三个目标[7]：

1. 鼓励各成员采用公平的贸易手段，促进贸易的发展。
2. 推进多边贸易谈判，削减贸易壁垒。
3. 建立公正的程序，解决成员之间的贸易争端。

➡ 3.2 国际贸易

全球经济的发展状况主要通过国际贸易来体现。当跨越国境进行货物、服务和货币的交换活动时，就发生了国际贸易。虽然国际贸易拥有诸多优势，但如果一个国家的进出口未能保持合理的平衡，那么国际贸易也会带来诸多问题。表 3-1 列出了美国主要的贸易伙伴。此外，美国也同其他更多国家进行贸易往来。例如，2013 年，美国对埃及的出口额是 51 亿美元，对科威特的出口额是 24 亿美元，对波兰的出口额是 30 亿美元，对赞比亚的出口额是 1.329 亿美元；美国相应从这些国家的进口额分别是 28 亿美元、122 亿美元、42 亿美元和 6 200 万美元。为了确定一国的贸易总体上是否平衡，经济学家经常采用两种衡量标准：贸易差额和国际收支平衡。

表 3-1　美国主要的贸易伙伴　　　　单位：百万美元

排名	国家	出口额	进口额	贸易总额	贸易占比
1	中国	115.8	462.8	578.6	15.9%
2	加拿大	266.8	278.1	544.9	15.0%
3	墨西哥	231.0	294.2	525.2	14.4%
4	日本	63.3	132.2	195.5	5.4%
5	德国	49.4	114.2	163.6	4.5%
6	韩国	42.3	69.9	112.2	3.1%
7	英国	55.4	54.3	109.7	3.0%
8	法国	30.9	46.8	77.7	2.1%
9	印度	21.7	46.0	67.7	1.9%

资料来源：http://www.census.gov/foreign-trade/statistics/highlights/top/top1512yr.html.

3.2.1 贸易差额

一国的**贸易差额**（balance of trade）指的是全部出口商品的经济总值减去全部进口商品的经济总值所得的差额。若一国的出口（向其他国家销售商品的金额）大于进口（从其他国家购买商品的金额），就会产生正的贸易差额。相反，若一国的进口大于出口，则会产生负的贸易差额。

　　贸易中常常会出现相对较小的贸易不平衡，这无关紧要。但是，较大的贸易不平衡要引起注意。在贸易差额中，人们最关心的是现金流动的问题。美国消费者和企业购买外国商品时，美元由美国流向其他国家；美国企业向国外消费者和企业销售商品时，美元由国外流回美国。较大的贸易逆差意味着大量的美元流向了国外。

　　若一国的进口大于出口，即一国的贸易差额为负值时，该国就会出现**贸易逆差**（trade deficit）。若一国的出口大于进口，该国就会出现**贸易顺差**（trade surplus）。若干因素如总体经济状况和贸易协定的作用，会影响贸易逆差和贸易顺差。比如，国内成本上涨、国际竞争日趋激烈以及一些区域贸易伙伴之间持续存在的经济问题，使得日本一度强劲的增长势头放缓。中国和印度的日益繁荣，使得这两个国家的进出口均得以大幅增长。

　　图 3-1 和图 3-2 体现了美国进出口贸易的趋势以及由此产生的贸易逆差。如图 3-1 所示，总体上，美国的进口和出口呈增长趋势，预计这一增长趋势会持续下去。

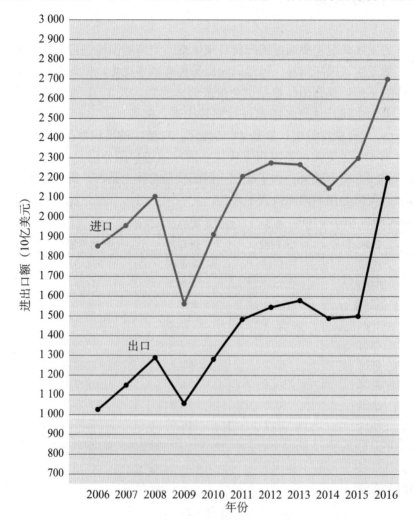

图 3-1　美国的进出口

资料来源：http://www.census.gov/foreign-trade/.

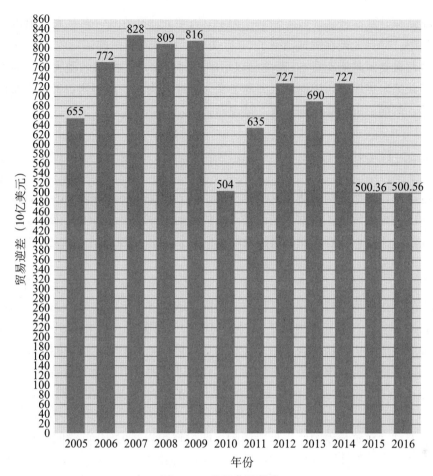

图 3－2　美国贸易逆差

资料来源：U. S. Census Bureau：Foreign Trade Statistics, at http://www. census. gov/foreign-trade/ statistics/ highlights/annual. html, accessed 2016.

由于购买外国商品而流出美国的货币多于出口商品而流入美国的货币，故美国每年都存在贸易逆差。比如 2016 年，美国商品和服务的出口额为 2.2 万亿美元，而商品和服务的进口额为 2.7 万亿美元。由于进口大于出口，美国的贸易逆差为 5 000 亿美元（进口与出口的差额）。还要注意的是，与上一年相比，2009 年美国的进口和出口都下降了，这是由于全球经济放缓。

3.2.2　国际收支平衡

国际收支平衡（balance of payments）指的是流入和流出一国的货币量之间的差额。一国进口商品所支付的货币量与出口商品所流入的货币量之间的差额，即一国的贸易差额，是影响国际收支平衡的主要因素。其他一些金融交易也是影响国际收支平衡的因素。游客在一国的消费、一国用于外国援助项目的支出以及在国际货币市场上通过买卖现金而进行的货币兑换，都会影响国际收支平衡状况。

例如，假设美国有 100 万美元的国际收支赤字。现在假设在这一年，美国居民作为游客去国外旅游，并且在其他国家的消费总额达 20 万美元。这一数额会计入贸易差额，形成国际收支差额，从而使国际收支赤字变为 120 万美元。现在进一步假设，其他国家的游客来美国旅游，并且他们在美国消费了 30 万美元。这将使美国的国际收支赤字减少为 90 万美元。再假设美国政府花费 60 万美元以帮助亚洲国家遭遇海啸的受害者。因为这意味着额外的美元流出美国，所以国际收支赤字变为 150 万美元。多年来，美国一直保持着国际收支顺差，然而最近的总体国际收支呈现赤字。

3.2.3　汇　率

两国的进出口差额受两国货币兑换比率的影响。**汇率**（exchange rate）是指一国货币兑换成另一国货币的比率。例如，假设美元对英镑的汇率为 2 美元兑 1 英镑。这意味着 1 英镑可以换取 2 美元，或者 1 美元可以换取 0.5 英镑。另一种表述方法是，1 英镑和 2 美元具有相同的购买力，即 1 英镑＝2 美元。

第二次世界大战结束时，世界主要国家同意设定固定汇率。任何国家货币的价值相对于其他国家的货币价值保持不变，其目的是保持全球经济稳定。然而，采用浮动汇率已成为现在的普遍做法，一国货币的价值相对于另一国货币的价值随市场的变化而变化。例如，当英国居民想要用英镑去购买美元（或商品）时，美元相对于英镑的价值上升。对某一种货币的需求增加时，该货币就是坚挺的。当对以某种货币表示的商品需求增加时，该货币也会变得坚挺。汇率每天的波动幅度很小。汇率通常只有在长期才会发生显著的变化。

汇率的波动会对贸易差额产生重要影响。假设你想以每盒 10 英镑的价格购买一些英国茶叶。在 2 美元兑换 1 英镑的汇率下，一盒茶叶将花费你 20 美元（10×2＝20）。如果英镑贬值了会怎么样？例如，在 1.25 美元兑换 1 英镑的汇率下，同样一盒茶叶将仅花费你 12.5 美元（10×1.25＝12.5）。如果美元相对于英镑走强，那么所有美国制造的商品在英国价格将会上涨，同时英国生产的所有商品在美国价格将会下降。英国人将会购买更少的美国产品，而美国人将会增加在英国产品上的开销。结果很有可能使美国对英国产生贸易逆差。

外汇领域一个最重要的发展成果是**欧元**（euro，欧盟的统一货币）的推广。欧元是在 2002 年由官方推出的，以此来替代其他货币，比如德国马克和法国法郎。欧盟预期，欧元会像美元和日元一样，在国际商务活动中起到重要作用。欧元在一开始推出时，它的币值就钉住美元，并与其持平，即 1 欧元＝1 美元。但是由于美元在随后的几年里相对疲软，所以它相对于欧元的币值已经下降。在 20 世纪 90 年代末，1 美元仅相当于 0.5 欧元。然而，在经济衰退之后，美元相对于欧元走强，2017 年初美元兑换欧元的汇率为 1 美元＝0.94 欧元。

拥有国际业务的公司必须密切关注汇率波动，因为汇率变化会影响其产品的海外需求并可能成为竞争的关键因素。一般来说，一国货币升值，该国公司向国外市场出口产品会变得更加困难，而外国公司则更加容易进入该国市场。这也使得国内公司将业务迁往国外成本更低的地方更具有成本效益。如果一国货币贬值，也就是变得疲软，情况则相反。随着一国货币贬值，该国的贸易逆差通常会得到改善，因为国内公司的出口将会增加。同时，这会抑制外国公司向国内输入产品和减少本国公司在其他国家开展业务。

| 动荡时期的管理 | 全球化浪潮的跌宕起伏 |

随着市场走向全球化，许多国家正在经历某种身份危机。美国正在重新考虑与 WTO 和 NAFTA 的关系，并重新考虑与缅甸和古巴等国的贸易禁运。在英国与欧盟维系了 43 年的紧张关系之后，很多英国公民奋力争取使英国退出欧盟（英国脱欧）。

欧盟成立于第二次世界大战后，旨在促进经济合作，并已发展成为一个"单一市场"，成员国之间允许货物和人员流动，就像是在一个国家里一样。欧盟有自己的货币——欧元，成员国使用欧元，还有自己的议会。曾经作为欧盟的一员，英国企业可以方便地接触到成员国的 5 亿客户，英国消费者和企业可以从欧洲大陆各地购买商品和服务，不受大多数关税和限制条件的影响。它还允许人们跨越边境相对自由地流动，就像美国人可以自由地从一个州迁移到另一个州一样。尽管如此，英国民众仍然对继续留在欧盟表示担忧。

2015 年，戴维·卡梅伦（David Cameron）在连任竞选中承诺在投票过程中进行一次公投，让选民们决定是继续留在欧盟还是退出欧盟。预期结果是留在欧盟，但关键问题是英国对主权的渴望和对移民涌入的担忧。投票当天，全民投票率为 72%，其中 51.9% 的选民选择退出欧盟。[9]一直以来，卡梅伦执政所依靠的都是英国作为欧盟成员国所得的利益，因此他在投票当天辞职。

这对世界各地的企业意味着什么？随着经济和政治形势的变化，我们可以看到传统上长期存在的关系、条约和贸易组织难以跟上全球化的跌宕起伏。

3.2.4　竞争优势的形式

在讨论国际企业管理的基本问题之前，我们必须考虑的最后一个因素是竞争优势的形式。因为没有哪一个国家可以生产所需要的一切产品，因而一国倾向于出口自己所生产的比其他国家质优价廉的产品，并且将出口所得外汇用于进口它所不能高效生产的产品。这一原则并不能充分解释一国从事进出口贸易。国际贸易决策部分取决于特定国家在生产和销售特定产品的能力及资源上的优势。[8]经济学家传统上强调用绝对优势和比较优势来解释国际贸易。但是，这种方法局限于关注自然资源、劳动力成本这些因素，此后出现了一个更加现代的观点——国家竞争优势。

绝对优势

当一国生产的产品相对于其他国家而言成本更低或质量更高时，该国就具有在该产品生产上的**绝对优势**（absolutely advantage）。比如阿拉伯国家的石油、巴西的咖啡豆、加拿大的木材（因为这些国家拥有这些资源的充足供给）很接近于具有绝对优势。但是，具有完全绝对优势的例子很少见。例如，很多专家称，法国的葡萄园能够生产出世界上最好的葡萄酒。但是加利福尼亚新兴葡萄酒产业的生产者也可以酿造出很好的葡萄酒，完全可以与来自法国的葡萄酒相媲美，同时种类更多、价格更低。

比较优势

如果一国生产某种产品可以比生产其他产品更有效率或者质量更好，那么该国就在生产该产品方面具有**比较优势**（comparative advantage）。如果一国的企业生产计算机的效率高于生产汽车，这意味着该国在计算机生产上具有比较优势。

一般而言，绝对优势和比较优势都可以转化为竞争优势。例如，巴西之所以能生产和销售咖啡豆，是因为巴西具有其他国家很少具备的种植咖啡豆的气候、地形和海拔绝佳的条件。美国的比较优势体现在计算机行业（技术精良）和农业（拥有大量的肥沃土地和温和的气候）。韩国的比较优势体现在电子产品制造上，因为其具有高生产效率和低劳动成本。由于美韩两国各自具有比较优势，美国企业向韩国出口计算机和粮食，并从韩国进口DVD播放机。韩国可以生产粮食，美国也可以生产DVD，但是由于对方在相关产业拥有比较优势，所以两国都需要进口对方具有比较优势的产品。

国家竞争优势

国家竞争优势理论是一个阐明国家为何要进行国际贸易的模型，近年来得到广泛接受。[10]**国家竞争优势**（national competitive advantage）包括以下四个方面：

1. 要素条件：由劳动力、资本、企业家、物质资源和信息资源等生产要素构成。
2. 需求条件：国内是否具有庞大的消费者基数以促成对创新产品的强劲需求。
3. 相关配套产业：包括强大的本地和区域供应商或产业客户。
4. 策略、结构和竞争：重视成本削减、产品质量、生产率提高和产品创新等。

当满足国家竞争优势的所有方面时，一国就很有可能积极参与国际商务活动。例如，日本拥有旺盛的汽车需求，日本汽车制造商拥有运行良好的供应商网络，国内公司彼此激烈竞争长达数十年之久。这解释了为什么丰田和本田等日本汽车公司在国外市场上取得了成功。

3.3 国际企业管理

无论企业位于何处，它的成功在很大程度上都取决于管理。国际商务之所以如此具有挑战性，是因为企业在全球市场中运作时，基本的管理任务如计划、组织、领导、控制，会变得更加困难。

管理意味着制定决策。本节探讨的是企业面临全球化时需要制定的三个基本决策。第一个决策是是否要走向国际化。一旦作出要走向国际化的决策，管理者就必须决定参与国际化的程度，以及与之相适应的组织结构，以便最好地满足企业的全球化需求。

3.3.1 走向国际化

随着世界经济步入全球化，更多的公司开始在国际上开展业务。当美国公司大肆向海外扩张时，外国公司如英国石油和雀巢也在持续地向外国市场扩张，包括美国市场。然而，国际化并不适用于所有公司。如果你从事鲜鱼的贩卖，那么你将业务活动限定在有限的地理区域会更有利可图。因为存储和运输成本太高会导致国际业务无利可图。

预测国际需求

在考虑国际扩张时，企业必须考虑海外是否对其产品有需求。产品在一国热销可能在另一国遇冷。即使有需求，宣传广告或许仍需要调整。例如，自行车在美国很大程度上是用于娱乐，而在中国则被视为基本的交通工具。因此，自行车制造商在这两国有必要实施不同的广告策略。通过市场研究或已率先进入市场的竞争者，可以看出国际市场是否对企业的产品具有需求。

适应消费者需求

如果企业的产品在市场上有需求，那么企业必须作出决定，是否要对产品进行调整及如何调整来满足外国消费者的特殊需求。例如，为了满足当地人的口味，麦当劳在法国出售葡萄酒，在德国出售啤酒，在西班牙提供西班牙凉菜汤，在印度提供素食三明治。同样，消费类电子产品公司必须意识到，不同国家使用不同的电源插座和不同的功率。因此，尽管有市场需求，也必须对消费者的具体需求予以考虑。

外包和离岸外包

外包（outsourcing）是指对执行某些业务流程或者提供需要的材料和服务的经销商及供应商支付相应报酬的商业做法，已经成为企业走向国际化时很受欢迎的一种选择，原因有两点：（1）外包可以帮助企业集中精力于自己的核心业务，免于为次要的业务活动而分心；（2）通过将某些业务职能设置在成本相对较低的地方，可以降低成本。[11]

将生产和服务外包到其他国家的做法更确切地称为**离岸外包**（offshoring）。很多公司将自己的生产业务承包给亚洲低成本的工厂。印度有很多服务呼叫中心提供外包业务。电影《贫民窟里的百万富翁》（*Slumdog Millionaire*）讲述的就是在孟买国际呼叫中心工作的一个印度年轻人的故事。在现实生活中，美国直播电视集团（DirecTV）、大通银行信用卡服务中心（Chase Bank Credit Card Services）和几家住房抵押贷款支持公司在印度设立了呼叫中心，并取得了相当大的成功。然而，FTD 网络花店在印度开设了一个呼叫中心，随后又将其关闭了。人们后来发现，许多打电话订花的人需要更加个性化的服务——对订购鲜花品种的建议、颜色的搭配等等，而身处地球另一边的人无法提供这样个性化的服务。

创业和新企业	**更好的椰子水**

Harmless Harvest 成立于 2009 年，是一家有机椰子水生产商和经销商，这种椰子水广受欢迎，在美国各地的商店均有销售。道格拉斯·里布（Douglas Riboud）和贾斯汀·吉尔伯特（Justin Guilbert）从椰子水的突然流行中看到商机，但环境和经济方面的相关问题困扰着他们。经过广泛的研究，里布和吉尔伯特得出结论：单一品种的泰国椰子尽管产量较低、种植更复杂，但可以生产出味道最好的椰子水。与其他生产商不同的是，该公司的椰子水是通过高压处理而不是加热进行巴氏灭菌的，从而创造了一种原生态、口感更好的产品。[12]

Harmless Harvest 解决环境问题的方法是确保该公司提供的产品是有机的。该公司很早就承诺与种植者合作，确保不使用有害的杀虫剂或合成化肥，并努力获得有机认证。尽管这一过程耗时且昂贵，但里布和吉尔伯特可以确定，公司的整个供应链建立在他们所构想的可持续发展的愿景之上。

Harmless Harvest 在许多方面促进了经济上的变化。2015 年，Harmless Harvest 将其 Nam Hom 椰子水与有机咖啡混合在一起，制成了一种含有 50 毫克天然咖啡因的饮料，相当于一杯浓缩咖啡。为 Harmless Harvest 提供有机咖啡豆的秘鲁合作社非常关注为妇女和贫困者赋能，合作社 50％以上的成员位于极端贫困地区。该组织发现，家庭中虐待妇女现象的大大减少和更加重视儿童教育，使整个社区变得更好。[13]

3.3.2　国际化程度

企业作出走向国际化的决策后，必须决定其参与国际化的程度。企业可能选择的国际化程度包括：充当进口商或出口商、成为国际公司，或者（正如大多数世界上最大的工业企业一样）成为跨国公司。

出口商和进口商

出口商（exporter）在一国生产产品，然后在其他国家进行产品分销和销售。**进口商**（importer）从国外市场进口商品，然后在本国再销售。两者的业务大部分在本国进行，国际化程度最低，利于学习全球化经营要领。很多大公司都是从出口商做起开始参与国际业务的。IBM 和可口可乐等公司都是先将产品出口到欧洲，几年后才在那里建立生产基地。

国际公司

随着作为出口商和进口商不断获取经验和成长，很多公司着手提高国际化水平。**国际公司**（international firms）从事大量的海外业务，甚至可能拥有海外生产设施。国际公司可能规模很大，但仍然是从事国际化经营的国内公司。例如，好时公司从一些外国供应商那里进口巧克力原料，但是所有的产品都在美国生产，同时它在墨西哥开设了一家生产厂。此外，好时公司在其他 50 多个国家出售产品，然而该公司的大部分收益来自国内市场。[14]

跨国公司

跨国公司（multinational firms）在很多国家设计、生产和销售产品，如埃克森美孚、雀巢、本田和福特，它们大多并不认为自己设有所谓的国内和国际部门。总部地点几乎没有实际意义，而且计划和决策的制定都是为了适应国际市场。基于销售额、利润和员工人数，表 3 - 2 列出了 2016 年世界最大的一些非美国跨国公司。

表 3 - 2　2016 年世界最大的一些非美国跨国公司（分别基于销售额、利润和员工人数）

公司	销售额（百万美元）	利润（亿美元）	员工人数
中国国家电网	329 601		
中国石油天然气集团公司	299 271		
中国石化	294 344		
荷兰皇家壳牌（Royal Dutch Shell）	272 156		
大众汽车	226 294		

续表

公司	销售额（百万美元）	利润（亿美元）	员工人数
中国工商银行		442	
中国建设银行		364	
中国银行		272	
中国农业银行		288	
汇丰银行（HSBC）		135	
鸿海精密工业股份有限公司			1 290 000
大众汽车			593 000
中国石油			535 000
金巴斯集团（Compass Group）			515 000
特易购（Tesco）			510 000

资料来源：The Fortune 2016 Global 500 (fortune. com)；The World's Most Profitable Companies (forbes. com) .

我们不能低估跨国公司的经济影响。仅考虑 500 家最大的跨国公司的影响就能知道：2015 年，这 500 家公司创造的收入是 27.6 万亿美元，为所有者创造的利润为 1.5 万亿美元。[15] 它们雇用了数千万员工，从上万家公司购买材料和设备，纳税额达数十亿美元。此外，它们的产品影响着数亿消费者、竞争者、投资者，甚至是抗议者。

3.3.3 企业国际化的组织方式

不同的国际化程度决定了不同的组织方式。用来协调出口商活动的组织方式对于跨国公司来说是不合适的。在这一部分，我们将考虑组织战略的内容，包括独立代理商、许可协议、分支机构、战略联盟和对外直接投资。

独立代理商

独立代理商（independent agent）是指在国外市场代表出口商的个人或组织。独立代理商往往充当销售代表的角色：它们销售出口商的产品，代为收款，确保顾客满意。它们通常同时代表数家公司，并且一般不局限于特定的产品或者市场。

许可协议

公司若希望更多地参与国际化经营，可以选择**许可协议**（licensing arrangements）。公司授予国外个人或公司独家经营权（称作许可协议），在国外市场生产或销售其产品。作为回报，出口商收取一定的费用以及被许可人按其销售额的百分比定期支付的报酬（特许权使用费）。特许经营是一种日益流行的许可形式。例如，麦当劳、必胜客和赫兹租车（Hertz）都在全球采取特许经营的方式。

分支机构

除了发展与外国独立代理商或者被许可人的关系，企业也可以把自己的经理派到海外的**分支机构**（branch offices）。企业对分支机构比对代理商或被许可人拥有更多的直接控制权，分支机构也在国外提供了一个实际存在的办事机构，使外国消费者更有安全感。哈利伯顿（Halliburton）是位于休斯敦的一家油田供应与服务公司，在迪拜开了一家分公司，目的是更加有效地与中东地区的客户建立联系。

战略联盟

在**战略联盟**（strategic alliances）中，企业在想要从事业务的国家中寻找合作方。每一方都同意向新企业投入资源和资本或以某种互利的方式进行合作。新企业（联盟）由合作者共同经营，利润共享。这种联盟有时被称作合资企业，因为这种合作关系在主要合作方的战略中发挥着很重要的作用，所以又称为战略联盟。福特公司与俄罗斯汽车制造商索莱尔（Sollers）建立了一家合资企业，索莱尔在俄罗斯生产福特产品，随后两家公司共同进行产品营销。[16]在很多国家，比如墨西哥、印度，法律因素使得战略联盟几乎成为从事国际贸易的唯一方法。例如，墨西哥规定所有在墨西哥投资的国外公司必须有当地合作伙伴。

除了为进入新市场扫清障碍，企业对于战略联盟拥有相对于独立代理商和许可协议更大的控制权。联盟也使得公司从外国合作者的知识和技术中获益。例如，微软在开拓国际市场时就高度依赖战略联盟。这种方法帮助微软了解在印度和中国这两个最难打开的新兴市场中开展业务的复杂事项。

对外直接投资

对外直接投资（foreign direct investment，FDI）是指在另一国购买和组建实体企业。例如，戴尔在欧洲和中国都建立了装配工厂；大众汽车在巴西组建了一家工厂；可口可乐在几十个不同的国家建立了瓶装厂；联邦快递在巴黎建有一个大型配送中心。上述提到的活动都是企业在另一个国家进行对外直接投资的具体体现。

3.4　文化环境

关乎国际商务活动成败的一个主要因素是对文化环境及其如何影响商务活动的深刻认识。一国的文化包括所有指导人们行为的价值观、象征符号、信仰和语言。

3.4.1　价值观、象征符号、信仰和语言

价值观和信仰通常是不言而喻的，甚至可能被生活在某一特定国家的人们认为是理应如此的。当两个国家的文化相似时，文化因素并不一定会给管理者造成困扰。然而，当管理者的母国与其企业从事经营活动所在的东道国之间文化差异较大时，难题就出现了。例如，大多数美国管理者对英国的文化和传统相对比较熟悉。两国人民说着同一种语言，两国历史有着深刻渊源。然而，当美国管理者在日本或中东地区开展经营活动时，这些共同点绝大多数都不复存在。

在日本，"hai"这个词（发音同英文的"hi"）意思是"yes"（是）。然而，在交谈时，日本人使用这个词就像美国人使用"uh-huh"（啊，嗯）一样，用来推动交谈往下进行，

或者向对方表示你在注意听。那么，"hai"什么时候表示"yes"，什么时候表示"uh-huh"？这个问题成了一个难题。如果一位美国经理问一位日本经理他是否同意某个贸易安排，这位日本经理可能回答"hai"，但是这句回答的意思可能是"是，我同意""是，我明白""是，我在听"。许多美国经理在与日本人谈判时感到十分沮丧，因为他们认为日本人不断提出已经解决的问题（因为这些日本人回答"yes"）。美国经理没有认识到，在日本"yes"并不总是"是"的意思。

有些国家间的文化差异可能更微妙，但对商务活动有着重大影响。例如，在美国，大多数经理人对时间的价值有着一致的看法。他们把自己的活动时间安排得很紧凑，然后会努力坚持按既定时间表完成活动。在其他文化中，人们并不如此看重时间。在中东，经理人不喜欢事先约定会面时间，而且如果约定时间太过遥远，他们很少会如期赴约。与来自中东的经理人打交道的美国经理人可能会将潜在商务伙伴的迟到行为误解为谈判策略或对自己的不尊重，但实际上这只是反映出他们对时间及其价值有不同的观念。[17]

语言本身也是一个重要的文化要素。除了人们说不同语言而造成的显而易见的障碍之外，语义的微妙差别也可能影响重大。例如，加拿大帝国石油公司（Imperial Oil of Canada）使用Esso这个品牌名称来营销汽油。该公司试图在日本销售这个品牌的汽油时，却获悉esso在日本的意思是"抛锚的汽车"。同样，在雪佛兰首次将美国一款名为Nova的汽车引入拉丁美洲时，通用汽车的高管搞不明白该车为何销售惨淡。他们最终发现，在西班牙语中，no va的意思是"无法启动"。绿色在伊斯兰国家使用广泛，但是在某些国家绿色象征着死亡。在美国与女性化气质相关联的颜色是粉色，但是在许多其他国家，黄色是最女性化的颜色。

3.4.2 跨文化员工行为

从事国际商务活动的管理人员还必须认识到，在不同的文化中，激励员工的因素各不相同。尽管不可能准确预料来自不同文化的员工在工作场所如何作出反应，但是对不同文化背景下个人行为和态度的研究已经形成了一些深刻见解。霍夫斯泰德（Hofstede）的研究确定了决定个人行为差异的国家文化的五个重要维度。图3-3阐释了这五个维度的主要内容。

第一个维度是**社会取向**（social orientation）。社会取向是指个人对其自身与所属群体两者之间相对重要性的观点。社会取向的两种极端是个人主义和集体主义。个人主义是指首先考虑个人的文化价值观。研究指出，在美国、英国、澳大利亚、加拿大、新西兰和荷兰，人们往往较多表现出个人主义的特点。集体主义是指首先考虑群体的文化价值观。研究发现在墨西哥、希腊、秘鲁、新加坡、哥伦比亚和巴基斯坦，人们倾向于更多地表现出集体主义价值观。在个人主义程度较高的文化里，许多员工可能更喜欢将薪资与个人绩效挂钩的激励制度。在集体主义程度较高的文化里，这种激励制度可能事与愿违。

第二个重要维度是**权力取向**（power orientation），即某一文化中的人对等级制度中权力和权势的接受程度。有些文化具有权力尊重的特点。其含义是人们往往因为上级在等级制度中的地位就接受他们的权力和权势，并尊重他们拥有这一权力。研究发现，在法国、墨西哥、日本、巴西、印度尼西亚和新加坡，权力尊重程度较高。与之相反，在具有权力

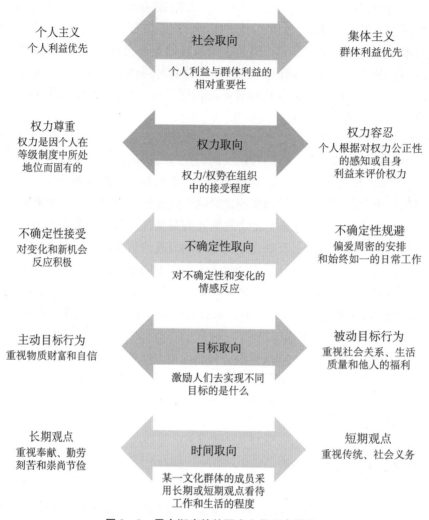

图 3-3　霍夫斯泰德的国家文化五个维度

容忍取向的文化中，人们较少重视个人在等级制度中的地位，更愿意质疑地位较高者的决策或指令，甚至拒绝接受他们的决策或命令。研究表明，在美国、以色列、奥地利、丹麦、爱尔兰、挪威、德国和新西兰，权力容忍程度往往较高。

　　第三个基本维度是**不确定性取向**（uncertainty orientation）。不确定性取向是指人们对于不确定性和模棱两可情形的感受。在具有不确定性接受倾向的文化中，人们受到变化的激励，并因新机会而成长壮大。研究表明，美国、丹麦、瑞典、加拿大、新加坡、澳大利亚的文化属于这种情况。与之相对，具有不确定性规避倾向的人不喜欢且将尽可能地避免涉入模糊、不明确的境况。研究发现，以色列、奥地利、日本、意大利、哥伦比亚、法国、秘鲁和德国往往倾向于规避不确定性。

　　第四个维度是**目标取向**（goal orientation）。目标取向是指人们受到激励，努力去实现各种不同目标的方式。表现出主动目标行为的人往往格外重视物质财富和自信。采取被动目标行为的人更看重社会关系、生活质量和对他人的福利。根据该项研究，日本的文化倾向于表现出强烈的主动目标行为，而德国、墨西哥、意大利和美国的文化表现出中度的主动目标行为，荷兰以及挪威、瑞典、丹麦和芬兰这些斯堪的纳维亚国家的文化都倾向于表现出被动目标行为。

第五个维度是**时间取向**（time orientation）。时间取向是指某一文化群体的成员对工作、生活和社会的其他要素的长期前景或短期前景的接纳程度。比如日本以及韩国的文化具有长期观点。长期观点的一个含义是，来自这些文化的人愿意接受自己必须努力工作多年才能实现目标。其他文化，比如巴基斯坦和西非的文化，更可能具有短期观点。因此，具有这些文化背景的人可能更喜欢得到即时的激励。研究表明，美国和德国的文化往往具有这种短期观点。[18]

3.5 国际贸易壁垒

企业无论是真正意义上的跨国公司，还是仅在少数几个国外市场销售商品，一些因素都将影响企业的国际经营。在外国市场上的成败很大程度上取决于企业应对社会和文化差异的方式（如上一节所述），也取决于其应对影响国际贸易的经济、法律和政治壁垒的方式。

3.5.1 经济差异

文化差异常常很微妙，但经济差异相当明显。在与像法国和瑞典这样的混合市场经济国家打交道时，公司必须了解政府何时以及在何种程度上会介入某个行业。例如，法国政府会积极参与飞机的设计和制造等方面的经济活动。

3.5.2 法律和政治差异

政府在很多方面可以影响国际贸易。政府可以在境内对国际贸易设定条件，甚至可以完全禁止国际贸易。政府也可以通过控制资本流动和利用税收规定来限制和鼓励某个行业的活动。在这一部分，我们将讨论国际贸易中较为常见的一些法律和政治问题：配额、关税和补贴，产品本地化的法律和商务惯例法律。

配额、关税和补贴

即使在自由市场经济国家如美国，也同样有配额和关税，两者都会对外国商品的销售价格和数量产生影响。**配额**（quota）可以通过减少供给、提高进口商品价格来限制进口特定类型商品的数量。这也是比利时冰激凌生产商每年出口美国的冰激凌为什么不能超过922 315千克的原因。出于同一原因，加拿大每年出口美国的软木木材不能超过147亿板英尺。配额通常是双方协议确定的。友好的贸易伙伴通常能获得更优惠的贸易条件，也可以对配额进行调整以保护国内生产者。

最极端的配额是**禁运**（embargo），政府可以下令禁止从某国进口或向某国出口某种产品甚至是全部产品。很多国家通过禁止某些农产品贸易来控制疾病传播。自冷战时期以来，美国一直对古巴实行禁运，直至2015年才开始解除禁运。美国还对与利比亚、伊朗和朝鲜的贸易实行禁运。当美国实施禁运时，这意味着美国公司不能在这些国家进行投资，而这些国家的产品也不能合法地在美国市场上销售。

关税（tariffs）是对进口产品所征收的一种税。它会提高进口产品的价格，使消费者不仅要支付产品价格，还要承担相应的税收费用。关税有两种形式：财政性关税和保护性关税。财政性关税是为了给政府筹集资金而征收的，但是大多数关税——保护性关税，意在阻止特定产品的进口。将熨衣板板面进口到美国的公司支付了相当于该产品价格 7% 的关税；进口女式运动鞋的公司按统一费率支付了每双鞋 0.9 美元外加产品价格 20% 的关税。关税税率是通过一个复杂的过程确定下来的，旨在使外国公司与本国公司相互竞争（即使得外国产品与本国产品的成本大约相同）。

实行配额和关税的原因有很多。美国政府限制日本汽车进入美国是为了保护国内汽车生产商。出于国家安全的考虑，也会限制技术出口。美国并不是唯一使用关税和配额的国家。为了保护国内公司，意大利对电子产品征收高额关税，使亚洲生产的 DVD 播放机在意大利变得非常昂贵。

补贴（subsidy）是指政府为帮助国内企业参与国际竞争而给予的财政补助。补贴实际上是一种间接关税，它降低了国内产品价格，而不是提高国外产品价格。例如，许多欧洲政府为农民发放补贴，以帮助他们与来自美国的粮食进口商竞争。

有关保护主义的辩论

在美国，**保护主义**（protectionist），即以牺牲自由市场竞争为代价来保护国内市场的行为备受争议。支持者认为，关税和配额可以保护国内企业和就业机会，也可以为新兴产业提供庇护，直到它们可以参与国际竞争。他们争辩说，需要这些措施来应对其他国家采取的行动。在 2021 年伦敦奥运会期间，当人们发现美国队官方队服的供应商拉夫劳伦公司（Ralph Lauren）将这些队服的生产任务外包给其他国家的公司时，有批评者指责说，生产这些队服的工作本应该由美国工人来完成。拉夫劳伦公司指出若在美国生产，则队服的成本要高出很多。其他支持者则辩称，实施贸易保护主义措施是为了保卫国家安全。他们认为，一国必须能够高效地生产战争爆发时生存所需的必备物品。

批评者认为，保护主义是国家之间产生摩擦的根源。他们还指责保护主义削弱了竞争，从而抬高了价格。他们坚持认为，尽管在自由竞争环境下，某些行业的工作岗位将会减少，但是如果所有国家都取消保护主义政策，就会在其他行业创造出工作岗位（例如，电子行业和汽车行业）。

欧洲和美国都不种植香蕉，但美国和欧洲公司都在国外市场从事香蕉买卖。欧盟对来自拉丁美洲的香蕉实行进口配额（那里的市场是由美国金吉达（Chiquita）和都乐（Dole）两家公司控制的），这时问题就产生了。为了报复，美国对来自欧洲的某些奢侈品征收 100% 的关税，包括路易威登手提包、苏格兰山羊绒毛衣、帕尔玛火腿。

产品本地化的法律

很多国家包括美国在内都制定了**产品本地化的法律**（local content laws），这些法律要求在一国出售的产品必须有一部分产自该国。试图在某个国家开展业务的企业必须在那里直接投资或者与该国企业合资。通过这种方式，在国外经营所得的利润能留在该国而不会流向另外一个国家。在某些情况下，合资是可选择且明智的一种商业形式。例如，在墨西哥，墨西哥无线电器材公司 Radio Shack de México 是坦迪公司（Tandy Corporation，拥有 49％股权）和墨西哥 Grupo Gigante（拥有 51％股权）共同拥有的一家合资企业。这种合资形式使该零售商能够借助墨西哥企业身份进行促销，而且也使得进口管制问题更容易得到解决，因为在墨西哥开展业务对于墨西哥企业要比美国企业容易得多。

商务惯例法律

很多企业在进入新市场时面临必须遵守严厉法规和官僚作风的阻碍。国际惯例受东道国在辖区内管理商务活动所使用的**商务惯例法律**（business practice laws）的影响。例如，作为进入德国的战略的一部分，沃尔玛必须收购现有的零售商，而不可以建立新的商店，因为当时德国政府不再向销售食品类产品的企业发放许可证。沃尔玛的常规做法也不被允许，即不可以在其他零售商的售价低于沃尔玛时给顾客返还商品差价，因为这样做是违法的。此外，沃尔玛还必须遵守营业时间的规定：商店不得在上午 7 点前开门营业，工作日晚上 8 点、周六下午 4 点必须关门结束营业，周日不得营业。几年之后，沃尔玛感到它在德国赚得的微薄利润不值得其付出如此巨大的努力，于是最终决定关闭它在德国的所有门店。

有时，在一个国家合法甚至是可以接受的做法，在另一个国家却是违法的。例如，在一些南美国家，向公司高管和政府官员行贿有时是合法的。控制价格和供给的生产者联合——**卡特尔**（cartels）赋予某些国家巨大的力量，例如石油输出国组织（Organization of Petroleum Exporting Countries，OPEC）的成员。然而，美国法律禁止贿赂和卡特尔。

最后，很多（但不是全部）国家禁止**倾销**（dumping），即在国外出售产品的价格低于在国内的生产成本。美国反倾销法规定了判断是否存在倾销行为的两个标准：

1. 产品出售价格低于"公平价值"。
2. 对国内产业造成了实质性损害。

美国曾指控日本和巴西以低于正常价格 70％的价格倾销钢铁。为了保护本国制造商，美国政府对从这两个国家进口的钢铁征收高额关税。

问题与练习

复习题

1. 全球化的好处和弊端是什么？
2. 三种不同的国际化程度是什么？分别举例说明。
3. 国家竞争优势包括哪些方面？为每一种情况举出一个真实的例子。
4. 阐述企业国际化的五种组织方式。

分析题

1. 列出你拥有的五件物品，例如家具、汽车、电子产品和其他消费品，确保每件物品都是在不同的国家制造的。为什么某个产品是在某国生产的？请提出相关假设并予以说明。
2. 请从国家文化的五个维度对美国进行描述。
3. 研究并确定美国实施的是否是保护性关税。你支持这种关税吗？如果支持，请说明理由。

4. 你认为一家从事国际经营的公司，应该采用单一的道德行为标准，还是应该采用与当地相适应的标准？采用与当地相适应的标准有什么优缺点？

应用练习题

1. 世界银行使用人均收入区分国家。请使用网络或数据库，找出某年属于下列类型的至少三个国家：高收入国家、中上收入国家、中下收入国家和低收入国家。此外，确定你用于得出这些结论的数据来源。

2. 中国是世界上增长速度最快的市场之一。请利用网络或数据库做研究，从国家文化的五个维度描述中国。列出你引用信息的来源。

案　例

打开大门

本章开篇介绍了美国对古巴旅行限制的历史性变化，以及美国持续对其出口贸易实施禁运的情况。利用本章所学内容，你应该能够回答下列问题。

◇**问题讨论**

1. 向古巴开放旅行对美国和其他国家的旅游业有何影响？对古巴公民和古巴政府来说，开放旅行有哪些潜在好处？

2. 全球经济结构的变化如何影响已经生效大约 50 年的美国贸易禁运？更具体地说，在与古巴及其他拉丁美洲国家的关系中，美国企业应如何应对不断变化的环境挑战，即如何应对经济、政治、法律和文化环境的变化？

3. 贸易禁运有可能被取消，美国企业应该如何对此做好充分的准备？

非我所爱

中国以茶叶闻名，茶一直是中国人的首选饮品。然而，这并未妨碍星巴克进入这个全球增长最快的消费市场。在接受 CNN 采访时，霍华德·舒尔茨谈到了公司在进入这个热衷茶叶的国家初期所遇到的障碍。"我们需要使中国消费者知道什么是咖啡，什么是拿铁……所以早期我们并不盈利。"然而，到 2016 年底，星巴克在中国已经开设超过 2 300 家门店，为了实现到 2021 年达到 5 000 家的目标，接下来的 5 年每天都要开一家新店。[19]

通过对中国市场的分析，星巴克发现其品牌价值不仅在于店内销售的食物和饮品，还在于店内的氛围。中国消费者非常喜欢与朋友和合作伙伴在舒适的场所聚会，同时还能欣赏轻柔欢快的背景音乐和风格别致的室内设计。在美国，露天的小凉棚非常普遍，而在中国，一些星巴克门店面积有 3 800 平方英尺。

星巴克根据客户偏好提供定制产品，在 2002 年推出了奶油抹茶星冰乐；2007 年将瓶装星冰乐咖啡饮料投向中国市场。但是，并不是所有中国消费者都接受并喜欢咖啡的味道。针对这些消费者的需求，星巴克推出薄荷热巧克力和红豆星冰乐。同时，星巴克还推出了海南鸡肉三明治和米饭卷来满足中国市场需求。[20]

星巴克也在努力进入即饮产品市场，这方面它选择与即饮茶和方便面领域的领军企业康师傅合作。星巴克希望扩大瓶装饮料的销售量，2014 年，这些瓶装饮料在大约 6 000 个零售店销售。即饮产品市场非常有吸引力，预计在未来，中国这个非常庞大的市场将以 20% 的速度增长。通过合作，星巴克提供咖啡专业知识、品牌建设和未来的产品创新，而康师傅制造和分销产品。[21]

星巴克认为员工是其取得成功的核心要素，在培训、发展和留住员工方面进行了大量投资。然而，星巴克在中国也面临文化挑战，因为不同文化对于职业的看法存在差异。为此，星巴克在2012年举办了家庭论坛。在论坛上，星巴克的管理人员分享了自己在星巴克一步步晋升的故事。[22]

星巴克致力于将其企业文化的每一部分都融入中国市场的发展。公司长期致力于履行社会责任，并且也将它带到了中国。星巴克向中国教育工程捐款500万美元，希望以此帮助更多农村地区的学生和教师，2008年还向四川地震灾区提供了救灾援助。[23]星巴克已经向世人展示，长期致力于国际市场的发展并对国际市场状况保持敏感是成功的关键。[24]

◇问题讨论

1. 是什么因素促使星巴克这样的公司进入看似对其产品并无多大兴趣的中国市场？

2. 星巴克是如何适应中国文化的？

3. 即饮产品市场的扩张如何帮助或阻碍星巴克在中国门店的销售？

4. 中国具有集体主义文化传统，你认为这会影响到星巴克咖啡店的管理者吗？

5. 你认为星巴克是跨国模式还是全球化模式？为什么？你如何区分这两种模式？

注 释

II

第 篇

管理职责

第 **4** 章　企业管理

➡ 学习目标

1. 描述管理的本质，确定管理的四大基本职能。
2. 确定组织中按照管理层次和管理领域所划分的管理者类型。
3. 描述管理者所需的基本技能。
4. 描述战略管理和设定有效的目标对企业成功的重要性。
5. 论述当代企业的应变规划和危机管理。
6. 描述企业文化的形成并解释企业文化的重要性。

开篇案例　　　　　　　　**谷歌的母公司——Alphabet**

谢尔盖·布林（Sergey Brin）和拉里·佩奇（Larry Page）之所以选择 Alphabet 作为新公司的名称，是因为这个名字有双重含义：它既可以表示"字母表"，也可以指投资术语"阿尔法收益"。1995 年，布林和佩奇在斯坦福大学相遇。当时，他们都是计算机科学专业的学生，佩奇正在从事一个软件开发项目，旨在建立一个网站索引，通过关键词和链接来搜索网站，后来布林加入了他的项目。当二人确信已经开发出具有商业价值的东西时，他们尝试着将技术授权给其他搜索引擎公司。但他们未能找到买家，因而不得不静下心来，争取得到足够的投资来完善和测试他们的产品。

2000 年，布林和佩奇无意中了解到对某种商业模式的描述，该模式以通过赞助商链接和特定搜索广告的形式来销售广告为基础。他们将这种商业模式转化为自己的经营理念，然后自己经营，最终将谷歌打造成为世界上最大的搜索引擎。但他们的雄心壮志和创新尝试并未止步于此。到 2016 年底，他们已经收购了 200 多家公司，比如安卓、You-Tube 和 DoubleClick，他们一直在努力实现他们的使命：整合全球信息，普遍可得可用。2015 年 10 月，为了更好地区分公司所有不同的业务方向，布林和佩奇创建了 Alphabet 控股公司，并将谷歌的掌舵权交给了一位名叫桑达尔·皮查伊（Sundar Pichai）的新星经理。到 2016 年底，该公司的市值超过 5 780 亿美元，其主要子公司谷歌在全球搜索引擎市场上占有 80% 以上的份额。

那么，两位年轻的计算机科学家是如何创立这家取得惊人成就的公司的呢？他们将来会将谷歌引向何方？布林和佩奇在吸引像皮查伊这样才华横溢和富有创意的员工方面取得了显著的成功，并为他们提供能够培养和提高生产能力和创新能力的工作环境与文化氛围。在谷歌母公司 Alphabet 寻求技术创新的过程中，他们也一直站在最前沿，但没有人确切知道布林和佩奇还在计划做些什么。事实上，外部人士尤其是潜在投资者，经常批评谷歌是一个"黑箱"，因为他们想更多地了解有关公司长期战略的细节，却无从获悉。佩奇解释说："我们从不谈论我们的战略……因为这就是战略性问题。我宁愿让人们认为我们对前途感到很迷茫，也不愿让竞争对手知道我们要做什么。"[1]

创建 Alphabet 的考虑之一是提高透明度，但该公司似乎没有做到这一点。Alphabet 的半秘密研究机构"X"，也被称为"登月工厂"，有自己的网站，目前正在开发自动驾驶汽车、海水燃料以及其他可能成功或不成功的长期创新项目。如果说谷歌有一个长期的战略愿景，那么可能就是为世界上一些最优秀、最聪明的梦想家提供资源和自由，让他们的想法得到发展，最终能够在未来成为现实。（学完本章内容后，你应该能够回答章末的一系列讨论题。）

我能从中学到什么？

谢尔盖·布林和拉里·佩奇显然都是有效的管理者，他们懂得如何才能创建一个企业，如何才能够保持企业在行业中的领先地位。管理者是指主要负责执行管理过程的人，特别是负责对人力、财务、物质和信息资源进行计划、决策、组织、领导和控制。如今的管理者面临着一系列既有趣又富有挑战性的问题。管理者平均每周要工作 60 小时以上，需要付出大量的时间，还要面对全球化、国内竞争、政府管制、股东施压和与互联网相关的不确定性所带来的越来越多的复杂局面。管理者的工作也会由于一些急剧变化（如2008—2011 年的经济衰退和在 2015 年才真正开始的经济复苏）、意外的混乱、令人兴奋的新机遇，以及大大小小的危机等变得更加复杂。管理者的工作难以预测，极富挑战，但同时也充满了机会，可以作出不同凡响的壮举。优秀的管理者能够将组织带到前所未有的成功之境，而不称职的管理者可能毁掉强大的组织。[2]在学习完本章之后，你将能够更好地落实自己肩负的各种管理责任，并且能够从消费者或者投资者的角度更有效地评估各家公司的管理质量。

在本章中，我们将探讨战略管理和有效的目标设定对组织取得成功的重要性。我们还将研究构成管理过程的职能，根据管理层和职能领域确定组织可能聘用的管理者的类型。同时，我们还将思考基本的管理技能和职责，阐述企业文化的重要性。

4.1 管理过程

所有企业都依赖于有效的管理。无论是对于谷歌或苹果这类市值数十亿美元的企业，还是当地一家小型时尚精品店或者街角的墨西哥玉米卷小摊，**管理者**（managers）都要履行许多相同的职能、肩负许多相同的责任，其中包括分析所面临的竞争环境，以及计划、组织、领导和控制企业的日常运营。管理者还要对所领导的团队、部门以及整个公司的业绩和效率负责。

虽然我们关注的是商务环境中的管理者，但要记住，管理原则同样适用于各类组织。慈善机构、教堂、军队、教育机构和政府机构都需要加以管理，因而需要管理者。加拿大总理、现代艺术博物馆馆长、某学院院长、当地医院的行政主管都是管理者。还要记住，小企业的管理者所需的技能，即制定决策和应对各种挑战的能力，与大企业的管理者所需的技能并无本质差别。无论组织的性质、规模如何，管理者都是其最重要的资源之一。

4.1.1 基本管理职能

管理（management）本身是为了实现组织的诸多目标而对组织中的财力、物力、人力和信息资源进行计划、组织、领导和控制的过程。管理者负责监督这些资源在公司的使用情况。管理者职能的各个方面是相互关联的。管理者每天都可能忙于上述每一项管理活动。以谷歌的管理过程为例，谢尔盖·布林和拉里·佩奇从斯坦福大学毕业后不久创立了谷歌，至今仍在经营这家公司。为了有效地管理好公司，布林和佩奇必须首先设立目标，制订计划，阐明他们希望公司取得的成就。然后，他们要依靠有效的组织来实现这些目标和计划。布林和佩奇还要密切关注为公司工作的员工，密切关注公司的业绩表现。上述每一项活动都属于四大基本管理职能：（1）设立目标是计划职能的一部分；（2）建立组织是组织职能的一部分；（3）管理员工是领导职能的一部分；（4）监控业绩表现是控制职能的一部分（见图 4-1）。

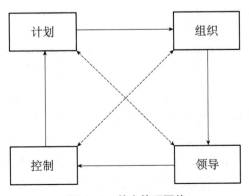

图 4-1 基本管理职能

计划

确定组织需要做什么以及如何最好地完成这些事情都需要计划。**计划**（planning）有三个主要组成部分。它始于管理者确定目标之时。接下来，管理者为实现所设定的这些目标而制定全面的战略。在制定了战略之后，他们还要为实施这个战略而制定战术和作业计划。我们将在本章后面部分详细讨论这些内容。霍华德·舒尔茨是星巴克的首席执行官，他负责制定战略和战略计划，使星巴克在保证产品和服务质量的同时保持增长；他还必须确保公司的战略、战术和作业计划相互协调一致、相辅相成。

组织

管理者也要组织人员和资源。例如，一些企业编制组织结构图以表示公司内部各项工作以及这些工作之间的相互关系。这些组织结构图有助于了解各个工作岗位的作用和上下级关系，即**组织**（organizing）职能中的关键部分。有些企业甚至将组织结构图张贴在办公室的墙上。然而，在大多数规模较大的企业中，每个人的角色和各项工作之间的关系虽然重要，但可能过于复杂而无法用简单图形绘制出来。星巴克在 60 多个国家拥有 18 000 多家咖啡店。此外，该公司还拥有 250 家茶瓦纳（Teavana）零售店和 Evolution Fresh 果蔬汁公司，并与百事、德雷尔（Dreyer's）、Beam 及其他公司签订了无数许可协议和合资协议。舒尔茨负责创建和管理星巴克的组织结构，以促进这些不同产品和部门之间的协调合作，使决策制定得更快。我们将在第 5 章更详细地探讨组织结构问题。

领导

管理者有权发号施令，有权要求下属取得好绩效。领导职能涉及更加复杂的活动。所谓**领导**（leading），就是指管理者引导和激励员工实现公司目标的管理过程。传奇管理人物，如华特·迪士尼（Walt Disney）、山姆·沃尔顿和赫布·凯莱赫（Herb Kelleher）等，能够通过一种明确的、有针对性的方式将员工团结起来，激励员工努力工作，为公司带来最大的利益。公司员工尊重并信任他们，相信通过共同努力，公司和员工个人都会受益。舒尔茨是星巴克非常有能力的领导者。星巴克是第一家为员工提供股票期权的私营企业，也是第一家为兼职员工提供福利的企业。该公司在与所有员工的沟通方面有着良好的声誉，而这些员工也高度尊重舒尔茨。领导职能涉及一系列活动，我们将在第 8 章对其进行探论。

控制

控制（controlling）是指监控公司的绩效以确保公司实现目标的过程。首席执行官应该密切关注成本和绩效。比如美国联合航空公司的管理者一直将重点放在众多可以不断进行衡量和调整的绩效指标上。从准点抵港率到行李托运差错率再到飞机空座率，直至员工和客户满意度调查，他们对所有这些指标都会进行定期的常规监控。如果准点抵港率开始下滑，那么管理者会重点关注该问题并予以解决。如果客户多次对食物提出投诉，那么餐饮管理人员会想办法提高食物质量。因此，管理者不会等到任何一个公司绩效指标大幅下滑才注意到它，才去解决相关问题。在星巴克，新产品通常会限制在少数咖啡店进行试销，然后再大规模推广。如果新产品没有达到预期效果，没有实现预期销售额，那么公司愿意放弃它。

如图 4-2 所示，控制过程从管理层设定标准（往往是针对财务业绩的标准）开始。例如，如果一家公司设定的目标是销售额在未来 10 年增长 20%，那么评估增长 20% 目标进展状况的一个合适标准可能是每年增长约 2%。

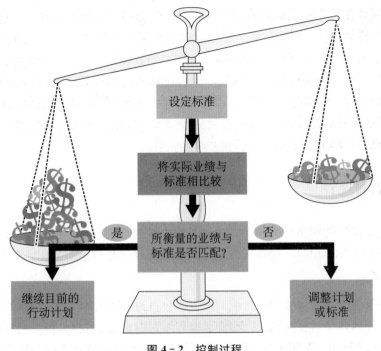

图 4-2　控制过程

然后，管理者每年都将对实际业绩进行衡量，并与标准进行对比。如果两项数值相匹配，那么组织将继续执行目前的行动计划。但是如果它们相差很大，则需要对其中的某一项进行调整。如果到第一年年末销售额增长了 2.1%，这可能说明进展得还不错。如果销售额下降了 1%，那么可能需要对计划进行一些修改。比如，管理者可以决定降低最初制定的目标或者增加广告投入。

4.1.2　管理科学与管理艺术

鉴于管理工作内在的复杂性，人们可能会发问：管理究竟更像一门科学还是一门艺术？其实，有效的管理是科学性与艺术性的结合。成功的公司高管在管理实践中会认识到将管理的科学性与艺术性相结合的重要意义。[3]

管理科学

许多管理方面的问题可以通过理性的、逻辑的、客观的和系统的方法来加以处理。管理者可以收集数据、事实和客观信息，他们可以利用量化模型和决策技巧来作出正确的决策，需要采取科学方法解决可能出现的问题，尤其是解决一些相对常规和简单的问题。当星巴克考虑进入一个新市场时，它的管理者在制订计划的时候会仔细分析一系列的客观细节。在从科学的视角着手完成任务或解决管理问题时，技术、诊断和决策三种技能尤其重要（我们将在本章后面加以讨论）。

管理艺术

管理者会尽可能保持科学态度，但是他们也经常需要根据直觉、经验、本能和个人见解作出决定、解决问题。比如，面对具有吸引力的多种行动方案时，管理者可能需要依赖概念技能、沟通技能、人际关系技能和时间管理技能来作出判断和选择。有时候，"客观事实"也可能最终被证实是错误的。当星巴克计划在纽约开设第一家门店的时候，市场调研结果清晰地表明纽约人更加喜爱滴滤咖啡而不是意式咖啡。于是星巴克采用了更多的滴滤咖啡机并减少了意式浓缩咖啡机的数量。结果纽约人为购买意式浓缩咖啡而排起长队，不断抱怨，星巴克改变了策略。现在，不管预计市场差异如何，星巴克推出标准菜单，统一店面布局，然后只做必要调整。因此，管理者必须将直觉、个人的洞察力、确凿的数据和客观事实有机结合起来，才能作出切合实际的决策。[4]

4.1.3 成为管理者

如何才能获得将管理的科学性和艺术性结合起来的技能，成为一名成功的管理者呢？管理者采取的方式各不相同，最常见的途径是将教育培训和经验积累相结合。[5]

教育的作用

本书的许多读者就在接受教育，他们在大学里选修了管理学相关课程。在接受教育的同时，他们也在不断学习管理技能。当完成课程学习时，他们将会具备一定基础，可以在更高级的课程学习中进一步发展个人的管理技能。具有大学学位几乎已经成为商界职业晋升的一个必要条件，几乎所有美国企业的首席执行官都有大学学位。拥有工商管理硕士（MBA）学位在当今成功的企业高管中十分普遍。越来越多的国外大学，尤其是欧洲的大学，也已经开设管理学科的专业课程。

这些未来的管理者大多数并没有将获得学位视为管理教育的结束。许多中层和高层管理者会定期返回校园，参加高管或经理人发展培训项目，时间从几天到数周不等。一线管理者同样也会利用高等教育机构或者在线媒体所提供的拓展课程和继续教育课程。最近出现了一种拓展管理创新课程，这是许多顶级商学院开设的 MBA 项目。具有几年工作经验的中高层管理者能够利用周末时间在这些商学院完成一套速成课程。[6]此外，许多大公司还设有内部培训项目，以提升管理者的教育水平。一些企业甚至创立了企业大学来提供专门教育，因为它们觉得这对于管理者保持成功很有必要。[7]麦当劳、通用电气和壳牌都是内部培训课程方面的领军者。此外，还出现了一个明显的趋势，即开设针对管理者的网络教育课程。[8]

教育是获得管理技能的有效途径，其主要优势体现在作为学生，受教育者可以按照合理制订的学习计划来熟练掌握管理技能，并了解管理学领域的最新研究成果和管理思想。许多大学生能够在学习上投入大量注意力和精力。然而，管理学是通识教育，满足的是各种各样学生的需要，可能很难从课程中学到特别具体的专门知识。此外，尽管管理工作的很多方面可以在书本中加以探讨，但如果没有实际经历，将很难理解和掌握它们。

工作经验的作用

本书有助于为读者打下坚实的基础，以便进一步提高管理技能。但是，即使你能够记住所有管理学教材中的每一个字，你也不一定能步入高层管理职位，并且立即有效地使用这些技能。为什么？这是因为管理技能还必须从经验中习得。大多数管理者都是从其他岗位晋升到现在的管理职位的。只有亲身体验过管理者日常面对的压力，应对过一系列的管理挑战，才能真正认识管理工作的本质和特点。

鉴于此，大多数大型公司以及许多小公司，都为潜在的管理者提供管理培训。他们是从校园或其他组织招聘的，或是从公司基层管理者和普通员工中挑选出来的，然后被系统地分配到各个工作岗位。经过一段时间后，每个人都接触到了组织中大部分领域的工作。通过这种方法，管理者可以从经验中学习管理。宝洁公司（Procter & Gamble）、通用磨坊（General Mills）和壳牌等公司的培训项目十分优秀，所以其他公司想方设法从这些培训项目的结业者当中招聘员工。[9]即使没有参加正规培训课程的学习，管理者也可从各种不同经历中获益，最后取得成功。比如，在接管西南航空公司之前，赫布·凯莱赫曾是一名执业律师，后来在他的带领下，该公司成为美国最成功、最受敬仰的企业之一。当然，天赋、对成功的渴望、自我激励都在获得管理经验和培养管理技能方面发挥作用。

最有效的管理者通过将接受教育和积累经验相结合的方法获得自己所需的管理技能。某些非工商管理类专业学位通常也会在学习过程中为学生的管理生涯打下扎实的基础。学生毕业参加工作后也可以通过各种管理实践取得进步。管理者在组织中升职的过程中，还可以参加不定期的教育提升培训项目，比如管理培养项目等，作为对岗位工作经验的补充。此外，越来越多的管理者需要掌握国际化管理技能，这已成为他们个人职业发展的一部分。与普通管理技能一样，国际化管理的专门知识也可以通过接受教育与积累经验相结合的方式获得。[10]

➡ 4.2 管理者的类型

虽然所有的管理者都履行计划、组织、领导和控制四项职能，但是他们对这些活动所负责任的程度不同。可按照管理层级和管理领域对管理者进行分类。

4.2.1 按管理层级划分

管理者可分为三个基本层级：高层管理者、中层管理者和基层管理者。如表 4-1 所示，在大多数公司里，基层管理者最多，中层管理者次之，高层管理者最少。管理者的权利和职责的复杂性会随着管理层级的上升而增加。

表 4-1 三个管理层级

层级	举例	职责
高层管理者	总裁、副总裁、财务主管、首席执行官、首席财务官	• 负责公司整体绩效 • 制定总方针和战略，对公司的一切重大事项拥有决策权 • 代表公司处理与其他公司和政府机构间的关系

续表

层级	举例	职责
中层管理者	工厂经理、运营经理、部门经理、区域销售经理	• 负责实施战略，努力实现高层管理者设定的目标
基层管理者	主管、办公室经理、项目经理、组长、销售经理	• 监督下属员工工作，听取员工汇报工作成果 • 确保员工正确理解公司的政策和程序，并得到恰当的培训

高层管理者

在大多数公司中，像布林、佩奇和舒尔茨这样有机会掌握公司命运的管理者很少，他们属于高层管理者。常见的高层管理者有：总裁、副总裁、财务主管、首席执行官、首席财务官。**高层管理者**（top managers）负责公司总体绩效，确定总方针，制定战略，对公司重大事项拥有决策权，代表公司处理与其他公司和政府机构间的关系。百事公司董事长兼首席执行官英德拉·努伊（Indra Nooyi）就是高层管理者。

中层管理者

中层管理者位于高层管理者之下，他们也拥有较大权力，十分重要。常见的中层管理者有：工厂经理/厂长、业务/运营经理和部门经理。一般而言，**中层管理者**（middle managers）负责执行战略并且实现高层管理者制定的目标。[11] 比如，如果高层管理者决定在 12 个月内推出一款新产品，或者在下个季度将成本降低 5%，那么基本上要由中层管理者负责决定如何实现这些目标。美国运通一个服务中心的经理或是菲多利公司（百事旗下生产和销售休闲食品的一个部门）的一名地区销售经理就是中层管理者。

基层管理者

主管、办公室经理、项目经理和组长都属于**基层管理者**（first-line managers）。他们大多数时间与下属员工一起工作，对他们进行监管，但基层管理者的活动并不限于此。比如在建筑工地，项目经理不仅要保证工人按照建筑师的设计施工，同时还要和材料供应商、社区负责人、公司里的中层和高层管理者进行广泛沟通。克利夫兰市菲多利公司送货司机的主管就是基层管理者。

4.2.2　按管理领域划分

对于任何一家大型公司，其高层管理者、中层管理者和基层管理者都分布在人力资源、业务运营、市场营销、信息和财务等各个领域。本章后续将会描述与这些领域相对应的基本管理技能类型，以及与这些领域对应的一系列业务活动及其原则。

人力资源管理者

大多数公司都有人力资源管理者。他们负责员工的录用和培训、绩效评估及薪酬设定。大公司里有许多独立的部门来处理招聘与录用、薪酬设定以及劳动关系等事务。较小的公司里可能仅有一个部门或者一个人负责公司全部的人事活动。（我们将会在第 9 章讨论人力资源管理的主要问题。）

运营管理者

运营指的是公司生产产品和提供服务所依赖的系统，我们将在第 6 章展开介绍。除此之外，运营管理者还负责生产、库存和质量控制。通用电气、福特和卡特彼勒在许多层级上都非常需要运营管理者，如运营副总裁（高层管理者）、工厂经理（中层管理者）和生产主管（基层管理者）。良好的运营管理对于各种服务型组织愈发重要。

营销管理者

营销包括产品和服务的研发、定价、促销和分销，我们将在第 10 章展开介绍。营销管理者对产品和服务从生产者流动到消费者之间的企业活动负有管理责任。营销对于生产或销售消费品的企业，比如安德玛（Under Armour）、菲多利、苹果等公司尤为重要。这类公司通常有大量不同层级的营销管理者。例如，一家大型消费品生产商很有可能设有一名营销副总裁（高层管理者）、几名区域营销经理（中层管理者）和几名地区销售经理（基层管理者）。

信息管理者

信息管理者在许多公司里还是一个比较新的管理职位，主要负责设计和实施用以收集、组织和发布信息的系统。信息量的巨幅增长以及管理信息能力的大幅提升推动这个重要职位的出现。尽管该职位数量相对较少，但各个层级信息管理者的重要性正在逐步上升。有的公司设有首席信息官（chief information officer，CIO）这一高层管理职位。中层管理者主要负责为车间或部门开发信息系统。而小型企业里的计算机系统管理人员通常被视为基层管理者。我们将在第 13 章更详细地讨论信息管理。

财务管理者

几乎每个公司都有财务管理者负责计划和监督其会计职能和财务资源。各个层级的财务管理者包括：首席财务官或财务副总裁（高层管理者）、部门主管（中层管理者）和会计主管（基层管理者）。美国富国银行和州立农业保险公司等金融机构甚至认为有效的财务管理是公司生存的根本。我们将在第 14 章和第 15 章更加详细地讨论财务管理问题。

其他类型的管理者

有些企业还聘请其他专门管理人员。比如很多公司都有公关经理。如陶氏（Dow Chemical）、默克和惠普等都设有研发部经理职位。管理领域可设置岗位的范围很广，由公司的需求和对未来的设想所决定。

创业和新企业　　　　**管理创新**

2004 年，萨尔·可汗（Sal Khan）制作了一系列网络视频，这些视频在网上迅速传播。2009 年，可汗辞去了对冲基金经理的工作，专职制作视频。如今，可汗学院（Khan Academy）的网站每月访问人数超过 1 000 万，并已发展成为一个国际自适应学习系统，为所有有网络访问权限的人提供免费教育资源。

在接受《福布斯》杂志的斯蒂芬·迈耶（Stephen Meyer）的采访时，可汗阐述了自己的三个核心管理战略：

　　1. 将人才发展与薪酬挂钩，以此激励管理者。尽管作为非营利机构，可汗学院不能提供高额奖金和股票期权，但可汗学院的薪酬水平与硅谷前 1/4 的高新企业相当。他坚持用适当的薪酬奖励优秀的员工，他的团队的高生产效率足以印证他的观点。

　　2. 为管理者提供工具，让他们的工作更轻松。他的目标之一是创建一个内部视频库，用于收录可汗学院应对每一个可能出现的挑战的方法，从如何阅读财务报表到授权都被收录在内。他说："如果我们只是试图为世界其他地方的人创造工具和资源来学习，那将是非常虚伪的，我们不是这样做的。"

　　3. 树立榜样。可汗不断探索管理的要义。他虽然更愿意去做视频和编程，但是随着组织壮大，他的角色更加复杂，他已经开始通过亲身引导和示范培养全新一代的管理者。[12]

4.3　管理者的角色和技能

　　无论在组织内的层级如何，无论在组织内负责的领域如何，想要获得成功，所有的管理者都必须扮演一定的角色，具备一定的技能。从这层意义上来看，管理者的角色和演员在舞台上所扮演的角色相似。一个人要做一定的事情，满足一定的需要，在组织中承担一定的责任。本节首先介绍管理者所扮演的基本角色，然后探讨他们进行有效管理所需要具备的技能。

4.3.1　管理者的角色

　　关于管理角色的本质，相关研究提供了许多独到的深刻见解。[13] 对管理工作的细致观察表明，管理者的角色主要分为 10 种。表 4-2 对这些角色进行了归纳，并将它们分为三大基本类型：人际关系类、信息传递类和决策制定类。

表 4-2　管理者的角色

类型	角色	相关活动举例
人际关系类	代表人	参加新厂剪彩仪式
	领导者	鼓励员工提高工作效率
	联络官	协调两个项目组的活动
信息传递类	监视者	浏览行业报告以了解最新发展动态
	传播者	发送备忘录，概述新的组织计划
	发言人	发表演讲阐述发展计划
决策制定类	创业者	开发新创意，培育创新实力
	排忧解难者	解决下属之间的冲突
	资源分配者	审查和修改预算要求
	谈判者	与主要供应商或工会达成协议

人际关系类角色

在管理者的工作中有三种内在的**人际关系类角色**（interpersonal role）。第一种，管理者通常是一个代表人（figurehead），在宴请来宾、剪彩仪式等活动中，代表所在组织出席。一般而言，这些活动更多是仪式性的、象征性的，而没有实质性的内容。第二种，管理者是一名领导者（leader），负责人员聘用、培训、激励。管理者正式或非正式地向下属说明如何工作、如何在压力下取得工作成绩就是在进行领导。第三种，管理者还是一名联络官（liaison）。这个角色通常要求管理者在员工之间、群体之间或者组织之间充当协调员或联系人。比如，电脑行业的公司可能会利用联络员让其他公司随时了解本公司的计划。通过这种做法，微软可以在惠普公司开发新型打印机的同时，开发与之匹配的软件；而惠普公司的管理者能够将微软软件的新特点融入自己推出的新型打印机。

信息传递类角色

管理者的**信息传递类角色**（informational role）有三种形式，源自上述的人际关系类角色。管理者在担当人际关系类角色的过程中处于收集和发布信息的战略地位。第一种是监视者（monitor）。作为监视者，管理者要积极获取可能有价值的信息。管理者询问下属，主动接收反映上来的信息，并设法尽可能多了解一些信息。第二种是传播者（disseminator），在工作场所中将相关信息传递给他人。当监视者和传播者的角色结合时，管理者就成为组织交流中的重要一环。第三种是发言人（spokesperson），主要负责对外沟通，以正式的形式将信息传递给部门之外或者组织之外的人。比如，美国陶氏的一位厂长可以向高层管理者传递信息，使他们能够更好地了解工厂的情况。这名厂长可能还会向商会和消费者介绍工厂。尽管发言人角色和代表人角色很相似，但是它们之间存在根本的区别。当管理者担当公司代表人角色时，管理者是组织的象征，他的言谈举止关乎公司的利益；但在担当发言人角色时，管理者则是以正式的形式承载信息，并将信息传递给他人。

决策制定类角色

管理者在担当信息传递类角色时也要担当**决策制定类角色**（decisional role）。管理者通过信息传递类角色所获得的信息对他所作的决策有着重大影响。决策制定类角色有四种。第一种是创业者（entrepreneur），是组织变革的主动发起人。3M 公司的一名管理者产生了生产便利贴的想法，但是他不得不将其"推销"给公司内对此深表怀疑的其他管理者。第二种是排忧解难者（disturbance handler），该角色不是由管理者发起，而是由其他人或团体发起的。管理者通过处理罢工、侵权、公关或者公司形象等问题来履行该角色职责。第三种是资源分配者（resource allocator）。作为一名资源分配者，管理者要决定如何分配资源以及与谁进行最密切的合作。例如，一名管理者一般要将所在单位运营预算中的资金在单位成员及项目之间进行分配。第四种是谈判者（negotiator）。管理者要作为公司代表与其他团体或组织进行谈判。比如，管理者会参加与工会的劳动合同谈判，与顾问进行聘用协议谈判，也会与供应商就长期合作关系进行谈判。谈判也有可能在组织内部进行。例如，管理者会对下属之间的纠纷进行协调，或者为得到额外的支持与其他部门进行谈判。

4.3.2　基本管理技能

要想获得成功，除了要承担各种角色的责任之外，管理者还需要具有许多专业技能。有效的管理者必须掌握如下基本管理技能：技术技能、人际关系技能、概念技能、决策技能、时间管理技能、全球化管理技能和科技技能等。[14]

技术技能

完成特定的任务所需的技能被称为**技术技能**（technical skills）。程序员编写代码的能力、漫画师绘画的能力以及会计师对公司财务记录进行审计的能力都是技术技能。人们通过教育和经验培养技术技能。技术技能对于基层管理者尤为重要。许多基层管理者花费大量时间帮助员工解决与工作相关的问题，培训员工掌握更加高效的工作程序，以及监控员工的绩效。

人际关系技能

有效的管理者大多拥有良好的**人际关系技能**（human relations skills），也就是能够理解他人并与他人友好相处的技能。缺乏人际关系技能的管理者难以与下属相处，致使优秀员工辞职或跳槽，进而造成整个团队士气低落。人际关系技能对各层级的管理者都很重要，尤其是中层管理者，因为他们是高层管理者、基层管理者和组织中其他领域的管理者之间相互沟通的桥梁。管理者应该具备良好的沟通技能。许多管理者发现能够理解他人并且获得他人理解有助于维护组织内的良好关系。

概念技能

概念技能（conceptual skills）指的是一个人所具备的抽象思维、判断和分析不同情况以及放眼未来的能力。概念技能能够帮助管理者发现新的市场机遇和威胁，也有助于管理者分析决策的可能结果。不同的管理层级需要具备概念技能的程度不同，高层管理者最需要掌握概念技能，而基层管理者需要的程度最低。尽管不同工作的目的和日常需要各异，但是几乎所有与工作相关的活动都需要概念技能。在某种程度上，概念技能可能是电商企业高管获得成功的最重要因素。比如，预测互联网对于一个特定商业应用的影响或者预测某个应用能否融入互联网显然属于概念技能范畴。

决策技能

决策技能（decision-making skills）指的是确定当前存在的问题、选择最佳解决方案的能力。这些技能包括收集资料、找出解决问题的办法、评估备选方案、实施已选方案。定期跟进和评估决策的成效也是决策过程的一部分。决策技能使得管理者能够为公司确定有效的战略，比如迈克尔·戴尔致力于将直销作为公司的主要分销模式。但是糟糕的决策技能也会导致失败。美国芝加哥大型百货公司蒙哥马利-沃德（Montgomery Ward）、汽车公司斯蒂庞克（Studebaker）、大型电子零售商电路城（Circuit City）和安然等美国企业的衰败在一定程度上可归咎于糟糕的决策。我们将在第 8 章更加全面地讨论制定决策的相关话题。

时间管理技能

时间管理技能（time management skills）指的是管理者有效地使用时间的能力。比如，假设一名首席执行官的基本薪水为 200 万美元（顺便说一下，这并不算巨额）。假设他每周工作 50 小时，一年有两周假期，该首席执行官每小时赚 800 美元，每分钟约赚 13 美元。所以其时间的浪费意味着公司和股东的巨大成本。当然，大多数中层和基层管理者的薪水低于这个水平，但是他们的时间依然非常宝贵，低效使用时间会增加成本、浪费生产力。

为了有效地管理时间，管理者必须从容易造成时间浪费的四个主要方面入手：

1. 文书工作。一些管理者花费过多的时间思考怎样处理信件和报告。其实，这种类型的文件大多都是例行公事，应该快速处理。管理者必须学会找出那些需要更多关注的文件。

2. 电话。据专家估计，平均每隔五分钟就有一次电话打断管理者工作。为了更有效地管理时间，专家建议让助理筛选来电，并且每天留出一段时间来回复重要的电话。然而，手机的使用使该问题进一步恶化。

3. 会议。很多管理者每天花费在会议上的时间长达 4 个小时。为了提高这段时间的效率，会议经办人需要明确议程，准时开始，让每个人都专注于议程，并且准时结束会议。

4. 电子邮件。管理者越来越依赖于电子邮件和其他电子通信工具。管理者必须对垃圾邮件和电子文件夹、收件箱和文档进行分类整理，这很浪费时间。

全球化管理技能

未来的管理者若要在全球化的竞争环境中取胜，就必须具备全球化管理技能，用专门的工具、技术和技能武装自己。他们需要了解外国市场、文化差异和国外竞争对手的动机和做法。他们还要懂得如何与世界各地的人合作。

更现实的情况是，企业将需要更多具有国际运营能力的管理者。过去，大多数美国企业在其他国家从事经营活动时，雇用当地的管理人员来负责运营管理。然而，最近的趋势是企业将美国的管理人员派遣到国外公司。这种做法有助于企业将自己的企业文化转移到国外机构。此外，外派任务有助于管理者在组织内晋升时更好地应对国际竞争。如今，大公司的高层管理团队也可能包括来自其他国家的董事。

科技技能

未来的管理者面临的另一个重大问题是技术问题，特别是与沟通有关的技术。管理者总是不得不处理信息。然而，当今世界信息量增长惊人。仅在美国，人们每天就要收发数以亿计的电子邮件。新技术增强了管理者处理信息的能力，同时也使得增加投入以培养有效的科技技能变得更加重要。

信息不再是严格按照等级关系上下流动，而是可以同时到达每一个人。因此，人们可以更快地作出决策，而且更多的人会直接参与决策。电子邮件、视频会议以及其他沟通方式打破了部门界限，可以使处在不同地点的人们随时随地协同工作。技术也打破了原有的官僚制度，决策过程也会从团队建设和团队合作中受益。我们将会在第 13 章更详细地讨论信息技术对商业的影响。

➡️ 4.4　战略管理：设定目标和制定战略

前文提及，制订计划是管理工作的重要环节，而如今，愈加要求管理者进行战略性思考和行动。**战略管理**（strategic management）是使组织与其所在环境有效地保持一致性的过程。例如，如果某企业的经营环境中竞争日趋激烈，那么该企业需要在竞争真正开始加剧之前，就着手降低成本并且开发更多的产品和服务。同样，如果某公司所处的行业正趋于全球化，那么该公司的管理者需要在全球化的初期就着手进入新的市场，开展国际合作，而不是坐等全球化的全方位冲击。

有效的战略管理始于设定**目标**（goals），也就是企业希望和计划要达到的目的。任何企业都需要目标。然而，决定要做什么仅仅是组织迈出的第一步。管理者还必须确定哪些行动能实现企业目标，哪些行动不会实现企业目标。决策的制定并不是建立在一个接一个地解决问题的基础之上，也不是单纯为了在需要出现时去满足需要。大多数企业的决策背后都有一套宽泛的系统程序，称为**战略**（strategy），也就是一套广泛的组织计划，用于执行为实现组织目标而作出的决策。下面让我们从仔细分析企业目标开始来探讨战略管理。

4.4.1　设定企业目标

这里所说的目标主要是指绩效目标，是组织及其管理者衡量各级工作成效的手段。当然，不同的组织追求不同的目标，任何组织的目标都会随着时间而改变。例如，美国运通公司首席执行官肯尼斯·切诺特（Kenneth Chenault）专注于营收增长、公司股价和数字技术。百事公司首席执行官英德拉·努伊的目标包括紧跟消费者口味的变化，将公司现有产品推向新市场。美国联合航空公司首席执行官奥斯卡·穆诺兹（Oscar Munoz）为公司设定的目标是在顺利完成美国大陆航空和美国联合航空的整合之后，继续努力使其成为世界上最大的航空公司之一，同时消除前任杰夫·斯米塞克（Jeff Smisek）造成的一些负面影响。

设定目标的目的

制定了相应目标和计划后，组织才能够系统地运转。组织要将所拥有的资源投入各级部门以实现组织的目标。具体而言，我们认为组织设定目标主要有如下四个目的：

1. 设定目标可为各级管理者提供方向和指导。如果管理者确切地知道公司的发展方向，那么公司各单位犯错误的概率就会减小。比如，星巴克设定的目标是资本支出增加10%，额外支出将全部用于开设新店。这个目标明确地告知公司里的每一个人：公司的首要任务是拓展新市场。

2. 设定目标有助于企业更好地配置资源。配置资源时优先考虑有增长潜力的领域。公司将更多的资源分配到销售潜力巨大的新项目上，而不是那些已没有销售潜力的成熟产品上。因此，星巴克主要关注新店开设，电商计划的优先级还比较低。舒尔茨表示："我们的管理团队把精力完全放在核心业务的增长上，不受任何其他计划的干扰。"

3. 设定目标有助于确定企业文化。多年来，通用电气的目标一直是奋力争取使各个部门处于行业第一或第二的地位，在企业内形成了一种竞争（且常常伴随巨大压力）环境和奖励成功、几乎不能容忍失败的企业文化。通用电气的电器、医疗技术、飞机发动机部件和金融服务业务都是行业最佳。公司的首席执行官为全公司设定了更高的标准：使公司成为世界上最有价值的企业之一。

4. 设定目标有助于管理者评估绩效。如果某个单位设定的目标是在一年内实现销售额增长 10%，那么达到或超过该目标，该单位的管理者就可以得到奖励；未能达到目标，该单位将作出相应的弥补。通用电气在评估管理绩效、给予业绩突出的员工丰厚的奖励、辞退表现不佳的员工上的做法享誉多年。

目标的种类

目标因公司而异，设定何种目标取决于公司的目的和使命。每个组织都有其存在的目的或者理由。企业追求利润，大学谋求发现、传播新知识，政府机构力求制定以及执行公共政策。许多企业还有明确的使命和**使命宣言**（mission statement），也就是对企业在现有商业环境下如何实现企业目标所作出的文字叙述。

企业的使命通常易于确定。星巴克将其使命简明扼要地概括为：将星巴克建成全球精品咖啡的翘楚，并在公司不断成长的过程中，始终坚持一贯的原则。但是，伴随着企业竞争环境的变化，企业有时不得不重新考虑其战略和使命。例如，星巴克曾宣布网络营销和销售将会成为公司的核心业务。但是，管理者随后意识到该举措并不适合公司，也与他们的初衷相悖。因此，他们减少了这方面的努力，同时再次明确表示要专注于现有的零售业务。环境变化带来的种种要求迫使许多公司重新思考公司的使命，对"公司是什么样的"以及"公司的业务是什么"的陈述加以修改。

除了使命之外，企业还会有长期目标、中期目标和短期目标。

• **长期目标**（long-term goals）时间跨度较长，通常为 5 年或 5 年以上。例如，美国运通设定的一个长期目标可能是在未来 10 年内将其成员商户数量翻倍。佳能（Canon）设定的长期目标或许是在未来 8 年内将其数码照相机市场份额增加 10%。

• **中期目标**（intermediate goals）的时间跨度为 1~5 年。公司通常会在多个领域内设定中期目标。例如，营销部门的目标可能是 2 年内销售额增加 3%，生产部门可能希望 4 年内支出下降 6%，人力资源部门可能希望 2 年内员工流动率降低 10%，财务部门则可能希望 3 年内投资回报率增加 3%。

• **短期目标**（short-term goals）的设定时间可能为 1 年内，公司同样可以在多个领域内设置短期目标。例如，今年的销售额增长 2%，下个季度成本下降 1%，未来 6 个月内员工流动率下降 4%。

公司设定目标后，就需要关注战略的制定，以便能够实现目标。

4.4.2 战略类型

如图 4-3 所示，公司通常考虑采用的战略有三种类型：公司战略、业务（或竞争）战略和职能战略。

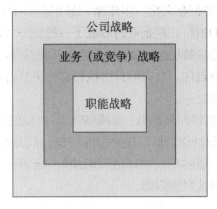

图 4 - 3　战略类型

资料来源：Based on Thomas L. Wheelen and J. David Hunger, *Strategic Management and Business Policy*, 8th ed. (Upper Saddle River, NJ: Prentice Hall, 2002), 14.

公司战略

公司战略（corporate strategy）的目的是确定公司拥有和经营的业务。一些公司仅拥有和经营一种业务。比如，WD-40 的生产商只专注于这个品牌。另外一些公司拥有和经营多种业务。公司可能会通过增加投资或其他活动来实现扩张，也可能会通过减少投资或其他活动来紧缩开支。

有时，收购和经营相关产业中的多种业务是公司战略的一部分。例如，百胜餐饮（Yum!）旗下经营的连锁餐厅肯德基、必胜客、塔可贝尔（Taco Bell）和海滋客（Long John Silver's）就是彼此相关的。这种战略称为相关多元化。如果公司的业务不相关，则称这种战略为非相关多元化。三星集团采用的就是非相关多元化战略，其旗下拥有电子、建筑、化工、餐饮以及酒店业务。美国运通在 CEO 肯尼斯·切诺特的领导下，所制定的公司战略是通过电子合伙的增长原则来强化经营，即购买小型技术公司的股份，因为这些小公司能提供美国运通自身所不具备的技术。

业务（或竞争）战略

公司拥有和经营多种业务时，必须为每种业务制定战略。**业务（或竞争）战略**（business or competitive strategy）主要针对公司的业务单位或产品线，重在提高公司的竞争地位。例如，美国运通要作出的业务战略决策是，在拥有维萨、万事达卡和其他信用卡公司的行业内，如何以最佳方式展开竞争。美国运通公司已经努力通过运用新技术扩大产品种类和客户服务。与此同时，百事在与可口可乐竞争时，分别为软饮料业务部门、运动饮料业务部门、果汁饮料部门以及休闲食品生产部门制定了不同战略。

职能战略

在**职能战略**（functional strategy）层面，特定领域（如市场营销、财务和运营）的管理者需要决定如何最有效地履行自己的职能，做好相关活动，最好地实现企业目标。例如，美国运通虽然已经将公司业务范围内的全部服务项目发布在公司官方网站上，但每个业务单元都有相当大的自主权，可以决定如何使用这个网站。百事公司为其饮料和休闲食品的营销活动制定职能战略，为这些产品的分销活动制定运营战略。真正的挑战和机遇在于能否成功地制定战略。因此，我们现在把注意力转向制定战略的基本步骤。

| 寻觅良策 | 坚持社会意识 |

战略规划并非一劳永逸。市场力量、公司并购、领导层变化都会影响商业环境，因此公司的目标和目的也会随之变动。公司必须学会适应新环境，制定新战略，以求生存和发展，太阳能公司（SolarCity）就是一个例子。

2006年，林登·里夫（Lyndon Rive）和他的兄弟彼得（Peter）在其堂兄埃隆·马斯克（Elon Musk）的建议下创建了太阳能公司，马斯克还提供了风险投资。到2007年，该公司已成为加利福尼亚州住宅太阳能的领先供应商。2012年12月，该公司首次公开募股筹资9 200万美元，股票发行价格为8美元。截至2014年，该公司雇用了7 500多名员工，是美国最大的太阳能设备安装企业，拥有超过14万客户。公司销售额飙升，股价在2014年2月创下新高，达到近85美元。谷歌和马斯克的太空探索技术公司（SpaceX）都对该业务进行了大量投资，太阳能公司还发行了超过2亿美元的债券，为运营获得更多的融资。

里夫提出的使太阳能电池板价格更实惠的战略取得了一定成效。公司提供了有吸引力的融资和租赁选择，领导层将其管理控制模式的重点从会计收入转移到了现金流。然而，投资分析师怀疑，公司股价上涨的主要原因是投资者高估了公司未来的增长潜力。太阳能公司在太阳能领域处于领先地位，但成本很高。它大量借贷，并用尽了从资本市场募集的资金。

到2016年中，公司股价已爆跌至不到20美元，公司试图传递一种观点，即消费者基本上可以在阳光明媚的时候不依靠电网生活，然后在天气不好时接入电网。但这一观点遭到了大型公用事业公司的抨击。

马斯克在此时介入，说服特斯拉的股东以26亿美元的价格收购太阳能公司的全部流通股。此外，马斯克还公布了特斯拉的新使命宣言：加快世界向可持续能源的过渡。他将"交通工具"一词替换为"能源"一词，并在此过程中扩大了公司愿景的涉猎范围，将太阳能纳入电动汽车动力和电池的范畴。2016年底，随着太阳能公司并入特斯拉，马斯克在一篇博客文章中宣布修改为母公司最初设定的总体战略。[15]

展望未来，他设定了如下新的总体战略：

- 打造令人惊叹的、具有无缝集成电池存储的太阳能屋顶。
- 扩展电动汽车产品线，面向所有主要细分市场。
- 通过大规模车队学习，开发出比人工驾驶安全10倍的自动驾驶能力。
- 让你的车在你不使用时为你赚钱。[16]

4.4.3 制定战略

计划往往涉及与设定目标、选择策略和确定进度这三方面内容相关的具体细节。相比之下，战略涉及的范围往往更广。根据定义，战略是描述组织意图的宽泛概念。此外，战略要对企业打算如何实现其目标加以概述，还要包括组织如何对新挑战和新需求作出快速反应。制定出好的战略对企业的成功至关重要，因此大多数高层管理者在这个过程中投入了大量的精力，并最大限度地发挥自己的创造力。**战略制定**（strategy formulation）包括图 4-4 中所示的三个基本步骤。接下来，我们将探讨这三个步骤。

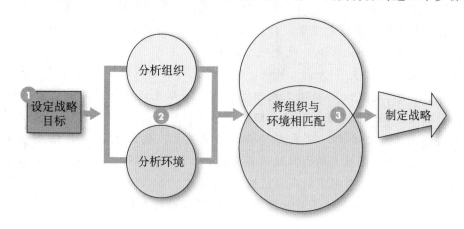

图 4-4　制定战略的步骤

资料来源：Adapted from Stephen P. Robbins and Mary Coulter，*Management*，12th ed.（Upper Saddle River，NJ：Prentice Hall，2014），242.

第一步：设定战略目标。**战略目标**（strategic goals）直接来自公司的使命宣言。例如，迪士尼一直致力于取得在家庭娱乐业的主导地位。公司继续投资于现有的产业（如 2017 年和 2018 年扩建奥兰多的主题公园），并开设新的主题公园（如 2016 年在上海建造迪士尼乐园）。此外，迪士尼还进行了多项战略收购，对象包括皮克斯（Pixar）、漫威（Marvel）和卢卡斯影业（Lucas Films）。这些举措都为公司扩大了收入基础，增加了利润。

第二步：运用 SWOT 分析法分析环境和组织。设定战略目标之后，管理者通常会努力做好对组织自身条件及外部环境的评估。评估的通用框架是 **SWOT 分析法**（SWOT analysis）。这个过程包括评估组织自身的优势（S）和劣势（W）以及组织外部环境中存在的机遇（O）和威胁（T）。在制定战略过程中，管理者力图发挥组织优势，利用外部环境中存在的机遇，同时设法克服或者抵消组织的劣势，避免或应对外部环境存在的威胁。

了解和分析营商环境，发现其中存在的机遇和威胁，这个过程通常被称为**环境分析**（environmental analysis）。消费者偏好的改变和恶意收购是公司面临的威胁，政府制定的新政策若限制了公司的发展机会也是对公司的威胁。更严重的威胁则来自新产品和新竞争者。例如，苹果公司的 iTunes 等在线音乐服务器大大降低了消费者对 CD 和 CD 播放器的需求。而现在，Spotify 和 SoundCloud 等流媒体音乐服务器已经对 iTunes 构成了威胁。同样，数字摄影技术的出现也极大地削弱了依靠平面摄影技术的公司。与此同时，机遇也来自那些让公司有可能进行扩张、增长或充分发挥现有优势的领域。比如，当百事公司管理者意识到瓶装水具有不断增长的市场潜力时，他们迅速采取措施，推出了纯水乐（Aquafina）品牌，并通过合理定位促使其销量快速增长。

除了分析组织的外部因素，管理者也要分析组织内部的因素。**组织分析**（organizational analysis）的目的是更好地了解公司的优势和劣势。公司的优势可能是有现金盈余、敬业的员工、充足的管理人才储备、技术专长和竞争较少。比如，百事公司将其软饮料分销商网络在饮料分销方面的优势成功地拓展到瓶装水的分销。现金短缺、工厂老化、员工过分工会化、公众形象不佳都可能成为公司的重大劣势。

第三步：将组织与环境相匹配。制定战略的最后一步就是将外部环境中的机遇与威胁同公司自身的优势和劣势匹配起来。匹配的过程是制定战略的核心步骤。公司应努力发挥自己的优势，抓住机遇，消除威胁，同时尽量避开自身的劣势或者至少不要让劣势影响其他活动。比如，知道如何分销消费品（优势）使得百事增加了新的业务，并且扩大了当前使用同样分销模式的业务。但是，一个公司如果缺少对消费品分销的足够了解，那么增加新产品就十分不明智，因为后者的成功很大程度上需要依靠有效的分销。

了解自身优势和劣势之后，公司可以决定是采取冒险的行动还是采取更加保守的行动。两种选择都可能取得成功。例如，谷歌具有作为创新型公司的声誉、富有创意的产品设计师和工程师队伍，以及雄厚的现金储备，这些都使该公司能够不断寻找新的产品创意，并快速投入市场加以测试。苹果也拥有许多相同的优势，但由于其产品需要更长的设计和制造周期，而且在大多数情况下需要投入更多的资金，因此该公司在推出新产品时更加谨慎，更注重系统化。

4.4.4 计划的层次体系

制定战略的最后一个步骤涉及实际计划的创建。计划可以从三个层次进行考察：战略计划、战术计划和作业计划（见图4-5）。每个层次都有明确的管理责任。这三个层次形成一个体系，只有从一个层次流向另一个层次的流程合乎逻辑时，这些计划才有可能得以实施。

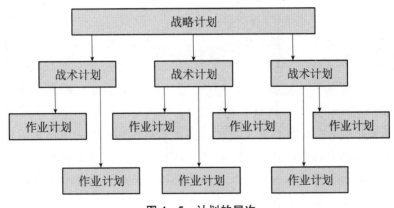

图4-5 计划的层次

- **战略计划**（strategic plans）反映的是一系列有关资源配置、公司优先事项以及实现战略目标的步骤等方面的决策。战略计划通常由公司的高层管理团队创建，但如前所述，通常还需要依赖组织内其他人员的参与。所以，战略计划过程的基本产出应当是战略计划书。通用电气制定的可行业务必须在各自行业排名第一或第二，就是战略计划。

- **战术计划**（tactical plans）是为实施战略计划的某些特定方面而制订的较为短期的计划。在制订好战略计划之后，管理者需要制订较为短期的计划来指导决策，使之能够与战略计划保持一致。战术计划通常涉及中层和高层管理者。戴尔公司希望将其分销优势引入电视和家用电子设备市场就是制订战术计划的一个典型例子。

- **作业计划**（operational plans）是中层和基层管理者为实现每日、每周或每月业绩等短期目标而制订的计划。比如，星巴克制订了门店如何采购、储存和调制咖啡的一套作业计划。

▶ 4.5 应变规划和危机管理

由于企业面临的环境通常难以预测，突发事件随时都可能带来重大问题，因此多数管理者都认识到，即使是最完美的计划有时也会失效。例如，当华特·迪士尼宣布计划打造一条迪士尼主题的邮轮航线后，管理者便积极开发，推销乘坐邮轮前往佛罗里达迪士尼乐园的旅游套餐。此次首航船票提前一年销售，在起航前六个月已经被预订一空。然而，在距离首航还有三个月的时候，负责建造迪士尼首艘邮轮（迪士尼魔力号）的船厂通知公司，由于进度落后于计划，将延迟数周才能交付。当其他邮轮公司遭遇类似问题时，可以为客户改订其他航线。但是由于迪士尼没有其他的邮轮，只能取消为期 15 天的首次航行，把已收取订金退还给客户。

这两万名被取消航程的客户如果再次预订之后的行程，将会获得很大的折扣。但是，其中绝大多数人不能重新安排行程，所以要求全额退款。此外，还有很大一部分人将问题归咎于迪士尼，对其糟糕的计划感到愤怒。幸好，迪士尼魔力号最终得以起航，现在已经成为一条广受欢迎、盈利颇丰的航线。由于管理者预计会发生这类事情，所以他们往往会制订备选方案以防止出现差错。处理未知事件与不可预见事件有两种常用方法：应变规划和危机管理。

> **动荡时期的管理** **灾祸降临之际**

2016 年，从三星智能手机爆炸事件到富国银行欺诈丑闻，涉事公司自身都有相应的过错。但是，危机有时是由外部事件引起的。例如，2016 年，由于加利福尼亚州蒙特雷县大火造成的灾害，保险公司为投保的企业和个人支付了数十亿美元的理赔款。除了保护公司免受内部灾祸之外，一个好的战略计划还应包括应变规划和危机管理，能够使公司从火灾、洪水、计算机或网络故障以及数据丢失等其他灾难中恢复过来。

虽然大多数企业从未遭遇火灾，但网络故障和数据丢失相当常见。2016 年 10 月 21 日，推特、奈飞、Spotify 和爱彼迎等的网站因 Dyn 系统遭到网络攻击而关闭，Dyn 公司的服务器提供互联网流量监控和互联网流量重定向服务。Dyn 是域名系统的众多主机之一，它将用户友好的网址如 amazon.com 转换成数字地址。如果没有互联网服务提供商运营的域名服务器，互联网就无法运行。

经确定，这次攻击是分布式拒绝服务（DDoS）攻击，作用于摄像头、婴儿监视器和家用路由器等成千上万与互联网连接的设备，使这些设备感染恶意病毒，从而导致服务请求如洪水般涌入目标公司的服务器，直至流量攻击致使服务器超出负荷而崩溃。此类攻击正变得越来越普遍，有证据表明，它们也变得越来越强大、越来越复杂，并且越来越多地针对核心互联网基础设施提供商。

长期以来，安全研究人员一直警告说，越来越多连接到互联网的设备，即物联网，将带来巨大的安全问题。在这种情况下，攻击的目标是支持互联网连接的 Dyn 基础设施。虽然攻击没有影响到网站本身，但它阻止或减缓了用户对这些网站的访问。

战略家指出，这些攻击正是如此多的公司将至少一部分基础设施推向云计算网络的原因，这样可以分散公司系统，使其不易受到攻击。即便如此，2017 年 3 月，全球最大、最安全，服务于爱彼迎、美国证券交易委员会、Adobe 和亚马逊等知名公司的亚马逊网络服务器停止运行长达数小时，影响了全世界的互联网功能。事故原因是编码更新中的输入错误。巨大的 S3 存储系统超出了服务器的服务能力，在一次例行调试中发出的一条无害命令导致一系列级联故障，使云存储服务关闭数小时。业务中断造成损失至少数百万美元。

4.5.1　应变规划

应变规划（contingency planning）旨在预先确定企业或市场可能发生的重大变化，同时确定企业应对变化的方式。例如，假设某公司计划新开一家分公司。预计未来 5 年内销售额每年增长 10%，并为维持该水平而制定了一个营销策略。但假如第一年年底销售额仅增加了 5%。那么，公司是应该放弃这个分公司，或是增加广告投入，还是暂时等待，视第二年的情况而定？无论公司作出哪种选择，只要管理者能够事先采取措施以防销售额低于计划水平，其努力就会更有效。

应变规划恰恰能够帮助管理者做到这一点。迪士尼从邮轮首航的失败中吸取了教训，在第二艘邮轮投入运营时，管理者在邮轮准备就绪和计划首次航行之间留出两周的时间以应对突发事件。

4.5.2　危机管理

危机是指需要立即作出反应的意外紧急情况。**危机管理**（crisis management）是指组织处理紧急情况的方法。从 2010 年加利福尼亚山火爆发、2012 年"桑迪"飓风和 2013 年嘉年华邮轮事故发生之后的情况，不难看出糟糕的危机管理造成了严重的不良后果。如今，许多公司都在努力制定新的、更加完善的危机管理计划和程序。危机管理最近需要关注的一个领域是日益增长的恐怖主义威胁。企业必须面对由此带来的挑战，比如，当企业的一个设施被恐怖分子炸毁，或者一名员工被恐怖组织劫持为人质时，企业应该如何作出最好的反应。[17]

例如，美国的电力煤气公司 Reliant Energy 和杜克能源公司（Duke Energy）都依赖于电脑交易中心，负责交易的管理者通过该平台不断地进行与能源相关的大宗商品交易活动。如果该交易中心遭遇恐怖袭击或者自然灾害，那么这两家公司基本上就要破产了。为此，Reliant Energy 和杜克能源公司在其他地方建立了一个辅助交易中心。一旦主要交易中心关闭，它们可以在 30 分钟或更短的时间内，将所有的核心交易活动迅速转移到辅助交易中心。[18] 很多企业依然缺乏全面的危机管理策略。比如，2015 年埃博拉疫情暴发，人们对该疫情的担忧日益加剧，相关官员也警告可能会出现大流行，但在这种情况下，一项调查发现，仅有 57% 的美国企业制订了应对大流行的计划。

4.6 管理与企业文化

　　每一个组织，无论大小，无论是否成功，都会给人一种独特的"感觉"。正如每个人都有自己的个性一样，每个企业也有其独特的身份或**企业文化**（corporate culture），也就是由员工共享的经历、故事、信念和规范所形成的企业特征。企业文化有助于确定企业的工作气氛和商业氛围。

　　强有力的企业文化有助于达到几个目的。首先，它能够引导员工朝着同一目标而努力。例如，一些企业文化极度强调财务收益上的成功，而其他一些企业文化则更为重视生活质量。其次，企业文化也有助于新员工了解企业内公认的行为规范。如果企业文化重视的是财务上的成功，那么新员工很快就会意识到公司更希望员工能够加班加点、勤奋工作，而最佳员工是能给公司带来最大收入的员工。但是，如果企业文化更注重的是生活质量，那么新员工就会意识到，工作上少花一些时间能为企业所接受，企业鼓励员工平衡好工作和生活。

4.6.1 企业文化的建立和沟通

　　企业文化从何而来？在一些情况下，企业文化诞生于创始人创立公司之际。例如，迪士尼、沃尔玛和星巴克等公司仍然留有创始人的印记。在其他情况下，企业文化是由长期贯彻实施一项不变的集中化业务战略而形成的。例如，百事公司的长期目标是追赶它最大的竞争对手——可口可乐，从而形成了一种以成就为导向的文化。同样，谷歌也有类似的"业无界，悦无疆"的文化，这来源于对创新和增长的一贯重视，此外还有丰厚的福利和高额的工资。

　　企业文化影响管理理念、管理风格和管理行为。因此，管理者必须谨慎考虑他们希望组织具有什么样的文化，然后通过与组织中每个人的沟通来培养这种文化。

　　为了发挥好企业文化的作用，管理者必须完成几个任务，而这些都要依靠有效的沟通。首先，管理者自己必须对企业文化有清晰的认识。其次，他们必须将企业文化传递给组织内的其他人。因此，对于新员工的培训和公司介绍通常会包括有关企业文化的内容。表述明确、意义深远的组织使命宣言也是一种有效的沟通工具。最后，管理者可以对了解并努力维护企业文化的员工给予奖励和晋升，进而保持企业文化的健康发展。

4.6.2 企业文化的变革

　　有时，组织必须改变其原有的文化。在这种情况下，组织必须把改变的实质内容与

员工及消费者进行沟通。根据最近十几年来企业文化发生过根本性变化的几家公司的
CEO所言，企业文化的变革要经历三个阶段：

1. 在最高层面上对企业环境进行分析，强调大范围变革是应对企业所面临问题的
最有效方式。冲突和抵抗通常是该时期的主要特征。

2. 高层管理者开始为企业构建新的愿景。无论愿景如何，都要重视竞争者的活动
和客户的需求。

3. 企业设立新的系统来评估和奖励那些践行企业新价值观的员工。这样做的目的
是从企业内部塑造新文化。

美国大陆航空和美国联合航空两家公司合并成为一家更大的航空公司。随后，高层
管理者制订了相关计划，吸收之前两个航空公司各自的文化精华，以此创建出新的、统
一的企业文化。整个过程历时三年多。[19]

问题与练习

复习题

1. 阐述高层、中层和基层管理者的作用。

2. 组织设定目标的四个主要目的是什么？

3. 解释并说明制定战略的三个基本步骤。

4. 什么是企业文化？企业文化是如何形成的？如何使企业文化得到持续发展？它
与企业的使命和愿景有什么关系？

分析题

1. 将管理的几项基本技能（技术技能、人际关系技能、概念技能、决策技能和时
间管理技能等）与管理过程中的四项职能（计划、组织、领导和控制）联系起来。例
如，在履行领导职能的过程中，哪些技能是最重要的？

2. 阐述领导和管理的区别。

3. 在制订计划时，家居装饰用品零售商需要考虑哪些意外情况？你认为该组织将
如何应对这些风险？

4. 一些商业人士声称"文化胜过使命"。你认为这句话意味着什么？它会如何影响
公司战略？

应用练习题

1. 采访当地某家公司的一位管理者或阅读一份对某位管理者的专访报道，确定该
公司所采用的战略和所需要的技能组合是什么，阐述管理者的背景、教育和经验如何影
响其工作。

2. 评价三家不同公司的使命宣言。描述每家公司的使命与愿景、价值观、战略和
文化之间的关系。你认为这些使命宣言的有效性如何？它们有什么用处？它们如何清晰
地反映了公司的定位？

案　例

谷歌的母公司——Alphabet

在本章开篇，你了解到了 Alphabet 创始人是如何管理员工，又是如何规划未来的。

利用本章所学内容，你应该能够回答下列问题。

◇问题讨论

1. 描述本案例中所阐释的每一种管理职能的例子。

2. 哪些管理技能在谢尔盖·布林和拉里·佩奇身上得到了最好的体现？

3. 目标和战略在 Alphabet 的成功中起到了什么作用？

4. 你如何描述 Alphabet 的企业文化？

新亦旧来旧亦新

2011 年末，美国零售业巨头彭尼公司（J. C. Penney）作出了一项惊人的举动：辞退首席执行官麦伦·乌尔曼（Myron Ullman），聘用罗恩·约翰逊（Ron Johnson）接任首席执行官一职。约翰逊被认为是变革的推动者，他可以把该公司改造成一个崭新的、时尚的购物场所，就像他把苹果专卖店从普通商店打造成娱乐胜地一样。[20]他的愿景非常清晰，就是"使彭尼公司有机会在美国重新获得其应有的地位，再次成为时尚的引领者、激情的引领者。对彭尼公司而言，这将是真正的创新时期"。约翰逊建议公司经销新产品和引人入胜的产品线，如玛莎·斯图尔特（Martha Stewart）和乔·菲诗（Joe Fresh）等品牌产品，以吸引中高端客户。他还设想将彭尼公司变成购物胜地，购物者将在店里流连驻足，体验到类似于在苹果专卖店所体验到的那种激情。

然而，约翰逊的新愿景近乎落空。彭尼公司的忠诚客户群对焕然一新的商店和定价策略十分不满。该公司未能吸引来新客户，而且在一年后销售额下降 25%。甚至是大力支持聘用约翰逊的大股东比尔·阿克曼（Bill Ackman）也意识到，公司犯了一个致命的错误。他感叹道："最大的错误之一是没有对这一变革可能会产生的影响进行足够的评估，就贸然实施了这次过于快速的变革。"圣母大学（Notre Dame）市场营销学教授卡罗尔·菲利普斯（Carol Phillips）指出，该公司在采用新的价值定价法时没有先了解购买者的意愿，没有制定有效的销售策略。"彭尼公司的首席执行官罗恩·约翰逊……对到底是什么使女性对购物乐此不疲一无所知。这是一场惊心动魄的血拼过程，而不是简单的购买活动。"新的战略与公司现有的管理者、产品线定价策略和客户群等不相协调。但公司操之过急而没仔细分析实施新构想所需的步骤。根据维珍美国航空公司（Virgin America）首席执行官大卫·库什（David Cush）的说法，"在你证明新收入模式的可行性之前，不要破坏以前的收入模式。彭尼公司恰恰就是陷入了这种作茧自缚的窘境"[21]。

2013 年 4 月，乌尔曼官复原职，而他的第一要务就是重新建立起与公司原客户群的联系，使他们回心转意。摩根大通（JPMorgan Chase）的分析师马修·鲍斯（Matthew Boss）报告说："他谈到要经销合适的产品，但更重要的是，要对其价格和价值有正确的认知，他认为这是过去一年所丧失的东西。"这意味着他要回到彭尼公司原先的定价策略，即采用加成定价法，然后提供大幅折扣和大量的优惠券，以及其他促销活动。乌尔曼的计划将开启一个缓慢的过程，在此期间要分析公司的环境，调整公司的战略，进而增加销售额和提高盈利能力。[22]许多人乐观地认为，乌尔曼能够让彭尼公司重新成为一家更强大、更多样化的公司。然而，股价继续下跌，投资者开始担心。

2015 年，乌尔曼辞职，马文·埃里森（Marvin Ellison）接任 CEO 一职。埃里森于2014 年底加入公司担任总裁，此前曾在家得宝和塔吉特任职。埃里森面临着沉重的担子。

购物者从梅西百货和西尔斯百货等曾经实力雄厚的连锁百货公司，转向网上卖家和小众零售商等其他商家。2017 年彭尼公司宣布，计划关闭 130～140 家门店，并向 6 000 名员工提供买断工龄计划，与此同时，提供新的产品线，如玩具、美容产品、家电和家居用品，旨在吸引已经确定的客户群，即 70％的女性和 70％的房主。在改变产品线的同时，该公司还增加了在线销售和移动应用程序，甚至正在考虑区域差别定价。除了更新商业模式，公司还采用了新的使命：帮助顾客省时、省力、省钱，买到喜欢的东西。尽管彭尼公司在 2016 年实现了自 2010 年以来的首次盈利，但问题依然存在：埃里森是否有让彭尼公司扭亏为盈的秘诀？只有时间才能告诉我们答案。[23]

◇问题讨论

1. 本案例描述了对管理至关重要的各种技能。对于首席执行官埃里森来说，你认为哪两项技能最重要？

2. 你认为约翰逊是改变了彭尼公司的使命，还是只是实施了新的战略？请提出充分的依据。

3. 你认为约翰逊所犯的最大错误是什么？

4. 你认为埃里森能否成功地拯救彭尼公司？

注 释

第 **5** 章 企业组织

→ **学习目标**

1. 阐述决定企业组织结构的因素。

2. 解释组织结构的专门化和部门化这两大构成要素。

3. 描述构建决策层次的关键要素：集权与分权、授权和职权。

4. 解释职能型、事业部型、矩阵型和国际型组织结构的不同点，并描述最常见的组织结构的新形式。

5. 描述非正式组织，并讨论内部创业机制。

开篇案例   **组织制胜**

决定组织结构的关键因素之一是企业的使命和战略。创业者在开始定义与企业目标和战略相适应的组织结构时，必须特别谨慎、深思熟虑。随着时间的推移，组织可能会成长壮大，最初的结构可能不再适应组织的发展需要。即便如此，也很难将组织结构与文化分隔开来。[1]

在创业型组织中，高层管理者数量极少，采用简单、扁平的组织结构通常会很有效。与较为复杂的公司不同，理想的创业型组织结构应该是相对松散和非正式的。这种结构的优点是可以快速作出决定，而且足够灵活，可以适应快速变化的市场。然而，由于数量很少，高层管理者面临巨大的决策压力。[2]

简单的创业型组织结构最具代表性的例子之一是维尔福软件公司（Valve Software）。该公司打造出了《半条命》、《反恐精英》和《传送门》等一系列视频游戏。维尔福软件公司有300名员工，但没有管理人员。员工手册写道："在这家公司所有不随意发号施令的人当中，联合创始人加布是最不随意向你发号施令的人，如果你明白我们的意思的话。"[3]

在具有跨时代意义的电脑游戏《半条命》的开发过程中，该公司组建了名为 "cabals" 的跨领域团队来设计最终产品，然后将其推向市场。尽管该公司已经拥有超过 360 名员工和数 10 亿美元的收入，但它仍然是私人所有，组织结构也很扁平。

在 1996 年创立维福软件公司时，加布·纽维尔 (Gabe Newell) 和迈克·哈灵顿 (Mike Harrington) 采用了家庭式的工作环境，这并不奇怪。在微软创建初期，两人都曾在比尔·盖茨手下担任工程师，当时微软的组织结构相对扁平。然而到 2010 年，微软变得更加部门化，由此陷入了阵痛期，这是必然的。2013 年，微软进行了一次重组，试图通过各职能部门使业务协调一致，在 2015 年又完成了一次公司重组，使微软的组织结构类似于传统的事业部型。

那么，自从史蒂夫·乔布斯创立苹果公司以来，苹果公司发生了什么情况呢？大型公司通常采用事业部型组织结构。谷歌母公司 Alphabet 的组织结构更接近事业部型，而不是职能型，其中谷歌和 "X" 部门最为突出，各自专注于特定的细分市场或次级使命。在事业部型的组织中，人们为所在单位工作（如谷歌），他们负责特定系列的业务。各单位仍然有一些领域在职能上是一致的（如会计），但大型企业的大部分单位仍采用事业部型组织结构，而不是职能型组织结构。然而，苹果公司仍然坚持其以职能作为公司结构的根基。职能型结构允许更多的协作。在苹果公司，高层管理者负责软件工程、硬件和市场营销等广泛领域。这些领域相互交叉，也跨越诸多市场。这看起来似乎是一种模糊的划分，谷歌的首席执行官负责搜索引擎功能的成功运行，而不是手机事业部的成功运行，苹果公司的一位经理可能负责从 Apple Watch 到 iPhone、MacBook 和 iPad 所需的全部芯片的开发，而另一位经理可能负责整个市场营销。对于大型企业来说，这种结构可能会使产品管理成为一个极其复杂的过程，而且它可能不会让某一个人单独成为最终产品的责任人。（学完本章内容后，你应该能够回答章末的一系列讨论题。）

我能从中学到什么？

所有的管理者都需要其他人的协助才能获得成功，所以他们必须信任团队里的每一位成员，相信他们能够承担起自己的责任。团队成员需要管理者的帮助，也需要清楚地了解自己在组织内的角色。管理者和下属之间的工作关系是构成一个组织的关键要素之一。在本章中你将会看到，管理组织用于完成工作而采取的基本框架即组织结构，是管理过程最基本的部分。

假设我们让一个孩子用积木来搭建一座城堡。她选择了几个小积木块和一些大积木块。她选用的积木块有方形的、圆形的，还有三角形的。当她搭完之后，她就有了一座属于自己的城堡，一座与众不同的城堡。将这项任务再交给另外一个孩子，让他搭建一座不同的城堡。他可能选择不同的积木块，并采用不同的方式将它们搭建在一起。这两个孩子的活动——选择一些积木块并以独特的方式将它们搭建在一起，与管理者所做的组织工作有很多相似之处。在同一行业彼此竞争的某些公司，其组织结构可能几乎完全相同，也可能彼此完全不同，也可能介于两者之间，既有相同之处又有不同之处。

组织工作就是决定如何以最佳方式将组织要素组合起来的过程。就像孩子们选择不同的积木块一样，管理者也可以选择多种结构要素。另外，就像孩子们可以用多种方法将积木块组合起来一样，管理者也可以通过不同的方式将组织要素组合在一起。了解这些组织结构要素的性质及组合方法，可以极大地增强企业的竞争力。

通过学习本章中的内容，你还能够了解你在组织中的"位置"。同样，作为老板或是企业所有者，你将能够更好地为自己的组织创建最理想的结构。本章会仔细分析影响企业组织结构的要素；讨论企业组织结构的构建要素以及在不同类型的组织中决策方式的区别；还会介绍各种组织结构，并阐述最受欢迎的新形式。

5.1　何为组织结构

企业主和管理者必须作出的一个重要决策就是如何设计出最优的组织结构。换言之，他们必须决定采用何种组织结构比较合适。我们可以将**组织结构**（organizational structure）定义为具体说明组织内要完成的各项工作任务以及这些任务彼此之间相互关系的一种模式。[4] 了解组织结构最容易的方法是借助组织结构图。

5.1.1　组织结构图

大多数小公司编制的**组织结构图**（organizational chart）可以清楚地展示组织结构，使员工知道自己在公司运营中所处的位置。图 5-1 是当代景观服务公司（Contemporary Landscape Services, Inc.）的组织结构图，该公司位于得克萨斯州的一个小社区，规模不大，但生意兴隆。图中方框代表的是工作岗位，实线代表的是公司结构中的**命令链**（chain of command），也就是隶属关系或上下级关系。理论上讲，这种隶属关系沿着命令链从公司最高层一直延续到最底层。如零售店经理、苗圃店经理和景观运营部经理都要向公司总裁/所有者汇报工作。景观运营部经理下设两个经理职位，一个负责住宅区的客户，另一个负责商业区的客户。同样，在零售店经理和苗圃店经理下会分别设有其他相应的职位。

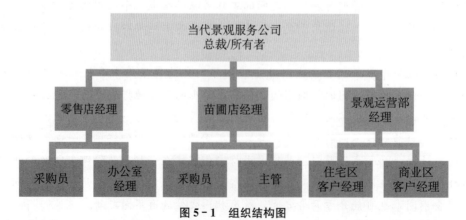

图 5-1　组织结构图

与小公司相比，大型公司的组织结构图要复杂得多，包括比图 5-1 中的组织结构图更多的层级及人员。公司规模太大使得许多大型公司甚至不可能有包括所有管理人员在内的组织结构图。通常情况下，它们制定一份总的组织结构图来反映整个公司的结构，另外再为每个事业部绘制单独的组织结构图，甚至还为各个部门或单位编制更详细的组织结构图。

回想组织结构的定义：组织结构是具体说明组织内要完成的各项工作任务以及这些任务彼此之间相互关系的一种模式。组织结构图内的方框代表着工作岗位，实线代表各个岗位之间的关系。正如我们所看到的，组织结构可以分解为一系列的方框和线条，但实际上不存在两个具有相同结构的组织。适用于微软的组织结构可能不适合谷歌、捷蓝航空（Jet Blue）、埃克森美孚、亚马逊或者美国商务部。同样，美国红十字会的组织结构很可能对 Urban Outfitters、塔吉特、星巴克和内布拉斯加大学（University of Nebraska）并不适用。

5.1.2　组织结构的决定因素

组织结构由什么决定？理想情况是，管理者在制定方案以及随后创建组织结构时，谨慎考虑各种重要因素，使组织结构能够让组织高效运行。

在决定最优组织结构时，有许多因素发挥作用。其中最主要的是组织的使命和战略。例如，一个充满活力和快速增长的企业，其组织结构需要具备灵活性，能随环境和战略的变化而作出相应的调整，从而健康发展。而一个遵循温和增长目标、采取保守策略、力求稳步发展的企业，可能会需要与之不同的组织结构来保证其处于最佳的运行状态。

公司规模和组织环境的某些方面同样也会影响组织结构。正如第 4 章中所讲的，组织职能是管理过程中至关重要的一个环节。正因如此，在行使组织职能时必须对公司外部环境和内部环境给予同等重视。在竞争激烈的环境中运营的大型服务提供商或制造商，比如美国航空公司或者惠普公司，其组织结构就与当地的理发店或者服装店的组织结构有所不同。组织结构在确立之后要经常调整，甚至有时候需要重新确立新的组织结构。大多数组织会不断改变其组织结构。

福特公司自 1903 年成立以来，经历了数十次重大的结构性变革，对组织结构进行了数百次适度调整和上千次细微变动。仅在过去的 20 多年中，福特就进行了若干次重大的结构性变革。1994 年，公司宣布了一项重大的重组计划——福特 2000，其目的是在 2000 年之前将大量的国际业务整合到一个单一的、统一的结构之中。

然而到 1998 年，在实施这项宏伟计划的过程中，福特高层管理者宣布进行一些重大修改，指出还要另做一些调整，不再实施先前制订的某些变革计划，近期调整的一些业务会再度进行调整。1999 年初，为了消除企业内部的官僚作风、加快决策的制定进程、改善组织内不同级别员工之间的沟通和工作关系，福特的管理者又推行了另一套改革计划。在 2001 年初，福特宣布进行更为彻底的改革，旨在提高公司下滑的净收入，防止产品质量下降。随后，公司分别在 2003 年和 2004 年又做了一些更显著的改革。2006 年，公司宣布关闭几家工厂，引发了更多的结构性变革。2010 年，为了应对全球经济衰退和汽车销量的急剧下滑，公司再次宣布了一项重大重组计划。2011 年，公司宣布将采取更多重组行动，以获得更多的国际市场份额。2015 年，随着全球汽车销量开始增长，福特为提高生产能力又宣布进行其他的变革。

创业和新企业　　　　　**以组织建设促进企业成长**

约 90% 的新企业最终会倒闭。想要成功创业，创业者需要有优秀的产品或服务以及精明的商业头脑，这意味着要建立一个好的团队，即需要对人员和创意进行合理的安排。然而，对于大多数初创企业来说，组织结构是创业者最头疼的事情。

组织结构是顺其自然还是精心设计？高丽·南达（Gauri Nanda）是南达之家公司（Nanda Home）销售的时髦小机器人闹钟"落跑闹钟"（Clocky）的发明者，对她来说，组织结构不是她要考虑的问题。2004 年，南达在麻省理工学院媒体实验室（MIT Media Lab）的研究生课程中设计了落跑闹钟，但当时她还没有创业的意图，就把它搁置一旁，继续攻读硕士学位。然而，落跑闹钟早已在网上小有名气，2005 年，她突然发现自己挖掘出了一个潜在的"金矿"。相比于建造生产设施、雇用员工以扩大创业规模，并承担由此可能带来的所有风险和麻烦，南达（通过阿里巴巴网站）在中国香港找到了一家制造商，把生产外包出去。她首次发售的 500 个闹钟一夜之间就售罄了。

自那以后，她成立了南达之家公司，但截至 2017 年初，这家初创企业仍然只销售一种产品。她并没有止步不前，而是与一位合伙人创建了一家规模更大的新企业。2013 年，她和合伙人奥黛丽·希尔（Audrey Hill）创办了一家名为 Toymail 的玩具公司。Toymail 产品由两部分组成：一部分是面向父母的应用程序，另一部分是 Talkies，外形似蝙蝠的毛绒玩具，孩子可以用它与朋友和家人语音聊天。

最初她们的生产规模很小，在限量营销活动中售出了 20 000 多台产品，同时与真实的家庭用户进行贝塔测试，以开发最有用和最适销的 Talkies。到 2016 年底，公司从亚马逊、威瑞森（Verizon）和风险投资公司 Y Combinator 筹集了 150 万美元，当时她们收到了电视节目《鲨鱼坦克》（Shark Tank）推销她们的创意的邀请。这次亮相让她们从罗瑞·格里纳（Lori Greiner）和克里斯·萨卡（Chris Sacca）那里获得了 60 万美元的共同投资，交换条件是公司 5% 的股份。

南达和希尔现在要开始把她们对创意的关注转移到对组织自身结构的设计上了，因为她们开始从小型初创企业转变为 10% 中的一员。

5.2 组织结构的构成要素

任何公司，无论规模大小，设计组织结构的第一步都涉及如下三项活动：

1. 专门化：确定谁将做什么。
2. 部门化：确定如何采用最佳方式将执行特定任务的人员组合在一起。
3. 构建决策层次：决定谁有权作出哪些决策和谁有权管理他人。

这三项活动是所有商业组织的基石。在本节中，我们将讨论专门化和部门化。决策的层级结构实际上包括多个要素，我们将在下一节中进行更详细的介绍。

5.2.1 专门化

确定需要完成的具体工作并指定专人来完成这些工作的过程称为**工作专门化**（job specialization）。从某种程度上说，所有组织的主要工作只有一项，比如福特制造汽车、Lenova 向消费者销售电脑、电信运营商斯普林特公司（Sprint）提供通信服务等。但这项工作事实上非常复杂。比如，纽柯钢铁公司的工作就是将废钢（通常来自报废汽车）转化成成品钢材（如钢梁和钢筋）。同样，美国航空公司的工作就是将乘客以及他们的行李从一个机场运到另一个机场。

为了完成整项工作，管理者经常需要将其分解，或者细分成若干更小的专门化工作。例如，一些工人负责将废钢运到工厂，另外一些工人负责操作切割设备，待切割完毕后，其他工人将原材料融化为钢液，然后由专门人员使钢液进入注塑设备，将钢液转化成新的产品。最后，再由一些人专门负责将成品转移到保管区，再从那里发货运到客户手中。在美国联合航空公司，一些人专门负责安排航班，一些人负责安排乘客，一些人驾驶飞机，还有一些人处理乘客行李和其他货物。将组织的一项整体工作进行类似的分解之后，员工不仅能够从工作中获得专长，同时也能够更好地协调自己与他人的工作。

在小型组织中，所有者对每一项工作可能都要亲力亲为。然而，随着公司发展壮大，工作专门化的必要性也随之提高，需要由不同人来从事不同工作。为了说明工作专门化如何在组织中演变，我们以迪士尼公司为例。在华特·迪士尼刚成立动画工作室时，他和他的兄弟罗伊包揽了一切工作。例如，在创作第一部动画片《汽船威利》（*Steamboat Willy*）时，他们要自己编写剧本、绘制动画、制片、配音，最后四处奔波将动画片出售给影院经营者。

如今，一部迪士尼动画片需要集上千人之力才能成功上映。在整部动画片的创作过程中，某一位动画师可能只负责绘制一个角色的脸部动画，另一位美术师可能负责特定场景中背景图像的着色，其他一些人负责后期制作，将电脑生成的每一个影像转化成动态图像，还有人负责成品动画片的营销。

伴随着组织的成长，必然会产生工作专门化。它有如下一些优点：与非专门化的工作相比，专门化的工作更容易掌握，效率更高，一旦有从事高度专门化工作的人离职，也易于填补空缺。组织内职位较低的工作尤其容易被过分专门化，如果这些工作被过分细化，员工可能会对工作感到乏味无聊，会粗心大意，从工作中获得的满足感会有所减少，还可能看不到自己在组织中的作用。

5.2.2 部门化

在对工作进行专门化之后，还需要进一步分类以形成逻辑单位，这个过程称为**部门化**（departmentalization）。实行部门化的公司得益于这种活动分工，控制幅度变窄，协调工作变得更加容易，高层管理者也更容易观察每个单位的表现。

部门化使公司能够把每个部门视为一个**利润中心**（profit center），即公司内自负盈亏的独立单位。因此，梅西百货的管理者能够分别计算某一零售店里男装、家居用品、化妆品、女鞋以及其他所有部门产生的利润。然后可以利用这些信息制定有关广告和促销活动、空间分配以及预算等的决策。

当然，管理者并不是随意将工作部门化，而是根据共同的联系或者目的来有逻辑地组合它们。通常情况下，部门化可以采纳如下划分标准：职能、产品、过程、顾客或地区（或这些标准的任意组合）。

职能部门化

许多服务公司和制造公司，尤其是刚刚成立、规模较小的公司，会采用**职能部门化**（functional departmentalization）的方式，即按照群体的职能或活动来设定部门。比如，大多数初创企业会采用职能部门化，它们通常有生产部门、营销和销售部门、人力资源部门、会计和财务部门。这些部门还可能会进一步细分，比如，营销部门可以分成各自独立的小组，分别负责市场调研、广告和促销宣传。

产品部门化

制造商和服务提供商往往都会选择**产品部门化**（product departmentalization），即按照所提供的特定产品或服务类型将组织划分成各个部门。尤其是在一家公司扩大规模，开始提供多种服务的时候。卡夫食品公司（Kraft Foods）采用的就是这种划分方式。比如，奥斯卡梅耶部门专门生产热狗和午餐肉，卡夫奶酪部门专门生产奶酪制品，麦斯威尔和波斯特部门则分别专注于生产咖啡和早餐麦片等。[5]由于每个部门代表了某一组特定的产品或服务，因而从理论上讲，卡夫食品公司的管理者能够将注意力集中于明确界定的特定产品线。

过程部门化

其他一些制造商青睐于采用**过程部门化**（process departmentalization），即根据生产产品和提供服务的过程将组织划分成不同的部门。Vlasic 采用过程部门化。公司设有三个独立的部门，分别负责将黄瓜加工成新鲜罐装泡菜、盐水腌制咸菜或开胃小菜。用来做新鲜罐装泡菜的黄瓜必须立即装入罐中，然后浸入水和醋的溶液中，以待出售。那些用来做咸菜的黄瓜在包装之前要放入盐水中腌制。做开胃小菜的黄瓜要切碎，再加入大量的其他配料。每个过程都需要不同的设备和工艺，为此创建了不同的部门。一些服务提供商也使用过程部门化。例如，一家汽车保险公司可能会有一个部门受理保单持有人的索赔，另一个部门审查保险范围，还有一个部门发放理赔款。

顾客部门化

"百货公司"的名称实际上源自它的结构方式——男装部、女装部、箱包部、园艺用品部等。**顾客部门化**（customer departmentalization）是按照目标客户的类型设定部门，每个部门针对特定类型的顾客（男士、女士、购买箱包的顾客、购买割草机的顾客）提供产品，满足其需要。因此，想要在沃尔玛购买婴儿床的顾客，可以绕过园艺用品部，直奔专卖儿童家具的地方。一般情况下，由于销售人员接受过所在部门的专业化培训，具备相关的技能，因而商店效率会更高，顾客也会得到更好的服务。顾客部门化的另一个实例是银行。顾客想要办理消费贷款需到个人业务处，而小企业主则需要到对公业务处，农民则去农业贷款部门。

地区部门化

地区部门化（geographic departmentalization）是指企业按照在世界或国家范围内所服务的地区划分部门。例如，李维斯（Levi's）设有三个部门：一个服务于南美和北美地区，另一个服务于欧洲、中东和北非地区，还有一个服务于亚太地区。[6]在美国，地区部门化常见于公用事业。如南方公司（Southern Company）按照地理区域将其电力子公司分为四个部门——亚拉巴马州电厂、佐治亚州电厂、海湾地区电厂和密西西比州电厂。[7]

寻觅良策 | ## 新旧融合

1883年，作曲家和钢琴大师弗朗茨·李斯特（Franz Liszt）写信给施坦威父子公司（Steinway & Sons，简称"施坦威"）的创始人海因里希·施坦威（Heinrich Steinway），对其公司制作的三角钢琴大加赞扬。李斯特对钢琴的音调效果赞不绝口。早在30年前，施坦威就已经为上弦这一布弦技术申请了专利。他没有把琴弦并排摆放，而是让工人将低音弦置于高音弦之上，布成扇形，形成一排倾斜的第二层琴弦。因此，可以通过使用更长的琴弦产生更佳的振动效果，从而提高乐器音质。

19世纪中期，施坦威和员工开发的另一项技术使得钢琴琴弦更粗、声音更大。钢琴下面有一块金属板，这个部件以前都是由固定于金属支架上的木头做成，施坦威在19世纪40年代把这种金属板作为一种标准配置。这种金属板强度更大，可以让钢琴制造师提高琴弦紧度，从而使钢琴音质更加符合定音标准。

施坦威是第一个将金属板和上弦技术结合起来的钢琴制造师，在这种技术以及其他一些传统技术引入之后，钢琴的结构几乎没有改变。实际上，正如迪士尼动画师的工作因公司及其所采用的技术发生变革而改变一样，施坦威也经历了这样的改变。施坦威的工人虽然仍然从事专门化的工作，但是这些工作已发生了巨大变化。以音板为例，打开三角钢琴可以看到里面的共鸣板，也就是位于琴弦和金属板之间的一块实木隔板，它的设计看似非常简单，但能够通过振动增强琴弦音色，产生意想不到的效果，同时还能承受1 000磅的压力。因为是手工制作，所以不存在大小相同的两块音板。同样，钢琴外壳的大小也不会一样。关键是，琴壳和音板是恰好嵌合在一起的。

因为是先量音板然后再配琴壳，所以每个音板只有一个外壳与之相配。为了保证琴壳和音板相匹配，琴壳必须经过打磨、锯割、刨平至一定规格。整个过程需要手工制作14小时，施坦威的工人只有成为工匠大师才能高效地完成这一工作。但是，现在有了电脑数控（computer numerically controlled）机床，通过电脑存储媒介向各个专门工具发出程序化的指令，只需1.5小时就可以完工。

数控技术在施坦威是一个相对新鲜的事物，价值百万的数控机床和其他的数控设备是在最近10年才被引入公司的。施坦威大多数的数控设备都高度专门化，其中许多是专门定制的。这些技术和设备能够减少人力成本，但是施坦威的管理者坚持认为，技术是用于延续施坦威的传统生产工艺，而不是取而代之。质量总监罗伯特·伯格（Robert Berger）表示："一些人认为施坦威采取自动化技术是为了节省人力成本或者是提高生产率，而实际上这些投资完全是为了提高质量。我们在对能够提高产品质量的领域进行特定的技术投资。"[8]

在过去的几十年里，施坦威经历了许多次组织变革。1996年上市后，由于经济衰退对奢侈品销售的打击尤其严重，该公司举步维艰。2013年，亿万富翁约翰·保尔森（John Paulson）以超过5亿美元的价格收购了该公司，将其私有化并扭亏为盈。2015年，该公司生产了第60万架钢琴。正如保尔森所解释的，施坦威的高品质是他作出投资决定的动机："我一直迷恋着这款产品。在汽车领域有奔驰，在其他每一个领域都有顶级品牌。但没有哪个品牌在高端市场上拥有如此高的份额。"

尽管有着深厚的历史渊源，施坦威仍在不断创新。2016年，该公司推出了Spirio自动演奏钢琴，这是一款将原声乐器与数字技术相结合的高科技产品，可以捕捉杰出音乐家演奏的精髓，并且根据要求再次自动演奏。鉴于中国的文化机构对此表现出的浓厚兴趣，该公司认为自己的产品在国际市场上销售潜力巨大。对施坦威来说，正是产品背后的人让一切变得不同。[9]

多种形式的部门化

由于不同形式的部门化具有不同的优势，因此随着公司规模不断扩大，公司往往在不同层级采用不同类型的部门化方式。图5-2所示的公司在最高层采用的是职能部门化；在中层，生产是按照地区部门化进行的；在基层，销售是按照产品部门化来实现的。当然，大公司会在各个领域使用所有这些不同形式的部门化。

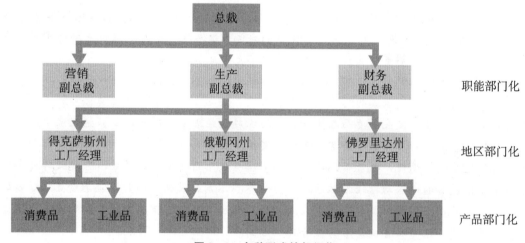

图5-2　多种形式的部门化

➡ 5.3　构建决策层次

设计组织结构的第三大要素是构建决策层次，这往往是通过对组织内隶属关系的规范化来实现的。当关注点位于企业内个别管理者与其下属之间的关系上时，就是通常所称的授权。当关注点位于整个组织上时，就变成了集权与分权的问题。

5.3.1　职权的配置：集权与分权

一些管理者有意地将决策权尽可能地保留在组织结构的较高层；而其他一些管理者则

尽可能把职权下放到组织的底层。大多数企业的职权分配处在这两种极端情况之间。

集权型组织

在**集权型组织**（centralized organization）中，大部分决策权集中在高层管理者手中。[10]麦当劳利用集权来维持标准化。其旗下所有的餐厅在原材料采购以及菜单上食品的制作和包装过程中都必须遵循精确的步骤。大部分广告是以整个公司为单位进行的，而推出地方性广告必须获得区域经理的批准。餐厅甚至必须按规定的时间进行设备保养和升级，如地板抛光和停车场清洁。集权最常见于所处环境较为稳定并具有可预测性的企业中，同时也是小型企业的典型特征。

动荡时期的管理 ||||||| **保持组织工具的效力** |||||||

关于美国制造业就业机会减少的批评铺天盖地，但总部位于伊利诺伊州格伦维尤的伊利诺伊工具公司（Illinois Tool Works，ITW）却证明这些批评是错误的。该公司成立于1912 年，主要生产金属切割工具，在全球拥有超过 48 000 名员工。从 1980 年开始，ITW通过收购数百家较小的公司获得了它们的产品线和独特的竞争力，进而发展壮大。如今，公司分为 7 个运营部门：汽车代加工部门，测试、测量与电子部门，食品设备部门，聚合物和流体部门，焊接部门，建筑产品部门，以及特种产品部门。其产品和服务非常多样化，汽车代加工部门为汽车和轻型卡车生产塑料和金属部件，而聚合物和流体部门生产工业黏合剂、清洁剂和润滑液，以及用于汽车维修和保养的聚合物及填料。

ITW 的架构建立在高度分权的理念之上。7 个运营部门都被设计成更小、更灵活、更具创业精神的组织，拥有自己的收入和成本中心。决策权是高度分散的，大多数战略决策是在部门内作出的。公司认为，这种商业模式不仅能对客户的需求作出有效的回应，还使经济效益最大化。

ITW 取得成功的另一个关键策略是它采用的 80/20 业务流程。这是一种经营理念，即 80％的收入和利润应该来自 20％的客户。作为一家以创新为关键的公司，这一理念帮助 ITW 将精力集中在能产生最大协同效应的产品线上。ITW 还强调客户支持创新，即以客户为中心，并关注其最重要客户的关键需求。

ITW 在全球 57 个国家拥有业务，主要业务分布在澳大利亚、比利时、巴西、加拿大、中国、捷克共和国、丹麦、法国、德国、爱尔兰、意大利、荷兰、西班牙、瑞士和英国。尽管美国是其最大的市场，但超过 25％的收入来自欧洲，超过 10％的收入来自亚洲。这种地区上的多元化经营，有助于降低任何地区经济衰退可能带来的风险。

这些策略已经为 ITW 带来了回报。和大多数公司一样，它在经济衰退中遭到了重创，但现在已经强劲反弹。2008—2016 年的 8 年里，该公司股价上涨了近 5 倍。到目前为止，ITW 的经营战略和组织结构已经使公司得以度过艰难时期，并为未来的成功夯实了基础。[11]

分权型组织

随着企业发展壮大，企业面临更多的决策。这时，企业更倾向于采用**分权型组织**（decentralized organization）。在分权型组织内，大部分决策权被分散到高级管理层之下的各个管理层。分权是处于复杂的动态营商环境中的企业的典型特征，在专注于客户服务的企业中也比较普遍。分权赋予了不同层级管理者更多的权力，使他们能够在各自负责的领域内迅速地作出决策，从而增强了企业的适应能力。比如，Urban Outfitters 采用的就是相对分权的管理体制，因为它赋予每个零售店管理者相当大的职权，来进行产品推销和产品展示活动。全食超市的分权程度更高。该公司将其零售店划分为若干小团队，由这些小团队负责对某些问题作出决策，如就雇用哪一位新员工进行表决或者根据当地消费者偏好决定生产哪种产品。这种做法所贯彻的理念就是：应该由受决策影响最大的人作决策。[12]

高耸型组织与扁平型组织

实行分权的企业管理层级往往相对较少，因此产生了**扁平型组织结构**（flat organizational structure），如图 5-3（a）所示，这是假设的一家律师事务所的组织结构。实行集权的企业通常需要较多的管理层级，从而产生了**高耸型组织结构**（tall organizational structure），美国军队的组织结构就是一个很好的例子，如图 5-3（b）所示。由于信息无论是向上还是向下传递，都要经过非常多的组织层级，高耸型组织结构很容易造成信息延迟。

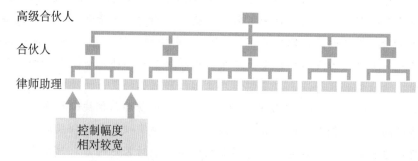

（a）扁平型组织结构：律师事务所

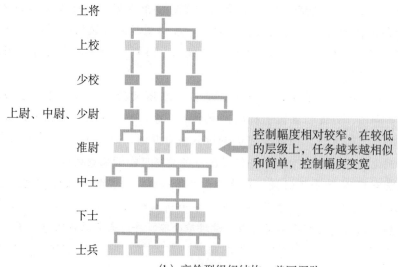

（b）高耸型组织结构：美国军队

图 5-3　组织结构和控制幅度

随着组织规模扩大，组织层级必然会增加，这是正常的，也是必要的。例如，由所有者担任经理、仅由几名员工组成的小型公司可能只有两个组织层级——所有者及其下属员工。随着公司成长，需要更多的管理层级。管理者必须确保公司拥有合适的层级。设置的层级太少会导致混乱和效率低下，而层级过多会导致组织僵化和官僚主义。

控制幅度

从图 5-3 中可以看出，权力在组织内的配置也会影响每位管理者所管理的员工数量。在扁平型组织结构中，每个管理者直接监督的人数，即该管理者的**控制幅度**（span of control），通常较宽。在高耸型组织结构中，控制幅度通常较窄。员工的能力、管理者的管理技能、工作任务的相似性和复杂程度以及两者之间的关联程度都会影响控制幅度。

如果给予低层管理者较多的决策权，就会减轻管理者的工作，这时控制幅度就是较宽的。当几名员工执行相同的简单任务或一组相关任务时，较宽的控制幅度是可行的，通常也是合理的。由于装配线上的工作是常规且相互关联的，一名管理者就可以很好地控制整条生产线。

相反，如果工作呈现出多样性或者容易出现变化，则最好选择较窄的控制幅度。以美国艺电公司（Electronic Arts）开发视频游戏的过程为例：设计、美术、音频和软件开发团队各自负责专门化的工作，最后将各自的产品组合到一起，共同创造一部完整的游戏。尽管这些工作之间是相关的，但是每项工作所涉及的复杂性以及所需要的高级技能决定了一名管理者只能监督少数员工。

5.3.2 授权过程

授权（delegation）是管理者给下属分配工作的过程。一般情况下，授权过程包括：

1. 分配职责，**职责**（responsibility）即执行分配任务的责任。
2. 授予职权，**职权**（authority）即完成任务所必需的决策权。
3. 建立问责机制，**问责机制**（accountability）即明确员工负有圆满完成任务的义务。

为了使授权过程进展顺利，职责和职权必须对等。表 5-1 列出了授权过程的一些常见障碍，以及克服这些障碍的策略。

表 5-1　学会有效授权

授权障碍	解决方案
团队不知道如何完成工作	如果团队成员表现出提高业绩的可能性，那么给他们提供必要的培训，使他们更有效率地工作
管理者喜欢控制尽可能多的事情	要认识到试图自己完成一切事情而团队成员什么也不做，只会让自己精力耗尽，遭遇失败。管理者应试着下放控制权，在看到团队成员的成功后，会更加信任团队
管理者不希望被团队中的任何人超越	团队成员工作高效是管理者管理工作取得成功的一种反映。激励团队成员超越他人，表扬他们为此所做的努力，并与组织中的其他人分享团队的成功
管理者不知道如何有效地委派任务	参加管理培训课程或者阅读关于有效授权的书籍

5.3.3　职权的三种形式

授予个人职责和职权之后，上级和下属之间通过直线职权、参谋职权、委员会和团队职权三种形式，形成一个复杂的交互网络。

直线职权

直线职权（line authority）是指沿命令链上下流动的职权。大多数公司高度依赖与特定产品的生产和销售直接相关的**直线部门**（line department）。比如，在克拉克设备公司（Clark Equipment），生产铲车和小型推土机的事业部的直线部门包括：（直接关系生产的）采购、物料管理、制造、喷漆和装配部门以及（直接关系销售额的实现的）销售和分销部门。

每个直线部门都是工作任务的执行者和产品的生产者，对于组织的成品销售和交货能力而言，都是必不可少的。一个部门经理的错误决策可能会阻碍整个工厂的生产。例如，克拉克设备公司的喷漆部门经理换了一种油漆给一批铲车喷漆，然后出现了油漆剥落的现象。其结果是，这批铲车不得不在装运之前重新喷漆（或许部分产品还需要重新装配）。

参谋职权

除了直线职权之外，一些公司还依赖于**参谋职权**（staff authority）。参谋职权是授予某些领域（如法律、会计和人力资源等）具有特殊专长的管理者为直线部门管理者提供建议的职权。比如，当营销部门准备与公司广告代理商签订新合同时，公司律师会提供建议，但一般不会作出影响营销部门工作的决策。**参谋人员**（staff members）协助直线部门制定决策，但通常没有最终决策权。

如图 5-4 所示，组织结构图中通常用实线和虚线明确、清晰地描绘出直线职权和参谋职权，从而区分两者。直线管理者直接参与公司产品的生产，而参谋管理者一般为管理提供咨询或建议服务，这是二者的主要区别。

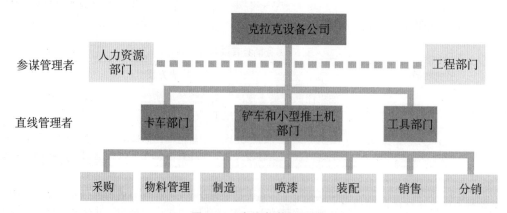

图 5-4　直线参谋型组织

委员会和团队职权

越来越多的组织将**委员会和团队职权**（committee and team authority）授予组织内对组织的日常运营起重要作用的团体。例如，委员会可能由来自若干个主要领域的高层管理者组成。如果委员会的工作特别重要，并且在给定的时间内委员会成员将在一起工作，那么组织将授予该委员会作为一个决策机构的特权，该特权超越了该委员会每个成员所拥有的个人职权。

在经营层面上，许多公司如今采用**工作团队**（work team）的形式，公司授予这些团队以特权，并允许它们在最小监督的情况下进行计划、组织和开展工作。现在美国的大部分公司会在某些领域采用工作团队形式，有的公司将这一形式广泛应用于各个业务领域。

5.4 组织结构的基本形式

建立组织结构的方式非常多。比如，可以根据专门化、部门化、决策等级等方式来建立组织结构。大多数公司最常采用的组织结构有四种基本形式：职能型、事业部型、矩阵型和国际型。

5.4.1 职能型组织结构

在**职能型组织结构**（functional structure）中，组织内职能和活动之间的关系决定了职权。职能型组织结构主要应用于中小型公司，这些公司组织结构的构建通常是围绕基本的业务职能：营销、运营和财务。这种组织结构的优点包括职能领域内的专门化以及各职能部门间更加协调顺畅的沟通。

在大型企业中，职能部门间的协调更加复杂。职能型组织结构容易导致集权（虽然是可取的，但往往与大型企业的目标相悖），并且难以追究责任。随着组织成长，组织倾向于摆脱这种组织结构而转向另外三种结构。图5-5展示的是职能型组织结构。

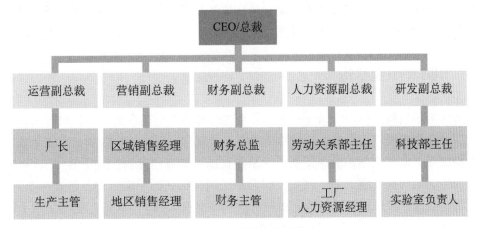

图5-5　职能型组织结构

5.4.2 事业部型组织结构

事业部型组织结构（divisional structure）依赖于产品部门化。采用此种结构的组织往往按照产品种类设立**事业部**（division），这些事业部类似于独立的企业，因为它们生产和销售自己的产品。事业部的负责人可能是公司副总裁，如果组织规模很大，也可能是部门总裁。此外，每个事业部是独立实体，相对独立运作。图 5-6 显示的是事业部型组织结构。

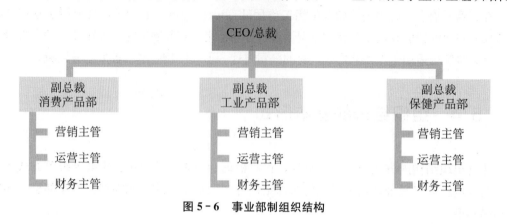

图 5-6　事业部制组织结构

医疗健康行业最知名的品牌之一强生公司设有三大事业部：健康保健消费品事业部、医疗器械和诊断设备事业部以及制药事业部。每个事业部再进一步细分，如健康保健消费品事业部按照产品部门化的方式，进一步划分为婴儿护理系列产品部门、护肤和护发系列产品部门、外用保健品部门、口腔保健用品部门、女性健康护理产品部门、非处方药品部门和营养品部门。这三大事业部反映了公司产品的多样性，同时在经济衰退时期也能起到保护公司的作用。如 2008—2010 年是制药行业 40 多年来增长最慢的时期，但由于这三个事业部彼此分开、独立运营，其他事业部没有受到这次危机的影响，所以公司最终渡过了难关。

假定强生公司的止痛药在公司内部不同部门存在竞争，那么各部门可以通过单独为各自产品制定广告，突出各自产品的特色等方式维持这种良性的竞争，形成独立的品牌形象等。各部门也可以共享公司的某些资源（如市场调研数据）。如果下放给部门管理者过多的控制权，那么公司的高层管理者可能会与日常经营脱节。同时，部门之间的竞争也可能带来破坏性的后果，而且某一部门可能会毫无必要地重复另一个部门在做的事情。[13]

5.4.3　矩阵型组织结构

矩阵型组织结构（matrix structure）是上述两种独立结构的组合，有时效果比单独采用任何一种简单组织结构更好。这种结构用图显示时会呈现出矩阵形状。方法是选定一个组织结构放在下面（例如，事业部型组织结构在图中的方向是自上而下），然后再把另一个不同的组织结构叠加到上面（例如，职能型组织结构在图中的方向是自左向右）。这种高度灵活、适应性较强的组织结构，由美国国家航空航天局（NASA）率先应用于制订某项太空计划。

假定采用职能型组织结构的某家公司希望开发一种新产品，并且此产品的开发只是特殊的一次性项目。这时，公司可能成立一个专门的团队负责该产品的开发。该项目团队可以从现有的职能部门（如财务和营销部门）抽调成员，以确保所有的想法在新产品的开发过程中都能得以表达。比如来自营销部门的成员可以提供有关包装和定价问题的最新信息，而来自财务部门的成员可以提供有关资金到位时间的有用信息。

　　在一些企业中，建立矩阵式组织结构只是一种临时性的措施，用来完成特定的项目，所以仅对组织产生局部影响。在这些企业中，项目的完结通常意味着矩阵式组织结构的终结，要么团队解散，要么结构重组，把成员安排到现有的直线职能型组织结构中。例如，福特公司采用矩阵型组织结构来设计新车型，如2017年的野马（Mustang）。由在工程技术、营销、运营和财务领域有专长的员工组成一个设计团队，专门负责设计新车型。任务完成后，团队成员再回到原来固定的工作岗位。[14]

　　在一些企业中，矩阵式组织结构是半永久性的。图5-7显示了玛莎·斯图尔特生活全媒体公司（Martha Stewart Living Omnimedia）的永久性矩阵型组织结构。

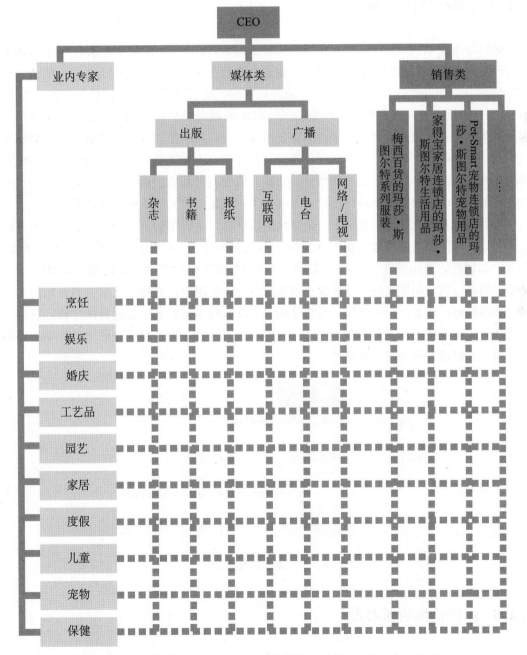

图5-7　玛莎·斯图尔特生活全媒体公司的矩阵型组织结构

从图中可以看出，该公司的业务大致可以分为两类：媒体类和销售类，每一类别下都有自己特定的产品和产品组合。例如，媒体类下设有互联网类产品组合。位于这种组织结构顶层的是由各类业内专家统领的团队，如烹饪、娱乐、婚庆、工艺品等领域的专家。尽管每个团队针对的是特定的客户需求，但必要时他们会参与所有产品组合的生产。比如，婚庆领域的某个专家可能会为公司的杂志撰写有关婚庆策划的文章，也可能会为公司的电视节目构思故事，还有可能丰富公司网站的内容。该专家也可能会协助其他人为待出售的婚纱挑选合适的面料。

5.4.4 国际型组织结构

国际型组织结构（international organizational structures）常见于积极在全球市场上进行产品生产、采购和销售活动的公司。随着企业的全球化，这些结构也会发生演变。例如，1992 年，当沃尔玛在国外开设第一家零售店时，它成立了一个专门的项目组。20 世纪 90 年代中期，公司成立了一个小型的国际部来处理海外扩张的相关事宜。到 1999 年，海外销售和海外扩张已成为公司经营的重要组成部分，一个由高级副总裁领导的、能够独立经营的国际部门便诞生了。现如今，海外经营已变得更加重要，所以公司对原来的国际部门又按地理区域作出了进一步的细分，比如分成墨西哥和欧洲两个部门，并且在公司进入更多的海外市场如俄罗斯和印度时，又创办了一些新单位来监管这些海外业务。[15]

有些企业采用的是真正意义上的全球化组织结构。在该结构下，公司无须考虑国界因素，可以在任何合适的当地市场上获得资源（包括资金），生产产品和服务，从事研发，进行产品销售。通用电气在很长一段时间内将海外业务经营作为独立的部门，如图 5-8 所示。然而，该公司现在的运作更像是全球性的一体化组织，通用电气在世界各地的业务可以不断地相互联系、相互作用，同时管理者也可以在不同的业务之间自由穿梭。这种一体化还体现在通用电气的高层管理团队上，该团队的成员包括来自西班牙、日本、苏格兰、爱尔兰和意大利的高层管理者。

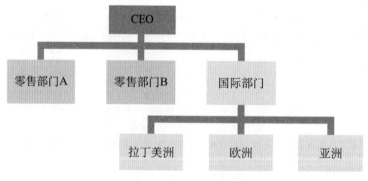

图 5-8　国际型组织结构

5.4.5 组织结构的新形式

当今世界变得越来越复杂，发展速度也越来越快，企业也需要继续寻求新的组织结构来进行有效竞争。组织结构最常见的新形式是：**团队型组织**（team organization）、**虚拟型组织**（virtual organization）和**学习型组织**（learning organization）。

团队型组织

团队型组织几乎完全依赖于项目团队，很少或根本没有基本的职能层次结构。员工在不同项目之间的流动取决于他们的技能和项目的需求。顾名思义，团队职权是采用此种组织结构的前提。

虚拟型组织

与团队型组织密切相关的是虚拟型组织。虚拟型组织很少或没有正式的结构。通常，该组织仅拥有少数长期雇员，员工规模较小，办公设施也较少。基于组织变革的需要，管理者通过引进临时劳动力、租赁设施和外包基本的支持服务来满足特殊需求。随着局势的变化，临时劳动力也将发生相应变化，一些人离开组织，又有其他人加入。租赁设施和外包业务也会相应地发生变化。也就是说，虚拟型组织的存在只是为了满足自身的需要。这种结构适用于研究机构或咨询公司，它们根据每一个特殊项目所需的特定知识内容聘请顾问。一旦项目发生了变化，该组织的组成结构也会发生变化。图 5 - 9 就是虚拟型组织的结构示意图。

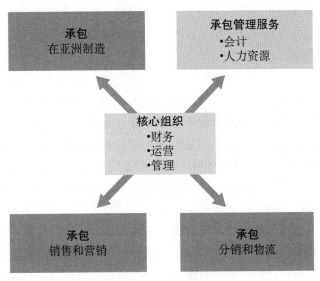

图 5 - 9 虚拟型组织

学习型组织

学习型组织致力于将组织的持续改进与员工的持续学习和发展相结合。具体而言，学习型组织致力于促进全体员工的终身学习和个人发展，同时不断进行组织变革，以应对不断变化的需求和需要。

管理者可能会从多个角度来理解学习型组织这一概念，不过其最常见的目标是质量卓越、不断改进和绩效衡量。其遵循的理念是：为实现组织的不断改进，最符合逻辑、最为一致的战略是不断提高员工的素质、技能和知识水平。例如，如果组织内的每一名员工每天学习一些新知识，并且能够把学到的知识转化为工作相关的实践知识，其结果必然是组织的不断改进。推崇此种方法的组织坚信，只有通过员工的不断学习，才会促进组织的不断改进。壳牌的壳牌学习中心拥有先进的教学设施和教学技术、住宿设施、餐厅及娱乐设施。直线管理者轮流到该中心完成相应的教学任务，而壳牌的员工定期参加培训课程、研讨会以及相关活动。

➡ ## 5.5　非正式组织

组织结构绝不仅限于能够用组织结构图所代表的正式组织和正式的职权分配。**非正式组织**（informal organization），即员工在日常社会交往中超越正式工作和工作关系所形成的有一定相互影响作用的关系网络，实际上经常可能改变公司的正式组织结构。[15]有时，非正式组织与正式组织一样强大。当惠普解雇其时任 CEO 卡莉·菲奥莉娜（Carly Fiorina）时，有关讨论大部分发生在正式的组织结构之外。在正式处理菲奥莉娜在公司的去留问题之前，董事会成员召开了秘密会议，并达成保密协议。[16]

非正式组织亦有负面影响，它可能强化将个人利益置于公司利益之上的办公室政治，还可能散播虚假信息。比如，如果非正式组织中有关裁员的虚假信息传得沸沸扬扬，那么有价值的员工可能会立即采取行动（当然这可能没有必要）去寻找其他工作。

5.5.1　非正式团体

非正式团体（informal groups）就是指由自主决定彼此交往的人所形成的团体。这些人可能有正式的工作关系，可能一起吃午饭，也可能在茶歇时或在下班后聚在一起。他们可能谈论工作、老板或者与工作无关的一些话题，比如家庭、电影或者体育运动。他们对组织的影响可以是积极的（如果他们一起支持组织），也可以是消极的（如果他们一起损害组织的利益），也可以是毫无关联的（如果他们所做的事情和组织无关）。

非正式团体有可能成为管理者不可忽视的强大力量。[17]一位作家曾描述某个家具厂的一群工人如何破坏老板的增产活动。这些工人同意生产一定量的产品，但是他们不会拼命干活。有一个工人还将自己积攒的成品藏起来作为后备，以防落后别人太多。在另一个例子中，汽车工人描述他们如何漏装垫圈和密封条，并把饮料瓶放在车门里，以引起顾客投诉。[18]当然，在团体成员合力帮助遭遇不幸的某个同事时，非正式团体也可能是一股积极的力量。比如，在 2011 年亚拉巴马州和密苏里州遭受龙卷风破坏之后，在 2012 年飓风"桑迪"席卷美国东北部之后，以及在 2014—2015 年埃博拉病毒爆发期间，都出现了很多这种例子。

互联网为更多不同种类的非正式团体或者兴趣团体的出现提供了平台。比如，雪佛龙（Chevron）利用其内部网络，为各种兴趣团体的形成提供便利，使具有共同兴趣的人得以聚集在一起。此外，因裁员而失业的人越来越多地通过网络聚在一起，相互之间提供精神支持，在寻找新工作时建立起工作关系网，这种案例也屡见不鲜。[19]事实上，社交媒体在当今的非正式团体中发挥着重要作用。

5.5.2　组织中的小道消息

小道消息（grapevine），是指遍布整个组织、非正式的信息传播网络。除了一些规模很小的企业之外，小道消息几乎无处不在，但是它们遵循不同的模式，也未必与得到正式授权的信息传播渠道相一致。研究指出，小道消息的传播形式有两种。[20]其中一种是流言式，也就是由某个人将小道消息散布给许多其他人的传播链。每个得到消息的人要么保密，要么将听到的消息继续传给下一个人。流言式传播链可能会涉及个人信息。另外一种是集群式，也就是某个人将信息有选择性地传递给一些人。其中一部分人把信息再传递给其他几个人，而其他人则不再将消息外传。

对于小道消息的准确性，人们各执己见，但是越来越多的研究表明，这种消息比较准确，尤其是在一些小道消息并非主观揣测，而是以事实为依据的时候。一项研究表明，小道消息的准确性为 75%～95%。[21]该研究还发现，许多组织里非正式沟通增多的原因之一，就是最近出现了更多的企业并购和接管等活动。由于这些活动会极大地影响组织成员，所以员工们会花更多的时间谈论这些事情。[22]原因之二是越来越多的企业将设施从市中心搬至郊区，员工与组织外部人员交谈的机会日趋减少，故员工之间的闲谈时间日渐增多。原因之三是信息技术的广泛普及使人们能够轻而易举地进行方便、快速的交流。就像非正式团体一样，社交媒体在小道消息的传播中也扮演着越来越重要的角色。

有一项研究针对经济衰退和大规模失业对非正式沟通的影响做了调查。超过一半的受访者声称，组织内八卦消息和谣言的传播大量增加。同一调查还表明在大多数公司中窃听事件的数量也有所增加。[23]另一项调查发现，32%的人表示没有正确使用工作邮件，48%的人承认曾通过电子邮件与其他员工传播小道消息。[24]2014 年一项民意调查发现，47%的受访者表示他们在工作中闲聊，18%的受访者认为没有什么话题是被"禁止"的。一项研究报告称，在职场中，男性之间 55%的谈话和女性之间 67%的谈话涉及八卦。[25]

试图消除小道消息的努力是徒劳的，但是管理者可以对此有一定的控制力。管理者可以通过保持沟通渠道畅通和严肃处理虚假信息，将小道消息造成的危害最小化。有时，小道消息也是一种资源。例如，通过了解谁是传播小道消息的关键人物，管理者可以部分地控制他们接收的小道消息，并且通过小道消息得到员工对于新想法的反应，比如对人力资源政策或福利待遇变化等的反应。此外，管理者还可以从小道消息获得有价值的信息，并将其应用于改进决策。[26]

5.5.3　内部创业机制

优秀的管理者认识到，不管主观意愿如何，非正式组织都是客观存在的，而管理者利用它不仅可以强化正式组织，还可以提高生产率。

许多公司包括乐柏美（Rubbermaid）、梦工厂（Dreamworks）、3M 公司（明尼苏达矿业及机器制造公司）和施乐均支持**内部创业机制**（intrapreneuring），即在大型的官僚集权组织结构内部创造和维护小型企业所具有的灵活性和创新性。从以往情况来看，大多数创新都来自小型企业中的个人。然而，随着规模扩大，企业为了追求更多的利润和销售额，常常会牺牲创新和创造力。在一些大公司里，新创意得不到鼓励，创新能手的创新能力在其职业生涯中期就已停滞。然而，在洛克希德·马丁公司（Lockheed Martin）内，高级研究计划项目部鼓励员工按臭鼬工厂遗留下来的传统实行内部创业。臭鼬工厂是一个传奇式团队，是工程师凯利·约翰逊（Kelly Johnson）于 1943 年为了满足公司生产实战型喷气式战斗机的需要而成立的。约翰逊创新的组织结构打破了所有的条条框框，不仅卓有成效，同时也让公司意识到鼓励内部创业的重要价值。[27]

在大型组织中，有三种内部创业角色。[28]为了成功地利用内部创业机制来鼓励创造和创新，组织必须找到一个或者更多的人来扮演这些角色。第一种角色是发明者（inventor），即通过创造过程提出新创意并且开发出新产品、新服务的人。然而，发明者可能缺乏将创意转化为产品或服务进而投放到市场并进行监管的专长或动力，第二种角色就登场发挥作用了，即推进者（product champion），他们通常是了解项目并且致力于实现项目的中层管理者。他们能够克服组织中的一些障碍，说服他人严肃对待创新。推进者虽然可能对于创新技术缺乏足够的了解，却十分了解组织的运作、需要谁的帮助来推进项目以及要去哪里才能保证获得必要的资源支持项目的成功。第三种角色是保证者（sponsor），他们是赞同并支持某个项目的高层管理者。他们可能会为创意开发争取必要的预算，消除对于项目的争议，利用组织政策来确保项目的成功。只要有保证者在，发明者的创意就有可能得到成功的开发。

问题与练习

复习题

1. 请阐明组织部门化的五种划分标准并分别举例。
2. 分权型组织的优势和劣势是什么？
3. 职责和职权之间的区别是什么？
4. 为什么有些管理者在授权时存在困难？在这些原因中，你认为哪一个对你来说最重要？
5. 为什么公司的非正式组织很重要？

分析题

1. 为你所在的学院或大学画一幅组织结构图。
2. 假设有一家初创互联网营销公司，试描述这家公司的组织结构，并阐述伴随企业的成长，其组织结构会发生哪些变化。
3. 你想在矩阵型组织中工作吗？（比如在玛莎·斯图尔特生活全媒体公司这样的矩阵型组织中，你会同时被分配到多个单位或团体工作。）为什么？

应用练习题

1. 采访当地一家服务企业的经理，比如快餐店的经理。他通常会对什么类型的任务进行授权？是否在任何情况下他都会将适当的职权给予被授权的员工？
2. 选择未来你可能想要在那里工作的一家公司。利用在线调研，确定该公司拥有职能型、事业部型、矩阵型、国际型、团队型、虚拟型还是学习型组织结构。说明你是如何得出这个结论的。你认为它的组织结构与组织使命相符合吗？你认为它的组织结构适合你的工作方式和喜好吗？

案 例

组织制胜

在本章开篇，你了解了苹果公司和维尔福软件公司的组织战略。利用本章所学内容，你应该能够回答下列问题。

◇问题讨论

1. 描述你的学院或大学的组织结构。它是职能型组织结构还是事业部型组织结构？

2. 这种结构在哪些方面有利于和不利于学院使命的实现？

3. 如果学院为了提高工作效率、提供更好的服务要进行重组，聘请你来帮助完成这项工作，你能够提供什么切实可行的建议？

小道消息

当想到"传闻"这个词时，你很有可能认为它是贬义的。再进一步深究，比如在职场中听到传言，你大概率会有所关注。有大量研究支持，传闻或者小道消息是组织文化的一个重要组成部分。南加州大学马歇尔商学院（USC Marshall School of Business）教授凯瑟琳·里尔登（Kathleen Reardon）表示："我们通过别人对我们所说的以及别人对我们的评价来了解自己是什么样的人。"[29] 管理办公室的小道消息以及自己在这一非正式沟通渠道中的角色可能会非常棘手。

下面几条指导原则将帮助你把握何时作为消息的发送者或接收者参与小道消息。首先，你要认识小道消息的益处。小道消息可能是你首次听到重要信息的途径，例如，公司新设工作岗位或者是公司正要签订一份重要合同。但是，在你传播消息时，你要考虑这会带来什么后果。如果你散播某个同事的负面消息，这很可能使别人开始不信任你。其次，你应该仔细考虑与谁分享小道消息，确保他们能保密。如果你形成了热衷小道消息的名声，那么你的主管可能会特别不满意，因为你的评论可能具有一定的威胁性。最后，要谨慎选择分享信息的媒介。电子邮件绝非私密，因此勿用电子邮件分享任何不想公之于众的信息。[30]

管理者可能对小道消息有略微不同的看法。管理者可能担心小道消息会削弱其对信息共享方式的控制能力，还可能会限制其权力。霍莉·格林（Holly Green）在《财富》杂志的一篇文章中分享了一些管理小道消息的建议。[31] 铺天盖地的小道消息通常是员工感到无聊厌倦的迹象。与其让员工每周花几小时对别人说三道四，倒不如另辟蹊径，为他们的创造力提供用武之地。管理者还应该意识到，信息匮乏时，小道消息传播得最快。当员工认为他们从正式沟通渠道得不到足够的信息时，他们就会求助于小道消息。因此，为了控制恣意蔓延的小道消息，管理者应该尽量有意识地分享更多的信息。同时，管理者也应该关注小道消息的动态，因为有时候它可能传递重要消息，比如员工管理问题。如果管理得当，小道消息可以成为员工和管理者之间有力的沟通工具。

◇问题讨论

1. 在你所在的办公室或者大学里，小道消息有哪些类型？信息的准确性有多强？

2. 扁平型组织结构是否会促进办公室八卦？你是怎样得出这一结论的？

3. 你认为小道消息在矩阵型组织中是较为活跃还是较为不活跃？为什么？

4. 许多公司鼓励员工在工作之外形成一定的社会关系，建立起同事之间的友情。这些非正式团体如何助长或者限制小道消息的传播？

注　释

第 **6** 章 运营和质量管理

➡ **学习目标**

> 1. 解释运营的含义，论述美国经济中服务部门和商品生产部门的增长情况。
>
> 2. 指出由运营流程所创造的三种效用，确定使服务运营不同于产品生产的特点。
>
> 3. 解释采用不同业务策略的公司如何通过不同的运营能力最大化地满足自身需要。
>
> 4. 确定进行运营规划时要考虑的主要因素。
>
> 5. 阐述四种运营计划表——主运营进度计划表、详细进度表、员工工作进度表和项目进度表所包含的信息。
>
> 6. 阐述运营控制所需的两项主要活动。
>
> 7. 确定全面质量管理涉及的活动及其基本目标。
>
> 8. 解释供应链战略如何不同于旨在协调公司之间运营状况的传统战略。

开篇案例 ░░░░░░░░░░░░ **甜点总是创业的好主意** ░░░░░░░░░

1972 年，伊芙琳·欧弗顿（Evelyn Overton）和奥斯卡·欧弗顿（Oscar Overton）夫妇带着他们仅有的积蓄，从密歇根州底特律市搬到了加利福尼亚州洛杉矶市，尝试进行最后一次创业。伊芙琳在地下室的一个小厨房里卖了将近 30 年的奶酪蛋糕，但她梦想有更大的事业。直到 1978 年，她的儿子戴维·欧弗顿（David Overton）开了第一家餐厅，专门展示销售她制作的蛋糕，她的梦想开始变为现实。第一家芝乐坊餐厅（Cheesecake Factory）拥有丰富的正餐和甜点菜单，获得了巨大的成功。1992 年，该家族将这家公司注册上市，计划每年开 3~4 家新餐厅。仅仅在 13 年之后，该公司就拥有了 103 家分店，营业收入超过 10 亿美元。截至 2016 年，芝乐坊在美国和波多黎各拥有和经营着 200 多家提供全方位服务的休闲餐厅，另有 15 家根据许可协议在国际上运营的餐厅。餐厅的使命是：创造让顾客绝对满意的就餐环境。

芝乐坊的厨房就像一条生产线。菜单和菜谱显示在食品配送站上方的显示屏上，配餐人员在计时器倒计时的同时准备蔬菜、肉类和调味品。厨师负责烹饪菜品，并由厨师长进行质量检查，然后再送往顾客的餐桌。该系统是精简、高效和高度可复制的。每个芝乐坊餐厅都遵循相同的配方，使用相同的系统，这样既可以确保食品质量，也可以保证服务质量。

芝乐坊的午餐和晚餐菜单包括海鲜、意大利面、汉堡包等，旨在吸引广泛的受众，而且大多数食物是现点现做的。令人意想不到的是，唯一不按需制作的食物是芝士蛋糕。这款招牌甜点来自该公司的烘焙部门，该部门运营着两个烘焙生产设施，一个在加利福尼亚州的卡拉巴萨斯山，另一个在北卡罗来纳州的洛基山，为公司的餐厅、国际特许经销商和第三方烘焙客户生产优质的芝士蛋糕和其他烘焙食品。

2012 年，阿图尔·加万德（Atul Gawande）为《纽约客》（New Yorker）写了一篇文章，赞扬芝乐坊的运营管理，同时还对自己所在的行业进行了反思：芝乐坊实施了将利润和服务合为一体的运营策略，显然提高了运营效率，那么为什么医疗保健行业无法将这些行之有效的策略融入运营呢？[1]

芝乐坊利用数据分析，不仅可以预测某一天晚上有多少顾客，还可以预测这些顾客会点什么。该模式使得每家餐厅订购食品杂货的种类和数量合适，在岗员工的数量正好满足工作需要。

根据戴维·欧弗顿的说法，他仍然以首席执行官的身份管理公司，他关注的重点是人。在 2011 年接受《财富》杂志采访时，他将自己的经营理念概括为：

- 关注人：你必须将资源投入到对厨师和服务员的培训中。在餐饮行业，关注的都是地点。但是公司成长起来后，需要关注的就是人。
- 放手：不要为了控制而限制业务。无论是建设基础设施还是考虑增长，我都专注于让我们尽可能成功，而不是试图控制一切。[2]

奥弗顿声称，员工是他最重要的资产，他的员工也支持这一说法。2017 年，该公司连续第四年被《财富》杂志评为"100 个最佳工作场所"。该公司上市时的股价为 20 美元，截至 2016 年底，股价已超过 60 美元。[3]（学完本章内容后，你应该能够回答章末的一系列讨论题。）

我能从中学到什么？

也许你曾为购买的某件新产品感到惊喜，或者曾对优质的服务感到满意。这些情形都能与本章探讨的主题联系起来。本章将探讨公司将作业流程和业务计划结合起来的多种方法，阐述这些决策如何有助于公司打造生产高质量产品的能力。对公司将高质量产品和服务投放到市场时所采取的诸多措施有充分的了解，将有助于你成为更明智的消费者和更高效的员工。如果你是管理者，能够认识到生产活动要有灵活性，应当适时重新调整定向，以便更好地支持新的业务战略的实施，将有助于你随时重新定义你所在的公司及其所服务的市场。

6.1　如今运营有何含义

尽管你没有时时刻刻都意识到，但事实上，作为一名消费者，你经常在参与为消费者提供产品和服务的商业活动。你清晨醒来时听到自己最喜爱的数字音乐，在搭公共汽车上班或上学的途中使用手机发送短信。你的老师、公共汽车司机、短信服务运营商以及音乐提供商，都在从事着**服务运营/服务生产**（service operations/service production）活动。他们提供的是无形和有形的服务产品，例如教育、运输、通信和娱乐服务。只生产手机、公共汽车、课本等有形产品的公司从事着**商品运营/商品生产**（goods operations/goods production）活动。

运营/生产（operations/production）是指为消费者生产产品——商品和服务所涉及的所有活动。在现代社会中，我们需要或者想要的大多数东西，从医疗保健到快餐等，都是通过服务运营活动生产出来的。通常，服务业的管理者更加关注运营过程中的人力因素（而不是相关的设备或技术），因为企业的成功与否通常取决于服务提供者与消费者之间的联系。正如我们将要看到的，产品运营与服务运营之间的关键区别在于后者需要消费者参与。

尽管公司通常被分为商品生产者或者服务提供者，但是二者的界限是模糊不清的。以通用电气为例，当提到通用电气时，你最有可能想到电气设备和喷气发动机。然而，通用电气不仅是一个商品生产者。根据其年度报告，通用电气的增长引擎，即其最有活力的商业活动，是服务运营，包括保险、房地产、消费和商业性金融、投资、运输服务以及医疗保健信息服务，这些活动的收入占公司总收入的70%以上。[4]

农业曾经是早期美国社会的主导产业部门。不过，制造业在19世纪至20世纪中叶不断发展，最终成为推动经济增长的主要力量。之后，服务部门在经济中的重要性开始迅速提高，从就业人数以及占GDP的比重来看，都越来越重要。其中GDP是指经济体生产的全部商品和服务的总价值，不包括在国外的收入。美国制造业向其他国家进行外包已经成为近几十年来的一大问题，2000年，商品生产部门（采矿业、建筑业、制造业）的就业人数仅占私营部门的20%，而服务部门占到80%。尽管如此，直到2016年，美国仍旧是世界第二大产成品出口国，仅次于中国，领先于德国和日本。

商品生产部门和服务部门都非常重要。从图6-1中可以看到，2003—2016年，服务部门的就业人数有较大增长，而商品生产部门的就业人数较为平稳。就业岗位的增长主要来自电子商务、企业服务、医疗保健、休闲娱乐和教育行业。

到2016年，服务部门的增长创造了68%的私营部门GDP。如图6-2所示，服务部门占GDP的比重较大，保持在65%以上。与此同时，商品生产部门仅有11%的劳动者，却创造了32%的国民收入。

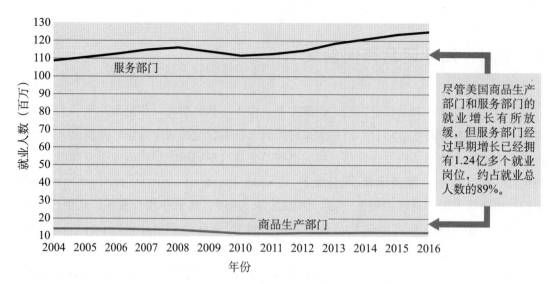

图 6-1 商品生产部门和服务部门的就业情况

资料来源：http：//data. bls. gov/timeseries/CES0700000001？data_tool＝XGtable http：//www. data. bls. gov/cgi-bin/surveymost，accessed June 26，2017.

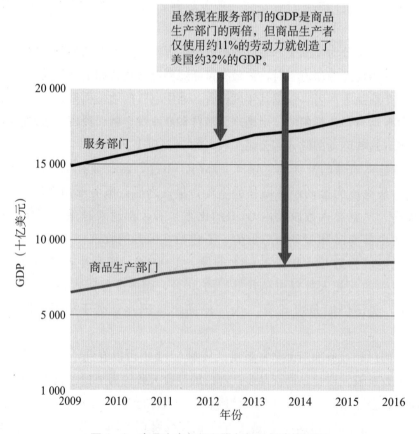

图 6-2 商品生产部门和服务部门创造的 GDP

资料来源：http：//useconomy. about. com/od/grossdomesticproduct/f/GDP_Components. htm，accessed June 26，2017.

在全球范围内，美国的制造业面临着来自其他国家的激烈竞争。在一项由行业管理者所做的国际调查中，中国成为制造业最具竞争力的国家，排在其后的分别为美国（第二）、德国（第三）、日本（第四）和加拿大（第九）。[5]

➡ 6.2 通过运营创造价值

要了解一家公司的生产流程，我们需要知道该公司的产品能为其自身以及顾客带来什么利益。生产为企业带来经济效益：利润、薪酬以及从其他公司购买的商品。同时，公司通过在形态、时间和地点方面提供**效用**（utility）——产品满足一种欲望或需求的能力，来增加消费者价值。

•生产提供可选用的产品：生产通过将原材料和人力技能转化为产品和服务，创造了形态效用（form utility）。如帝王院线（Regal Cinemas）将建筑材料、电影院座位、投影设备结合在一起，创造了娱乐场所。

•当电影院一周七天都在中午、下午和晚上放映电影时，它就创造了时间效用（time utility）。即它通过在消费者需要的时候提供可选用的产品来增加消费者价值。

•当一家多厅电影院选址在人们喜欢光顾的地方，又可以同时上映15部电影时，它就创造了地点效用（place utility）。它在方便消费者的地方，为消费者提供可以购买的多种产品。

创造一种消费者认为有价值的产品并非偶然，它是有组织的生产活动所创造出来的成果。**运营（生产）管理**（operations（production）managements）是指对将资源转化成能为消费者创造价值并给他们带来好处的商品和服务的活动所进行的系统指导与控制。在管理生产的过程中，**运营（生产）管理者**（operations（production）managers）负责确保运营活动所创造的正是消费者想要和需要的商品及服务。

如图6-3所示，运营管理者负责制订将资源转化成产品的计划。首先，他们将基本资源（知识、物料、信息、设备、顾客以及员工技能）汇集在一起。然后，他们通过某种设施有效地利用这些资源，提供服务或生产出有形产品。随着对产品需求的增加，运营管理者要制订进度计划，控制工作量，生产出所规定数量的产品。最后，他们还要控制成本、质量水平、存货数量以及设施和设备。在一些企业尤其是小型初创企业如独资企业中，仅有一名运营管理者。但是在通常情况下，不同的员工相互协作，各司其职。

一些运营管理者在服务"工厂"工作，比如联邦快递的包裹分拣站，而其他一些运营管理者则在生产智能手机的工厂工作；还有一些运营管理者在办公室、餐馆、医院以及商店工作。农民也是运营管理者，他们将土壤、种子、燃料以及其他投入转化成大豆、牛奶和其他产出品而创造效用。他们可能雇用一些人来播种和收获，或者选择使用自动化机械，或者将人力和机械相结合。这些决策会影响成本，决定农民在运营过程中所使用的设施和设备的种类，以及所生产产品的质量和数量。

图 6 - 3　资源转化过程

6.2.1　服务运营与商品生产运营之间的差别

服务运营和商品生产运营两者均将原材料转化为成品。然而，在服务运营中，原材料或者投入并不是像玻璃或者钢材之类的东西。服务的投入是其需要未得到满足的人或者所拥有的物品需要护理或者调整的人。在服务运营中，成品或者产出则是其需要得到满足和所拥有的物品得到相应服务的人。

因此，服务运营和商品生产运营之间存在几个显而易见的区别。服务运营比简单的商品生产运营更为复杂，这主要体现在四个方面：（1）与消费者的互动；（2）服务的无形性和不可储存性；（3）运营过程中消费者的参与；（4）对服务质量的考虑。

与消费者的互动

就实物商品而言，商品生产运营强调的是结果，如一件新夹克衫。但大多数服务运营所得产出实际上是产品和服务的结合，比如制作比萨饼并送货上门（提供服务）。提供服务的员工需要具备不同的技能。例如，煤气公司的员工需要具备极强的人际交往技能，去安抚报告煤气泄漏事故而受到惊吓的客户。与此不同的是，安装煤气管道的工厂工人不必与客户接触，因此不需要这种技能。

服务的无形性和不可储存性

无形性和不可储存性这两个特点，将服务与其他实物商品区分开来。

•无形性。通常，服务是摸不着、尝不到、闻不出、看不见的，但它们实实在在地存在着。因此，使消费者满意的重要因素是让消费者感到快乐、满足或者安全的无形价值。例如，当你花钱雇用一位律师时，你所购买的不仅仅是无形的法律专业知识，还包括同样无形的随时可以得到帮助的保障。

•不可储存性。许多服务，例如垃圾收集、运输、儿童保健和家庭保洁，不能提前生产，然后储存到需求增加时出售。如果一项服务在可利用时没有被使用，通常就造成了浪费。所以服务的显著特点是高度的不可储存性。

运营过程中消费者的参与

因为服务改变的是消费者或者他们所拥有的物品，因而消费者经常要参与运营过程。例如，消费者为了理发必须去理发店。作为运营过程的实际参与者，消费者会对运营过程有所影响。消费者希望理发店的地理位置优越（地点效用），在方便的时间营业（时间效用），提供安全舒适的设施以及以合理的价格（金钱价值），提供高质量的理发服务（形态效用）。相应地，管理者设定运营时间、提供有效的服务、雇用恰当数量的员工来满足消费者的需求。但如果按预定时间前来理发的消费者要求额外的服务，例如染发或者刮胡子，会发生什么情况呢？在这种情况下，服务提供者必须调整服务活动以使消费者满意。与消费者高度接触的这一特点有可能显著地影响运营过程。而生产理发店所用剪刀的厂商则不必考虑消费者的需求变化。

对服务质量的考虑

消费者使用不同的标准来评价服务和产品，因为服务不只包括有形的产品，还包括无形的因素。大多数服务管理者都知道，工作质量和服务质量不能同一而论。例如，你的车可能已修复完好（工作质量），但是如果你被迫比承诺的时间晚一天提车（服务质量），你可能就会对服务感到不满意。

6.2.2　运营流程

为了更好地理解各类企业和行业内的多种生产，根据运营过程的差异对生产进行分类是很有帮助的。**运营流程**（operations process）是指用于生产一项产品或服务的一整套方法和技术。例如，银行通过文件粉碎和数据加密两个流程来保护机密信息，汽车制造商使用精密的喷漆方法（设备和材料）使汽车更美观。

根据运营流程是侧重于订单生产还是存货生产，我们可以对商品生产进行广义分类。同样，根据必须与消费者接触的程度，我们可以对服务进行分类。

商品生产流程：订单型生产流程与存货型生产流程

诸如礼服之类的服装，可以在百货公司里直接购买现货成品，也可以在设计师或者裁缝店现场量身定做。设计师或者裁缝的**订单型运营**（make-to-order operation）针对独一无二的礼服要求，包括独特的款式、用料、尺寸，这取决于消费者的个性。相反，**存货型运营**（make-to-stock operations）则是大批量生产标准礼服，将其储存在商店货架上或者为大众消费而陈列展示。两者的生产流程，包括礼服设计程序，材料采购计划，裁剪、缝纫和缝合方法，以及员工生产所需的技能，也有很大差异。

服务生产流程：与消费者接触的程度

在对服务进行分类时，我们需要明确能否在不需要消费者到场参与生产系统活动的情况下提供服务。在回答这个问题时，我们要根据**与消费者接触的程度**（extent of customer contact）对服务进行分类。

低接触服务系统　请考虑当地邮局提供的邮递业务。邮递员将邮件集中、分类、送达收件人的过程就为**低接触服务系统**（low-contact system）。在提供服务的过程中，消费者和邮局没有任何直接接触。他们获取服务——邮件寄送和接收，而无须涉足邮件处理中心。天然气和电力公司、汽车维修店以及草坪养护服务公司也是低接触服务系统的典型实例。

高接触服务系统　请考虑当地的公共交通系统。公共交通系统提供的服务是交通运输，当你购买公共交通运输服务时，你要乘坐公共汽车或者火车。例如，将旧金山与外围郊区相连的旧金山湾区快速交通系统就是一个**高接触服务系统**（high-contact system）。要获取服务，消费者必须到场参与服务系统。因此，管理者必须顾及火车的清洁状况、乘客安全以及售票窗口的使用情况。相反，因为不会有乘客付费搭乘，因此煤炭运输公司无须关注列车的外观，煤炭运输公司是低接触服务系统。

6.3　作为运营驱动力的业务战略

企业从事生产经营活动，无论是提供服务还是生产产品，没有一个可遵循的统一标准。运营是一种非常灵活的活动，可以以多种模式为不同的目的提供不同的运营能力。那么，公司如何选择最合适的生产方式呢？公司的目的是采取最有效率的方式，实现公司的业务战略。

下面来看表6-1中所示的四家公司的情况。在这四家公司中，丰田和3M从事产品生产，省好多食品连锁店和联邦快递属于服务行业。这些成功的公司有着截然不同的业务战略。正如我们将看到的，它们选择了不同的运营能力。每一家公司都确定了在其所在行业内吸引顾客的业务战略。40多年前，丰田选择以质量作为汽车销售业务的竞争战略。相对于食品杂货行业的其他竞争者，省好多食品连锁店为消费者提供更为低廉的价格。在国内外千变万化的产品线中，3M的灵活性战略强调新产品开发。联邦快递通过重视快递服务的可靠性抢占隔夜达快递市场。

表6-1　四家公司吸引顾客的业务战略

公司	吸引顾客的业务战略	企业实施业务战略的做法
丰田	质量	汽车性能良好、装配齐全，同时以颇具竞争力的价格不断满足甚至超越顾客的期望
省好多食品连锁店（Save-A-Lot）	低价	提供的食品和日常用品的价格比传统的食品连锁店低40%
3M	灵活性	创新，不断变化的家庭和办公室便利产品线，有超过55 000种产品
联邦快递	可靠性	正如公司所承诺的，快递服务快捷、准时

业务战略决定运营能力

成功的企业要制订运营计划，支持公司业务战略的实施。[6]换言之，公司要不断调整生产运营能力以适应公司目标市场的需要。由于四家公司运用不同的业务战略，我们也应当看到它们运营过程中的差异性。表6-2列举了各个公司最重要的**运营/生产能力**（oper-ation/production capacity）——使公司在生产上超越竞争对手的特殊能力，以及为了发挥这一能力而表现出的主要运营特点。每家公司的运营能力都与其业务战略相匹配，从而使公司的运营活动自上而下集中于某一特定的战略方向。

表6-2　四家公司的运营能力和特点

运营能力	主要运营特点
质量（丰田）	• 对原材料供应商提出高质量标准 • 服务于精益生产的准时制生产 • 为保证产品生产一致性而采用专业的自动化设备 • 运营管理人员在产品、工作方法及材料的持续改进方面具有专长
低价（省好多食品连锁店）	• 避免过多的管理费用和昂贵的存货（没有设立成本高昂的花店、寿司店） • 经营产品的品种有限（主营产品），主营产品仅有一种规格，旨在实现低成本进货、低水平存货以及更少的文书工作 • 分店多、店面小，其面积不及传统食品杂货店的一半，为的是降低施工成本和维护成本 • 用定制运货纸箱直接收货和售货，减少劳务和货架成本
灵活性（3M）	• 保留一些额外的（昂贵的）生产能力以快速启动新产品 • 拥有对新旧产品转换适应性强的设备/设施 • 雇用能游刃有余地应对变化的运营人员 • 在不同地点配备可以增强创新性的中小型设备
可靠性（联邦快递）	• 客户服务自动化，使用电子及网络工具与顾客联络，缩短运送时间 • 快递员对包裹的扫描、包裹动态的更新以及顾客对包裹的追踪都使用信息系统 • 具有公司空运机队、全球气象预报中心、接货和递送的地面运输以及紧急情况下使用的备用车辆 • 25个自动化区域配送中心，每个中心每天处理多达350万个次日达的包裹

例如，丰田的第一要务是注重质量，所以它的运营、生产资源的投入、转型以及生产产出，都首先致力于保证质量。其汽车设计和生产流程强调车辆简洁的外观、可靠的性能、合理的价位以及优良的性能。所有的生产流程、设备和培训都旨在生产更好的汽车。企业文化鼓励员工、供应商和经销商重视质量。如果丰田像其他一些成功的汽车公司那样，也选择低价生产汽车，那么其会将战略重点放在成本最小化，运营特点也将有所不同。丰田的运营活动支持它所选择的业务战略，2008年出现质量问题后不久，公司就加强了质量方面的工作。到2012年，丰田重新成为世界销量第一的汽车厂商。在2008年业绩下滑之前，公司连续35年实现销售额增长，而质量是其成功的基础。

提升其他运营能力

最后应当指出的是，随着时间的推移，优秀的企业将学会如何获取不止一种竞争力。表6-1中的四家公司最终在几种运营能力方面都成为佼佼者。例如，联邦快递除了可靠性之外，也以一流的服务质量和成本控制而闻名。在质量方面，联邦快递入选"2016年客户服务名人堂"，在MSN Money的年度服务质量调查中，联邦快递在150家公司中名列第9。为了降低成本，公司削减掉一些由于技术进步而被取代的工作岗位，出售所有的老式低效飞机，通过重新组编空运机队和陆运车队减少了航班的次数。

6.4　运营规划

　　现在来探讨所有商业组织都会考虑的生产活动和资源。像所有优秀的管理者一样，我们以计划作为出发点。许多部门的管理者促成了有关运营决策的制定。然而不管其中涉及多少决策制定者，其过程都符合逻辑顺序，如图 6-4 所示。

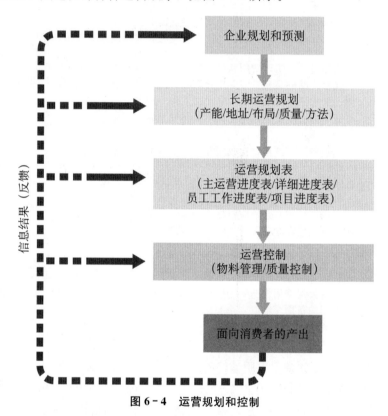

图 6-4　运营规划和控制

　　上层管理者制定的企业规划和作出的预测为长期的运营规划提供指导。为了满足对新产品及现存产品的未来需求，运营规划对 2～5 年时间内所需工厂或服务设施的数量、劳动力数量、设备、运输以及仓储等作出预测。运营规划涉及五个方面：产能、地址、布局、质量和方法。

6.4.1　产能规划

　　在正常条件下，一家公司能够生产某一种产品的数量称为该公司的**产能**（capacity）。一家公司的产能取决于该公司所雇用的员工人数以及所拥有的设备数量和经营规模。例如，超市的结账能力取决于收银台的数量。通常情况下，商店在星期二处于产能过剩的状态，也就是说收银台的实际数量要比需要的多，但是在周六上午或感恩节前三天，将会满负荷运营。

长期的产能规划会兼顾当前和未来的需求。如果产能太小不能满足需要，势必会导致客户流失，还会削减利润，并使顾客和销售人员感到被冷落。如果产能过剩，那么对公司而言，维护大量设备、维持大规模机械运转、雇用大批工人，就是在浪费资金。

产能规划的风险很高：在快速扩大生产以满足未来需求和维持市场份额的同时，管理者必须兼顾产能扩大的成本。市场在不断扩大时需要更高的产能。但是在不景气时，现存产能可能过多，维护代价巨大，因此需要缩小规模。

创业和新企业　　　　　　　　　　**无与伦比的家常饭**

不久以前，一家人晚上通常会围坐在餐桌前吃家常饭。只有在特殊时刻，才到餐厅用餐，即使是预制餐食也是例外情况下的选择。如今，许多家庭每周有好几天在餐厅吃饭或点外卖，单身人士和没有孩子的夫妇更有可能这样做。这是推动餐饮业取得成功的经济现实，为企业赚取利润和获得业务增长开辟了道路，就像芝乐坊所经历的那样。但并非所有新企业的规模都很大，芝乐坊最初的规模也很小。当一个有创业想法的人能够发现需求并创造出满足需求的产品或服务时，企业就诞生了。

来自华盛顿州的酒宴承办人斯蒂芬妮·艾伦（Stephanie Allen）正处于这种情况。艾伦和一个朋友开始在某个月的一个周六聚在一起，准备一堆几乎无须再加工就可以加热烹制的冷冻餐食。她们的业务规模逐渐扩大，艾伦和合伙人在2002年创办了"梦幻晚餐"公司（Dream Dinners）。这家公司在西雅图迅速扩张，并于次年成为一家特许经营公司。仅在14年后，她们就在25个州拥有86家分店。

你对该公司的业务感兴趣吗？吃一顿健康、营养、美味的晚餐比你想象的要容易。每家分店都制定了每月菜单选项列表，以满足各种口味。例如，可以选择香草脆皮牛肋排、苹果蜜汁烤鸡、酱烧三文鱼、里奥格兰德鸡肉卷等等。梦幻晚餐事先完成所有采购，公司特别注意价格和质量。食材被切碎，压膜食谱卡片说明如何将美味的食材搭配好以待烹饪。配餐工作站的数量取决于商店的位置，可能有一个或多个，顾客可以选择食谱卡片上规定数量的食材。选好食材后，只需将其带回家放进冰箱，在你想要享受一顿美味的家常饭时拿出来烹制即可。一顿饭的花费取决于食材，但是通常人均不到5美元，比在餐厅吃饭便宜得多，而且你可以在自己的厨房里准备一顿丰盛的大餐。[7]

6.4.2　地址规划

由于公司经营地点的分布会影响生产成本和灵活性，因此合理的地址规划对工厂、办公室和仓库至关重要。凭借所在的地理位置，公司或许能够生产低成本的产品，或发现自己相对于竞争对手处于成本劣势。

我们可以思考一下为什么斯洛伐克能迅速以"东方底特律"闻名。随着世界范围内汽车销售增长放缓，斯洛伐克的汽车生产也面临困境。然而，在2012年欧元区爆发经济危机期间，斯洛伐克人均汽车生产数量，包括大众SUV、东风标致雪铁龙（Peugeot Citroen）和起亚（Kia），都高于欧元区其他国家。随着世界经济复苏，斯洛伐克汽车工厂又恢复了较高的产量。中欧国家是生产汽车的理想之地。那里有良好的铁路系统并临近多瑙河，这意味着能够为工厂购入材料和外销汽车提供非常经济的运输服务。该地区还有勤奋的熟练工人，而且工资水平也比周边国家低。[8]

与制造企业形成对照的是，为消费者提供服务的企业集中在顾客附近选址。因此，塔可钟和麦当劳等快餐店把经营地址设在客流量大的地方，如交通繁忙的高速公路旁、住宿区、医院自助餐厅和购物中心。对于零售巨头沃尔玛而言，公司大型分销中心的管理者把沃尔玛的超市看作自己的客户。为了确保卡车能够快速地将商品运至零售店，分销中心会位于靠近数百家沃尔玛超市的地方，而不是靠近供应商。

6.4.3　布局规划

布局是指服务中心、设备、消费者和资材的实际位置或平面布置。它决定一个公司能否有效地满足对更多的产品和对不同的产品的需求，以及能否与竞争者在速度和便利性上相抗衡。最著名的三种布局方法是：（1）流程布局或定制产品布局；（2）产品布局或同步布局；（3）固定位置布局。下面对这三种布局加以介绍，说明不同的布局如何服务于不同的运营目的。

流程布局

在**流程布局**（process layout，也称**定制产品布局**（custom-products layout））中，设备和人员根据职能分组。这种布局非常适用于专营定制工作的订单生产车间（或加工车间）。例如，联邦快递办公门店（前身为金考复印中心（Kinko's Copy Centers））采用的就是定制产品布局，以适应各种定制工作。复印、传真、计算、装订和压膜等具体活动都在门店里单独设有专门区域。无须预约的当地个人客户和小企业客户在各区域间穿梭，使用自己需要的自助服务。

流程布局的主要优点是灵活性，在任何时候，门店都可以处理需要不同服务的个人客户的订单。订单所需要的服务可能需要跨越多个工作区域。图 6-5 是一个提供医疗服务的诊所采用的流程布局。在诊所设施之间往来的路线反映了病人的就诊过程。机械加工车间、木制工艺品店、打印店、干洗店、健康诊所和健身房均采用流程布局。

产品布局

产品布局（product layouts，也称**同步布局**（same-steps layout）或**流水线布局**（assembly line layout））是指按固定顺序的生产步骤提供某种服务或者生产某种产品的做法。所有单位都要经过同样的步骤。对于批量快速地生产同一种产品的存货型运营方式，这种方法行之有效。它通常采用流水作业线，半成品经传送带或其他设备以直线形式一步步地流经工厂的每一道程序直至产品完工。汽车、食品加工、电视机装配厂以及联合包裹（UPS）、联邦快递等公司的邮件处理设施均采用产品布局。

图 6-6 是一个服务提供者——洗车店的产品布局。图 6-7 是一家产品制造商采用的产品布局，该制造商组装防御暴风雨的外重窗所需的零部件。产品布局之所以有效是因为工作技能已嵌入设备，使非熟练工人也可以完成一些简单的工作任务。但该布局经常缺乏灵活性，特别是在采用难以用于其他用途的专业设备时。

病人就诊流程示例

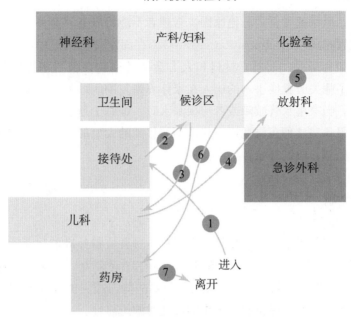

图6-5 服务提供者——医疗诊所的流程布局

所有汽车经过同样的步骤

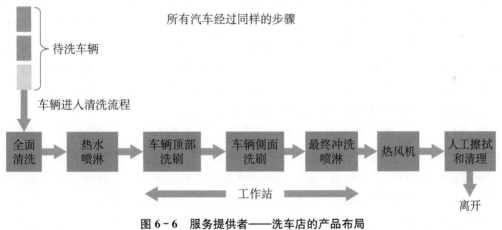

图6-6 服务提供者——洗车店的产品布局

所有外重窗边框采用相同的组装步骤

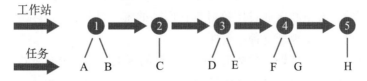

A：组装窗户边框　　　　　E：拧上边框螺丝
B：安装窗闩　　　　　　　F：安装边框把手
C：安装密封胶条　　　　　G：安装窗格玻璃
D：插入边框螺丝　　　　　H：包装单件窗户

图6-7 产品制造商——组装防御暴风雨的外重窗所采用的产品布局

固定位置布局

当由于体积、形状或者任何其他原因，管理者不能将服务移至另一处生产场所时，就需要采用**固定位置布局**（fixed-position layouts）。在固定位置布局中，产品或者客户一直处于某一位置，如有需要，设备、材料和人力会被转移到该位置来提供服务或者生产产品。例如，经历了膝关节置换手术的病人在家休养恢复期间，外科康复专家会来到病人家中提供康复服务。当家里水管故障或者房顶漏水时，维修工就会上门服务，在待维修物品的固定位置提供服务。这种布局适用于建造不能移动的大型船只、建造楼房以及在农场所在地进行耕地、施肥、收割等农业生产。

6.4.4 质量规划

每一项运营规划都包括确保产品符合企业和消费者质量标准的运营活动。美国质量协会（American Society for Quality）将**质量**（quality）定义为一个带有主观性的术语，即"产品或服务所具有的、与其满足明述或默示需要的能力相关的特点的组合"。[9]这些特点可能包括合理的价格以及在提供它所承诺的好处时的可靠性。

质量规划始于产品设计阶段。我们随后将会看到，产品设计是市场营销部门的一项责任，但是它也涉及运营管理者。在产品设计初期，要确定有关性能和一致性的目标。**性能**（performance）是指产品实现预期功能的程度。对于歌帝梵（Godiva）优质巧克力的忠实顾客而言，性能是指巧克力带来的感官上的愉悦，包括香气、风味、颜色及口感等。巧克力制作大师蒂埃里·米雷（Thierry Muret）说："真正的优质巧克力总是非常新鲜，含有可可豆和黄油等优质成分……并且口感独特、具有天然风味。"歌帝梵巧克力的配方旨在提供这些特点，使歌帝梵巧克力成为世界顶级巧克力品牌之一。[10]

除了性能之外，质量还包括**一致性**（consistency），即单位产品之间质量的同一性。例如，入住万豪国际集团（Marriott）名下万怡酒店（Courtyard）的商务人士，在入住的每一晚都能享受到具有高度一致性的体验，这也是万怡酒店成为酒店行业最畅销品牌的原因之一。这一成就的取得靠的是 37 个国家共计 900 家万怡酒店具有完全相同的特点。由于万怡酒店是专为商务旅客设计的，所以其大部分客房设有一间花园套房，配备高速互联网连接和会客室，还有健身房、餐厅和酒吧、游泳池，以及 24 小时供餐服务。在很多地方，套房的布局是一致的。房间总是干净整洁，入住/退房手续相同，客人知道在这里住宿能获得什么体验。万怡酒店通过监控材料和用品的统一性、鼓励员工兢兢业业地工作、培训员工和维护设备，实现了这种一致性。

除了产品设计，质量规划还包括负责产品质量的员工，员工要负责决定高品质产品应该具备什么特征，以及如何衡量这些质量特征。

6.4.5 方法规划

在设计操作系统时，管理者必须确定每一个生产步骤以及执行这些步骤的具体方法。然后，他们通过方法改进（methods improvement），逐步检查程序，从而减少浪费，提高生产效率。

改进流程

改进流程从记录当前的生产活动入手。通常使用流程图作出详细说明，这有助于组织和记录信息。流程图会指出生产活动的顺序、材料的流向以及流程中各个阶段的工作。对流程图进行分析从而剔除浪费性的生产活动、找到导致延期的根源以及调整产品和服务运营中的其他无效行为。最后执行改进计划。

改进客户服务

以酒店的传统退房流程为例来考虑改进客户服务。图6-8中的流程图显示了酒店退房的五个步骤。酒店退房手续对于客户来说十分耗时，会使他们内心焦急、无端气恼，尤其是在退房高峰期排队很久的时候。由于管理者被迫重新安排员工到前台协助完成剧增的退房工作，酒店的其他工作也因此受到干扰。酒店管理者想出了一个改进退房流程的方法，客户不用浪费时间排队等候，同时也可以减少对其他工作的干扰。改进后的流程省去了步骤1、2、3A、5，从而节省了时间。在退房当天早上，客户会收到从房间门底下递进来的账单复印件，可以在离开房间前的任何时间，从房间电视上核查账单。如果账单无误，则无须办理其他退房手续，酒店直接通过客户在入住时提供的信用卡收取费用。

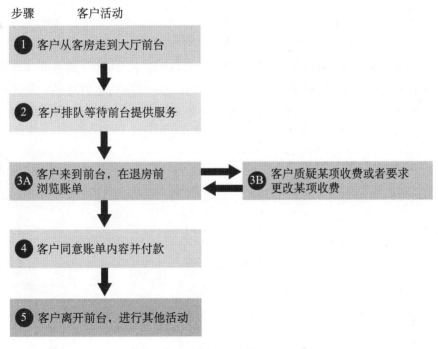

图6-8 传统的客户退房流程图

6.5 运营进度表的编制

继续看图6-4所示的活动流程，管理者及其管理团队确定好运营规划后，就需要制定执行这些规划的时间表，即编制运营进度表（operations scheduling）或运营调度，它确定了具体生产活动将在何时发生。在本节中，我们主要学习四种进度表：（1）主运营进度表，属于"行动规划"，用于决定接下来几个月的工作总量。（2）详细进度表，详细描述生产过程中发生的日常活动。（3）员工工作进度表，确定参加工作的员工和数量以及工作时间。（4）项目进度表，协调完成大型项目。

6.5.1　主运营进度表

运营进度表分为不同层次。代表最高层次的**主运营进度表**（master operation schedule）显示的是在随后一段时间里将在何时生产何种产品或提供何种服务。例如，洛根铝业公司（Logan Aluminum）向五家消费品公司供应用于生产饮料罐的铝线圈。如图 6-9 的部分进度表所示，洛根铝业公司的主运营进度表涵盖了 60 周的生产任务，在这期间将生产 300 000 吨以上的产品。对于不同种类的铝线圈（产品），主运营进度表具体说明了其每周的产量，这有助于管理者决定每周生产所需的材料、设备及其他资源。

铝线圈♯（产品）	8/4/19	8/11/19	8/18/19	……	11/3/19	11/10/19
TC016	1 500	2 500			2 100	600
TC032	900		2 700		3 000	
TC020	300		2 600			1 600

图 6-9　主运营进度表部分示例

对于一家服务提供商，如区域食品零售商，主运营进度表可能首先确定接下来两年时间里每季度计划运营的零售商店数量。然后确定每季度所有零售店为消费者提供服务所需要的关键资源。图 6-10 是一个主运营进度表的部分示例，公司利用表中信息制订有关计划，确定需要雇用和培训的员工人数，估计应采购食品的数量和所需资金，决定新商店的建设要求。

	季度/年							
	1/2019	2/2019	3/2019	4/2019	1/2020	2/2020	3/2020	4/2020
零售店数量	17	17	18	19	20	20	21	22
员工数量	1 360	1 360	1 530	1 615	1 700	1 700	1 653	1 827
新鲜蔬菜（吨）	204	204	192	228	240	240	230	260
罐装食品（箱）	73 950	77 350	80 100	80 100	83 000	84 500	88 600	90 200
鲜肉等	-	-	-	-	-	-	-	-
……								

关键资源

图 6-10　食品零售商的主运营进度表部分示例

6.5.2　详细进度表

主运营进度表是总体计划的框架，更多的信息来自**详细进度表**（detailed schedule）——列明每日工作分配情况，并注明分配给每个工作站的各项工作的起止时间。洛根铝业公司的生产人员需要知道工厂中铝线圈的位置以及各个阶段的完工情况。管理者必须确定各项工作的起止时间，而员工则需要知道每天安排了哪些工作，而不只是每周的工作。详细进度表使得管理者能够利用客户订单和有关设备状况的信息，更新每日将生产的铝线圈的尺寸和类型。

6.5.3　员工工作进度表和计算机辅助调度

运营进度表对于服务行业，包括餐厅、酒店、交通和园艺等公司的员工配置同样大有用处。一般而言，**员工工作进度表**（staff schedules）具体规定在未来数日（可能是30天或30天以上）给每个班次的员工安排的工作时间。编制进度表时，要考虑员工的需要、公司的效率和成本，以及生产需求的起伏变化等情况。

计算机辅助调度工作使用 Visual Staff Scheduler® PRO 等工具，可以轻而易举地为许多全职员工或兼职员工安排多班制倒班工作时间。员工工作进度表要根据假期、节日调休以及由缺勤和生产计划中的意外变化而进行的日常人员调整等情况作出相应的调整。

6.5.4　项目进度表

新建业务或重新设计产品等特殊项目，需要诸多生产活动之间的紧密协调和精确的时间安排。在这种情况下，项目管理者可以使用项目调度工具如甘特图和项目计划评审技术，获得有益的帮助。

甘特图

甘特图（Gantt chart，以其开发者亨利·甘特（Henry Gantt）命名）将大的项目分解为需要执行的具体活动，并详细说明各个活动所需要的时间。项目管理者列出完成工作所需进行的所有生产活动，估算各活动所需要的时间，在表中记录进度，并比对表中的时间轴以核实进度，确保项目按计划进行。如果工作比计划提前，可能需要将一些员工转移到另一个项目；如果工作比计划落后，则需要增加员工或者延期完工。

图6-11展示了一个大学教室修缮项目的甘特图。它显示了截至目前所取得的进展以及剩余工作的进度安排。它也显示了一些活动可以同时进行（例如，活动D可以与活动C和活动E同时进行），另一些活动则不能（例如，在进行其他活动之前必须先完成活动A）。从图中还可以看到，活动E的进度已经落后。

项目计划评审技术

项目计划评审技术（program evaluation and review technique，PERT）为大型项目的

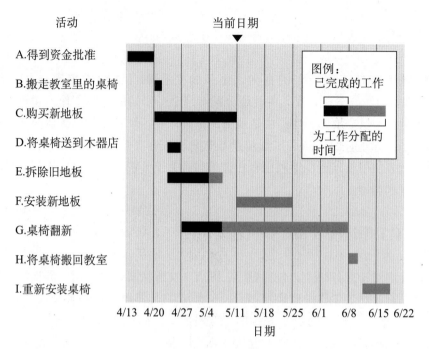

图 6-11　甘特图

控制过程提供更多的信息。除标注执行各项活动所需的时间，在设计 PERT 图时还要用箭头显示为了完成整个项目各活动从开始到结束的必要顺序（sequence）。同时，它还确定出完成项目的关键路径（critical path），也就是耗时最长的一系列活动。

　　图 6-12 是大学教室修缮项目的 PERT 图。图中明确了项目的 9 个活动以及完成时间。箭头表示了完成这些活动的必要顺序。例如，在进行桌椅翻新（G）以及安装新地板（F）之后，才能将桌椅搬回教室（H）。因此，图中 G 和 F 的箭头在 H 之前。同样，得到资金批准（A）是所有活动开始的第一步。

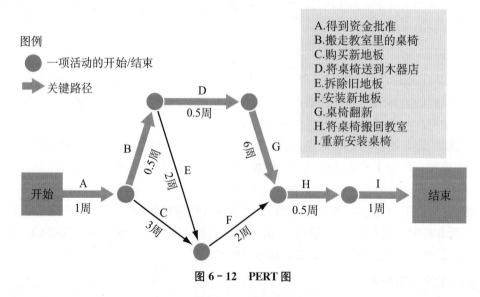

图 6-12　PERT 图

关键路径可以提供信息，因为它显示了完成项目过程中最耗时的活动，对于大多数项目来说，关键路径对于完工速度至关重要。教室修缮的关键路径包括活动 A、B、D、G、F 和 I，共计需要 9.5 周时间。关键路径非常重要，因为其中任何一项活动出现延期，都会导致完工时间推迟，超过计划的完工时间（9.5 周）。项目经理要密切关注这些活动，如果出现延期的可能，就要采取特殊行动，比如重新安排工人和设备来加速完成延误的活动，赶上进度。

➡ 6.6 运营控制

在长期规划付诸实施，进度表起草完毕后，**运营控制**（operations control）要求管理者将执行结果与详细规划和进度表相比较，从而对工作绩效进行监控。如果员工未能按时完工或达不到质量标准，管理者可以采取纠正措施。**后续跟踪**（follow-up）是为确保生产决策得以执行所进行的检查，它是运营中至关重要的一项持续性工作。

运营控制包括物料管理和质量控制，用来确保进度表的执行以及保质保量地交付产品。

6.6.1 物料管理

大多数人会遇到这样的麻烦，不记得自己的衣服、书籍、手机等个人物品放于何处。想象要随时了解数以千计甚至数以百万计的物品的去处会是怎样的状况。这便是物料管理工作所面临的挑战。**物料管理**（material management）是指管理者对从物料供应来源到产成品分销这一物料流动活动进行计划、管理和控制的整个过程。对于制造企业而言，物料成本一般占产品总成本的 50%～75%。

物料管理活动

产品设计出来后，物料流动依赖于五项活动，物料管理者参与物料管理的如下五个方面：

• **供应商选择**（supplier selection），指找到并选择从哪家服务和物料供应商进货。这包括评估潜在供应商、谈判服务项目以及维护积极的买卖关系。

• **采购**（purchasing，有时称为 procurement），是指获得公司生产产品所需所有原材料和服务的过程。大多数大型企业设有采购部，负责购买所需数量的合适原料。

• **运输**（transportation），包括将资源运送给生产者和将成品运送给购买者的途径。

• **仓储**（warehousing），既包括为生产而购进的物料的储存，也包括待分销给消费者的产成品的储存。

• **存货控制**（inventory control），包括所有原材料、半成品以及产成品的接收、储存、处理和盘点，以确保有足够可用的原料存货来满足生产计划，同时避免昂贵的过多存货。

精益生产体系

在管理物料的同时，管理者还必须考虑时间安排。由丰田公司开创的**精益生产体系**

（lean production systems）旨在避免效率低下，减少不必要的库存，持续改进生产过程，使生产流程更为流畅。**准时制生产**（just-in-time production）方式属于精益生产体系的一种，也称零库存生产，它保证在所需要的精准时刻而非之前将每个生产阶段所需的全部物料备齐，因而可对客户订单作出快速且高效的反应。所有的资源都在连续不断地流动，从原材料的运达到产成品的最终装配及装运。

事实上，准时制生产方式将在制品（未完工产品）的数量降为零。它使生产不再时断时续，而是运行顺畅，这样就可以使存货成本最小化，大大减少存货所需的储存空间，从而也节省了资金。一旦生产流程顺畅成为常态，其间出现的干扰便更易察觉，因而员工可以更加快速地解决问题。通过持续改进生产，发现并消除干扰，是准时制生产方式的一个主要目标。

库存管理是生产服务的关键

对于许多服务企业而言，物料风险非常高。联合包裹公司每天要递送 1 800 万个包裹，并承诺全部按时送达。公司通过追踪快递系统中运送包裹的 542 架飞机和 104 926 辆车辆的位置、运送进度和准时率来履行这一承诺。但是，许多高接触服务的最重要"存货"并不是有形的，而是以信息的形式存在，这些信息与所提供的服务产品，客户的需要、活动密切相关，甚至与他们和其他客户之间进行互动的计划相关。

现以科莱特旅行社（Collette Vacations）为例，来思考信息存货（inventories of information）的问题。在科莱特旅行社，信息管理（management of information）是一项重要活动。科莱特旅行社提供三个产品线：经典旅游、探索旅游（为小团体设计）以及家庭旅游，总共提供 150 种全程陪同旅游服务。每一条旅游线路（产品）都由专业旅游设计师设计，包括旅游行程、游玩时间、高级住宿安排和定价。客户可以选择陆地旅游、水上航行以及火车旅行，通过观光、餐饮、娱乐和住宿体验当地的历史和文化。

在旅游活动开始时，公司从 100 多名专业旅游经理中选派一人，作为客户此次行程的导游，与客户面对面交流。整个行程通常会持续 8~14 天，同时他还要处理每天的具体事务——确认餐饮安排、保证酒店房间的住宿、安排当地交通、帮助选择景点、提供当地文化信息、协助客户解决问题，还要处理一些紧急情况。

这些活动会创造大量的信息，即信息存货，它们必须准确，以确保当前的旅游项目顺利进行，令客户满意，并使未来数百个已预定旅游项目的数千名客户可以了解到这些信息。若要与数千位潜在客户保持联系，这些信息也非常重要，因为公司要向他们预先介绍与未来一两年将提供的旅游项目相关的信息。[11]

6.6.2　质量控制

质量控制（quality control）是指采取措施以确保运营活动生产的产品或服务达到具体规定的质量标准。现以服务运营为例。在服务运营中，客户满意度主要取决于提供服务的员工。通过对服务情况进行监控，管理者和其他员工能够及时察觉出现的差错并加以纠正。管理者或者其他人员必须首先确定具体的标准和衡量方法。例如，银行对出纳服务的质量控制可能要求监管者定期观察员工的表现，并按照检查表评估他们的工作。管理者要与员工一起对结果进行核实，对符合标准的工作表现予以确认，或者说明为了使工作表现达到标准应该如何进行改进。

在那些对接触客户过程进行监控并为员工提供技能发展培训的企业中，员工与客户之间产生高质量的互动并非偶然。许多管理者意识到，员工若未受到客户关系技能方面的培训，其工作质量就会受到影响，而对于航空公司和酒店等企业，还可能会出现客户转向准备更充分的竞争对手的现象。

6.7 质量改进和全面质量管理

只在现场检验产品和监控服务运营，如主管监听目录销售服务代表与顾客之间的电话通话，对于质量控制是不够的。企业必须首先将质量视作产品和服务的一部分。例如，堪萨斯城圣卢克医院（St. Luke's Hospital）利用员工团队来设计有质量保证的治疗方案和病人护理程序。团队对以往员工和病人遇到的问题展开分析，不断重新设计治疗方案、工作方式和程序，从根源消除质量问题，而不是让现存问题恶化。他们坚持每一项工作都必须做对，都必须做到无差错（"第一次就做对"），而不是依靠检查来发现错误，在错误出现之后再进行纠正。为了在全球范围内展开竞争，美国企业一直强调以质量为导向。不仅是管理者，所有的员工都要为改进质量而努力，同时企业采用新的方法评估工作进展，找出需要改进的地方。质量改进在许多组织中已成为一种工作方式。

现在，随着运力有所提高，航空公司把赚得的高额利润重新投入运营。在一个统一的、高度竞争的行业中，航空公司不可能只在价格和航班上进行差异化。它们已经意识到必须将重点转移到客户满意度上，比如准时率和行李托运，而且运营效率在旺季和淡季一样重要。

6.7.1 质量与生产率之间的关联

质量和生产率是企业在当今十分激烈的竞争环境中最关注的两方面。各个公司衡量并不断坚持提高生产率；它们同时还要求保证质量以提高客户满意度，从而增加销售业绩和利润。

生产率（productivity）是衡量经济绩效的一个指标：它反映企业利用资源能够生产出多少产品。用公式表示非常简单。企业利用越少的资源生产出越多的服务和产品，其生产率就越高，经济、企业和工人所获得的利益也就越大。在国家层面，最普遍的衡量方式为劳动生产率（labor productivity），即利用劳动力作为一种资源来和利益做比较，一国GDP 源于对这一资源的使用：

$$一国的劳动生产率 = \frac{年度\,GDP}{年度劳动力工作总时长}$$

上式说明了生产率的一般概念。我们更愿意关注劳动力而不是其他资源（如资本或能源），因为大多数国家对就业和工作时长都有准确记录。因此，可以用某个国家的劳动生产率衡量每年的变化，也可以与其他国家进行比较。比如，2015 年，美国的劳动生产率即美国劳动力每工时的产出，为 64.12 美元。挪威排名第一为 86.61 美元，爱尔兰排名第二为 71.31 美元，比利时排名第四为 60.17 美元，韩国排在最后为 27.14 美元。[12]

但是，仅关注产出量是不对的，因为生产率不仅指生产产品的数量，还包括质量。当资源的使用效率更高时，产出的数量也更多。但是经验表明，除非产出的产品质量能令人满意，否则消费者会拒绝购买。而当消费者拒绝购买企业所生产的产品时，GDP 会受到影响，一国的生产率就会下降。于是，生产高质量产品也就意味着要创造适合使用的产品，需要提供消费者想要的性能特征。

动荡时期的管理　　　　**"瘦身"行动恢复航空业平衡**

2011 年，不断上涨的燃料价格，加上地震、海啸、核泄漏和政治冲突，使航空业陷入混乱。从历史上看，航空公司即使在经济状况良好的时期，利润率也非常低，所以当油价飙升至每加仑 120 美元以上，旅行需求下降时，整个行业就会受到影响。

除了削减服务和对行李等收取曾经包含在机票中的附加费外，经济衰退迫使航空业创新并采用运营改进措施，从节省油耗的波音 787 "梦幻客机"，到嵌入行李标签的微型芯片，这些新措施都改进了相关企业的运营。比如，在办理登机手续的同时可以对这些芯片进行自动扫描，然后通过系统进行跟踪。

到 2016 年，燃料价格下降，需求再次强劲，但航空公司仍有内部和外部运营问题需要处理。2016 年末，在芯片行李控制领域处于领先地位的达美航空在亚特兰大遭遇了一次凌晨数据中断，导致其航空调度中心瘫痪。应急计划无效，到当天下午，达美航空仍只能执行通常 6 000 次航班的 1/3 左右。2017 年 3 月，一场暴风雪袭击了美国东海岸，导致机场关闭，数千个航班停飞。这就是为什么联合航空公司按常规每天通过 730 多架飞机运营 4 500 多个航班，现在却要努力在 2020 年前削减超过 48 亿美元开支的原因，这是一项旨在应对下一次不可避免的经济危机或其他危机，确保公司稳健发展的运营战略。

6.7.2　质量管理

全面质量管理（total quality management，TQM）包括为使高质量的产品和服务进入市场所需要进行的一切活动。全面质量管理始于领导层不断改进生产过程和提高产品质量的强烈欲望。它涉及企业的方方面面，包括顾客、供应商和员工。为了保障所有利益相关者的利益，全面质量管理首先要求对质量低劣所造成的损失作出评估，然后找到导致质量不能令人满意的根源，明确纠正质量问题的责任，并确保责任人采取措施改进质量。

质量低劣造成的损失

媒体曾报道，在 2009—2013 年，丰田召回了 2 400 多万辆汽车，造成了数十亿美元的损失，严重损害了企业的高品质形象。问题涉及加速踏板阻滞、发动机熄火以及燃油泵误操作，这些问题给丰田公司和许多消费者带来了严重的危害和昂贵的代价。

与商品生产者一样，服务提供者和消费者都会由于劣质的服务产品而陷入财务困境。

一个典型例子就是银行业。作为美国金融体系的支柱，银行及其客户依然深受不良金融产品的负面影响，尤其是住房抵押贷款的影响。经济繁荣时期，贷款机构放宽（甚至完全忽视）传统的判定借款者是否信用良好（即借款者是否具备借款资格以及偿还抵押贷款的能力）的贷款标准，在某些情况下，贷款机构故意高估资产价值，使得借款者所得的贷款超过资产的合理价值。有时，贷款机构还会怂恿借款者在无须出示收入甚至工作证明的情况下夸大（或伪造）自己的收入。有些借款者对贷款合同中的条款并不清楚，在首付期过后才突然发现要支付较高利率（通常是按月支付）。由于不能按期付款，借款者不得不放弃自己购买的房子，给银行留下丧失抵押品赎回权的房产、未偿还的（违约的）贷款和无法收回的资金。银行资金的短缺导致整个金融系统面临关闭的风险，进而使整个国家都面临劣质产品或服务所带来的巨大损失——房主由于丧失抵押品赎回权而失去了房产，经济变得更加脆弱，失业率上升，人们储蓄账户中的退休金减少。

质量责任归属权：承担质量责任

为了保证提供高质量的产品和服务，许多公司会针对全面质量管理的某些环节，为特定的部门或职位分配责任。一些专家被请来协助解决各部门中出现的质量问题，同时使每个人了解与质量相关的最新设备和方法。此外，他们不断地监测各项质量控制活动，找出需要改进的地方。

然而，全面质量管理的支柱，即它所面临的最大挑战是激励公司的全体员工及其供应商实现各项质量目标。质量活动的领导者使用各种方式和资源来营造以质量为中心的文化氛围，如培训、口头鼓励、团队合作以及将薪酬与工作质量挂钩等。当这些努力获得成功时，员工和供应商会最终接受**质量责任归属权**（quality ownership）这一理念，即质量应由在工作中创造出这一质量的每一个人负责。

在全面质量管理中，采购员、工程师、保洁员、营销人员、机械师、供应商和其他人员都必须关注质量。比如，在堪萨斯城圣卢克医院，每位员工都会收到医院的"平衡计分卡"，显示医院能否实现以下目标：某些特定疾病患者快速康复、患者满意率至少达到94%、每个病房都是在患者去拍摄X光片时打扫、良好的投资回报足以使医院在金融市场上获得良好的债券评级。季度得分显示出每个目标的完成程度。每个员工都可以了解医院在哪些方面表现优异，在哪些方面需要提高。圣卢克医院获得了美国颁发给创造出卓越质量的组织的崇高奖项——马尔科姆·鲍德里奇国家质量奖（Malcolm Baldrige National Quality Award），这是对该院员工为高质量服务所作贡献的表彰，同时该医院还三次获得密苏里州质量奖（Missouri Quality Award）。[13]

6.7.3 全面质量管理工具

实践证明，数百种有助益的工具可以用于质量改进，从产品数据的统计分析到顾客满意度调查，再到**竞争产品分析**（competitive product analysis），即公司通过分析竞争对手的产品，找出自身值得改进之处的过程。比如，采用竞争产品分析工具，佳能公司可以将施乐复印机拆开，对每个部件进行测试研究。所得结果可以帮助管理者判断佳能产品的哪些特性令人满意、哪些特性需要升级，以及哪些运营过程需要改进。本小节概述五种最常用的全面质量管理工具：增值分析、质量改进小组、走近顾客、ISO 体系和业务流程重组。[14]

增值分析

增值分析（value-added analysis）指的是评估所有的工作活动、物流、文书工作以确定它们给客户增加的价值。该分析常常会揭示哪些活动没有必要或很浪费资源，且剔除后不会影响客户服务。

质量改进小组

继日本的质量圈（quality circles）概念大获成功之后，世界各地的公司都相继采用**质量改进小组**（quality improvement teams）模式，即由来自各个工作领域的员工组成合作小组，定期召开会议，确定、分析和解决常见的生产问题。它们的目标是既改进工作方法又提高产品质量。质量改进小组安排自己组内的工作、选拔领导者和解决工作中的问题。多年来，摩托罗拉（Motorola）很支持公司内的团队竞争，借此强调团队合作的价值，表彰业绩优秀的团队，重申团队在公司不断进步的文化中的重要地位。

走近顾客

陷入困境的企业往往意识不到顾客的重要性，意识不到顾客才是一切商务活动的驱动力。它们开发的产品不是顾客所需要的，因而浪费了资源。有些公司忽视了顾客对现有产品的反应，比如一些航空公司无视乘客对航空服务质量差的投诉。有些公司未能跟上顾客偏好的变化，例如，黑莓（BlackBerry）移动设备在产品竞争中处于落后状态，因为它没有向顾客提供三星、摩托罗拉以及苹果手机所提供的功能。

成功的企业总是会想方设法了解顾客想要从消费的产品中获得什么。例如，美国卡特彼勒公司的金融服务部门得到顾客（卡特彼勒设备的经销商和购买者）给予的极高评分，因而获得马尔科姆·鲍德里奇国家质量奖。随着卡特彼勒逐步将其金融服务向线上转移，购买公司的产品并获得相应的金融服务也变得更加简便。现在，顾客可以每周 7 天、每天 24 小时随时获得相关信息，了解购买成本为 3 万~200 万美元的设备需要支付多少钱，同时还可以随时支付货款。以前，卡特彼勒的 6 万名顾客需要打电话给公司的客服，经常无法接通，这不仅导致了延迟，还浪费了时间。线上系统的改进也证明卡特彼勒金融服务部门在努力了解顾客所想，满足顾客所需。[15]

识别内外部顾客　实施质量改进项目既要满足外部顾客的需要，也要满足内部顾客的需要。无论何处，只要有某位员工或某项活动依赖于其他人，就存在内部供应商或内部顾客。例如，销售经理依靠有关物料成本、供给和工资等内部会计信息来制订未来数月销售活动的计划。该销售经理成为公司会计人员的顾客，即该信息使用者要依赖于该信息提供者。全面质量管理环境下的会计人员意识到这种内部顾客关系，并采取措施改善销售信息的质量。

ISO 体系

一些公司非常自豪地打出巨大横幅：本企业已通过 ISO 体系的认证。ISO 认证意味着质量达标，该标志在全世界范围内得到认可，甚至已成为在某些国家经商的必备条件。

ISO 9000　ISO 9000 是一个证明工厂、实验室或办公室已符合国际标准化组织（In-

ternational Organization for Standardization，ISO）所设定的严格质量管理要求的认证体系。如今，超过 170 个国家采用 ISO 9000 作为国家标准。在全世界范围内，已经给满足 ISO 标准的组织颁发了约 100 万份认证证书。

ISO 9000 标准允许公司对外宣传其按照成文的程序进行产品测试、员工培训、记录保存以及缺陷修复。这使跨国公司在与国外供应商进行交易时能够确定产品（或服务）的质量。为了通过认证，公司必须将员工在每个生产阶段所遵循的程序记录存档，其目的是确保在任何时候，经公司流程生产出来的产品都完全相同。

ISO 14000 ISO 14000 体系用来证明企业环境绩效的改善，要求企业开发一个环境管理系统（environmental management system）——一项载明企业如何在使用资源（如原材料）和处理污染方面作出改善的计划。公司不仅要确定预计产生的有害废弃物，还要制定相应的处理和排放方案。

业务流程重组

每一项业务都是由若干流程组成的。流程是指开展业务时定期执行的活动，如接收和储存来自供应商的物料、为医治的病人开账单、发生交通事故后申请保险索赔以及处理顾客网络订单等。任何一个业务流程，只要能出色完成，就可以提高顾客满意度。同样，如果管理不善，任何一个业务流程都可以令顾客失望。

业务流程重组（business process reengineering）重在改进业务流程，即从头开始重新考虑流程中的每一个步骤。重组是指对现有的业务流程进行彻底的再思考和再设计，以取得巨大改进，这可以通过成本、质量、服务和速度来衡量。前文谈到的卡特彼勒公司为顾客提供线上系统就是一个典型案例。通过改进设备、培训员工以及将客户端连接到卡特彼勒的数据库，该公司重构了整个支付和财务流程。正如案例所示，公司因为渴望改进运营以为顾客创造更高价值的服务，所以才进行了业务流程重组。

6.8 通过供应链实现增值

供应链（supply chain）指的是生产一种产品所涉及的所有公司群体和业务流程。任何产品的供应链（或**价值链**（value chain））都包括信息流、物流和服务流，从原材料供应商开始，在流经公司网络的其他阶段时不断增加价值，直到产品到达最终用户。

图 6-13 显示的是向消费者供给烘焙食品的一条活动链。每一个阶段都为最终用户增加价值。这个烘焙食品的例子从原材料（从农场收获的谷物）开始。它还包括储存和运输活动、烘焙和包装车间的运营以及针对零售商的分销活动。为了将新烘焙的食品成功送达消费者，各个阶段必须相互依存，任一环节的失败都会给整条供应链带来损害。

6.8.1 供应链战略

传统的战略认为，要将公司作为一个单独的企业而不是一个处于统一供应系统中的成

图 6 - 13　烘焙食品的供应链

员来加以管理。供应链战略却是基于与之不同的思想，即供应链上所有的成员努力成为相互协同的整体，都将获得竞争优势。每个公司都会寻求自己的利益，但在整个链条中，它们都要与供应商和顾客进行密切合作。每个成员都会关注整个供应链，而不是只看到自己的下一阶段。

例如，采用传统方式经营的烘焙公司仅关注从面粉厂和包装纸供应商那里获得生产投入，然后向分销商供应烘焙食品这一环节。该方式限制了供应链的绩效，并且很难在进一步协调活动时考虑改善的良策。烘焙公司只有正确地实施供应链管理，使供应链成员之间更加协调，才能以更低的价格提供更新鲜的烘焙食品。

供应链管理

供应链管理（supply chain management）将供应链视为一个整体，通过由相互合作的企业所组成的系统，对整个供应流程加以改进。由于顾客最终会得到更高的价值，因此供应链管理会使每一个供应链成员都具有竞争优势。

在创办戴尔公司时，迈克尔·戴尔就将创新型供应链战略作为其愿景的核心。戴尔凭借在供应链成员之间共享信息提高了绩效。供应商通过网络即可获得戴尔的长期生产计划和最新的销售数据。这一过程始于顾客订单自动转化为工厂最新生产进度之时。各类进度表不仅为戴尔的运营经理所用，而且一些零部件供应商如索尼，也会根据这些进度表调整生产和运输，以便更好地满足戴尔的生产需要。经零部件供应商调整后的进度表会传送给原材料供应商等供应链的上游企业。当戴尔改变要求后，供应链上下游的供应商会同时调整进度表，生产合适的原材料和零部件。因此，戴尔电脑的价格低，周转时间短，将电脑送至顾客手中的时间由最初的几天缩短为几个小时。

供应链的优化重组

供应链上的企业常常会用业务流程优化和业务流程重组来降低成本、加快服务速度和协调信息流及物流。当准确的信息在供应链中流动得更加顺畅时，会减少不必要的库存和运输，避免延误并缩短供应时间，因此，物料会更快地流向企业客户和个体消费者。只要每一个成员根据自己的运营要求来行动，供应链管理就能够为顾客提供超乎想象的快速物流和更低成本。与每一个成员只按自己的运营要求来行动相比，供应链管理能够为顾客提供更快的交货服务和更低的成本。

6.8.2　外包和全球供应链

外包（outsourcing）是向供应商和分销商支付费用，让它们来实施某些业务流程或提供所需物料和服务的一种经营战略。外包扩展了供应链。美国企业将一些制造和服务运营活动转移至墨西哥和印度，这减少了美国传统工作岗位的就业人数，但也为供应链管理创造了新运营活动的工作岗位。例如，美泰克（Maytag）在墨西哥开设新冰箱厂、从韩国大宇进口冰箱以及从三星进口洗衣设备之前，曾不得不在内部培养懂得全球运营专业知识的人才。在分离长期的国内生产业务时，美泰克采用新的供应链技能来评估潜在的外包合作商。

将美泰克的国内活动与其跨国合作商的活动进行协调所需要的技能，并没有因最初从墨西哥和韩国进口家电产品的决定而失去用武之地。在艾奥瓦州牛顿市的总部里，美泰克的员工和其合作商在一系列不断出现的新运营问题上不断进行交流。产品的新设计方案由美国传送到遥远的生产基地中使用。跨境物资流动的整个过程必须符合各国的商业法规要求。生产和全球运输的进度安排要与美国的市场需求协调一致，确保所需外包产品能够准时准量地送达，才不会损害美泰克的高品质声誉。尽管制造工厂距离遥远，但是它们与企业总部的活动保持密切统一。这种密切关系需要外包服务双方具有现场运营的专业经验，全球通信技术也是必不可少的。因而，外包商更需要强化对各分散设施进行整合的运营能力。

> **寻觅良策**　　　　**这么好的粮食不能浪费**

2013年，联合国粮食及农业组织（Food and Agriculture Organization，FAO，简称"粮农组织"）发布了一份关于食物浪费影响的研究报告。令人不安的是，浪费或损失掉的食物大约占产出总量的1/3。根据粮农组织总干事若泽·格拉齐亚诺·达席尔瓦（José Graziano da Silva）的说法，"在每天有8.7亿人挨饿的时候，我们不能允许我们生产的所有粮食中有1/3因不当做法而浪费或损失掉"。根据这项研究，粮食浪费现象发生在供应链中，其中54%发生在生产、收获后处理和储存过程中。然而，低收入国家与中等收入国家和高收入国家之间存在一些差异。在发达经济体中，零售商或消费者层面的供应链下游浪费现象要高得多，在这些领域需要更多的消费者教育。

食物浪费问题除了对人类造成影响之外，还会给环境带来可怕的后果。例如，肉类浪费会造成最严重的环境后果，因为与肉类生产相关的土地使用和碳足迹要高得多。未使用的谷物和谷物制品，如大米，既影响土地利用，又影响甲烷排放（在大米生产中尤为高）。另外，水果废弃物的影响往往主要与水资源的过量消耗有关。鉴于水资源供应日益短缺，这一担忧不容忽视。

减少食物浪费现象的关键在于供应链管理。从生产商开始，必须采用预测分析法来平衡产品的生产和下游需求。即使有更好的模拟技术，粮食过剩仍将继续发生，但它们可以得到更好的管理。相比于在供应链中处理多余的食物，处于供应链中段的成员需要更加努力地寻找替代用途，无论是将其捐赠给各种食品救济项目，还是将其用于牲畜饲料，都是较好的减少食物浪费的办法。消费者必须了解规划食品支出的重要性，以避免过度购买，还必须了解"最佳赏味期限"的实际含义，否则会导致零售商和消费者扔掉健康和营养的食品。从生产者到消费者，供应链中的每一个成员都要在减少食物浪费、更好地管理我们的星球和资源方面发挥作用。[16]

2015 年，联合国宣布了一项旨在消除贫困、促进繁荣和保护环境的宏伟议程。议程的关键目标之一是，到 2030 年，在零售商和消费者层面使全球人均食物浪费减半，减少生产和供应链中的食物损失。[17]

问题与练习

复习题

1. 阐述企业运营的含义和意义。当我们谈论运营时，我们指的是什么？它包括什么，不包括什么？

2. 商品生产运营和服务运营的主要区别是什么？

3. 高接触服务系统和低接触服务系统之间的区别是什么？各举出一个例子，对比指出它们之间的异同。

4. 确定效用的三种类型，并对每一种效用加以简要描述。

分析题

1. 请将主要的五大类运营规划应用于你所在的大学或当地的企业。

2. 为了吸引顾客到主题公园游玩，迪士尼采用了什么类型的业务战略？公司如何实施这一战略？关键的运营特征是什么？

3. 选择三个你经常光顾的不同企业，对其服务或产品的质量进行 1~5 级评分，1 为低质量，5 为高质量。解释你用于确定每个企业质量的标准。对每一个企业是应用相同的标准还是不同的标准？为什么？

4. 如果你是所在学院质量改进团队的成员，你会支持的五项具体的高影响力建议可能是什么？在这五项建议中，哪两项是最重要的？简要说明作为学校管理者，你可能采取哪些策略来实施这两项建议。

应用练习题

1. 绘制一个显示活动各个阶段的流程图，在上面标示出学校注册课程活动的流程，然后说明如何使用该流程图作为改进运营规划的方法的一部分。

2. 采访一家当地服务企业（比如餐馆或理发店）的经理，确定该企业进行服务运营规划时的主要决策。

案　例

甜点总是创业的好主意

在本章开篇，你阅读到芝乐坊的经营理念。利用本章所学内容，你应该能够回答下列问题。

◇问题讨论

1. 你如何定义质量？如何衡量餐饮业的质量？有更有效的衡量方法吗？请作出解释。

2. 你会将芝乐坊归类为服务供应商还是商品生产商，或者两者兼是？这种分类将如何影响质量控制决策？它会如何影响运营方式？

3. 阐述流程图如何有助于餐厅运营过程中的方法改进。你希望从流程图中获得什么信息？

4. 找出一家质量评级不佳的美国大型餐饮连锁店。它的顾客是谁？导致餐饮质量下降的根本原因是什么？美国餐饮店必须遵守当地的卫生法规，定期检查的结果必须公示。你建议餐厅采取什么措施来改善评分不尽如人意所留下的负面印象？

远程办公真的可以提高质量和生产效率吗？

2013 年初，雅虎首席执行官玛丽莎·梅耶尔（Marissa Mayer）作出了一项引起争议的决定：禁止员工全部工作时间都在家办公。她采取这一行动，似乎悍然不顾她所在行业和其他企业数年来一直坚持的远程办公模式。于是就引出了许多组织（和员工）都要面对的问题：远程办公果真有好处吗？如果是，谁是获利者？信息技术为远程办公提供了比以往更大的可能性。雅虎和许多其他公司一样，拥有一个内部的虚拟专用网络，数千名员工可以远程登录，在线处理公司业务。梅耶尔的决定表明：目前，远程办公对她领导下的公司弊大于利。[18]

然而，与以往任何时候相比，现在有更多的美国员工采用远程办公模式。例如，2016 年的一项调查显示，43% 的员工至少有一部分时间在家工作，高于 2012 年的 39%。由于这些数字不断增长，企业和员工的未来利益得失将更多地取决于在家工作还是在办公室工作的决定。[19]

提倡远程办公的人列举出它的好处。斯坦福大学的一项研究表明，在家工作的呼叫中心员工的工作效率提高了 13%。该研究还指出，这些员工的工作满意度也更高，员工流失率更低。其他一些研究报告显示，在家工作的员工要比在办公室工作的员工在每个工作周内多工作 7 个小时，工作效率更高，缺勤率更低。在家工作的员工指出，他们不会被同事分散注意力，不必花费时间通勤，可以休息片刻，享有更高质量的生活等。[20]

批评者指出了远程办公的不利之处。有些人不喜欢单独工作，他们单独办公效率并不高，因为通过面对面的互动以及近距离参与工作相关问题的讨论，才能提出更好的想法和解决方案。他们还提到将家和工作场所分开的诸多优点，比如，可以避免工作时被家务分散注意力，并声称远程办公模式被滥用。一些雇主说，至少安排部分工作时间在工作场所办公可以创造更好的工作业绩，包括为客户提供更好的问题解决方案。

梅耶尔总结说，雅虎的质量和生产效率处于不可接受的水平，这是因为许多员工全部时间都在家工作。据报道，她喜欢在办公室工作，并指出其好处是可以通过结识陌生人、在走廊中即兴交谈获得信息和想法，可以快速进行面对面的互动来解决问题。"当我们在家工作时，常常会牺牲掉速度和质量。"据此，梅耶尔怀疑，雅虎远程办公模式的收效可能小于预期。她不想仅依靠怀疑就下结论，而是希望得到一些事实依据，最好是有数据支撑的依据。于是，她利用雅虎的虚拟专用网络查看显示员工登录频率的数据文件。她得出的结论是，员工登录的次数不够多，这表明他们在家工作不积极，效率不高。[21]

员工之间面对面的接触果真影响工作质量和生产效率吗？对美国银行呼叫中心团队工作人员的研究发现，这确实很重要。在关系紧密的团队中，成员间交往更加频繁，工作效率比各自单独工作时更高。合作和自发的信息共享似乎提高了工作效率。但是，在其他工作中，员工面临不同的工作任务，有些更复杂，而另一些更简单，这时情况又如何呢？一般来说，办公室工作模式和远程办公模式，哪个能提供更高的工作效率和质量？其答案更可能是：这要视情况而定，没有标准答案。[22]

◇问题讨论

1. 在本案例中，针对雅虎的这种情况，你如何定义质量并作出解释。

2. 为了弄清雅虎远程办公的实际收效是否小于预期，梅耶尔曾在雅虎虚拟专用网络上查看员工登录的频次。你认为这是衡量工作效率和质量的有效方法吗？你建议她采取什么其他措施？

3. 登录雅虎的求职网站，查看雅虎提供了哪些工作机会。从这些信息中，找出两个适合采用远程办公模式的工作岗位描述。确定另外两个适合采用办公室办公模式的工作岗位。解释你提出这些建议的原因。

4. 考虑酒店、电视广播或其他为消费者提供服务产品的企业等。假设你为了提高这些服务的质量（选择一种或两种服务）而考虑允许某些员工远程办公，但要求其他人在办公室办公。确定两种适合远程办公的工作、两种只适合在办公室办公的工作。解释你的理由。

5. 你如何看待远程办公？你更愿意在固定的时间和地点工作，还是更愿意在家工作？你认为在家工作会使你的工作效率更高还是更低？为什么？

注　释

III

第 篇

组织中的人

第 **7** 章 员工行为和激励

➔ 学习目标

1. 识别并讨论组织中员工行为的基本表现形式。
2. 阐述员工个体间差异的本质和重要性。
3. 解释心理契约及工作中的人岗匹配的意义和重要性。
4. 识别并总结主要的员工激励模型和概念。
5. 阐述组织为增强员工激励而采用的一些策略和技巧。

开篇案例　　　　　　　　**维持生活的工资**

2015 年 1 月，保险业巨头安泰（Aetna）宣布，公司计划将工资收入最低的员工的基本工资提高至每小时至少 16 美元，这是当时联邦最低工资的两倍多。这一增长对员工和公司都产生了重大影响，安泰有 48 000 名员工，其中 12% 的人受到影响。工资最低员工的基本工资原来为每小时 12 美元，现在增长了 33%，受这次加薪影响的员工的平均工资增长了 11%。此外，该公司还扩大了医疗保险福利覆盖范围，使近 7 000 名员工享受到这一福利，从而使他们每年的自付费用降低了 4 000 美元。

员工们毫无疑问是很高兴的，然而这次薪酬和福利的增加也伴随着高昂的代价。2015年工资和福利改善的总成本估计为 1 400 万美元，2016 年超过 2 500 万美元。不过，安泰 2014 年的营业利润为 20.4 亿美元，2015 年为 24 亿美元，增长超过 17%。因此，实现这些变化的全部成本仅为利润的 1% 左右。此外，该公司估计，员工离职每年造成的损失约为 1.2 亿美元。研究表明，低薪员工比高薪员工更容易辞职。与招聘、雇用和培训新员工相关的成本是巨大的，因此高离职率伴随着巨大的隐性成本。

首席执行官马克·贝托里尼（Mark Bertolini）相信，加薪会提高生产率。薪酬最低的许多员工受雇于公司的呼叫中心，工作压力极大。打电话的人通常会对导致他们索赔的事件感到不安，如房屋或汽车受损、生病、受伤，也可能对保险范围有疑问或争议。弗雷斯诺呼叫中心主管凯莉·邓恩（Kally Dunn）说："当他们打电话时……他们很生气。所以要做的就是减少冲突，让他们平静下来，让他们放心。"除了工作压力之外，低薪员工还面临支付日常开支的挑战。法比安·阿雷东多（Fabian Arredondo）是弗雷斯诺呼叫中心受加薪影响的员工之一。他说："财务问题可能是人们生活中的主要压力之一。当能从压力中得到一些解脱时，我认为这绝对是有好处的，一个快乐的员工也是一个高效的员工。"

这正是导致安泰作出这一大胆举动的逻辑。贝托里尼惊讶地发现，许多员工都在领取公共援助，比如食品券和医疗补助。他感到震惊："作为一个蓬勃发展的组织，作为一家成功的公司、一家《财富》世界 100 强企业，我们的员工不应该这样生活。"为此安泰十分谨慎，确保给员工的加薪足以抵消公共援助福利的损失，以便他们在变革后真正处于更好的财务状况。

贝托里尼还认为，安泰的股东，即该公司的所有者，是支持这一变化的。"我们首先从经济角度说明这一变化与他们的关系，之后转向重要观点——这不公平。我们需要对员工进行投资。我们需要帮助恢复中产阶级，这有利于整个经济的发展。所以，对我个人而言，这更可能是一个道德问题，而不是一个财务问题。"经济学家贾斯汀·沃尔夫斯（Justin Wolfers）和简·齐林斯基（Jan Zilinsky）发布了一份研究这种加薪对美国私营企业的影响的报告。沃尔夫斯和齐林斯基的研究支持了这一结论，即更高的工资可以提高员工的生产率和表现。他们引用了一项研究结果，超过一半的加薪成本可以被生产率的提高和员工离职率相关成本的降低所弥补。此外，通过提供更高的工资，公司能够雇用更好的员工，减少纪律方面的问题。著名经济学家珍妮特·耶伦（Janet Yellen，美国联邦储备委员会前主席）早在 1984 年就断言，更高的工资为提高员工的生产率奠定了基础，因为"由于失业成本更高，员工偷懒、逃避责任的现象有所减少，员工离职率降低，求职者的平均素质提升，员工士气更加高昂"。更高工资的好处还包括提高质量和客户服务水平。研究发现，有雇主报告说加薪使客户服务和生产质量都有所改善。影响公司财务业绩的变量有数千个，但对安泰而言，其业绩与研究结果一致。尽管在 2015 年和 2016 年期间，总体成本和行政成本有所增加，但营业收入的增长幅度更大，每年的营业收入增加了 5 亿美元。

不过，贝托里尼也知道，企业文化或许是留住员工、帮助员工提高生产率的更重要的因素。企业文化超越了正式表述的使命、愿景和价值观，是员工互动的非正式方式。员工对其心照不宣，无须明确定义。企业文化经常从组织所有成员的个人行为中有机地发展出来。领导者可能低估它的力量，事实上，很多人认为文化胜过使命。所以专注于文化的公司会获得更大的回报，因为它们把员工放在第一位。（学完本章内容后，你应该能够回答章末的一系列讨论题。）

我能从中学到什么？

把个人想象成拼图。组成拼图的不同拼块彼此精确组合在一起。当然，没有两个拼图是完全一样的。它们的拼块的数量、大小和形状不同，且以不同的方式组合在一起。人的行为及其决定因素也是如此。我们每个人都是一个完全拼好的拼图，定义我们的拼块以及这些拼块组合在一起的方式是独一无二的。从根本上说，组织中的每个人都有别于其他人。要想获得成功，管理者必须承认这些差异的存在，并设法了解这些差异，然后考虑能否以对个人和组织都有益的方式利用它们。

管理者也需要了解人们工作是为了什么。显然，人们工作的原因多种多样，各不相同。有些人想要挣钱，有些人想要接受挑战，有些人想要提高声誉，有些人想要获得安全保障，还有一些人想要享有控制权力。组织成员想要从工作中得到什么，他们认为如何能够得到自己想要的东西，这两个因素在决定他们的工作动机上发挥着重要的作用。如本章所讲，工作动机对所有组织的成败均很关键。高效组织和低效组织的区别往往就在于其成员的工作动机。

成功的管理者通常对组织中的员工行为和动机有基本的了解。管理者需要了解个人动机的本质，更重要的是将它应用于工作环境。通过理解本章的基本原理，你将能更好地从员工的角度理解自己对工作的感受，从老板或所有者的角度理解他人对工作的感受。我们首先来阐述员工在工作中所表现出的不同行为方式。然后，我们将探讨使员工彼此互不相同的多个方面。之后，我们将研究一些重要的员工激励模型和概念，以及一些组织为激励员工而使用的策略和技巧。

7.1 员工行为方式

员工行为（employee behavior）是组织成员直接或间接影响组织效力的行为模式。某些员工行为被称为绩效行为，直接影响生产率和绩效。另一些被称为组织公民行为的员工行为以间接的方式为组织带来利益。反生产行为则会降低绩效，使组织蒙受损失。下面，我们来详细地讨论一下这几类行为。

7.1.1 绩效行为

绩效行为（performance behaviors）是组织期望员工表现出来的与工作相关的行为。从本质上来看，这些行为直接以完成某项工作为目标。对于一些工作而言，可以采用狭义的方式对绩效行为进行定义，因而非常容易衡量。例如，坐在或站在移动式传送带旁，在产品经过时负责部件装配的装配线工人，其绩效行为相对较少。组织期望他们做的就是在规定的时间内在工作区域正确地装配部件。通常通过计算正确装配的百分比来量化此类绩效行为。销售人员应该推广公司的产品和服务，寻找新客户，并使现有客户感到满意。因此，销售收入及其增长情况是衡量销售人员绩效行为的常见业绩指标。

然而，对于某些工作来说，绩效行为更加多样化，难以作出评估。例如，默克公司的一个研发科学家在实验室工作，他致力于实现具有商业潜力的、新的科学突破。科学家必须运用先前研究中所获得的知识和经验，直觉和创造性也至关重要。但是，即便这个科学家尽其所能，要实现新突破并得到验证可能要花费数月甚至数年时间，甚至还要经过更长时间才能产生收入和利润。

7.1.2　组织公民行为

员工也可能采取一些对公司盈亏结果没有直接贡献的积极行为。这种行为通常被称为**组织公民行为**（organization citizenship）[1]。组织公民行为指的是对组织总体结果作出积极贡献的成员所表现出来的个人行为。一个员工的工作质量和数量都得到高度认可，然而他不愿帮助新员工了解规则，一般不愿作出任何超出严格的工作绩效要求的贡献。这个员工可能是绩效好的员工，但不是一个好的组织公民。另一个员工可能表现出同等水平的绩效，但她愿意花时间帮助新员工熟悉工作环境，这种行为不仅有助于组织的成功，也被认为是为组织的成功而履行义不容辞的责任。这样的员工很可能被视为好的组织公民。

与个人、社会和组织等相关的许多因素，在促进和削弱组织公民行为中发挥着作用。例如，个人的个性、态度和需要也许会使一些员工的行为相比之下对组织更有益。同理，个人所在的工作群体可能会促进或阻碍此类行为。组织本身特别是组织文化，也可能会（不会）促进、认可和奖励这些行为。

7.1.3　反生产行为

组织中还存在其他一些与工作相关的反生产行为。**反生产行为**（counterproductive behaviors）是指降低组织绩效的行为。当员工没有出现在工作岗位时就发生了**缺勤**（absenteeism）。有些缺勤事出有因，如生病、工伤、家人去世或患病。除此之外，员工可能捏造正当理由，借故待在家里。当员工缺勤时，无论理由正当与否，其工作都不能按时完成，必须雇用替补人员来完成，或者组织内的其他人必须补全空缺。在任何情况下，缺勤都会给公司造成直接成本。

人员流动（turnover）发生于员工辞职的时候。组织在顶替已经离职的员工时，通常会产生成本，而且在寻找继任者和培训新人时，组织的生产率也会有相应的损失。人员流动是由许多因素造成的，包括工作、组织、个人、劳动力市场和家庭等方面的各种影响。一般来说，人岗匹配不当也可能是人员流动的原因（我们将在本章后面讨论）。一些员工的离职并不会对企业造成损害，但生产率较高的员工离开组织就是反生产行为的体现。

其他形式的反生产行为可能对组织造成更大的损失。例如，偷盗和怠工将给组织造成直接的经济损失。性骚扰和种族歧视也会间接地（通过降低士气、制造恐慌和赶走有价值的员工）和直接地（如果组织处理不当会造成财务负债）使组织蒙受损失。工作场所的挑衅、暴力以及恃强凌弱，也受到越来越多的关注。

| 动荡时期的管理 | **霸凌不只发生在操场上** |

虽然我们经常将"霸凌"一词与童年时期的行为联系起来，但有大量研究表明，这些行为可能延伸到工作场所。事实上，凯业必达网站（CareerBuilder）调查的员工中，有28％的人表示他们在工作中受到过霸凌。霸凌的影响是实实在在的：这些员工中有19％因霸凌而离职。此外，工作场所霸凌还与许多态度和行为有关，如离群、工作不满以及焦

虑、抑郁、倦怠和心理痛苦等症状。凯业必达人力资源副总裁罗斯玛丽·海夫纳（Rose-mary Haefner）继续解释说："研究中最令人惊讶的一点是，霸凌影响了所有背景的员工，无论其种族、教育程度、收入和职权级别如何。许多经历过这种情况的员工没有与霸凌者正面对峙，或者选择不报告这些事件，这可能会使工作中负面经历影响的时间延长，最终导致一些人离职。"

你可能想知道职场中的霸凌到底是什么样子的。它有多种形式，最常见的包括因莫须有的错误而遭受指责、不断地受到批评、面对流言蜚语、受到贬低性评论、遭到故意排挤而不能参加项目或会议，甚至人身安全遭到威胁恐吓。霸凌通常是一种长期的、持续的行为模式，目的是给被霸凌者造成羞辱、痛苦，或冒犯被霸凌者的尊严。调查显示，职场霸凌者的年龄往往比被霸凌者大，通常是他们的老板或组织中比他们职位高的人。政府机构的工作人员被霸凌的频率几乎是在公司工作的员工的两倍。在美国，少数族裔以及残疾人受到霸凌的比例更高。当员工的受教育程度较高或收入较高时，受到霸凌的现象有所减少，而所有级别的员工在职业生涯的某个阶段受到霸凌的可能性大致相同。

根据这些统计数据，你很有可能在未来成为霸凌的受害者。在接受调查的人员当中，近一半的人选择直面霸凌者，但其中只有一半能够成功地解决问题。联系人力资源部门似乎没有很好的效果，在58%的情况下它们并没有采取任何行动。

如果你发现自己被霸凌，请将霸凌事件的详细情况记录下来，记录发生了什么、谁在场是很重要的。直接与霸凌者进行对话可能是个好主意，很多时候，霸凌者可能不知道他的行为可能产生的后果。最后，重要的是要将注意力集中在解决方案上，而不是停留在已经发生的事情上。[2]

7.2 员工中的个体差异

是什么使得一些员工比其他员工的工作效率更高，成为更好的组织公民，或者表现出更多的反生产行为？正如我们已经察觉到的，每一个人都是独一无二的。**个体差异**（individual differences）是指在身体、心理以及情感上显示出来的彼此各不相同的个人特征。个体差异是一个人的特点，使他与众不同。正如我们将在下一部分所看到的，个体差异的基本范畴包括人格和态度。[3]

7.2.1 工作中的人格

人格（personality）是使一个人有别于其他人的一些相对稳定的心理特征。研究人员确定了与组织相关性很强的五大基本特征，这些特征通常被称为"大五"人格特质。情商虽然不是"大五"的一部分，但在员工人格中起着重要的作用。

"大五"人格特质

"大五"人格特质（"big five" personality traits）如图7-1所示，可以总结如下。

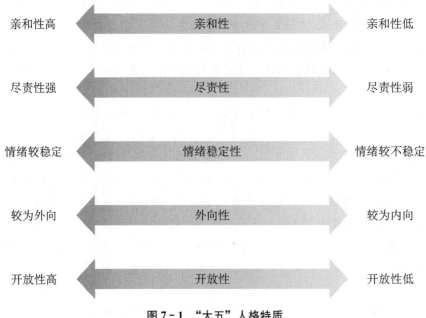

图 7-1　"大五"人格特质

• **亲和性**（agreeableness）是指一个人与他人相处的能力。亲和性高的人在与他人相处中态度温和、乐于协作、宽容大度、通情达理及亲切和蔼。亲和性低的人对待他人时通常心烦易怒、脾气暴躁、不愿协作、固执己见及常带有敌对情绪。亲和性高的人善于与同事建立良好的关系，而亲和性低的人则不大可能有很好的工作关系。

• **尽责性**（conscientiousness）指的是一个人做事井然有序、坚持不懈、值得信赖的程度。尽责性强的人倾向于在同一时间将精力集中在相对少的任务上，因此，他们做事有条理、负责任和能自律。尽责性弱的人倾向于同时进行多项工作，做事经常没有条理性，缺乏责任意识，处理工作不到位和自律能力较差。尽责性很强的人倾向于在各种不同的工作中作出相对更好的业绩。

• **情绪稳定性**（emotionality）是指人们对待他人时在表情和行为上倾向于积极还是消极的程度。情绪较稳定的人相对沉着冷静和坚韧；情绪较不稳定的人更易激动、没有安全感、被动行事和情绪易波动。情绪较稳定的人能够更好地应对工作压力，比情绪较不稳定的人更加可靠。

• **外向性**（extraversion）是指一个人对人际关系感到自在的程度。较为外向的人善于交际、热情健谈、坚定自信、乐于建立新的关系。较为内向的人则不善交际、少言寡语、犹疑不决、缺乏自信、更不愿开始新的关系。较为外向的人的工作整体表现往往优于较为内向的人，更可能被建立在人际关系基础上的工作所吸引，如销售和营销职位。

• **开放性**（openness）反映的是一个人在信念方面的开放或刻板程度。开放性高的人充满好奇心，愿意倾听新的想法，也愿意改变自己的想法、信念和态度。开放性低的人则不那么愿意接受新观点，改变心意的意愿也更低。开放性越高的人通常越灵活，能更好地被他人接受。

"大五"人格特质框架一直吸引着研究人员和管理人员的注意。这个框架的潜在价值在于它涵盖了一整套人格特质，可以作为可靠指标来预测特定情境中的特定行为。因此，管理人员若可以理解这个框架，并运用这个框架评估员工的人格特质，就能够很好地了解员工行为方式及其原因。

迈尔斯-布里格斯人格框架

迈尔斯-布里格斯人格框架（Myers-Briggs framework）也是一种用以了解组织成员人格的方法。该框架以卡尔·荣格（Carl Jung）的经典著作为基础，从四个通用维度来区分人格的不同类型。这些类型定义如下。

• 外向型（E）与内向型（I）：个性外向的人从与周围人相处过程中获取能量，而个性内向的人常因与他人相处而感到疲惫不堪，需要独处以重获能量。

• 感觉型（S）与直觉型（N）：感觉型的人偏爱具体事物，而直觉型的人更青睐抽象概念。

• 思考型（T）与情感型（F）：思考型的人多以逻辑及理性为决策基础，而情感型的人则多依赖感觉和情绪来作出决策。

• 判断型（J）与知觉型（P）：判断型的人享受结果或希望看到事情完成，而知觉型的人则享受做事的过程及开放式的境况。

若要使用这个框架，人们需要完成一份旨在衡量其在每个维度上人格特点的调查问卷。在每个维度上的得分将人们划分为 16 种不同人格类型。

迈尔斯-布里格斯人格类型指标（MBTI）是一种很受欢迎的调查问卷，一些组织用它来评估性格类型。每年有约 200 万人做这个调查问卷。研究表明，迈尔斯-布里格斯人格框架是确定沟通方式和互动偏好的一种好方法。然而，就确定人格特质而言，迈尔斯-布里格斯人格类型指标的有效性和稳定性仍受到质疑。

情商

情商是在近年才被界定的一个概念，它提供了对人格的有趣见解。**情商**（emotional intelligence/emotional quotient，EQ）指人拥有自我意识、情绪管理、自我激励、共情和拥有社交技能的程度。[4]对这些不同维度的描述如下。

• **自我意识**（self-awareness）是指一个人理解自己此时此刻如何感受的能力。一般而言，更好的自我意识使人更有效地指导自己的生活和行为。

• **情绪管理**（managing emotions）是指一个人平复内心焦虑、恐惧、愤怒的情绪，避免让这些情绪过度干扰事情的完成的能力。

• **自我激励**（motivating oneself）是指一个人面对挫折、障碍和失败时能保持乐观并且继续朝着目标奋斗的能力。

• **共情**（empathy）是指一个人即使没被明确地告知也能理解和同情他人的换位思考能力。

• **社交技能**（social skills）是指有助于一个人与他人相处并建立积极关系的能力。

初步研究表明，高情商的人会表现得更好，特别是在要求高度人际交往的工作中（如公共关系专家），以及需要影响和指导他人工作的职业中（如项目经理）。此外，情商虽不是与生俱来的，但可以加以培养。

工作中的其他人格特质

除了上述这些复杂的人格特质之外，工作中还有其他一些人格特质也可能影响组织中的员工行为。其中最为重要的是心理控制源、自我效能、威权主义、马基雅维利主义、自尊和风险倾向。

心理控制源（locus of control）是指人们相信自身行为对自身境遇产生实际影响程度的一个人格维度。[5] 比如，有些人相信努力工作就会获得成功，一个人未能取得成功是因自身能力不够或动力不足。可以说，那些认为自己能控制个人生活的人具有内在心理控制源。另一些人则认为，命运、机遇、运气或他人行为决定着自己的境遇。例如，一个人未能成功晋升，他不会觉得这是因为自己缺乏技能或业绩不佳，而会觉得自己怀才不遇或是运气不好。认为自己所经历的事情超出了自我可控范围的人具有外在心理控制源。

自我效能是与心理控制源相关但又略有区别的一种人格特质。**自我效能**（self-efficacy）是指一个人对自己完成某项任务的能力的主观判断。自我效能高的人相信自己可以很好地完成特定任务，而自我效能低的人容易怀疑自己完成特定任务的能力。个人的性格和自我评价能力都可以促进自我效能的形成。有些人比其他人更加自信，他们相信自己能够专注地、有效地完成任务。[6]

另一个重要的人格特质是**威权主义**（authoritarianism），指的是一个人对等级社会体系如各种组织中，人与人之间应具有权力和地位差异所抱有的信念程度。[7] 例如，具有高威权信念的人会接受某人的指挥或命令，仅仅因为后者是上级。而一个不具有高威权信念的人，虽然会执行上级吩咐的一些合理的命令，但是更可能会提出质疑，更容易表达不同的意见，甚至会由于某种原因而拒绝执行上级的命令。具有高威权信念的管理者会比较专制和苛刻，但是具有高威权信念的下属更易接受其上级的这种行为。而具有低威权信念的管理者会促使下属在作决策时发挥更大作用，具有低威权信念的下属会更加积极地参与决策。

马基雅维利主义（Machiavellianism）是另一个重要的人格特质。此概念根据 16 世纪意大利作家尼可罗·马基雅维利（Niccolo Machiavelli，1469—1527）命名。在他的著作《君主论》（*The Prince*）一书中，马基雅维利解释了贵族如何能够更轻而易举地获得和使用权力。如今，马基雅维利主义一词被用于描述旨在获得权力和控制他人行为的特质。研究表明，马基雅维利主义的程度因人而异。高度信奉马基雅维利主义的个体往往很理性，不会感情用事，可能愿意为达到个人目的而说谎，不是很重视忠诚和友谊，喜欢控制他人的行为。不太信奉马基雅维利主义的人更易感情用事，不愿意为了成功而撒谎，珍视忠诚和友谊，极少从控制他人中得到快感。

自尊（self-esteem）是指个人对自身价值和自身成就的自我肯定程度。高度自尊的人更可能寻求地位较高的工作，对自己达到更高业绩水平的能力更加自信，从自己所取得的成就中获得的内在满足感更大。相反，低度自尊的人更愿意从事地位较低的工作，对自身能力缺乏自信，更多关注外在奖励（指有形的、可以观察到的奖励，如加薪、升职等奖励）。在主要的人格维度中，自尊是在很多国家受到广泛研究的一个维度，有必要对自尊进行更多的研究。已发布的各项数据表明，自尊作为一种人格特质确实存在于不同的国家，且在不同文化中，自尊都在组织中发挥着相当重要的作用。

风险倾向（risk propensity）是一个人愿意冒险并作出可能有风险的决策的程度。例如，具有高风险倾向的管理者可能会尝试新想法，可能会冒险投资于新产品。他们可能引领企业走上不同寻常的新方向，可能是企业创新的催化剂，也可能作出造成不良后果的风险决策，危及组织的持续健康发展。具有低风险倾向的管理者可能导致组织安于现状和过于保守，也可能通过维持组织的平稳发展，帮助组织成功度过动荡不安、变幻莫测的时期。因此，管理者风险倾向的潜在后果很大程度上取决于组织所处的环境。

7.2.2　工作态度

人们的态度也会影响他们在组织中的行为。**态度**（attitude）反映出人们对具体观点、情境或其他人的信念和感受。态度十分重要，它是人们用以表达个人感受的机制。一名员工表态，感觉组织给他的薪酬过低，这反映了他对自己薪酬的感受。类似地，当一位管理人员说她喜欢新的广告文案时，她正在表达她对组织开展的营销活动的感受。

态度的形成

态度的形成受各种力量的影响，包括个人价值观、经历和人格。例如，如果我们看重诚实正直，那么当我们相信某位管理人员坦率诚实、品行端正时，我们就可能对他表现出很好的态度。同样，如果我们与某位同事打交道时有过负面和不愉快的经历，那我们对这个人的态度可能就会很差。任何一个"大五"人格特质或个人性格特质都可能影响我们的态度。了解态度的组成，有助于我们了解态度是如何形成的，可以如何加以改变。

态度的组成

态度通常被视为以某一特定方式对待事物的稳定的行为倾向。由于多种原因，一个人可能不喜欢某位政治人物或某家餐馆（行为倾向）。我们可以预期，他会对该候选人或该餐馆发表负面意见，不会给该候选人投票或是不在该餐厅就餐，而且是坚持抱有这种可预测的、始终如一的意向。由此看来，态度包含三个组成部分：认知，情感和意向。

认知（cognition）是一个人认为自己对于某事物所拥有的知识。你可能认为你喜欢一门课程，因为所用教材很好、上课时间合适、老师特别优秀、课业量很少。这个"知识"可能很正确、部分正确或者完全错误。例如，你可能打算投票给某个候选人，因为你认为你知道他在某些问题上的立场。在现实中，候选人对问题的思考可能与你的认知完全相同、部分相同或完全不同，这取决于候选人的诚信度，以及你对其竞选言论的理解。认知的基础是对真实情况和现实情况的认识过程，然而，正如我们在后面所指出的，认知与现实相一致的程度有所不同。

情感（affect）是指人对某件事的感受。在许多方面，情感和情绪很相似，都几乎不受意识控制。例如，大多数人对爱、恨和战争等词汇的反应反映出他们对这些词汇所传达的内容的感受。同样，你可能喜欢你班级里的某一个人，不喜欢某一个人，或对某一个人漠不关心。如果你不喜欢的课程是一门选修课，你可能不会特别重视你在课程学习过程中的参与情况，也可能不会特别看重期末成绩。但如果它是你的专业中最重要的课程，你对该课程的情感可能会使你产生相当大的焦虑。

意向（intention）引导着一个人的行为。如果你喜欢你的老师，那么你可能在下一学期还会上他讲授的其他课程。然而，意向不总是会转化为实际行为。如果下一学期这位老师的课程安排在上午 8 点，那你可能认为选择另一位老师的课一样很好。某些态度及其相应的意向，对某一个人比对其他人更加重要。你可能本打算做某一件事情（去上某一门课程），但后来因为某个更重要的态度（喜欢晚睡）而改变了初衷。

认知失调

在两组认知相互对立或不一致时，人们经受一定程度的冲突和焦虑，产生**认知失调**（cognitive dissonance）。当人们的行为与态度不一致时，也会发生认知失调。例如，某个人可能知道吸烟和暴饮暴食是有害的，但还会这样做。因为态度和行为不一致，所以可能经历一定程度的紧张和不适，并且可能通过改变态度、改变行为或改善环境去尝试减轻这些感觉。例如，暴饮暴食造成的认知失调，可以通过不断地决定要在"下周"进行节食来解决。认知失调以多种方式影响着人们。我们经常遇到态度与行为相冲突的情况。减少认知失调是我们处理这些紧张和不适的方式。在组织中，考虑离开组织的人可能想知道为什么要继续留下并努力工作。由于这种认知失调，他们可能会得出结论，公司还没有那么令人不满意，而且他们也没有其他备选，否则他们将"很快"离开公司。

关键的工作态度

在一个组织中，人们会形成对很多不同事物的态度。员工可能会形成对薪酬、晋升机会、老板、员工福利等的态度。关键的工作态度是工作满意度和组织承诺。

• **工作满意度**（job satisfaction）反映的是人们对自己的工作抱有积极态度的程度。（一些人使用"士气"来代替"工作满意度"。）对工作很满意的员工往往很少缺勤，会争做一名好的组织公民，并与组织共进退。对工作不满意的员工可能频繁缺勤，可能感受到压力并干扰其他同事，他也可能会不断地寻找其他工作。然而，与常识和许多管理人员的看法不同，提高工作满意度未必能使生产率得到提高。

• **组织承诺**（organizational commitment），有时也称为工作承诺，它反映了个人对组织及其使命的认同程度。具有高组织承诺的员工，即敬业程度高的人，很可能会把自己看作公司的真正成员（例如，用第一人称指所在组织，"我们生产高质量的产品"），忽略对细微之处的不满，仍然将自己视为组织的一员。具有低组织承诺的员工，即敬业程度低的人，很可能将自己视作局外人（比如，用第三人称指所在组织，"他们给员工的薪酬待遇不好"），表现出更多的不满，将自己视为组织的非长期成员。

管理者可以采取以下方法提升员工的工作满意度及组织承诺。首先，公平地对待员工，给他们提供公平的劳动报酬和工作保障。其次，允许员工对怎样完成工作具有发言权，这样做也可以改善员工的工作态度。最后，设计出能够激发员工热情的工作。还有一个关键方法是理解和尊重专家所谓的心理契约，我们将会在下一节进行讨论。

➡ 7.3 员工与工作的匹配

鉴于员工个体之间存在差异，以及他们在组织中表现出不同的行为方式，将员工与其所执行的工作适度匹配起来至关重要。两种主要方法有助于理解如何更好地认识这种匹配：心理契约和人岗匹配。

7.3.1 心理契约

心理契约（psychological contract）是由员工和组织所持有的、关于员工将作出怎样贡献以及组织会给予员工什么回馈的一系列期望。与商业契约不同，心理契约不是书面的，它的所有条款也并不是经过明确谈判形成的。[8]

图7-2表明了心理契约的本质：个人为组织作出各种各样的贡献，如努力、能力、忠诚、技术和时间。这些贡献履行了合约下的义务。比如，吉尔·亨德森（Jill Henderson）是嘉信理财（Charles Schwab）一家分公司的经理，她运用自己所掌握的金融市场和投资机会方面的知识帮助客户作出盈利的投资。她的金融 MBA 学位再加上勤奋工作和积极主动的态度，使她成为公司里最有前途的年轻经理之一。公司在聘用她时便相信她具有这些特质，并期望她能以此对公司的成功有所贡献。

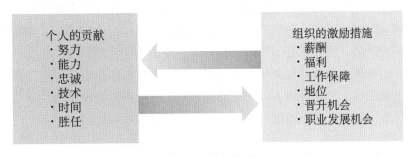

图7-2　心理契约

作为对这些贡献的回报，组织给个人提供有吸引力的待遇，借此履行心理契约中的相应义务。激励措施如薪酬和职业发展机会是有形的报酬；工作保障和地位则是无形的报酬。吉尔·亨德森初入嘉信理财时的薪酬很具有竞争力，并且在她任职的六年中每年都会有所提高。其间，她两次升职，并有望再一次晋升。

在这个例子中，亨德森和嘉信理财都认为心理契约是公平的。双方都对这种关系感到非常满意，并尽己所能将此关系延续下去。亨德森可能会继续努力高效地工作，而嘉信理财可能会继续给她加薪、提供进一步晋升的机会。然而，在其他情况下，事情的发展可能不会如此顺利。任何一方如果认为契约存在不公平之处，就会想有所调整。员工可能要求加薪或者得到晋升，不再努力工作，或寻找更好的工作。组织也可能通过培训员工以提高其技能，将其调到其他岗位或解雇，从而调整契约关系。

所有的组织都面临管理心理契约的基本挑战。它们要从员工那里获取价值，同时也需要适当给员工提供有吸引力的待遇。例如，薪酬过低的员工可能表现很差，或者另谋高就。员工甚至可能从公司那里窃取财物，以此作为维持心理契约平衡的一种方法。

当一个组织开始精简或裁员时，管理心理契约的过程可能会变得更加复杂。例如，许多组织曾经提供永久性工作，作为吸引员工的基本激励措施。然而，如今提供永久性工作已不太可能，因此可能需要其他有吸引力的措施。在新形式的激励措施中，提供额外的培训机会、增加工作时间的灵活性正在一些公司中发挥作用。

7.3.2　人岗匹配

人岗匹配（person-job fit）是指个人贡献和组织激励措施之间的契合程度。员工的贡献与组织提供的激励相契合时便是恰当的人岗匹配。理论上，每个员工都有需要得到满足的一些特殊需求以及应当贡献给组织的一些与职位相关的行为和能力。如果组织能利用这些行为和能力并满足员工的需求，就达到了完美的人岗匹配，从而获得更高的绩效和员工更积极的态度。倘若人岗匹配不当，则适得其反。

➡ 7.4　激励的基本概念和理论

广义上，**激励**（motivation）是指促使人们按照一定方式行事的作用力集合。一名工人受到激励后，可能尽可能多地生产产品，而另一位工人在受到激励后，则可能仅生产数量刚达到要求的产品。管理者必须了解这些行为之间的差别及其原因。

多年来，一些理论和研究致力于解决这些问题。本节概括介绍关于员工激励的主要研究和理论，主要聚焦于工作场所人际关系的三种理论：古典激励理论和科学管理、早期行为理论和当代激励理论。这些理论反映了这一领域的基本发展过程。

7.4.1　古典激励理论

根据**古典激励理论**（classical theory of motivation），员工完全受金钱的激励。在 1911 年出版的《科学管理原理》（*The Principles of Scientific Management*）一书中，工业工程师弗雷德里克·泰勒（Frederick Taylor）提出了一种激励方式，公司和员工都能从中受益。泰勒认为，如果员工受金钱的激励，那么根据他们的产量（例如，采用计件工资制，1 件成品付 1 美元）支付他们更多工资，会促使他们生产出更多的产品。同时，对工作岗位进行分析研究，并找到有效方法来完成这些工作，这样企业将比其竞争对手生产出成本更低的产品，赚取更高的利润，支付给工人更高的薪酬，更有效地激励工人。

泰勒提出的这个理论被称为科学管理理论。在 20 世纪初期，许多管理者受到这一思想的启发，开始践行他的理论，美国各地的生产厂商开始聘用专家进行工时研究。每项工作的方方面面都采用工业工程技术来确定最行之有效的作业方法。这些研究是首次将工作分解为容易复制的步骤并设计更有效的执行工具和机械的科学尝试。[9] 泰勒的两个同事，弗兰克·吉尔布雷斯（Frank Gilbreth）和莉莲·吉尔布雷斯（Lillian Gilbreth）撰写了深受欢迎的一本书——《儿女一箩筐》（*Cheaper by the Dozen*），解释他们如何应用科学管理方法来管理他们的大家庭。这本书后来还被改编成了电影。

7.4.2　早期行为理论

1925 年，哈佛大学的研究者在芝加哥市西部电气公司（Western Electric）旗下的霍桑工厂（Hawthorne Works）进行了一项着眼于提高生产率的研究。他们想通过实验，检验物理环境的变动与工人产出之间的关系。

实验的结果非常出乎意料。例如，提高照明强度能够提高生产率，然而出于某种原因，降低照明强度亦可提高生产率。而且，与预期相反，提高薪酬并没有提高生产率。研究人员逐渐解开了这个谜团，答案就在于工人对于他们所受关注程度的反应。研究人员得出的结论是：几乎任何在工人看来是特殊关注的管理行为，都会提高生产率。这一发现被称为**霍桑效应**（Hawthorne effect），对人际关系理论产生了重大影响，即使在很多情况下，它仅用于说服管理者更多关注员工。

霍桑实验之后，管理者和研究者同样更加关注良好人际关系在激励员工时的重要性。通过强调那些引发、重视和支持员工行为的因素，大多数激励理论开始关注管理者看待和对待员工的方式。主要的激励理论包括人力资源模型、需要层次理论和双因素理论。[9]

人力资源模型：X 理论和 Y 理论

行为科学家道格拉斯·麦格雷戈（Douglas McGregor）在其著作中指出，对于如何最好地利用企业雇用的人力资源，不同管理者所持观点是根本不同的。他认为这些不同的观点代表了两种有关工作中员工行为的截然不同的观点。他将这些观点分为两套假设——X 理论和 Y 理论。两种理论的区别如表 7 - 1 所示。

表 7 - 1　X 理论和 Y 理论的区别

X 理论	Y 理论
员工很懒惰	员工精力充沛
员工缺乏上进心，不喜欢承担责任	员工有进取心，并主动承担责任
员工以自我为中心	员工可以是无私的
员工抗拒改变	员工想对企业的成长和改变有所贡献
员工易受骗，并不聪明	员工具有聪明才智

赞同 **X 理论**（Theory X）的管理者倾向于相信，人天生就是懒惰和不愿与人合作的，必须通过惩戒或者奖励来促使其增加产出。赞同 **Y 理论**（Theory Y）的管理者倾向于相信，人天生就精力充沛，想要成长，能够自我激励，并渴望工作富有成效。

麦格雷戈认为，践行 Y 理论的管理者更可能拥有心满意足和工作积极的员工。X 理论和 Y 理论的界限过于简单，并没有为解释员工行为打下坚实的基础。该模型的价值主要在于它能够根据管理者对待员工的态度来强调和区分管理者的行为方式。

需要层次理论

心理学家亚伯拉罕·马斯洛（Abraham Maslow）的**需要层次模型**（hierarchy of human needs model）提出，人们在工作中试图满足几种不同的需要。马斯洛将这些需要划分为五大类，并将其按照重要性加以排列，如图 7 - 3 所示。按照马斯洛的理论，需要是分等级的，人们在试图满足高层次的需要之前，必须满足低层次的需要。

一种需要一旦得到满足，将不再具有激励行为的作用。例如，如果你得到了工作保

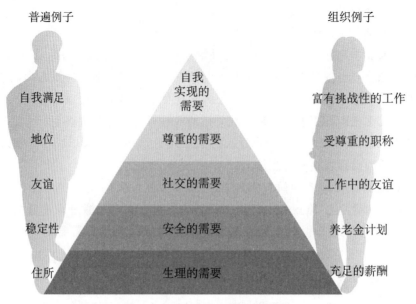

普遍例子   组织例子

自我满足   自我
                          实现的   富有挑战性的工作
                           需要

地位   尊重的需要   受尊重的职称

友谊   社交的需要   工作中的友谊

稳定性   安全的需要   养老金计划

住所   生理的需要   充足的薪酬

图 7 - 3 马斯洛的需要层次理论

障，即你的安全需要得到满足，那么对你而言，获得更多安全保障的额外机会（比如被委派去做一个长期项目），与满足社交或尊重的需要的机会相比（诸如与指导者共事或者成为咨询委员会成员等），可能就没那么重要了。

然而，如果低层次的需要突然得不到满足，那么大多数人会立即转向去满足这个低层次的需要。例如，假设你作为一个大型公司的部门经理正在寻求尊重的需要的满足。如果你得知你将因为部门被裁掉而失业，那么新公司提供工作保障的承诺对你来说就是一种激励，此刻它就如同你在原公司曾经所得到的晋升一样。

双因素理论

在对一组会计师和工程师进行研究后，心理学家弗雷德里克·赫茨伯格（Frederick Herzberg）得出如下结论：工作满意度和不满意度取决于两种因素，一种为保健因素，如工作条件；另一种为激励因素，如对出色完成工作的认可。

根据赫茨伯格的**双因素理论**（two-factor theory），只有当保健因素不存在或者不能满足预期时，它才会影响激励效果和满意度。例如，如果工人认为他们的工作条件很差，他们就会不满意。然而，如果工作条件得到改善，他们不会理所当然地变得更满意，而仅仅是不会感到不满意。如果工人得不到对圆满完成工作的认可，那么他们可能既不感到满意也不感到不满意。但如果得到认可，他们就可能变得更加满意。

图 7 - 4 举例说明了双因素理论。值得注意的是，激励因素存在于从没有满意到满意这一连续体中，保健因素存在于从不满意到没有不满意的连续体中。激励因素与员工所执行的工作直接相关，而保健因素与员工所处的工作环境相关。

这一理论表明管理者必须采取两个步骤来加强激励效果。首先，必须确保保健因素，如工作条件或者明确的政策是可以接受的，这会确保员工不会感到不满意。然后，必须提供激励因素，如对员工予以认可或者委以重任，作为提高满意度和激励效果的一种方式。

图7-4 激励的双因素理论

有关其他重要需要的理论

上述讨论的每个理论都是在具体框架内阐述相互关联的几组重要的个人需要。麦克利兰（McClelland）的习得需要理论假定有三个其他需要，即对成就、归属和权力的需要。大多数人对作为独立概念的这三个需要更为熟知，而不是理论本身。

成就需要（need for achievement）来自实现目标或是尽可能有效地完成任务的个人欲望。[10]具有高成就需要的人，往往设定具有一定难度的目标，并作出具有适度风险的决定。高成就需要者也会希望他们的表现能够得到即时具体的反馈。他们在完成任务之后想尽快知道自己的完成情况。因此，高成就需要者常常从事销售工作，这使他们可以从客户那里得到最直接的反馈，并避免研究和开发之类的工作，因为此类工作取得切实进展较慢，且反馈的间隔时间更长。全身心投入工作是高成就需要者的另一个特点。在去公司的路上、吃午餐的时候以及在回家的路上，他们都会思考与工作相关的事情。他们发现自己很难把工作放在一边。当项目已经部分完成但必须停工时，他们会产生挫败感。高成就需要者往往会为了完成工作承担个人责任。他们经常自愿承担额外工作任务，不愿将一部分工作委托给别人。因此，在没有他人帮助的情况下，他们所做的工作要比同事更多，并由此产生一种成就感。

许多人也有**归属需要**（need for affiliation），即需要他人的陪伴。[11]研究人员发现具有高归属需要的人与具有低归属需要的人在几个方面有所不同。高归属需要者常常希望得到他人的安慰和赞成，通常真正关心他人的感受。他们可能会按照他们强烈认同并想与之发展友情的人的希望去做事或思考。因此，有强烈归属需要的人经常选择需要更多人际接触的岗位工作，如销售和教学岗位。

权力需要（need for power），即控制个人所处环境的欲望，包括对财务、物资、信息和人力资源的控制欲望。[12]在这个维度上，人们的差别很大。一些人花费大量的时间和精力谋求权力；另一些人则尽可能地避开权力。如果能满足三个条件，高权力需要者就可以成为成功的管理者。第一，寻求权力的目的必须是把组织变得更好而不是得到更多的个人利益。第二，必须有相当低的归属需要，因为满足个人的权力需要可能意味着要在工作场所中适当疏远他人。第三，需要拥有足够的自我控制力，当权力威胁或干扰有效的组织关系或人际关系时，能够凭借自我控制力遏制对权力的欲望。[13]

创业和新企业　　　　　　　　　　　**重振旗鼓**

"创业者"定义的核心是愿意承担风险。创业者会用自己的财富和名誉去冒险，希望获得可观的回报。白手起家的成功故事耳熟能详，但是我们往往忘记，许多创业者实际上都有窘迫的开始。正如亨利·福特曾说："失败只是更明智地开始的机会。"

索菲亚·阿莫鲁索（Sophia Amoruso）一开始在 eBay 上卖古着服装，并围绕这种酷炫、略带粗犷的风格建立了被她称为"nasty girl"（坏女孩）的客户群。2014 年，Nasty Girl 在洛杉矶市开了一家实体店，2015 年又在圣莫尼卡市开了一家。《福布斯》杂志预测，其当年的总销售额超过 3 亿美元。此外，该杂志还将阿莫鲁索列入美国最富有的白手起家女性名单。但是，公司发展在获得成功的同时也面临着挑战。

2015 年，该公司面临一系列诉讼，原告包括在休产假前被解雇的女性员工，以及因肾病休假五周后被解雇的员工。除了员工问题，该公司还因债务和管理成本而出现资金周转不灵，并耗尽了最初的风险投资基金。没有源源不断的资金投入，公司销售额逐渐下降，一度盈利的公司很快就破产了。2016 年底，Nasty Girl 破产，阿莫鲁索也失业了。

有相当数量的研究记录了失败在创业成长和成功中的作用。经历过失败的企业家如果过于关注自己的失败，可能会感到气馁和缺乏效率。当然，一个人如果要从失败中吸取教训，一定程度的分析和反省是必不可少的。事实上，山川（Yamakawa）、彭（Peng）和迪兹（Deeds）的研究建议企业家不要过多关注外部环境或运气的作用，并建议他们利用这样的机会去学习。企业家必须在失败后振作起来，对新企业作出更明智、更有见地的选择。[14]

阿莫鲁索虽然经历了创业失败、破产，但她已经华丽转身，投入新的事业。她正在利用自己的经验，启发女性企业家积蓄力量和激发灵感。对于阿莫鲁索来说，成功可能指日可待。

7.4.3　当代激励理论

近年来出现了一些更为复杂的员工行为和激励理论。[15]其中两种较为有趣和有用的理论是期望理论和公平理论。

期望理论

期望理论（expectancy theory）认为人们工作的动机是他们想要的奖励，而且他们相信会有一个合理的机会或者期望去获得这个奖励。遥不可及的奖励可能不那么让人期待，即使它本质上是积极的。图 7-5 根据员工个人可能会考虑的问题阐述了期望理论。

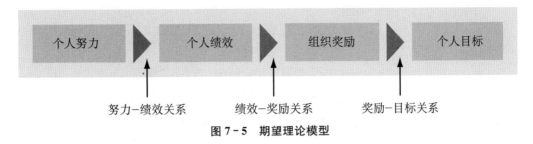

图 7-5 期望理论模型

考虑以下案例：一位部门经理助理得知，组织内一个比她高三个级别的部门经理退休后，公司要填补空缺。因为她认为很可能不会轮到她，所以即使她想要得到这份工作，也未提出申请。在这种情况下，她考虑的是绩效-奖励关系：她认为她的绩效不足以让她得到这个职位。同时她得知公司正在招聘一个夜班的生产经理。她认为她能得到这份工作，但她也没有申请，因为她不想上夜班（奖励-目标关系）。最终，她了解到本部门有一个比她高一级的职位空缺——部门经理。她很可能会申请此职位，因为她想要得到这个职位，而且得到这个职位的可能性也很大。对这三方面问题的全面考虑，使她产生了一个能够达到目标的期望。

期望理论有助于解释为什么薪酬仅取决于工龄的人可能不会尽全力工作。无论员工是努力工作，还是仅按最低要求工作，企业都给员工支付相同的薪酬，对于员工来说，这种做法使金钱丧失了激励他们努力工作的作用。换句话说，他们可能自问："如果工作更努力，我的薪酬会增加吗？"（绩效-奖励关系）而答案是不会。同理，如果努力工作带来的是不想要的结果，例如，调往其他区域或者晋升到要求经常出差的职位（奖励-目标关系），则员工将没有动力努力工作。

公平理论

公平理论（equity theory）侧重于社会比较，人们参照其他人的待遇来评估组织给予自己的待遇。该理论认为，人们将自己对组织的个人投入（在时间、努力、教育和经验等方面对组织作出的贡献）与自己从组织获得的个人产出（组织给自己的回报，如薪酬、福利、认可和安全保障）进行对比分析，结果就是贡献（投入）与回报（产出）的比率。这一比较类似于心理契约。然后，他们将自己的比率与其他人进行比较，他们就会产生公平或者不公平的感觉。图 7-6 阐述了三种可能结果。

例如，一个大学应届毕业生在一家大型制造企业开始了他的职业生涯。其起薪为每年 65 000 美元，他得到了一辆很便宜的公司配车，并与另一位新员工合配一个助理。如果他稍后得知，该新员工得到了相同的薪酬、公司配车及人员安排，他会感觉受到了公平的对待（图 7-6 中的结果 1）。然而，如果该新员工的薪酬为 75 000 美元、得到一辆更贵的公司配车，并且单独配有一个私人助理，他可能会感觉受到了不公平的对待（图 7-6 中的结果 2）。

值得注意的是，一个人感觉被公平对待不是指比率一定要相等，而是只要公平即可。例如，假设上述应届毕业生是本科学历，有两年工作经验。随后他了解到，那名新员工有更高的学历、十年工作经验。一开始他感觉不公平，但可能最后得出结论，他参照的对象

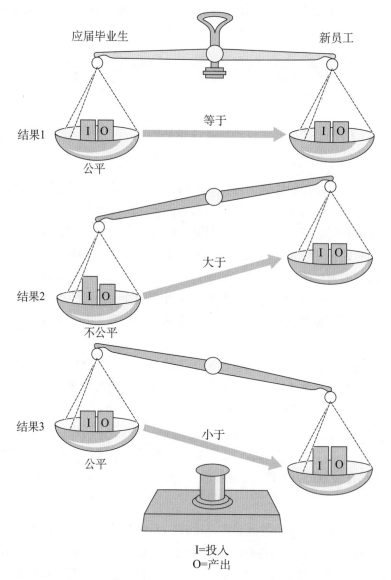

I=投入
O=产出

图 7-6　公平理论：可能的结果

事实上对组织的贡献更大（基于更高的学历和更多的工作经验）。因此，那名新员工理应得到更多的回报（图 7-6 中的结果 3）。

当人们感觉被不公平对待时，他们可能作出各种举动以要求公平。例如，他们可能就不公平待遇向老板反映，或者可能要求加薪，降低努力程度，缩短工作时间，或者仅仅向同事抱怨。他们也可能自我寻求合理化解释（"管理层迫于压力要提拔一位员工"），与不同的人进行比较或者离职。

7.5　增强员工激励的策略和技巧

理解什么能够激励员工仅仅是管理者工作的一部分，管理者还需要付诸实践。专家们提出了一系列旨在提高工作趣味性和回报率的方案，许多公司也已开始执行，以使工作环境更加怡人，使员工更加努力地工作。

7.5.1 强化/行为修正

一些管理者尝试通过对特定行为进行系统的奖惩来控制员工行为。这些管理者首先定义了他们期望员工表现出的一些具体行为（如努力工作、对顾客有礼貌、重视质量）和他们想消除的一些具体行为（如浪费时间、对顾客粗鲁和忽视质量）。然后，他们尝试把正向的强化与期望员工表现出的行为联系起来，而把不希望出现的行为与惩罚挂钩，以此来塑造员工行为。

当员工表现出期望的行为时，公司或管理者会给予奖励，此谓**正强化**（positive enforcement）。当奖励与表现直接挂钩时，奖励就起到正强化的作用。例如，对超额完成计划的销售人员给予大量的现金奖励，会激励他们在下一季度更加努力地工作。约翰迪尔公司（John Deere）采用了一种基于正强化的奖励体系。当员工完成大学课程或证明自己掌握了新工作技能时，公司会给他们加薪。

当员工表现出不被期望的行为时，**惩罚**（punishment）会给他们带来不愉快的后果以改变其行为。例如，经常上班迟到的员工可能会被停职或者降薪。类似地，当美国国家橄榄球联盟（National Football League）或者美国职业棒球大联盟（Major League Baseball）对涉嫌滥用药物的球员进行处罚或停赛时，它们就是在寻求有效途径来改变球员的行为。

人们观察他人行为，认识到这些行为的后果，进而改变自己的行为，这就是所谓的**社会学习**（social learning）。通过观察他人或观看录像，一个人可以学习如何做好一项新工作。例如，某个员工看见老板严厉批评迟到的同事，可能就会学着避免迟到。此外，社会学习理论表明，个人行为是由个人认知和社会环境决定的。更具体地说，社会学习理论认为，人的学习行为和态度至少在一定程度上是为了回应他人对自己的期望。

7.5.2 使用目标来激励行为

绩效目标也经常被用来引导和激励行为。**目标管理**（management by objectives，MBO）是组织中自上而下进行协同目标设定的系统。目标管理涉及管理者及其下属进行目标设定以及进度评估。项目启动后，组织具体设定总体目标和计划，然后由管理者与各个下属协同合作，设置会对组织目标起到最佳促进作用的个人目标。管理者定期召开会议，监督个人目标的进展，通常每年进行一次目标完成进度的评估，并在此基础上开始下一个目标管理的循环。

按照许多专家的说法，目标管理的最大优势在于激励效应。当员工和经理坐在一起设定接下来的目标时，他们能更多地了解公司的目标，感到自己是团队中重要的一员，并看到他们如何通过实现自己的个人目标来改善公司业绩。如果目标管理系统得到合理使用，那么员工在会后不仅能了解自己所作贡献的价值，还能知道自己可以得到公平的报酬。他们也应该接受并致力于实现他们为自己设定的难度适中的具体目标。[16]

不只是薪酬

《财富》杂志将谷歌评为"2017 年最佳工作场所"，这是谷歌 11 年来第 8 次，也是连续第 6 次上榜，上榜的理由包括免费美食、理发和洗衣服务等额外福利。公司采取了更好的分析方法来提高员工满意度和工作效率，提供丰厚的医疗福利和公平的薪酬，还组建了员工资源小组。[17]

更令人惊讶的是榜单上的第 2 名和第 3 名。韦格曼斯食品超市（Wegmans Food Markets）凭借大家庭式的工作环境排名第 2。公司的使命陈述是："我们是一家使命驱动、以价值观为基础、大家庭式的企业。我们不仅仅是一家超市，还要通过提高食品质量，帮助人们过上更健康、更美好的生活。我们拥有富有爱心、知识渊博的员工，为顾客提供超预期的优质服务和宾至如归的氛围，使顾客能够享受到独一无二的购物体验。"

该公司是一家私人控股公司，总部位于纽约州罗切斯特市，在纽约州以及马里兰州、马萨诸塞州、宾夕法尼亚州和华盛顿特区等地区设有门店，截至 2016 年底，该公司在美国的门店数量接近 120 家，拥有超过 46 800 名员工。韦格曼斯关注家庭的举措包括灵活的工作时间安排、健康倡议、员工援助计划、奖学金、母婴室，还有很大的医疗保健覆盖范围。该公司正在寻找与公司使命价值观匹配的员工，即对食物和优质服务充满热情的人。此外，该公司还在寻找能够通过"开放日""碰头会""焦点小组"和其他公开沟通方式（包括与运营高级副总裁的问答博客）参与持续改进过程的员工。[18]

第 3 名是一家管理咨询公司——波士顿咨询集团（BCG），其号称"世界领先的企业战略顾问"。之所以令人惊讶，是因为商业咨询的工作环境通常压力极大，但 BCG 做了一些正确的事情。BCG 被认为是在职父母、亚裔美国人和应届毕业生的最佳工作场所，并以多元化为荣，在公司内部提供一系列多元化和包容性网络，并将多元化作为一项核心价值和企业成功战略。BCG 的员工享有优厚的医疗保险，自付金额极低。此外，公司还提供大量的培训机会、师徒式指导、在职教练式指导以及其他个人和专业发展工具与机会。[19]此外，公司还提供远程办公的选择，90% 的员工都采用灵活的工作时间制。[20]

7.5.3　参与式管理与授权

在**参与式管理与授权**（participative management and empowerment）中，员工对于如何做好自己的本职工作以及如何管理公司拥有发言权，他们得到授权，对自己的绩效承担更多的责任。参与式管理与授权通常使员工更加坚定地去努力实现由他们辅助制定的组织目标。

参与式管理与授权可以用于大企业或小企业的管理者和运营人员。例如，通用电气公司曾经要求任何超过 5 000 美元的支出都需要得到上级的批准，而管理者现在对高达 50 000 美元的支出拥有自主决策权。亚当制帽公司（Adam Hat Company）是一家制作男装、军帽和牛仔帽的小公司，其工人以前必须将所有产品质量问题上报给主管，而现在拥有一定的自主权，可以自己设法解决问题，甚至可以将产品返回给对此负有责任的工人。

谷歌和3M公司都允许员工在正常工作职责之外，将一定的工作时间用于尝试新想法。只要员工履行了工作职责，并且一直表现很好，奈飞允许他们享受自由的假期。

尽管一些员工能够从容应对参与式管理与授权项目中的相关工作，但是这类项目并不适合所有的员工。当员工不具备担当某项重任的能力时，他们可能会产生挫败感。此外，员工如果将参与项目的邀请视为象征性的而非实质性的，可能就会感到不满意。大多数专家认为，只有当员工真正想参与并且他们的参与对组织有真正的价值时，才应该邀请他们参与管理。

7.5.4　工作团队与团队结构

我们已经注意到，组织中团队形式的使用日益增多。一些公司从团队中获得的一个益处是对在团队中工作的员工的激励效果有所增强，他们的工作满意度有所提高。尽管团队形式在传统的、结构僵化的官僚组织中通常效率低下，但其有助于那些更小、更灵活的组织更快、更有效地作出决策，加强公司上下级的沟通，以及使员工感到自己是组织的一员。反过来，这也会带来更高的员工激励和工作满意度。[21]

但是管理者应该牢记，团队形式并不适用于所有公司。例如，李维斯在尝试使用团队形式时曾经遇到大麻烦。以前，各个工人所做的都是重复性的高度专业化工作，如缝制牛仔裤拉链，公司按照工人每天完成的工作量支付薪酬。为了增加产量，公司管理层将工人组成10～35人的团队，然后给整个团队分配任务。每个团队成员的薪酬由团队的生产效率水平决定。然而，由于工作效率较低的员工减少了团队的总产量，工作效率较高的员工开始感到不满。同时，前者也因为后者给自己施加的压力而感到不满。结果就是，员工的积极性、满足感和工作满意度都降低了，最终，李维斯放弃了团队形式。

7.5.5　工作丰富化和工作再设计

目标设定和目标管理以及授权，能够在各种各样的环境中发挥作用，而工作丰富化和工作再设计通常用于那些显著缺乏激励因素的工作，以增加员工的满足感。

工作丰富化项目

工作丰富化（job enrichment）旨在为工作岗位的各项活动增加一种或多种激励因素。例如，岗位轮换计划通过让员工在公司内部的各种岗位之间轮换，来增加他们的成长机会。员工不仅获得了新的技能，也增强了对工作和公司的整体认知。其他的项目侧重于增加员工的责任感或认同感。例如，在美国联合航空公司，机组成员对自己的日程安排有更多的控制权。在给机组成员分配任务时，机组服务管理人员被给予更多的责任和权力，使得他们的工作更加丰富化。

工作再设计项目

工作再设计（job redesign）的依据是不同的人希望从工作中获得不同的东西。工作再设计通过对工作进行重组，达到员工和岗位之间更令人满意的匹配，进而激励强烈渴望职业生涯获得成长或成就的人。工作再设计经常通过以下三种方式得以实施：任务合并、形成自然的工作团队，以及建立客户关系。

任务合并　要求扩大工作范围和增加工作多样性，使员工感觉他们的工作更有意义，由此更受激励。例如，可以将维护电脑系统的程序员所做的工作进行再设计，增加一些系统设计和系统开发的工作。在习得额外技能的同时，程序员可以参与整个系统的开发。

形成自然的工作团队　在同一项目中各司其职的成员是形成自然的工作团队的人选。这类团队的形成可以帮助员工认识到自己的岗位在整个公司结构中的地位和重要性。因为参与某个项目工作的人通常是最专业、最有能力解决问题的人，所以，对于管理层而言，他们是难能可贵的。

建立客户关系　要与客户建立关系，这意味着让员工与客户相互影响以增加工作多样性，以此给予员工更强烈的控制感，获得更多的绩效反馈。例如，微软的软件编程师观察测试用户对程序的使用，直接与其讨论问题，而不是从第三方调查者那里获得反馈。

7.5.6　变更工作时间和可替代办公场所

许多公司正在尝试采用**变更工作时间**（modified work schedule），对工作时间和工作周进行不同的安排，以提高工作满意度。最常见的两种变更工作时间的形式是工作共享制和弹性工作制。另一个与之相关的方法是可替代办公场所。[22]

工作共享制

在办公家具生产商 Steelcase 的营销部，两位非常有才华的女士只想成为兼职人员。解决这一问题的方案是：两人共享一份全职工作，每人每周工作 2.5 天，互相协作以便出色地完成工作。该公司不止一名员工说：被称为**工作共享**（work sharing）或者**岗位共享**（job sharing）的这一实践，"使我们的生活返璞归真"。

员工和雇主通常都能从工作共享中受益。员工往往感激组织对自己个人需求的关注，同时公司能够降低人员流动率，节约成本。其消极的一面是，相比于全职工作的同事，共享工作的员工可能获得的收入更少，也有可能在公司裁员时首当其冲。

弹性工作制和可替代办公场所策略

弹性工作制（flextime programs）使得员工能在每日或者每周通过调整标准工作时间表来选择自己的工作时间。也就是说，只要员工满足一定的要求，他们就可以选择自己的工作时间。在某些情况下，只要员工能完成工作，企业就允许他们在工作时间上拥有完全的自行决定权。企业也可能允许员工有一些选择权，但也有一定的工作时间要求。例如，Steelcase 对所有员工都采用弹性工作制，但要求他们在一定的核心工作时间内在公司工作。这种做法可以让每个人在一天的特定时间内能够联系到同事。员工可以决定是提前上班和提前下班（早上 6：00 至下午 2：00 或早上 7：00 至下午 3：00），还是晚些时间上下班（上午 9：00 至下午 5：00 或上午 10：00 至下午 6：00），以达到标准 8 小时工作日的时间。

另外一种做法是，公司允许员工自行选择每周上班 4 天、5 天或 6 天。例如，有些员工可能选择星期一至星期四上班，一些人可能选择星期二至星期五上班。这样每周 4 个工作日、每天工作 10 小时，员工仍能够完成每周 40 小时的工作时间。

可替代办公场所

在美国，通过远程办公完成大部分工作的员工数量激增。**远程办公/远程工作**（tele-commuting/teleworking）是指在传统的办公室环境之外的其他场所完成部分或全部工作的工作方式。在配备有个人电脑、高速网络以及公司内网接口的家庭办公室，远程办公者可以与办公室发生的一切同步。在美国，几乎 80% 的白领和其他专业工作者至少有部分工作是在办公室以外的其他场所完成的。专家还估计，这些员工中有 5% 以上完全在家或者其他远离办公室的场所工作。

变更工作时间和可替代办公场所的优势和劣势

弹性工作制给予员工在职业生涯和个人生活中更多的自由，使员工可以按照配偶的工作时间和年幼孩子的上学时间来安排自己的工作。研究表明，自由感和支配感的增加能够减少压力，提高个人的工作效率。

公司也会因此在其他方面受益。例如，在城市，这类计划可以减少交通拥挤及类似问题，有助于减轻员工的压力，节省时间。此外，雇主将受益于更高程度的组织承诺和工作满意度。恒康保险公司（John Hancock Insurance）、壳牌和大都会人寿保险公司（Metro-politan Life）都是成功采用弹性工作制的美国公司。

与之相反，由于人们按照不同的时间安排来工作，弹性工作制使协调变得复杂化。除此之外，如果按工作时长来支付员工的薪酬，则弹性工作制使雇主更难准确记录员工的实际工作时长。

至于远程办公，这一方案可能不适用于所有人。例如，咨询专家吉尔·戈登（Gil Gordon）指出，远程办公对有些人极富吸引力，因为他们不用刮胡须，不用化妆，还可以舒适地穿着睡衣工作。但并不是所有人都能做到自律，可以在没有监督的情况下在家努力工作。而其他一些人会怀念工作场所的社会互动。一项研究表明，尽管远程办公可能会提高工作满意度，但是那些有强烈晋升志向的人可能会错过在日常工作中建立人际关系网以及与管理层互动的机会。

远程办公的另一障碍是，如何使管理者相信它对所有相关人员都是有益的。远程办公人员可能不得不与老板和同事的看法作斗争，因为后者认为，在没有受到监督的情况下，远程办公员工就没有在工作。一位资深咨询师指出，管理者对此情况也很纠结。他们经常会问："如果我看不到他们，我怎么能够确定他们正在工作呢？"但是，他补充道，这是建立在"如果你可以看到他们，那么他们就在工作"这一荒谬的假设基础之上。大多数专家同意，明确的期望、再教育和持续的沟通是一个成功的远程办公计划的必备条件。管理者和员工必须事先确定期望实现的结果。

正如我们在本章中已经阐述的，员工行为和激励是管理者需要理解的重要概念。它们也是管理者需要认真考虑的一个复杂过程。例如，没有全面考虑所有因素就仓促地激励员工更加努力地工作，可能适得其反。但是，管理人员只要确实花时间去了解与自己共事的员工，就能更好地理解他们在努力做的事情。影响员工行为的另一个重要因素是领导力，这是我们下一章要探讨的主题。

问题与练习

复习题

1. 请描述"大五"人格特质，并说明这些特质如何影响员工行为。

2. 态度的三个组成部分是什么？对每一部分进行详细阐述。

3. 描述提高员工积极性的几种策略和技巧，并加以举例说明。

4. 列出参与式管理与授权的优点和缺点。

分析题

1. 什么是心理契约？描述目前或者过去你与雇主之间存在的心理契约，或者描述你与本门课程任课教师之间的心理契约。

2. 你认为大多数人对自己的工作是相对满意还是不满意？你认为导致这种满意或者不满意的最重要因素是什么？

3. 从你的个人贡献和组织的激励措施这两个方面描述一下你最近的工作。

4. 对于一个从事简单的常规工作的员工，如果他想在工作中接受更多的挑战，想从工作中获得更多的乐趣，你会有什么建议？

应用练习题

1. 假如你想创建自己的企业，从一开始你将如何确保你的员工会感到满意、受到激励？

2. 采访一位管理者，询问他认为采取什么措施可以激励员工，确定这位管理者采用的措施与哪些激励理论相一致。

案　例

维持生活的工资

在本章开篇，你阅读了安泰公司决定提高公司最低工资员工的工资。利用本章所学内容，你应该能够回答下列问题。

◇问题讨论

1. 你认为更高的工资能否提高员工的工作效率，降低员工流动率？你得出这个结论的理由是什么？

2. 哪些因素对你个人有激励作用？

3. 用激励理论解释安泰的决定。

4. 马斯洛的需要层次理论如何有助于解释薪酬和工作效率之间的关系？

5. 运用公平理论、期望理论或双因素理论解释安泰的相关决定。

6. 你认为支付员工更高的工资是企业的社会责任吗？为什么？

寻找最佳工作场所

BuzzFeed（美国的一家网络媒体公司）的视频通常展现出其工作场所趣味盎然、令人兴奋、创意迸发。但你如何评估这是不是真的？你如何评估你是否适合这家公司？你如何评估这家公司是否适合你？

传统上，求职者会打电话给在这家公司工作的人，或与自己社交网络中的人交谈，希望从中获得有关该公司的一手信息。求职者可能还会参考新闻和杂志上的文章、年度报告、职业介绍所甚至其他公司所提供的情况。对信息的需求催生了 Glassdoor.com 一类的网站，数百万雇员和前雇员在该网站上匿名评论各个公司及其管理层。

BuzzFeed 可能在这些网站和视频中塑造了一个很棒的公司形象，但是 2016 年在 Glassdoor 网站上，根据 128 条评论，它只得到 3.1 星（满分为 5 星）的评分。[23]

还有其他与就业相关的网站，如领英（LinkedIn，职场社交平台）和 Monster（全球最早、规模最大的招聘网站），但 Glassdoor 自称是唯一由员工内容生成的数据库。领英和 Glassdoor 都与用户的社交网络互动，将求职者与目标公司已离职和在职的员工联系起来。在公司招聘过程中，社交媒体发挥着越来越大的作用，在发现和披露一个组织的公众形象背后隐藏的文化方面，也发挥着越来越大的作用。例如，苏珊·福勒（Susan Fowler）于 2017 年 1 月在她的博客上写了一篇文章，描述了她在优步工作一年中的不好经历，然后在推特、Facebook 和其他社交媒体平台上得以分享和扩散。

作为回应，优步首席执行官特拉维斯·卡兰尼克（Travis Kalanick）和首席人力资源官莉安·霍恩西（Liane Hornsey）都发表了公开道歉，该公司请来司法部前部长埃里克·霍尔德（Eric Holder）进行内部调查。[24]目前还不清楚这些重量级人物将对优步的企业文化产生多大影响，但很明显的是，社交媒体正在改变求职者了解当今企业内部运作情况的方式。

◇问题讨论

1. 你认为一个好的工作场所有哪些标准？

2. 请描述你理想的工作或职业，列出你认为可以让你取得成功的绩效行为。

3. 运用赫茨伯格的双因素理论，确定哪个因素对你更重要，并描述你将如何根据这些因素评估潜在的就业情况。

注　释

第 **8** 章 领导和决策

➡ **学习目标**

1. 定义领导，并将其与管理进行区分。
2. 总结早期领导研究的方法。
3. 讨论情境领导理论的概念。
4. 描述变革型领导和魅力型领导。
5. 识别并讨论领导替代品和领导中和剂。
6. 讨论领导者的教练角色，并研究领导中的性别和跨文化问题。
7. 描述战略领导力、道德领导力和虚拟领导力。
8. 将领导与决策制定联系起来，从理智和行为两个视角讨论决策的制定。

开篇案例　　　　　　　　　　**名副其实的领导力**

　　布拉德·史密斯（Brad Smith）于 20 世纪 70 年代在西弗吉尼亚州的小镇肯诺瓦长大。肯诺瓦的人口只有 3 000 多人，人们彼此认识。史密斯早年有这样一段经历：他从远处看到飞机失事的灾难，37 名马歇尔大学（Marshall University）橄榄球运动员及教练、27 名其他工作人员和社区成员丧生，他们是在北卡罗来纳州的一场比赛后乘飞机返回。他的堂兄妹在山坡上帮助扑灭失事地点的大火。

　　1986 年，史密斯从马歇尔大学获得了市场营销方向的工商管理学士学位。后来，他在百事公司从事销售管理和业务发展工作时，白天工作、晚上上夜校，这样又在阿奎那斯学院（Aquinas College）密歇根分校获得了管理学硕士学位。在经历了几次职业变动后，他于 2003 年进入财捷集团（Intuit），一开始在得克萨斯州普莱诺市工作，负责专业税务的会计关系部分。由于业绩斐然，财捷将他调到圣地亚哥市，负责该公司的 TurboTax。2005 年，史密斯搬到了硅谷，帮助领导一个团队，防备微软抢占 QuickBooks（Intuit 的一款会计财务软件）的市场份额。在证明了他的能力不止于担任部门经理之后，董事会在 2008 年任命他为首席执行官。

作为领导者，史密斯将创新与盈利动机融为一体。例如，基于谷歌的创新模式，他实施了非结构化时间工作制度，允许员工使用 10% 的时间来从事任何他们选择的项目。他的这一做法很有效。[1]

史密斯的另一个策略是专注于设计，以克服人们对财务软件的刻板认识：枯燥乏味。他甚至重新设计组织内部的物理空间布局，减少格子间，增加开放空间，鼓励合作。他的目标是：到 2020 年，使财捷成为世界上设计驱动力最强的公司之一。

史密斯把他作为领导者的成功归功于他在成长过程中积累的经验：父母的言传身教，他们向他灌输了社区意识、家庭意识和领导意识；他的学术生涯经历；还有他的课外经历，比如教武术。高中二年级以前，他一直踢足球，后来他决定把时间花在学习武术上。

大学对人的成长有塑造性影响。在谈到母校时，他说："马歇尔大学有我深爱的使命感和价值观。看看它在飞机失事后所取得的成就。冠军的定义不是看他们是否有摔倒，而是看他们摔倒之后站起来的速度有多快。马歇尔大学坚持不懈，在遭受灾难打击后，奋力走出阴影，不断砥砺前行，不断努力，再塑辉煌。我认为这就是人生的秘诀。"

比这些经历更重要的是父母对他世界观的影响。他经常用一个简单的故事来概括他们的智慧："当我的父母走进房间时，你首先看到的是微笑，当他们离开时，你最后看到的也是微笑。但是他们告诉我，永远不要把善良误认为是软弱。"[2]

根据自身经历，史密斯认为伟大的领导者有五个共同的关键聚焦点：

• 战略思维。战略思维需要着眼于全局。正如史蒂芬·科维（Stephen Covey）所说："管理者完成手头任务，如同穿过丛林，克服沿途遇到的问题，扫清道路上的障碍，但领导者是站在高高的树顶，仔细研究地形，他们会说，'这片丛林不合适，我们继续前进。'"

• 结果导向。战略可以实现想法从理想到现实的飞跃，但"战略本身不能移动高山——推土机可以"。好的领导者要消除障碍，专注于创造一个能实现伟大想法的环境。

• 强大的团队建设。领导者的作用是提供巨大的挑战，投资于人，并创造一个让他们大显身手的环境。

• 调整和提高。伟大的领导者不断地进行自我调整和提高，也不断调整和改进组织。

• 启迪智慧，鼓舞人心，将高智商和高情商融为一体。[3]

在他 43 岁接管财捷时，公司有 8 000 名员工，年收入 26 亿美元。如今，除了长期入选《财富》杂志"100 个最佳工作场所"榜单外，该公司的营业收入翻了一番，股价也从每股不到 25 美元涨到了 120 美元以上。史密斯会告诉你，他并不是完全靠自己的力量做到这一切的，但他的领导力无疑在公司持续的成功中发挥了关键作用。

史密斯最喜欢的一段话来自著名商业教练、史密斯早期的导师比尔·坎贝尔（Bill Campbell）——你的头衔让你成为一名管理者，而你是否是一个领导者是由众人来决定的。（学完本章内容后，你应该能够回答章末的一系列讨论题。）

我能从中学到什么？

你的老板是管理者吗？是领导者吗？他用什么办法激励你更加努力地工作？你有志成为一名管理者或领导者吗？当你担任领导岗位时，你会用什么办法激励员工更加努力地工作？你认为管理和领导有区别吗？这些是我们在本章要探讨的问题。在第 7 章中，我们探讨了员工行为，并指出管理者可以影响员工行为，强化对员工的激励。本章会详细地研究像布拉德·史密斯这样的领导者是如何影响员工行为并激励员工提高绩效的。我们将把这些战略和战术置于多年来出现的各种领导理论的背景下，包括现在被认可的情境领导理论。理解这些有助于领导者更好地行使职责，同时员工能更多地了解管理者或领导者是如何不遗余力地通过领导进行激励的。

　　本章首先介绍领导的本质。然后阐述早期的领导理论，以及现在被普遍接受的情境领导理论。接下来探讨追随者眼中的领导以及另类的领导。之后探讨变革中的领导本质和新出现的领导问题。最后介绍与决策有关的重要概念。

8.1　领导的本质

　　因为"领导"在日常会话中经常使用，你可能认为它有一个普遍接受的含义。然而，"领导"经常被滥用。我们将**领导**（leadership）定义为某人如管理者所使用的，用于动员、激励和影响他人行为的程序和行为。

8.1.1　领导与管理

　　人们常犯的错误是，领导和管理不能等同，却将它们混为一谈。某一个人可能是管理者或是领导者，也可能既是管理者又是领导者，或者既不是管理者也不是领导者。[4] 图 8-1 总结了两者之间的一些基本区别。如左边的圆形所示，管理（如第 4 章所述）主要关注计划、组织、领导和控制这些活动。如右边的圆形所示，领导则与日程设定、团结一致、鼓舞斗志和监督检查等活动的关系更为密切。图 8-1 还表明，管理和领导有时会出现重叠，但是二者还是相对分离和单独进行的一系列活动。因此，一个人可以是管理者但不是领导者，可以是领导者但不是管理者，或者既是管理者又是领导者。

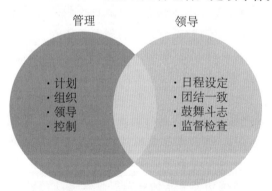

管理　　　　领导

- 计划
- 组织
- 领导
- 控制

- 日程设定
- 团结一致
- 鼓舞斗志
- 监督检查

图 8-1　管理和领导的区别

　　请考虑医院里管理者和领导者的各种不同角色。一家大型医院的院长（主任医师），尽管从职位来看是一名管理者，但可能得不到他人的尊重和信任，或许必须依靠职位所赋予他的权力对人们发号施令。而急诊室里无实际权力的护士，在处理混乱局面以及引导他人处理具体病患问题时可能更有效。负责人是一个管理者，但事实上并不是一个领导者；护士是一个领导者，而实际上并不是一个管理者。

管理其他 20 位医生、护士、护工的儿科主任，可能得到员工完全的尊敬、信心和信任。他们随时听取他的建议，听从他的指示，竭尽所能完成医院的任务。因此，儿科主任既是一个管理者（凭借她的职位），也是一个领导者（凭借她赢得的尊重以及他人听从她指示的意愿）。

组织若想工作卓有成效，则既需要做好管理工作，也需要做好领导工作。与领导相结合的管理有助于实现按计划有序进行的改变，与管理相结合的领导则能保持组织与其所处的环境融为一体。

8.1.2 领导与权力

为了充分理解领导的概念，有必要理解权力的概念。**权力**（power）是指影响他人行为的能力。一个人可以拥有权力，但实际上不使用它。例如，一名足球教练有权力让一名没有发挥正常水平的球员坐"冷板凳"，却很少使用这种权力，因为球员们知道他有这一权力，因而努力使自己留在首发阵容。在组织环境中，常见的权力通常有五种：法定权力、奖赏权力、强制权力、参照权力和专家权力。[5]

法定权力（legitimate power）是组织通过等级制度所授予的权力。这一权力由组织加以定义，并赋予特定职位上的员工。管理者可以把任务分派给下属，下属若拒绝执行，则可能受到训斥甚至被解雇。这样的结果源于由组织定义并赋予管理者的法定权力。所以，法定权力本质上就是职权。所有的管理者都对下属有法定权力。然而，仅仅拥有法定权力并不能成为领导者。有些下属只听从严格遵照组织规章制度和政策明文规定所下达的命令。如果要求他们做工作职责之外的事情，他们会拒绝或敷衍了事。这些员工的管理者只是在行使职权，而不是领导。

奖赏权力（reward power）是指给予或拒绝给予奖赏的权力。管理者可以控制的奖赏包括加薪、发奖金、晋升推荐、表彰、认可和分配有意义的工作。一般来说，管理者能控制的奖赏数量越多，奖赏措施对下属越重要，管理者的奖赏权力就越大。如果下属只看重由管理者提供的正式的组织奖赏，那么这种管理者就不是领导者。如果下属想要并很看重管理者的非正式奖赏，比如表扬、感激和认可，那么管理者就是在领导。

强制权力（coercive power）是指通过心理、情感或身体上的威胁来强迫他人服从的权力。过去，组织中实施人身强制措施是比较普遍的。然而，现在在大多数组织中，强制性措施仅限于口头呵斥、书面训斥、违纪开除、罚款、降级和解聘。有些管理者偶尔会用言语辱骂、羞辱和心理胁迫来操纵下属。（当然，大多数人认为管理者的这种行为是不合适的。）狱警有时会采取强制权力。美国卫星广播服务提供商迪什网络公司的联合创始人兼董事会主席查尔斯·厄尔根（Charles Ergen）以对员工大吼大叫、在同事面前贬低经理人员、对与他意见相左的人施以严厉惩罚而闻名。[6]管理者所能控制的因素的惩罚性越强，它们对下属越重要，管理者就具有越多的强制权力。但是，管理者越多地使用强制权力，就越有可能激起下属的怨恨和敌意，其被视为领导者的可能性就越小。[7]

与组织中客观存在、相对具体的法定权力、奖赏权力和强制权力相比，**参照权力**

（reference power）较为抽象。它建立在认同、效仿、忠诚或魅力等基础之上。追随者与领导者在性格、背景或态度上可能十分相似，在一定程度上认同领导者，所以可能积极拥护这位领导者。在其他情况下，追随者可能会有意模仿具有参照权力的领导者，比如穿相似的衣服、工作同样长的时间，或者信奉同样的管理理念。参照权力的另一种形式是魅力，一种激发忠诚和热情的无形特质。因此，管理者可能会拥有参照权力，这种权力更可能与领导力密切相关。

专家权力（expert power）产生于信息或专业知识。知道如何与难相处但重要的客户打交道的经理人、能够实现同行难以企及的重大技术突破的科学家、知道如何化解官僚机构繁文缛节的行政助理，他们对任何需要这些信息的人而言都拥有专家权力。信息越重要，掌握信息的人越少，则个人所拥有的专家权力就越大。一般来说，既是领导者又是管理者的人，往往有很大的专家权力。

➡ 8.2 关于领导的早期研究

领导者和领导对历史产生了深远影响，但对它们的深入研究仅仅始于一个世纪前。早期研究侧重于领导者的特质或者个性特点，后期研究则转向领导者的实际行为。

8.2.1 领导特质理论

早期研究者认为，著名的领导者都有一些独特的品质或特质，所以他们能够脱颖而出并名垂青史。**领导特质理论**（trait approach to leadership）侧重于识别基本的领导力特质，包括智力、控制力、自信、活力、主动性（相对于被动性）以及专业知识。但是，列举出来的潜在领导特质太多，失去了实用价值。另外，许多研究的结果前后矛盾。例如，某一理论认为，有效的领导者个子较高，如亚伯拉罕·林肯。但批评者很快指出，拿破仑·波拿巴个子不高，但他通过自己的方式成了有效的领导者。

虽然领导特质理论几十年前几乎被弃用，但是它近年来重新回归视野。例如，一些研究人员再次开始关注有限的特质，包括情商、智商、干劲、动机、诚实正直、自信、业务知识以及个人魅力。一些人甚至相信生物特征，如外表或身高，可能对领导有着举足轻重的作用。然而，要想知道这些特质是否真正与领导有关联，尚需时日。

8.2.2 领导行为理论

20 世纪 40 年代，大多数研究人员开始从将领导视作特质转移到将领导看作一套实际行为。**领导行为理论**（behavioral approach to leadership）的目标是确定有效的领导者会采用何种行为。研究者认为，有效的领导者的行为以某种方式不同于稍微逊色的领导者的行为，并且在所有情况下，有效领导者的行为都是相似的。

这一研究确定了领导的两种基本形式。尽管不同研究者采用不同的名称，但此时期确定的基本领导行为如下：

- **以任务为中心的领导行为**（task-focused leadership behavior）：当领导者为了实现某些目标、达到一定的绩效标准而专注于任务时，即表现出以任务为中心的领导行为。
- **以员工为中心的领导行为**（employee-focused leadership behavior）：当领导者专注于下属员工的满意度、积极性和身心健康时，则表现出以员工为中心的领导行为。

在这一时期，人们相信领导者应该努力采用两种健康的行为方式，一种是提高绩效，另一种是提高工作满意度和积极性。专家们也开始意识到，他们可以通过系统的方法训练领导者采用此类行为。但他们也发现，一些其他的领导行为也应当考虑在内，并且在某些情况下，不同的领导行为组合会比其他组合更有效。

例如，假设一个新任管理者接管一个饱受低生产效率困扰的工作场所，那里的员工虽然可能对现状感到满意，但并没有更加努力工作的动力。为了提高工作效率，此时领导者最有可能采纳以任务为中心的领导行为。但是，假设情况与此不同，生产效率很高，但员工感到工作压力很大，满意度很低。在这种情况下，管理者最有可能采用以员工为中心的领导行为，以提高他们的工作满意度。这一思路导致了情境领导理论的产生。

8.3 情境领导理论

情境领导理论（situational approach to leadership）认为，领导行为是否适当要视情境而定，情境不同，与之相适应的有效领导行为就会有所不同，如图 8 - 2 所示。领导特质理论和领导行为理论都认为有效的领导在本质上具有普遍性，它们试图归纳会导致一套普遍结果和后果的领导行为。例如，这些观点的拥护者可能认为，高智商的人或者以员工为中心的人永远都是优秀的领导者。然而研究发现，真实情况并非如此。因此，情境领导理论试图识别各种形式的领导行为，这些行为所导致的结果和后果与特定情境有关。与特定情境有关的含义是，有效领导行为取决于领导者和追随者所处的情境和所具有的特点。

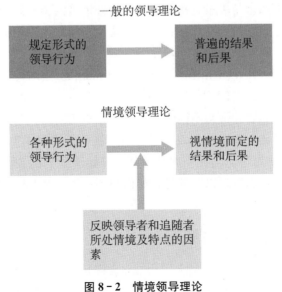

图 8 - 2　情境领导理论

考虑下面这个例子：达美航空首席执行官爱德华·巴斯蒂安（Edward Bastian）在与不同类型的人打交道时，不得不改变自己的领导风格。当与投资者打交道时，他必须传达一种对公司财务状况信心十足的形象。当与工会官员打交道时，他需要在成本控制和协作方面采取坚定立场。当与其他航空公司的领导交谈，他必须在它们的共同利益与达美航空自身的竞争形势之间找到平衡。当与顾客打交道时，他必须表现出富有魅力和对顾客的尊重。

领导的特点包括领导者的价值体系、对下属的信任、个人倾向、安全感和实际行为。下属的特点包括下属对独立自主性的需要、承担责任的准备度、对模棱两可状况的容忍度、对问题的兴趣、对目标的理解、知识、经验和期望。影响决策制定的情境特点包括组织的类型、团队的有效性、问题本身以及时间压力。有三种重要的情境领导理论：（1）路径-目标理论；（2）决策树理论；（3）领导-成员交换模型。

有关领导方式的**路径-目标理论**（path-goal theory）是第 7 章所讨论的有关激励的期望理论的直接延伸。[8]期望理论的主要组成部分包括获得各种结果的可能性和与这些结果相关的价值。领导的路径-目标理论认为，领导者的主要职能是为员工提供在工作场所可以获得的有价值或所期望的报酬，并指明何种行为会促成目标的实现并得到有价值的奖励。领导者要指明实现目标的路径。

路径-目标理论确定了领导者可以根据所处情境采用的四种行为。指导型领导行为是指领导者让下属知道对他们的期望是什么，给予下属相应的指导和引导，并安排工作日程。支持型领导行为是指领导者对待下属态度友好，平易近人，关心下属的福利，平等对待团队成员。参与型领导行为包括与下属协商、征求下属建议和允许下属参与决策。成就导向型领导行为是指领导者设定有挑战性的目标，期望下属高水平执行，对下属给予鼓励，并对下属的能力表现出信心。

另一个主要的当代领导理论是**决策树理论**（decision tree approach）。就像路径-目标理论一样，该理论试图规定一种适合于特定情境的领导行为。它还假定同一领导者可以表现出不同的领导行为。但是决策树理论只涉及领导行为的单一方面：决策中下属的参与。决策树理论假定鼓励下属参与决策的程度取决于所处情境的特点。换言之，没有一个决策过程在所有情境下都是最好的。在评估各种问题属性（问题或决策的特征）之后，领导者确定适当的决策风格，明确下属的参与程度。

领导-成员交换模型（leader-member exchange model）强调管理者与每一位下属之间的变量关系极为重要。[9]每一对上下级关系都代表一个"垂直二元关系"。该模型不同于上述理论，它关注的是领导者经常与不同的下属建立各不相同的关系。该模型指出，领导者常与少数受信任的下属建立特殊的关系，这一群体被称为"圈内"。不属于这一群体的下属被称为"圈外"，领导者与他们在一起的时间以及给予他们的关注都较少。这一模型的关键要素是垂直二元关系的概念以及领导者如何与每一位下属保持不同的关系。

➡ 8.4 追随者眼中的领导

一些研究领导理论的专家侧重于研究追随者是如何看待领导者的。从追随者的角度所进行的研究主要形成了两种领导理论：变革型领导和魅力型领导。

8.4.1 变革型领导

变革型领导聚焦于领导改革的重要性（与稳定时期的领导相反）。根据这一观点，一位领导者所做的大部分工作包括执行基本的管理"交易"——分配工作、评估绩效、制定决策等。然而，领导者还必须致力于做好变革的领导工作，发起和管理重大的变革，例如，管理一桩并购案、组建一个新的工作团队或者重新定义组织文化。

因此，**变革型领导**（transformational leadership）是指使领导者认识到变革的必要性、创造指导变革的愿景并有效实施变革的一整套能力。一些专家相信，变革是一个至关重要的组织功能，即使是成功的企业也需要定期做些变动，以防停滞不前。**交易型领导**（transactional leadership）实质上与涉及常规性的、受管制的活动的管理一样。只有具有巨大影响力的领导者才能成功管理这些活动。相应地，对变革的领导也就极为重要。

一些领导者能够根据自己所处的境况，采用变革型领导视角或者交易型领导视角来对待自己的领导工作。例如，杰夫·贝佐斯（Jeff Bezos）在创办亚马逊时，所采用的策略是简单地通过在线商店销售书籍。当亚马逊发展壮大，有可持续收入时，他利用交易型领导方式，缓慢地发展业务，逐渐增加现金储备。随后，贝佐斯采取了一种变革型领导风格，带领公司成为一家拥有数千种不同产品的大型在线零售商。然后，他又回归交易型领导方式，稳扎稳打地发展业务。随着亚马逊开发新的产品分销方法，探索和扩展新的产品线，并试图将自己定位为苹果和谷歌的竞争对手，贝佐斯再次采用变革型领导方式。

8.4.2 魅力型领导

魅力型领导（charismatic leadership）是一种基于领导者魅力、能激发支持和认可的人际吸引力。魅力型领导者可能对自己的信仰和理想抱有高度自信，强烈地想要影响他人。他们也倾向于对追随者的绩效有高度期望，并且非常信任下属。历史上许多极具影响力的领袖都极富魅力，包括企业家玫琳凯·艾施、史蒂夫·乔布斯和特德·特纳（Tad Turner）；民权领袖马丁·路德·金（Martin Luther King, Jr.）和约翰·保罗二世（Pope John Paul II）。但是，魅力也可能"助纣为虐"。

如今，大多数专家认可的魅力型领导的三个重要因素是[10]：

1. 魅力型领导者能设想未来可能的趋势和模式，对自己和他人设定很高的期望，以满足或超出期望的方式行事。

2. 魅力型领导者通过展示个人的激情、自信和成功来激励他人。

3. 魅力型领导者通过支持、同情和信任他人来为其赋能。

魅力型领导理念很受管理者的青睐，也是众多书籍和报道热衷的话题。[11]不过，很少有研究试图具体地测试魅力型领导的含义和影响。一些人担心与魅力型领导有关的道德问题，此般困扰不是无稽之谈，它源于事实：一些魅力型领导者能够引发追随者的盲从，使得他们仅仅因为领导者的指示便作出一些不正当的、不道德的甚至违法的行为。员工听从富有个人魅力的领导者的指示，隐瞒信息、粉碎文件、误导调查员，这一行为倾向在安然和安达信两家公司的解体中也起了一定作用。

从魅力型领导者手中接过领导角色也是一大挑战。例如，文斯·隆巴迪（Vince Lombardi，绿湾包装工队（Green Bay Packers）教练）和菲尔·杰克逊（Phil Jackson，芝加哥公牛队（Chicago Bulls）教练）是成功且富有魅力的领导者，二人的直接接班人都没有达到他们的水平，随即被解雇。

创业和新企业　　　　**未分享的成功就是失败**

约翰·保罗·德约里尔（John Paul DeJoria）是宝美奇（John Paul Mitchell Systems，生产和分销护发产品）和帕特龙烈酒公司（Patrón Spirits Company）的魅力领袖，他的净资产估计超过 30 亿美元。然而，与《福布斯》"美国 400 富豪榜"上的许多人不同，德约里尔没有继承财富或特权。他在一个工薪阶层社区长大，9 岁时得到的第一份工作是挨家挨户推销圣诞贺卡。高中毕业后他在海军服役，之后开始推销百科全书，并在短短几年里迅速换了 10 份工作。最终，他进入美容行业做销售工作，并很快找到了自己的定位。然而，在这个行业成功地工作了 9 年之后，他的佣金开始超过公司老板的工资，结果他失去了这份工作。

1980 年，无家可归的德约里尔住在洛杉矶的一辆旧劳斯莱斯汽车里。他把所有 700 美元积蓄用于投资，与保罗·米切尔（Paul Mitchell）共同创立了宝美奇公司。他们挨个理发店推销产品。也许其他人会放弃，但德约里尔相信自己的产品，并坚持不懈地推销。在 2013 年接受《福布斯》杂志采访时，他建议："做好被拒绝的准备。无论这有多糟糕，都不要让它压倒你，不要影响你继续朝着你向往的方向前进。你需要对你敲开的第 100 扇门和第一扇门一样充满热情。"虽然公司运营前两年很艰难，但到了第三年，公司年销售额接近 100 万美元。如今，该公司的产品在 87 个国家的 15 万多家美容院销售，年销售额超过 10 亿美元。

德约里尔是一个连续创业者，创办了十多家企业，包括蓝调之屋（House of Blues）、德约里尔钻石（DeJoria Diamonds）和古斯汀能源公司（Gustin Energy Company）。虽然他在 1989 年只是出于兴趣和朋友马丁·克劳利（Martin Crowley）一起创办了帕特龙烈酒公司，但很快就更加认真地对待这门生意。他们想打造一个高端龙舌兰酒品牌，并选择手工吹制的瓶子和昂贵的蓝色龙舌兰作为基础。德约里尔利用人脉，使帕特龙迅速成为一个广为人知的品牌。德约里尔的好朋友克林特·伊斯特伍德（Clint Eastwood）在他的电影《火线狙击》（*In the Line of Fire*）中加入了帕特龙酒，厨师沃尔夫冈·帕克（Wolfgang Puck）向他的朋友和商业伙伴推荐帕特龙。

在创建的每一家企业中，德约里尔都将高质量和可持续性作为优先考虑事项。在接受《财富》杂志采访时，他解释道："很多人都是为了销售产品而制造产品。但当产品过时后，消费者会把它扔掉，然后买其他东西。如果你制造的产品质量最高，你就会接到追加的订单，这会使销售额保持持续的增长。"从他与古斯汀能源公司在环保型石油和天然气勘探的投资，到德约里尔钻石公司经营无冲突钻石的销售，都有一条共同的主线，即可持续性。这个主题也是宝美奇产品线的一个重要组成部分。"我们从门到灯研究了仓库系统的成本。我们找到了节省 25% 电力成本的方法。我们种植树木，弥补所消耗的碳，抵消茶树洗发水产品线对环境的影响。这对世界和商业的发展都有益处。"

虽然德约里尔的成功在很大程度上归功于努力工作，但他的个人魅力和所传递的信息激励着其他人。他的一个座右铭是"未分享的成功就是失败"。他致力于通过慈善机构仁人家园和非洲粮食组织 Food4Africa 等公益组织回馈社会。他也是阿巴拉契亚种植公司（Grow Appalachia）的创始人，该组织通过自己种植粮食来帮助农村地区的人们解决粮食短缺问题。德约里尔签署了沃伦·巴菲特和比尔·盖茨倡议的《捐赠承诺》（Giving Pledge），签署该承诺书的富有公民公开承诺将其大部分财富用于慈善事业。[12]

8.5 领导工作中的特殊问题

有关领导的一个有趣概念是领导替代品。在某些情况下，一些因素可能实际上取代了领导，使得领导可有可无或无关紧要。在另外一些情况下，可能存在压制或者否定领导者影响力的因素，即使这个人试图进行领导。

8.5.1 领导替代品

领导替代品（leadership substitutes）是指试图超越由领导者带动或指导员工绩效的需求的个人、工作、组织、团队因素。换句话说，如果出现某些因素，员工有能力在没有领导者指导的情况下完成工作。表 8-1 列出了几个基本的领导替代品。

表 8-1 领导替代品和领导中和剂

个人因素	个人专业性 个人能力、知识和动机 个人经验和培训 对奖励的漠然态度
工作因素	有组织的/自动化的 高度受控制 特别令人满意 嵌入式反馈
组织因素	明确的计划和目标 严格的规则和程序 不与绩效挂钩的固定不变的奖励体系 上下级之间的物理距离
团队因素	团队绩效标准 高度的团队凝聚力 团队成员之间的相互依赖

例如，考虑以下情形：当载有重伤员的救护车疾驰到医院急救室前时，会发生什么？

所有的急救室人员都站在一旁，等待有人出面掌控大局，向他们发号施令吗？答案是否定的，他们是专业人员，受过高水平的培训，做好了全面的准备，知道在没有人扮演领导者的角色时，如何作为一个团队去应对急救任务并通力合作。2009 年，当一架美国航空公司的飞机坠落在哈德逊河时，所有的机组成员清楚地知道自己要做什么，而不是等待命令。他们快速而有效地行动起来，避免了一场灾难，飞机上所有的乘客很快获救。

8.5.2　领导中和剂

在其他情况下，领导者在场并试图采取各种各样的领导行为，但这些行为产生的效果可能被称为**领导中和剂**（leadership neutralizers）的各种因素所抵消或者中和，见表 8 - 1。例如，假设一个新上任又没有经验的领导者被指派去领导一个由经验丰富的员工组成的工作团队，该团队有着长期存在的绩效标准以及高度的团队凝聚力。这个团队的标准和凝聚力可能非常稳固，新任领导者无力改变现状。

除了团队因素，工作因素也可能限制一个领导者有所作为的能力。例如，考虑在运行的装配流水线上工作的员工。他们只能够随着流水线的运行节奏完成自己的工作，所以绩效数量和质量受流水线的速度和每项任务的难易程度所限制。

组织因素也可能中和一些形式的领导者行为。假设一个新任领导者习惯用增加绩效工资作为激励员工的方式。但在新的领导工作中，加薪取决于工会合同，基本建立在员工资历和生活成本的基础上。领导者之前激励员工的方法可能被"中和"，因而需要确定新的方法。

➡ 8.6　领导特征的变化

在许多情况下，仍然需要一定程度的领导，不过，领导的特征在不断地演化。管理者应当对领导职能近年来所出现的变化有所认识，其中包括领导者作为教练的角色转变，还有不同性别和跨文化的领导行为模式。

8.6.1　作为教练的领导者

在第 5 章和第 7 章中，我们提到如今许多组织正在运用团队。许多组织正努力淡化等级区分，即消除根植于官僚机构的命令加控制的老式管理思想，激励并授权个人独立工作。在许多情况下，领导者的角色也在发生变化。以往是期望领导者控制局面、指导工作、监督员工、密切监督绩效、制定决策、组织活动，而如今则要求许多领导者改变管理员工的方法。对这一新角色的最好描述也许是：领导者要作为一个教练而不是监督者。[13]

从企业领导者的视角来看，做一位好教练，需要帮助挑选团队成员和其他新成员，并对他们进行培训，提供总体的发展方向，帮助他们获得需要的信息等其他资源。不同团队的教练都在各自团队的组织和联系上发挥了重要的作用。一些领导者担任辅导员，帮助缺少经验的员工熟悉工作，使他们在公司里更好地进步；他们也能帮助团队成员解决矛盾或者其他纠纷。除此之外，领导者保持低调，让团队成员在没有监督或者很少直接监督的情况下完成工作，就像体育教练信任自己所带的选手可以成功一样。

亚马逊创始人兼首席执行官杰夫·贝佐斯就经常扮演教练的角色。他喜欢专注于长期战略问题，而将亚马逊网站的日常管理交给高级管理人员，但他们的决策也必须与他为公司构建的愿景保持一致。因此，他定期与这些高管一同工作，帮助他们培养决策技能，并为他们提供所需的信息，以便引领公司朝着他所设定的方向发展。

8.6.2　性别与领导

领导特征的另外一个明显变化是越来越多的女性晋升为组织中级别较高的管理者。鉴于大多数领导理论和研究传统上侧重男性领导者，因此下一步的研究重点就是更好地了解女性的领导方式。例如，一些早期学者根据观察预测，与男性领导者相比，女性领导者可能会更热心、更愿意支持并培养员工。但是新的研究表明，女性领导者不一定比男性领导者更愿意支持并培养员工。同样地，男性领导者未必就比女性领导者更加严苛、具有更强的控制欲、更加以工作为中心。

在一些情况下，男性领导者和女性领导者还是有区别的。在决策时，女性领导者往往更加民主，而男性领导者则更加专断。[14]然而，为了更好地理解性别与领导之间的动态关系，我们还需要做更多的调查研究。知名的女性成功领导者，例如，英德拉·努伊（百事公司 CEO）、钟彬娴（Andrea Jung，雅芳 CEO）和安格拉·默克尔（Angela Merkel，曾任德国总理）不断证明，女性也可以成为成就卓越的杰出领导者。

寻觅良策　　　　　　　　　　　　**女性领路人**

在一个历史上长期由男性主导的劳动环境中，很多关于领导的研究都集中在男性及其领导方式上。随着越来越多的女性进入工作场所，相关研究逐渐发生变化，开始转向对男性领导者和女性领导者之间的差异进行评估。但是，许多结论都集中在女性应该如何调整先天固有的风格，具有更多男性领导者的特征。旅游网站 Peek 的联合创始人、高盛前员工鲁兹瓦娜·巴希尔（Ruzwana Bashir）不这么认为。当她在金融服务行业开始职业生涯时，她感到了这种压力，她要表现得更像她的男性同事。在福布斯 30 岁以下精英峰会上，她解释说："作为一名女性，在那种环境中，你会感到要被迫从众。"在哈佛商学院（Harvard Business School）作富布赖特学者（Fulbright Scholar）获得 MBA 学位的同时，她意识到传统的女性特质也是一种优势。"女性的同理心和同情心以及合作精神，是真正的商业优势。"

巴希尔在很小的时候就取得了巨大的成就。她出生在巴基斯坦，后来到英国接受教育，并在牛津大学学习。在牛津大学上学期间，她成为牛津辩论社（the Oxford Union）主席，这是一个辩论协会，以邀请到前参议员约翰·麦凯恩（John McCain）和时装设计师汤姆·福特（Tom Ford）等著名演讲者而闻名。她是继巴基斯坦前总理贝娜齐尔·布托（Benazir Bhutto）之后的第二位亚洲女性主席（布托于 1977 年成为该协会的主席）。巴希尔在牛津大学第一次穿西装。尽管她在学校表现很出色，但她总是感觉在种族、性别和阶层上与他人有所不同。2012 年，在花了令人沮丧的 20 多个小时试图安排朋友去土耳其度假后，她和奥斯卡·布恩宁（Oskar Bruening）联合创建了 Peek——一家由女性创办的科技公司，为她本就令人印象深刻的社交简历增添了浓墨重彩的一笔。虽然已经存在一些旅游网站，但 Peek 在市场上占有独特的地位。Peek 帮助旅行者计划完美的旅行，包括在目的地度过完美一天的行程。

Peek 员工的男女性别比例一直保持在 50%：50%，而且具有相当大的种族多样性。巴希尔鼓励女性员工，并为她们介绍导师。她还践行她所宣扬的信条——允许自己表现出脆弱。此外，她还是全球妇女权利的倡导者。2014 年，她撰写了一篇开创性的文章，引起了人们对英国亚裔社区女性遭受虐待现象的关注。[15]

8.6.3 跨文化领导

领导特征的变化与跨文化问题有关。在这种背景下，文化是一个广义的概念，包括国家间的文化差异和同一国家的文化多样性。例如，日本整体上比较崇尚集体主义（集体利益高于个人利益），而美国更加崇尚个人主义（个人利益高于集体利益）。因此，如果一家日本公司派遣一名经理到其位于美国的公司工作，那么，这位经理必须重新认识个人的贡献和奖励，以及美国和日本公司中所存在的个人作用与集体作用的差异。

例如，卡洛斯·戈恩（Carlos Ghosn）曾负责雷诺（Renault，欧洲汽车企业）和日产（Nissan，日本汽车企业）的运营，他知道文化差异导致欧洲经理期望他采用某种领导方式，而日本经理期望他采用略微不同的领导方式。更具体地说，在欧洲，领导者经常咄咄逼人，在会议上大声地交流和争论；然而在日本，更强调达成共识，对话时要礼貌地交换意见。

同样，随着员工队伍日益多元化，跨文化因素在组织中发挥的作用也越来越大。当非洲裔、亚洲裔、西班牙裔和其他少数族裔的员工晋升到领导岗位时，有必要重新评估目前的领导理论和模型是否适用，因为此时的领导者群体愈发多元化。

➡ 8.7 新出现的领导问题

在领导问题上还存在三个值得讨论的问题：战略领导力、道德领导力和虚拟领导力。

8.7.1 战略领导力

战略领导力是一个全新的概念，它把高层管理岗位与领导职能清晰地联系在一起。**战略领导力**（strategic leadership）是领导者所具备的理解公司及其运行环境的复杂情境并领导组织进行变革以提高竞争力的一种能力。星巴克前 CEO、现任执行董事长霍华德·舒尔茨被公认为是一位强有力的战略领导者。舒尔茨并不满足于让星巴克继续作为单纯的咖啡零售商从事经营活动，他一直密切关注新的商机，积极寻找星巴克可以有效地利用这些机会的途径。

　　要成为一名有效的战略领导者，管理者需要对公司有一个完整而全面的理解，包括公司的历史、文化、优势与劣势等。另外，领导者需要深入了解公司的外部环境，包括公司现在所处的营商环境、经济形势、发展趋势和近期可能出现的问题。战略领导者也需要清楚地认识到公司现阶段的战略优势与劣势。

8.7.2　道德领导力

　　大多数人一贯认为，企业的领导者都是道德高尚的人。但是，随着富国银行、大众汽车、东芝和沃尔玛等企业的公司丑闻被公之于众，人们对于企业领导者的信任感已经发生动摇。也许现在比以前任何时候都更需要将高水平的道德行为标准作为有效领导的先决条件。尤其是要呼吁企业领导者不仅要将自己的行为保持在较高的道德水平上，而且要使公司的其他人也保持相同的道德水平，简而言之，要在实际工作中运用**道德领导力**（ethical leadership）。

　　现在，企业高层领导者的行为比以往受到更严格的审查，而且那些负责为企业招聘新领导者的人更加关注候选人的背景。此外，对强化公司治理模式所施加的压力，可能致使公司进一步加大保证力度，只挑选那些道德水平高的人来担任公司的领导职位，并要求他们对自己的行为及其产生的后果承担更大的责任。

8.7.3　虚拟领导力

　　新出现的**虚拟领导力**（virtual leadership）也是企业面临的一个重要问题。以前，领导者与员工在同一个地点一起办公，能够定期面对面地交流。在当今世界，领导者与员工可能在相距很远的地点工作。这种安排还可能包括领导者要与每周一两天在家远程办公的员工，或者实际上在远离公司总部的地方生活和工作的员工，进行远程工作交流。

　　因此，领导者和下属之间大多采用电话和电子邮件进行沟通。这可能意味着，领导者必须在建立和维持员工关系上进行钻研，而不是仅仅依靠电子设备发送几条信息。尽管非语言交流如微笑和握手，无法通过网络进行，但是管理者可以在适当的时候，在邮件里通过几句富有人情味的话表达感激、予以鼓励，或者提出具有建设性的反馈意见。

动荡时期的管理　　　　　　　**领导层的变动**

　　2016 年，总部位于德国的阿迪达斯集团，在运动鞋和服装市场落后多年之后，终于开始缩小与其他企业之间的差距，这在很大程度上归功于领导层的变化。最值得注意的是，在担任阿迪达斯首席执行官 15 年后，赫尔伯特·海纳（Herbert Hainer）应公司的要求离职。经过深入寻访，公司任命了卡斯珀·罗斯特（Kasper Rörsted）。罗斯特于 2016 年中接过帅印。与 1987 年最初在公司销售部门工作的海纳不同，罗斯特是一位行业外人士，刚刚卸任德国消费包装商品制造商汉高公司（Henkel）的首席执行官。投资者持乐观态度。2016 年，阿迪达斯股价大幅上涨，而竞争对手却徘徊不前。

不过，这并不完全与最高领导层有关。公司的其他部门也在采取措施应对市场的挑战。2014 年，马克·金（Mark King）成为陷入困境的阿迪达斯北美区的新主管。上任后，他发现公司内部处于分裂和混乱状态。他立即将建立一个有凝聚力的文化确定为自己的努力方向。从那以后，阿迪达斯的增长速度超过了整个美国市场，从竞争对手耐克和安德玛那里抢走了市场份额。安德玛的纯白库里二代低帮篮球鞋仍在走下坡路，推特用户称其为"宋飞正传"（Seinfeld）运动鞋。2017 年，董事会接受了首席财务官罗宾·斯托克（Robin Stalker）的辞职，任命哈尔姆·奥尔迈尔（Harm Ohlmeyer）接替他的职位，奥尔迈尔自 1998 年以来一直在阿迪达斯担任财务领导职务。

除了领导层的变动之外，公司还在进行战略运营上的调整。例如，公司与供应商合作以增加采购的灵活性。阿迪达斯不再为整个季节订购固定数量的鞋子或服装，这样容易出现产品短缺或库存过剩，而是只购买限量的鞋子或服装，然后根据需求作出反应。

罗斯特继续对阿迪达斯的领导层进行改革，他实施了从斯坦·史密斯（Stan Smith）等经典系列产品中建立销售冲量的战略，为运动服装增加时尚的现代元素，还剥离了一些非核心业务，如泰勒梅（TaylorMade）高尔夫部门。"我们的战略已经实施了 18 个月，"罗斯特在 2017 年 3 月的新闻发布会上表示，"我们还有很多事情要做。"

8.8　领导、管理与决策

我们在前文已经指出管理与领导之间的不同与相似之处。决策是另一种很重要的相关概念，它是领导与管理的重要组成部分。管理者和领导者必须经常制定决策。

8.8.1　决策的本质

决策既可以指具体的行为，也可以指一般的过程。**决策**（decision making）是指从一组备选方案中选择某一个方案的行为。然而，决策过程远不止于此。例如，决策过程中的一个步骤是作出决策的人必须认识到有必要作出某项决策，并且在选择一个可行方案之前确定一组可行的备选方案。因此，决策过程包括识别和确定决策情境的性质、确定备选方案、选择最佳方案并将其付诸实施。[16]

"最佳"一词意指有效。有效的决策要求决策者了解促使其作出决策的情境。大多数人会认为有效的决策是优化某些指标的过程，如利润、销售额、员工福利，以及市场份额。然而，在某些情况下，有效的决策可能是使亏损、支出或员工离职率最小化的决策，它甚至可能意味着选择停业、解雇员工或终止战略联盟的最佳方案。

我们也应该注意到，管理者要对面临的问题和机会作出相关决策。例如，如何将成本削减 10％ 的决策反映的是问题，即不希望出现的情况，需要一个解决方案。但对于机会的决策也是必要的。例如，管理者得知公司盈利高于预期利润时，就需要作出后续决策：额外的资金应该用于增加股东股息、再投资于当前业务，还是用于扩张进入新市场。当然，管理者可能需要很长时间才能知道是否作出了正确的决策。

决策类型

管理者必须作出许多不同类型的决定。一般来说，大多数决策都属于如下两种类型：程序化决策和非程序化决策。[17] **程序化决策**（programmed decision）是一种相对结构化或按一定频率反复发生（或两者兼有）的决策。星巴克使用程序化的决策来购买新的咖啡豆、咖啡杯和餐巾纸，而星巴克的员工则接受了制作咖啡的精确程序。同样，大学城的福特汽车经销商决定每年赞助一支青年足球队。因此，当足球俱乐部主席打电话时，经销商立即知道他要做什么。许多与基本操作系统和程序以及标准的组织间交易有关的决策都是程序化决策，可以按预先设定的程序进行。[18]

非程序化决策（nonprogrammed decisions）相对来说是非结构化的，而且发生的频率要低得多。迪士尼从乔治·卢卡斯（George Lucas）手中收购《星球大战》所有权的决策就是非程序化决策。面对这类决策时，管理者必须把每一个决策都视为独一无二的，要投入大量的时间、精力和资源，从各个角度探查相关情况。直觉和经验是影响非程序化决策的主要因素。大多数由高层管理者所做的涉及战略问题（包括兼并、收购和接管）的决策和组织设计都是非程序化决策。非程序化决策还包括涉及新设施、新产品、劳动合同和法律问题的决策。

决策条件

正如决策有不同类型，作出决策时所具备的条件也有所不同。管理者有时对决策条件有近乎完全的了解，但在其他时候，他们对这些条件没有多少头绪。一般来说，决策条件有三大类：确定性、风险性或不确定性的决策条件。[19]

确定性　当决策者相当肯定地知道备选方案是什么、与每个备选方案相关联的条件是什么时，决策条件就处于**确定性状态**（state of certainty）。例如，假设新加坡航空公司（Singapore Airlines）的管理人员决定购买 5 架新的大型客机，他们要作出从哪里购买的决策。因为世界上只有两个公司制造大型客机——波音和空中客车，所以新加坡航空公司完全知道自己可选择的方案。两家公司的产品都经过检验，价格和交货期也有保证。因此，航空公司知道与每一种备选方案相关联的其他条件，很少有模棱两可的地方，所以作出错误决策的可能性也很小。

然而，很少有组织决策是在真正完全确定的条件下作出的。当代企业情况复杂，动荡多变，确定性状态非常罕见。即使是上述飞机购买决策在实际中也不是完全确定性的。飞机制造公司可能无法真正保证交货日期，它们可能会将成本增加或通货膨胀条款写入合同。因此，航空公司可能只是确定了每个备选方案的部分条件。

风险性　决策条件通常处于**风险性状态**（state of risk）。在风险性状态下，每个备选方案的可用性及潜在的回报和成本都与概率估算相关联。[20] 例如，假设某家公司的劳动合同谈判代表在罢工截止日期之前收到工会的最终谈判要约书。谈判代表有两种选择：接受或拒绝合同。其风险主要在于工会代表是否在虚张声势。公司谈判代表如果接受合同，就会避免一场罢工，但不得不承诺接受一份代价相当昂贵的劳动合同；如果拒绝合同，且工会确实在虚张声势，那么谈判代表可能会得到一个更有利的合同，但如果工会不是虚张声势，就可能挑起罢工。

根据过去的经验、相关的信息、别人的建议和自己的判断，谈判代表可能会得出这样的结论：工会代表有 75% 的概率是在虚张声势，有 25% 的概率做好了充分准备去兑现威胁。因此，他可以在已知两个备选方案（接受或拒绝合同）以及每个方案可能出现的后果的基础上作出决策。当在风险性状态下作出决策时，管理者必须合理地估计与每个备选方案相关的概率。例如，工会代表已下定决心在要求得不到满足时罢工，但公司谈判代表因为预测他们不会罢工而拒绝了他们的要求，那么这种失误就是代价昂贵的。在风险性状态下作决策，时常伴随着一定程度的模糊性，会有决策失误的可能性。

不确定性 现代组织中的大多数重大决策都是在**不确定性状态**（state of uncertainty）下进行的。决策者不知道所有的备选方案、与此相关联的风险或可能的后果。这种不确定性源于组织及其环境的复杂性和变动性。在竞争环境中，互联网作为一股重要力量，已经为大多数管理者所用，在增加潜在收入的同时，也增加了不确定性。

为了在这种情况下作出有效的决策，管理者必须尽可能获取更多的相关信息，从逻辑和理性的角度去了解真实情况。在不确定性状态下，直觉、判断和经验在决策过程中起主要作用。即便如此，不确定性的决策条件最模糊不明，管理者最容易作出错误决策。[21]洛林·布伦南·奥尼尔（Lorraine Brennan O'Neil）是 10 分钟美甲店（10 Minute Manicure）的创始人和首席执行官。该公司是一家位于机场的快速服务店，自 2006 年初开业以来迅速获得成功并快速发展，但后来经济低迷，奥尼尔需要重新考虑自己的计划，力图在动荡、未知的未来维持经营。她知道公司不再有时间监控新门店，等待新门店获得成功，因此选择只专注于现有盈利的门店，关闭那些亏损的门店。除此之外，她调整了商业计划：寻找非传统的地址，减少公司开销，削减产品种类，开发在线产品线作为另一个收入来源。[22]

8.8.2 作出理智决策

管理者或领导者应该尽力作出理智决策。图 8-3 展示了作出理智决策的步骤。

识别并界定决策情境

作出理智决策的第一步是识别制定决策的必要性，即某个引发决策过程的刺激因素。这个刺激因素可能是积极的，也可能是消极的。例如，必须决定如何用剩余资金进行投资的经理面对的是一个积极的决策情境。而消极的决策情境可能是由于成本过高而不得不削减预算。

在作出理智决策时，管理者需要准确地界定要解决的问题是什么。考虑当前国际航空旅游业正面临的情境。鉴于商务、教育和旅游相关的国际旅行不断增长，国际航空公司需要增加载客量。因为大多数主要国际机场已经接近或者达到最大载客量，在现有的航班基础上再增加一些航班不太现实，因此，大多数航空公司的理智决策是提高现有航班的载客量。波音和空客作为世界上主要的两家商用飞机制造商，意识到这个重要的机会并作出理智决策，即满足旅游业客流量日益增长对提高航班载客量的需要。[23]

确定备选方案

准确识别并界定决策情境后，下一步就是确定可选择的有效行动方案。既要制定常规的标准备选方案，又要制定标新立异的创新方案，这会大有裨益。一般而言，决策越重

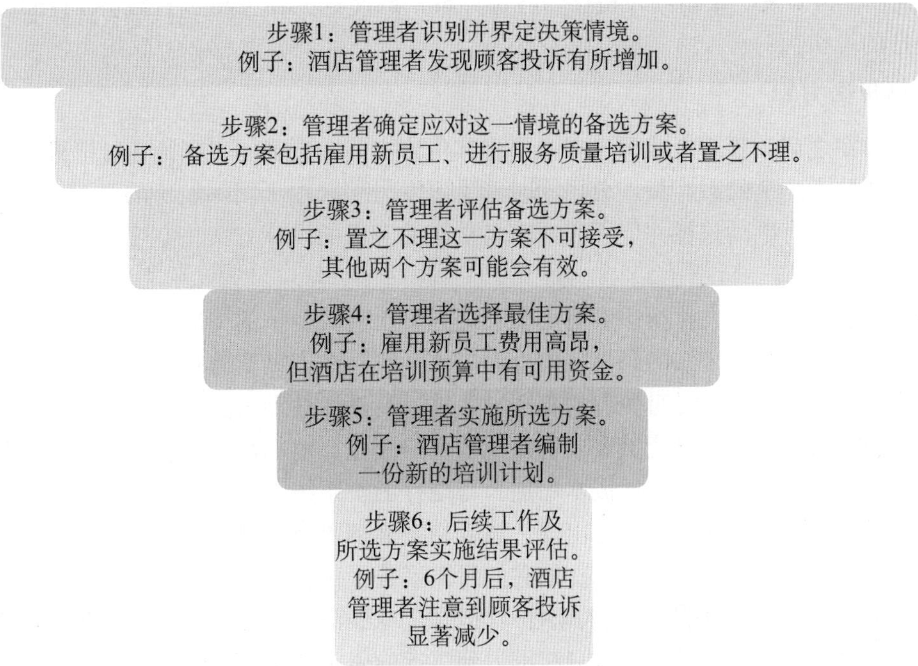

步骤1：管理者识别并界定决策情境。
例子：酒店管理者发现顾客投诉有所增加。

步骤2：管理者确定应对这一情境的备选方案。
例子：备选方案包括雇用新员工、进行服务质量培训或者置之不理。

步骤3：管理者评估备选方案。
例子：置之不理这一方案不可接受，
其他两个方案可能会有效。

步骤4：管理者选择最佳方案。
例子：雇用新员工费用高昂，
但酒店在培训预算中有可用资金。

步骤5：管理者实施所选方案。
例子：酒店管理者编制
一份新的培训计划。

步骤6：后续工作及
所选方案实施结果评估。
例子：6个月后，酒店
管理者注意到顾客投诉
显著减少。

图 8 - 3　作出理智决策的步骤

资料来源：Based on Griffin, Management 8e. © 2005 South-Western, a part of Cengage Learning, Inc. Reproduced by permission, www.cengage.com/permissions. Courtesy of Ronald Ebert.

要，越需要花费精力去制定备选方案。虽然管理者应该力求创新的解决方案，但是他们也必须意识到，各种各样的因素经常限制着他们的备选方案。常见的限制因素包括法律限制、道德规范限制、管理者的权力和职权范围的限制、可利用的技术的限制、经济限制以及其他非正式的社会规范的限制。评估如何提高国际航班的载客量这个问题以后，波音和空客公司确定了三个不同的备选方案：单独开发新的大型飞机，筹建一个合资企业专门制造新的大型飞机，以及改造现有最大的飞机以提高载客量。

评估备选方案

决策过程的第三步就是评估备选方案。一些备选方案可能由于法律或者经济限制而不能实施。有限的人力、物力和信息资源可能使一些备选方案变得不切实际。管理者必须谨慎评估所有的备选方案，以便提高备选方案的成功率。例如，空客认为仅仅简单地增加现有飞机的载客量对它而言是没有优势的，因为波音 747 已经是制造出来的最大飞机，并且易于被改进得更大，维持最大飞机的地位。与此同时，波音也在认真关注制造新的或者更大的飞机所存在的风险，尽管作为合资项目，它可以与空客共同承担风险。

选择最佳方案

选择可行的最佳方案是决策的关键。即使许多情境都不支持客观的数学分析，管理者或者领导者也能够制定一些主观的评价和权重分配方法来选择一个方案。决策者应该清楚，找出多个可接受方案也是可能的，并不是只能选择一个方案而摒弃所有其他的方案。例如，空客提出要和波音建立合资企业，而波音认为最佳方案是改装现有的波音 747 以提高载客量。因此，空客决定实施自己的计划，即生产一架新的飞机。波音随后决定除了改装波音747，再研发一架新的飞机作为备选方案，即使这架新飞机没有波音747或者空客打算建造的飞机大。

实施所选方案

选定方案之后，管理者或领导者必须将其付诸实践。波音的工程师通过把机体扩大30英尺来增加波音747的载客量，公司同时着手研发另一架用于国际航班的飞机。而空客的工程师提出了配有电动扶梯并能承载655名乘客的飞机的设计方案。空客预计研发成本将超过120亿美元。

管理者也必须考虑在执行决策时可能会遇到员工反对变革的情况。反对的原因包括没有安全感、不方便和对未知的恐惧。管理者应该预测到在方案实施过程的各个阶段存在的潜在阻力。然而，即使已经对所有的备选方案进行精确评估和认真考虑，还是可能会出现始料未及的结果。员工有可能抵制或抗议所发生的变化，他们甚至可能要求取消变化。当方案开始实施以后，非可预见性成本增加、与现存的子系统不配套、对现金流和操作成本的非可预见性影响等其他因素都会出现。波音和空客都曾经面对生产延误的麻烦，它们各自生产的飞机都曾延迟几年交付，这使它们付出了数十亿美元的代价。空客首先将它的飞机推向市场（在2007年底开始投入运行），但是全球经济衰退使得许多航空公司取消了订单或者把订单延迟几年，其利润也只能推迟到遥远的未来去实现。

后续工作及结果评估

作出理智决策的最后一步要求管理者和领导者评估决策的有效性，也就是说，他们要确保所选方案达到了预期的目标。如果所实施的方案效果不佳，他们可以采用几种方式作出回应，例如，采纳另一个之前商定的备选方案（如最初的第二个或第三个方案）。或者他们意识到启动这个方案要具备的客观条件可能没有确定好，需要从头开始重新进行。最终，管理者和领导者可能断定，事实上最初的备选方案是最合适的，只是需要一段时间才能看见成效，或者应该采取不同的方法来实施这个方案。

波音和空客接近关键时期，即将揭晓所作的决策是否理智。尽管生产计划一直遭到延迟，空客的A380在2007年做了第一次商务飞行，技术问题也妨碍了该飞机的制造。与此同时，波音787面临多次生产延迟，而且该飞机的广泛使用也因技术问题继续推迟。[24]不过，扩大了载客量的波音747按时交付，在2011年开始服役。大多数航空公司似乎都愿意耐心等待波音787的面世，因为通过改进设计，它比其他国际航班飞机更加节省燃料。鉴于燃料成本飞涨，像波音787这样能够节约燃料的飞机显然是一个非常理智的选择。空客也已经开始着手研发节省燃料的飞机A350。[25]卡塔尔航空公司（Qatar Airways Company）于2014年12月接收了交付的首架A350客机。

然而，随着时间的推移，对扩大了载客量的波音747的需求停滞，波音决定暂停生产。与此同时，A380取得的成功也很有限，截至2017年，只有阿联酋航空公司（Emirates Airlines）仍在积极订购这种大型客机。而波音787和空客A350似乎正在走向长期成功。

8.8.3　制定决策的行为因素

如果所有的决策都是在逻辑清晰的情境下作出的，那么会有更多的决策最终获得成功。然而，人们经常在无视思维的逻辑性和理性的情况下作出决策。专家估计，只有不到20％的美国公司做到了理智决策。当然，即使一些公司试图在决策时做到逻辑清晰，有时候也难免失败。例如，星巴克在纽约开设第一家咖啡店的时候，做了科学的市场调查和消费者口味分析，并经过理性思考后作出决策，加大对非浓缩咖啡的投入。然而，事实证明这个决策是错误的，纽约人更喜欢星巴克在西部地区提供的浓缩咖啡。因此，星巴克立刻重新配置了所提供的产品，以满足消费者的偏好。

有时候，一个没有考虑任何逻辑性的决策也可能是正确的。[26]制定决策的行为因素在这里起到很大的作用，其中包括政治因素、直觉因素、承诺升级因素和风险偏好因素。

政治因素

政治因素在制定决策的行为因素中起着至关重要的作用。一个主要的政治因素——联盟，与决策尤为相关。**联盟**（coalition）是指个人或团体因共同的目标而形成的非正式联合。而这个共同的目标通常指各方都比较偏好的方案。例如，联盟的股东经常联合起来强迫董事会作出某项决策。

纽约洋基队（New York Yankees）曾经告知三个主要的运动鞋制造商耐克、锐步（Reebok）和阿迪达斯其正在寻找一家赞助商。在耐克和锐步仔细、理性地评估可能性时，阿迪达斯的管理者很快意识到这一合作意义重大。他们对此迅速作出反应，最终敲定了赞助合同，而其他两家竞争对手仍在分析细节。[27]

当这些联盟进入政界，力图游说立法者制定对它们有利的法律时，它们就成了说客。说客还经常捐款赞助某个候选人参加选举，而这个候选人更可能遵循他们制定的议程。美国政界经常出现的主题就是特殊利益团体对政治家施加的有害影响，因为这些政治家可能觉得必须制定有利于竞选活动赞助者的决策，从而过分地顾及赞助者的利益。

直觉因素

直觉（intuition）是内心关于某些事物固有的信念，经常是下意识的想法。管理者有时候决定做某事，是因为他感觉这个决定是正确的，或者只是凭直觉作出这个决定。然而，直觉通常不是随意产生的，而是基于多年的经验和相似情境决策的实践。直觉有助于管理者作出临时决策，而无须采用一系列全面理智的步骤。即便如此，所有管理者尤其是缺乏经验的管理者，应该小心谨慎，不要太依赖直觉。如果轻视理性和逻辑性而仅凭直觉行事，那么灾难总有一天会降临。

承诺升级因素

影响决策的一个重要行为因素是对已经选定的行动方案的**承诺升级**（escalation of commitment）。尤其是有时决策者作出决策后，始终坚持此决策的行动方针，即使它已被证明是错误的决策。[28]例如，股民购买了一家公司股票后，即使股票价格已经多次下跌，他们有时也会拒绝出售该股票。他们还是坚持自己的行动方针，购买此股票，因为预期将会盈利，即使面临越来越大的损失。而且，当股票价格下跌以后，他们可能借口不能以如此低的价格出售该股票，因为这样他们将遭受利益损失。

风险偏好因素

风险偏好（risk propensity）的行为表现是决策制定者在作出决策时愿意承担风险的

程度。一些管理者对他们所作的每一个决策都非常小心谨慎。他们坚持理智思考，而且非常保守。这种类型的管理者更可能避免犯错误，他们通常不会作出可能导致损失的决策。另一些管理者则作出锐意进取的决策，也很愿意冒险。[29] 他们高度依赖直觉，很快就能作出决策，而且愿意冒险对所作的决策进行大额投资。这些管理者比那些保守的管理者更有可能凭借自己的决策获得巨大成功，当然也更有可能招致更大的损失。[30] 公司文化是孕育不同程度的风险偏好的一个重要因素。

问题与练习

复习题

1. 管理和领导的根本区别是什么？
2. 概括领导特质理论的基本前提。
3. 什么是领导替代品和领导中和剂？
4. 列出并简单阐述作出理智决策的步骤。

分析题

1. 请阐述领导者的五种权力。你的现任主管运用的是哪种权力？
2. 以任务为中心的领导行为何时最为重要？领导者何时表现出以员工为中心的领导行为更为重要？
3. 在未来，虚拟领导力所产生的影响将会增大。作为虚拟领导力情境中的潜在追随者，你最关心的问题会是什么？站在领导者的视角，你最关心的问题会是什么？
4. 请指出你认为表现出魅力型领导的领导者，并说明该领导者的哪些行为支持这一结论。

应用练习题

1. 在美国最大的那些公司中，绝大多数 CEO 是白人男性，而女性和少数族裔正在进入这一领导岗位。请找出一位少数族裔领导者，描述其曾面临并克服的挑战。
2. 在 2012 年，玛丽莎·梅耶尔被任命为雅虎总裁兼首席执行官。在雅虎任职期间，她作出了一些大胆的决定，但并不是所有的决定都受到欢迎，比如取消远程办公。研究梅耶尔的职业生涯，尤其是在雅虎工作期间，梅耶尔是哪种类型的领导者？你如何描述她的领导风格？你认为她是一个有效的领导者吗？为什么？

案　例

名副其实的领导力

在本章开篇，通过阅读案例你了解到，当今领导者需要长时间工作，他们在经营大公司时面临巨大压力。现在运用本章所学内容，你应该能够回答下列问题。

◇问题讨论

1. 布拉德·史密斯的哪些个人特质有助于他成为领导者？
2. 你如何描述布拉德·史密斯的领导风格？
3. 你认为史密斯的性别对他的成功有影响吗？为什么？
4. 史密斯职业生涯的三个重要教训是什么？

天才背后的人

毋庸置疑，苹果公司联合创始人史蒂夫·乔布斯是一位独一无二的领导者。在很多方面，他都表现出酷爱创新、乐于冒险的激情。苹果公司曾开发出 iMac、iPhone、iPod、iPhone 以及 iPad 等产品。作为该公司的领导者，乔布斯还表现出超凡的预见未来的能力，能够清晰地描绘出引人入胜的企业愿景，并与员工分享以激励员工。苹果现任首席执行官蒂姆·库克（Tim Cook）说："尽管经营着一家大公司，但乔布斯一直敢于大胆尝试，而这些大胆尝试，我认为其他任何人都不会做。"[31]

然而，乔布斯和苹果公司面临的挑战也正是企业愿景和创新、冒险的激情。为企业构建了愿景的领导者，其领导力源自动员员工快速达到目标的能力。然而，面对错误的愿景，员工同样全身心地投入，朝着错误的方向快速前行，即时已危机四伏。[32]通常，这些心怀愿景的领导者能够有效地消除负面闲言碎语的影响，但这并不总是积极的做法，尤其是在员工发现愿景中存在致命错误时。

乔布斯虽然鼓舞了无数员工和客户，但对于那些没能成功实现其愿景的员工却是冷漠无情。苹果公司虽然取得了许多成功，但也遭遇过失败。其中最值得注意的就是 mobileme 电子邮件系统。乔布斯对于该系统存在的缺陷极为失望，公开解雇了负责 mobileme 开发工作的主管。[33]

乔布斯的激情在他的一生中意义重大。2009 年，乔布斯接受肝脏移植手术醒来后，发现自己躺在医院里戴着氧气罩。他拽掉氧气罩，尽管几乎不能讲话，他还是告诉医生，这东西设计得太差，他不愿戴着遭罪。乔布斯因胰腺癌于 2011 年逝世，但他给世界留下了不可磨灭的印记。

◇**问题讨论**

1. 你认为史蒂夫·乔布斯是一位魅力型领导者吗？是什么使你得出这样的结论？

2. 乔布斯享受着员工的高度忠诚。你认为员工为什么强烈地愿意为乔布斯领导下的苹果公司工作？

3. 为乔布斯这样的领导者工作，员工面临什么挑战？

4. 从直觉、承诺升级和风险偏好等方面描述乔布斯。

5. 你愿意为乔布斯领导下的苹果公司工作吗？为什么？

6. 领导者与管理者有何不同？描述情境领导理论和其中的三个主要理论。路径-目标理论如何帮助你在一种情境下确定最合适的领导风格？

注　释

第9章 人力资源管理和劳动关系

学习目标

1. 定义人力资源管理，阐述人力资源管理的重要性，解释管理者如何为所在公司的人力资源需求作出规划。
2. 探讨人力资源管理的法律环境，识别当前相关的法律问题。
3. 确定公司进行人员配置的步骤，讨论公司招聘和选拔新员工的方法。
4. 描述公司薪酬和福利制度的构成要素。
5. 阐述管理者如何通过培训和绩效考核发展公司的员工队伍。
6. 讨论劳动力多元化、知识型员工管理以及应急工的使用等当今工作场所的重要变化。
7. 解释员工为什么组织起来建立工会，并描述集体协商的过程。

开篇案例 　　推动韦格曼斯发展的独特伙伴关系

　　如果你正在为烹饪意式美味寻找最好的帕尔玛奶酪，你可以到韦格曼斯食品超市试一试，特别是当你恰巧住在纽约匹兹福特附近时。奶酪部门经理卡罗尔·肯特（Carol Kent）会很乐意向你推荐最好的奶酪品牌，她的工作要求她了解奶酪，并管理 20 名下属员工。肯特知识渊博，韦格曼斯将她这样的员工视为一项重要资产。韦格曼斯认为自己的员工要比竞争对手的员工掌握更多知识。

　　韦格曼斯食品超市是一家位于美国东海岸的家族连锁企业，在 6 个州拥有 80 多门店，它重视对顾客的承诺。在《消费者报告》（*Consumer Reports*）对美国最佳杂货店的调查中，韦格曼斯位居榜首。2017 年，在《财富》杂志公布的"100 个最佳工作场所"年度榜单中，该公司连续 20 年排在前列。但是，对顾客的承诺仅是韦格曼斯整体战略的一部分，还需要通过员工去接触顾客才能实现。"我们如何做到差异化?"韦格曼斯的回答是:"我们的策略是尽可能销售那些需要掌握相关使用知识的产品。任何需要知识和服务的产品都给我们提供了经营理由。"这也是肯特到意大利出差的原因。肯特视之为公司给自己提供的一项特殊待遇。肯特的任务是到那里亲自研究意大利奶酪。肯特回忆说:"我们与制造奶酪的家庭坐在一起,与他们一起吃面包。这一切让我明白,我们并不仅是在销售一块奶酪,而是在销售一项传统、一种品质。"

肯特和她所在部门的员工也享受着行业最优厚的福利待遇,包括全额支付的医疗保险。兼职员工也可享受这个待遇,兼职员工占公司员工总数的 2/3 以上,有 47 000 多人。在某种程度上说,将福利扩大到大部分员工都可享受,是为了确保超市在关键的高峰期有足够的优秀员工服务顾客。但不可否认,员工友好政策会使劳动力成本有所上升。例如,韦格曼斯的劳动力成本占销售额的 15%~17%,远高于大多数超市的 12%。除了医疗福利待遇之外,韦格曼斯还为员工提供健身中心折扣卡、工作周压缩、远程办公和家庭伴侣福利等各种额外的特殊福利。

该行业的平均员工流失率在 19% 左右(兼职员工的流失率可能接近 100%),相关的成本会比年度总利润高出 40%,而韦格曼斯的员工流失率则约为 6%。事实上,几乎有 20% 的员工在这里工作了至少 10 年,许多员工在公司工作了至少 25 年。留住博学多识的员工长期为公司工作,对公司大有好处,也是公司良好工作环境的反映。一位 19 岁的大学生在纽约最北部的韦格曼斯门店工作,同时他还正在应聘高中历史老师的工作,他说道:"我喜欢这里。如果不再教书,我想我会在韦格曼斯全职工作。"爱德华•麦克劳林(Edward McLaughlin)在康奈尔大学(Cornell University)教授食品工业管理课程,对于这种情况甚是了解。他说:"如果你是一个 16 岁的孩子,那你最不想做的事情就是穿着古板的衬衫在超市里工作,但是在韦格曼斯,这是一种荣誉。你不是一个厌倦枯燥工作的收银员,而是社会不可或缺的一份子。"

该公司的福利待遇超越了大多数公司提供的最低福利。例如,根据公司的员工奖学金计划,全职员工可获得长达 4 年、每年高达 2 200 美元的奖学金,兼职员工最多可获得 1 500 美元的奖学金。自 1984 年实施以来,该计划已向 32 000 多名员工发放了 1 亿美元的奖学金。与大多数韦格曼斯的政策一样,这项政策将员工能力拓展与企业长期战略相结合。总裁科琳•韦格曼(Colleen Wegman)说道:"这项计划确实改变了许多年轻人的生活。"她又补充道:"这也是我们能够吸引最优秀和最聪明的人来韦格曼斯工作的原因之一。"

自 1915 成立以来,韦格曼斯一直由韦格曼家族掌控,它的优势就在于它像家族高管所期望的那样在资源使用方面非常慷慨,不必做每一件事时都考虑季度利润。公司欣然指出,优待员工是长期的头等要务。1950 年,罗伯特•韦格曼(Robert Wegman)提出利润分享和全资医疗保险的员工福利计划,他于 1930 在纽约罗切斯特开设了公司的旗舰店。为什么当时给员工提供如此慷慨的福利待遇?罗伯特•韦格曼简单地说:"因为我和他们没什么不同。"[1] (学完本章内容后,你应该能够回答章末的一系列讨论题。)

我能从中学到什么?

你现在是否在为别人工作?你将来是否会为别人工作?你现在或者将来会有自己的企业,雇用员工为你工作吗?在任何一种情况下,人力资源管理都是你要了解的至关重要的活动。有效的人力资源管理是组织的生命线。认真对待并从战略的角度管理人力资源，而不是草率行事，公司就会有更大的机会成功。通过学习本章内容，你将更好地理解在企业或单位中恰当地管理人力资源的重要性，雇主为什么以及如何提供与你直接相关的工作安排。

本章首先讲述管理者如何制订所在组织的人力资源需求计划，还将讨论组织选择和培养员工以及评价员工绩效的方法，并探讨薪酬体系的主要组成部分。在这一过程中，我们将研究当今工作场所中有关员工招聘、薪酬和发展的一些关键问题，以及劳动力多元化问题。最后将说明为什么员工组织成立工会，并讲述集体协商的过程。下面就从人力资源管理的一些基本概念开始本章的学习。

9.1 人力资源管理的基本原理

人力资源管理（human resource management，HRM）是旨在吸引、培养、维系有效劳动力的一系列组织活动。近年来，专家们开始逐渐认识到人力资源管理的战略重要性以及系统地进行人力资源规划的必要性。

9.1.1 人力资源管理的战略重要性

人力资源（human resource，HR）是指组成一个组织的劳动力队伍的全体人员。人力资源能否有效地发挥职能作用事关重大。许多组织曾一度将人力资源管理（有时称之为"人事"）置于次要地位，但是近年来，人力资源管理的重要性显著增加，主要来源于三个方面：法律事务的复杂性日益增加，人力资源是提高生产率的重要手段，不良人力资源管理产生的关联成本。[2] 例如，在过去的十多年里，微软曾宣布进行两次不同的大规模裁员（一次裁员 5 000 人，另一次裁员 14 000 人），主要是针对从事软件开发工作的员工。然而，该公司同时继续扩大规模，雇用数千名其他领域的高素质人才，从事与互联网搜索和网络集成相关的工作，这是该公司的一个重要增长领域。微软运用这种审慎系统的人力资源管理方法，在不再需要的领域减少人力资源，并在关键的增长领域增配新的人力资源，这正反映了人力资源管理的战略路径。

事实上，管理者现在意识到，人力资源职能的有效性对公司的盈亏情况有重大影响。人力资源规划做得不好，可能会导致过度招聘，公司随后要为裁员付出昂贵的代价，因为必须支付失业补偿金，既浪费了培训费用，又要处理公共关系，而且员工士气亦受到影响。盲目随意的薪酬体系无法吸引、留住和激励优秀员工，过时陈旧的招聘方式会使公司面临代价昂贵、尴尬难堪的歧视诉讼。因此，多数大型企业的首席人力资源官由一位副总裁担任，直接对首席执行官负责，许多公司制订复杂的战略人力资源计划，并将这些计划与其他战略规划活动整合起来。

组织即使只有 200 名员工，通常也设有一个人力资源经理和一个负责监督这些活动的人力资源部门。人力资源相关的职责通常由人力资源部门和业务部门经理共同承担。人力资源部门可能会负责招聘并初步筛选求职者，但最终的招聘决策通常是由招聘岗位所属部门的经理来确定。同样，虽然人力资源部门可以建立绩效考核政策和程序，但员工的实际考评和指导是由其直属上级完成。

越来越多的企业意识到人力资源管理的战略意义，甚至还由此产生了新的术语，反映企业在人力方面的投入。**人力资本**（human capital，HC）用于反映组织在吸引、留住和激励有效劳动力方面的投资。因此，正如财务资本是企业财务资源和储备的"指示器"一样，人力资本也成为有形的指示器，显示构成某个组织的人员的价值。[3] 现如今，一些管理者也在谈论如何对人才进行管理。**人才管理**（talent management）反映了一种观点，即组织中的人员代表富有价值的人才和技能的组合，可以采用最有利于组织成功的方式进行有效管理和利用。

9.1.2　人力资源规划

吸引合格的新员工这项工作的起点是制定规划。具体地讲，人力资源规划涉及工作分析以及对劳动力需求与供给的预测，如图9-1所示。

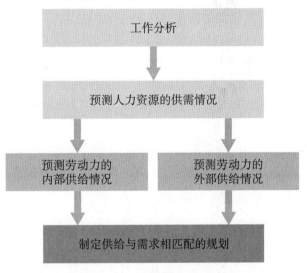

图9-1　人力资源规划过程

工作分析

工作分析（job analysis）是对一个组织内部所设各类工作岗位进行的系统分析，也称岗位分析或职位分析。大多数公司都有训练有素的专家来做这些分析。工作分析最终形成两项成果：

• **岗位描述**（job description）列明岗位的责任与职责，工作条件，履行职责所使用的工具、材料、设备及信息。

• **任职资格**（job specification）列明为有效履行职责所需要的技能、能力，以及其他要求。

很多人力资源管理活动都使用工作分析信息。例如，了解岗位内容和岗位要求，对制定合适的选拔方法、创建与岗位相关的绩效评估体系，以及设定公平的薪酬等级都十分必要。

预测人力资源的供需情况

了解组织所要从事的工作后，管理者就可以开始对组织的未来人力资源需求进行规划。管理者首先要对人力资源历史使用趋势、组织的未来计划以及总体经济发展趋势进行评估。

预测劳动力供给情况实际上涉及两项任务：

1. 预测内部供给，即未来某天将在公司就职的员工人数和类型。
2. 预测外部供给，即一般在劳动力市场上可以雇用的员工数量与类型。

人员配置图 在组织高层，管理者负责对具体的人员和职位进行规划。最经常使用的技术是**人员配置图**（replacement chart），它列示每个重要的管理职位、目前任职者是谁、此人任期多久才能晋升（换工作或退休）、谁现在能胜任或很快能胜任该职位。（当然，在大公司这种信息已经计算机化。）这种技术能为被认定为关键管理岗位的潜在接班人规划发展历程。例如，哈利伯顿公司（Halliburton）拥有详细的人员置换体系——**管理层继任系统**（executive succession system，ESS）。每年公司在对管理人员的工作业绩进行评估后，将有关个人晋升的资格、晋升的潜在职位，以及为使某人做好晋升准备还需要哪些培养活动等记录录入该系统。当公司的其他管理职位有空缺时，可以访问该系统，从中挑选合适的人选。

技能储备库 为了便于规划和识别调动或晋升的人，有些组织还建立了包括员工教育、技能、工作经历以及职业追求等信息的**员工信息系统**（employee information systems），即所谓的**技能储备库**（skills inventories）。从中可以迅速找出填补某一空缺职位的合适人选。

预测劳动力的外部供给与此完全不同。规划人员需要依赖来源于外部的信息，如美国各州就业委员会、政府报告以及大学提供的主要专业的学生人数等数据。

制定人力资源供给与需求相匹配的规划

对未来需求与公司内部供给加以比较之后，管理者可以制定规划，管理预计会出现的人员短缺或人浮于事的问题。如果预计出现人员短缺的现象，可以雇用新员工，可以对现有员工进行再培训后将其调往人员有缺口的部门，可以说服即将退休的人员继续留任，或者可以采用节约劳动力或提高生产效率的系统。如果预计出现人浮于事的问题，主要的选择是调转多余员工、不填补辞职人员的空缺、鼓励提前退休，以及裁员。在 2008—2011 年经济衰退期间，很多公司通过裁员来缩减公司的劳动力规模，还有一些公司则采用减少员工的工作时间、强制减薪或将多种方法结合起来的手段，应对经济衰退。

⇒ 9.2 人力资源管理的法律环境

许多法律对雇员-雇主关系的多个方面作出了明文规定，特别是在平等就业机会、薪酬和福利、劳动关系，以及职业安全与健康等方面。表 9-1 概括了雇员-雇主关系在这几个主要方面的法律规定。

表 9-1　影响人力资源管理的主要法律法规

平等就业机会

　　《1964 年民权法案》第七章（由《1972 平等就业机会法》予以修正）。禁止基于种族、肤色、性别、宗教信仰或国籍在雇佣关系的各个方面进行歧视。

　　《就业年龄歧视法案》。歧视 40 岁以上的人属于违法。

　　各种行政命令，特别是《1965 年 11246 号行政命令》（Executive Order 11246 in 1965）。要求那些与政府签订合同的雇主采取平权行动。

　　《越战时期退伍军人再就业援助法案》。将平权行动命令的适用范围扩展到越南战争期间服役的退伍军人。

　　《怀孕歧视法案》。特别禁止雇主对孕妇产生歧视行为。

　　《美国残疾人保护法案》。明确禁止歧视残疾人。

　　《1991 年民权法案》。使员工更容易起诉组织歧视，同时对赢得官司后得到的惩罚性损害赔偿金数额作出了限制。

薪酬和福利

　　《公平劳动标准法案》。规定最低工资以及每周工作 40 小时以上依法支付加班费。

　　《1963 年同工同酬法案》。要求男女员工同工同酬。

　　《1974 年雇员退休收入保障法案》。监管组织如何管理养老基金。

　　《1993 年家庭和医疗休假法案》。要求雇主为员工因家庭和医疗紧急情况提供长达 12 周的无薪假期。

劳动关系

　　《国家劳动关系法案》。明确规定员工可以建立工会的程序，并要求组织与合法成立的工会进行集体谈判；也称为《瓦格纳法案》。

　　《劳动关系法案》。在工会组织活动期间，对工会的权力予以限制，并对管理层的权力作出具体规定；也称为《塔夫脱-哈特莱法案》。

职业安全与健康

　　《1970 年职业安全与健康法案》。强令企业提供安全的工作条件。

9.2.1　平等就业机会

　　美国**《1964 年民权法案》第七章**（Title Ⅶ of the Civil Rights Act of 1964）禁止在雇佣关系的各个方面出现歧视，例如，禁止基于种族、肤色、性别、宗教信仰或国籍等因素对某些受保护阶层的成员在雇用、晋升、加薪、裁员以及解聘时作出歧视行为。第七章的目的是确保就业决策是基于求职者个人的资格，而不是招聘方个人的偏见。该法律减少了直接形式的歧视（比如，拒绝晋升非洲裔员工进入管理层，不雇用男性乘务员，拒绝雇用女性建筑工人等）以及间接形式的歧视（比如，使用白种人通过率高于非洲裔的就业测试）。但是，要注意的是，管理者可以基于与工作相关的因素，如资格、业绩、资历等灵活地作出聘用决策。例如，如果某位男性求职者更有资格，即受过更多教育或有更多相关工作经验，某个组织可能会雇用他，但该组织不能仅仅因为他是男性就雇用他。

　　当少数族裔和女性达到如考试成绩和其他资格等就业要求的比率低于多数族裔群体成员的 80% 时，即可依法断定这些要求对前者有不利影响。只有在有确凿证据表明对受保护群体产生**不利影响**（adverse impact）的标准确实能够有效地识别出比其他人更能胜任某项工作的个人时，才可以使用该标准。**平等就业机会委员会**（Equal Employment Opportunity Commission，EEOC）负责执行第七章以及其他与就业有关的法律。

　　1967 年通过的**《就业年龄歧视法案》**（Age Discrimination in Employment Act）于

。

1978 年和 1986 年进行了修订，旨在防止企业歧视年长员工。按最新规定，歧视 40 岁以上的人可被裁定为非法。《就业年龄歧视法案》和《民权法案》第七章都要求雇主做到被动性非歧视，或给予平等就业机会。雇主不需要寻找和雇用少数族裔，但他们必须公平对待所有求职者。

然而，一些行政命令要求持有政府合同的雇主采取**平权行动**（affirmative action），有计划地从组织中代表性不足的群体中招聘和雇用员工。这些组织必须制订一份书面形式的**平权行动计划**（affirmative action plan），说明促进未充分利用的群体就业的目标以及如何实现这些目标。行政命令还要求这些雇主在雇用越战时期的退伍军人（这是实施《越战时期退伍军人再就业援助法案》（Vietnam Era Veterans' Readjustment Assistance Act）的结果）和有资格的残疾人方面采取平权行动。《怀孕歧视法案》（Pregnancy Discrimination Act）禁止歧视怀孕妇女。

1990 年，国会通过了《美国残疾人保护法案》（Americans with Disabilities Act），该法案禁止歧视残疾人的行为，并要求雇主为残疾员工提供合理的膳宿。

《1991 年民权法案》（Civil Rights Act of 1991）对最初的《民权法案》以及其他相关法律进行了修正，使提起歧视诉讼更加容易，同时限定了在这些诉讼中对雇主可以裁定的惩罚性损害赔偿金的数额。

9.2.2　薪酬和福利

法律还对薪酬和福利作出相应的规定。1938 年通过、后经多次修正的**《公平劳动标准法案》**（Fair Labor Standards Act）规定了最低工资标准，并要求向每周工作超过 40 小时的员工支付一定比率的加班费。领月薪的专业人员、行政主管和行政雇员可不受最低时薪和加班费规定的约束。**《1963 年同工同酬法案》**（Equal Pay Act of 1963）要求给予从事同样工作的男女员工相同的报酬。企图规避法律为从事同样工作的男女员工设定不同的职称以给他们支付不同的工资，这种做法是非法的。然而，根据工龄或业绩来决定员工的工资是合法的，即使这意味着一位男员工和一位女员工做同样的工作所得的报酬是不同的。

福利的提供也在某些方面受到各州法律和联邦法律的管制。某些福利是强制性的，比如投保员工工伤保险或对工作时受伤的员工给予赔偿。为员工提供退休金计划的雇主受**《1974 年雇员退休收入保障法案》**（Employee Retirement Income Security Act (ERISA) of 1974）的监管。该法案的目的是通过规范养老基金的投资方式，确保养老基金的财务安全。**《1993 年家庭和医疗休假法案》**（Family and Medical Leave Act (FMLA) of 1993）要求雇主为员工因家庭和医疗紧急情况提供最多 12 周的无薪休假。

9.2.3　劳动关系

受到严格监管的另一个领域是工会活动和管理层对工会的所作所为。1935 年通过的**《国家劳动关系法案》**（National Labor Relations Act，又称**《瓦格纳法案》**（Wagner Act））规定了员工投票决定是否由工会作为代表的程序。如果他们投票赞成由工会来代表自己，管理层就必须与工会进行集体谈判。**国家劳动关系委员会**（National Labor Relations

Board，NLRB）是依据《瓦格纳法案》建立的，负责执行该法案的相关条款。在 1946 年一系列严重的罢工事件之后，于 1947 年又通过了《劳动关系法案》（Labor-Management Relations Act，又称为《塔夫脱-哈特莱法案》（Taft-Hartley Act）），旨在限制工会的权力。该法律增加了有组织的运动爆发期间对管理层权力的相关规定。《塔夫脱-哈特莱法案》还包含国家紧急罢工条款，允许美国总统防止或结束危害国家安全的罢工。总而言之，这些法律旨在促成工会权力和管理权力之间的平衡。员工可以由一个合法创建和管理的工会来代表，企业可以在不受干扰的情况下作出与员工无关的业务决策。

9.2.4 职业安全与健康

《1970 年职业安全与健康法案》（Occupational Safety and Health Act（OSHA）of 1970）强制性规定，雇主必须提供安全的工作条件。它要求雇主提供没有可能造成死亡或严重人身伤害的工作场所，遵守劳工部制定的安全和健康标准。安全标准的执行旨在防止事故发生，而职业健康标准关注的则是预防职业病。例如，标准规定了空气中棉花粉尘浓度的限制范围，因为这种污染物可能导致纺织工人患上肺部疾病。这些标准由美国职业安全与健康管理局（Occupational Safety and Health Administration，OSHA）通过调查强制执行。在员工投诉存在工作环境不安全的情况，或者在发生严重的事故时，OSHA 要进行相应的调查。

OSHA 还对采矿和化学品等特别危险行业的工厂进行现场检查。不符合职业安全与健康标准的雇主可能被罚款。总部位于迈阿密的铅制品企业有限公司（Lead Enterprises Inc.）生产各种铅制品，包括渔具和潜水配重铅块，在明知可能产生危害（如脑损伤、肾病和生殖系统损伤）的情况下，却没有采取相应的防护措施使员工免受铅污染的侵害，因而受到 OSHA 的指控。经过多次调查，该公司被指控违反了 32 项安全和健康规定，并被处以逾 30.7 万美元的罚款。[4] 2013 年，得克萨斯州韦斯特镇的一个化肥厂发生了大规模爆炸，可能部分是由不安全的工作方式造成的。此外，初步证据显示，OSHA 的调查人员未能注意到工厂的潜在灾难警示标识。

9.2.5 其他法律问题

除了这些已经建立的人力资源法律法规之外，有几个新出现的法律问题也值得注意。

工作场所中的艾滋病

尽管根据 1990 年的《美国残疾人保护法案》，艾滋病被视为一种残疾，但艾滋病问题本身十分严重，有必要对其予以特别关注。雇主不能依法要求把人体免疫缺陷病毒（HIV）检测或任何其他医学检查作为提供就业机会的条件。组织必须照顾 HIV 携带者，对他们的所有医疗记录严格保密，并对他们的同事进行相关教育，让他们对艾滋病有所了解。

性骚扰

根据平等就业机会委员会的定义，**性骚扰**（sexual harassment）是指在工作环境中冒犯他人的、带有性暗示的不良行为。如果这种行为确实有冒犯性并频繁发生，造成一种虐待性的环境，雇主应警告、训责或开除骚扰者，对改变这种环境负责。法律界定了两种类型的性骚扰行为：

1. 在**交换型性骚扰**（quid pro quo harassment）的情形下，骚扰者提出以有价值的东西来换取性行为。例如，一个主管可能告诉或暗示其下属，以给予下属提拔或提薪的方式得到发生性行为的机会。

2. **敌意工作环境型性骚扰**（hostile work environment harass-ment）是性骚扰的另一种形式。一群男性员工不断地讲一些下流的笑话、经常污言秽语、用非常不合适的图片装饰工作环境，会给其他同事造成充满敌意的工作环境，使工作环境令人不适。

最近，骚扰的概念被扩大，包括在民族、宗教以及年龄方面的有冒犯性或不合适的行为。

自由雇用

自由雇用（employment at will）的概念认为，雇主和雇员，无论事先是否通知对方，都拥有在任何时候、以任何理由终止雇佣关系的权利。但是，在过去 20 多年里，有些被解雇的雇员以不当解雇为由对前雇主提起诉讼，对"自由雇用"提出了质疑。

这类诉讼案已经对某些情况下的雇佣条款提出了限制。例如，一些组织曾因某些员工提出工伤补偿要求，或者因"过多"请假履行陪审团职责而解雇了这些员工。然而法律现在规定，雇员不得因行使受法律保护的权利而被解雇。

爱国者法案

作为 2001 年"9·11"恐怖主义袭击事件的对策，美国通过了有关增加调查和依法惩处恐怖主义嫌疑犯的力度的立法，即《**爱国者法案**》（Patriot Act）。该法案对人力资源管理有以下主要影响：例如，某些受限制的个人（包括有犯罪前科的人和来自美国国务院认定的"反复给国际恐怖主义行动提供支持"的国家的人）没有资格在具有潜在威胁的生物制药部门工作。存在争议的部分是，该法案允许政府调查人员查阅以前保密的个人和财务记录。

除了上述这些法律监管领域之外，其他一些问题也在继续出现。例如，近年来，性别认同、性取向、原籍国和移民等问题都具有了新的社会意义，对人力资源管理产生了一定的影响。

9.3　组织的人员配置

当管理者确定组织需要补充新的员工，并充分了解经营活动所处的法律环境后，就可以将注意力转向如何进行招聘，如何雇用合适的人员组合。这项工作包括两个过程：（1）从公司外部招聘新员工；（2）从公司内部选拔现有员工。不论是从外部还是从内部配置员工，都需要从有效的招聘环节开始。

9.3.1　员工招聘

招聘（recruiting）是指吸引合格的人选到企业来申请空缺职位的过程。

内部招聘

内部招聘（internal recruiting）是指把企业现有员工视为空缺岗位候选人的做法。从内部选拔有助于提高士气，避免高素质员工的流失。对于较高层级的职位而言，可以使用技能储备库找出内部候选人，或可以让管理者推荐供考虑的人选。当然，内部提拔也会产生新的岗位空缺，而这些空缺也必须有人填补。

外部招聘

外部招聘（external recruiting）是指吸引组织外部的人员前来求职的过程。外部招聘的方法包括在公司网站或其他网站如 Monster.com 上发布招聘信息；为大学应届毕业生举行校园招聘会；利用就业机构或猎头公司搜寻潜在的人才；找现有员工进行推荐；在印刷出版物上刊登广告；以及雇用主动申请者。

组织还必须记住，招聘决策通常都是双向的——组织在招聘员工，而未来的员工也在选择一份工作。例如，当失业率很低时（意味着找工作的人更少），企业可能不得不想出更好的办法来吸引新员工。但当失业率上升时（意味着有更多的人在找工作），企业可能无须采取昂贵的招聘激励措施就能较容易雇用到员工。但是，即使一家公司能够挑选出最优秀的潜在员工，它也应该全力以赴，让所有求职者都感到受尊重，力争做到人岗匹配。雇用不合适的员工可能使公司遭受损失，若不合适的员工是低技能工人，则损失为其一半的年工资，若不合适的员工是高级别员工，则损失约为其工资的 3～5 倍。因此，以每年 4 万美元雇"错"员工可能会让公司至少损失 2 万美元。这些成本来自培训、咨询、低生产率、解聘、招聘和雇用新员工。

成功促进良好的人岗匹配的一个方法是**现实工作预览**（realistic job preview，RJP）。顾名思义，现实工作预览需要向申请人提供有关工作和岗位的真实情况，说明如何执行组织试图填补的岗位的职责。[5] 例如，实际工作是一个简单的常规性工作，然而有些管理者为了雇用最优秀的人，告诉应聘者这份工作既令人兴奋又富有挑战性，这样做是没有意义的。其可能的结果是，员工上岗后感到不满意，很快找到更好的工作。然而，如果公司更实际一些，那么被雇用的人将更有可能在该岗位工作较长时间。当然，管理者可能不想实事求是把一份工作描述为枯燥乏味。解决这一困境的有效方法可能是让求职者观察现有工作人员的表现，或者观看有关工作的简短视频，然后让求职者自己作出评判。

9.3.2 员工选拔

在招聘活动吸引来很多申请人后，下一步就是遴选可雇用的人员。遴选过程的初衷是从求职申请人那里获得预示工作成功的信息，然后雇用最有可能成功的求职者。

申请表

员工选拔的第一步通常是要求求职者填写一份申请表。申请表是获得求职者以往工作经历、教育背景以及与工作相关的其他人口统计学数据的有效方法。然而，选拔高级职位的人选时很少使用申请表，这种职位的求职者的简历十分相似。一些公司仍然使用传统的纸质申请表，现在较大型的公司大多要求求职者准备电子版的申请表，然后在公司的网站上提交。

测试

在选拔过程中，雇主有时会要求求职者参加各种测试。对于与某一职位有关的能力、技能、天赋或知识进行的测试，通常是预测求职者将来工作水平的最佳指标，而对整体智力水平和性格的测试有时也是很有用处的。一些公司采用第 8 章所讨论的"大五"人格测试（或其他人格测试）来预测求职者能否在今后的工作中取得成功。

面试

面试是员工选拔时普遍采用的手段，尽管有时这种方法起不到预测未来工作能否成功的作用。例如，人们初次见面时对他人形成的看法和评价中的固有偏见会影响随后的评价。招聘方可以通过培训让面试官警惕潜在的偏见，同时制定严谨的面试结构，以提高面试的效度。在结构化面试中，招聘方要事先准备好要提问的问题，所有面试官采用同一套面试问题向每一位求职者提问。结构化面试通常用于较为常规性的工作，比如一些行政助理职位、数据录入职位和大学招生录取职位。对于招聘管理人员或专业人员的面试，可以使用半结构化的方法。虽然仍然要预先设计好问题涉及的领域和信息收集目的，但是根据每个求职者的不同背景情况，具体问题会有所不同。公司如果要寻找特别有创意的员工，那么就要设法在面试中更多地了解求职者的创新能力。

其他方法

根据所面临情况的不同，组织还会使用其他不同的选拔方法。测谎仪测试一度十分流行，现在已不那么受欢迎。组织有时会要求求职者进行体检（做法必须符合《美国残疾人保护法案》）。更多的组织正在使用药物检测，特别是在与药物相关的行为表现问题可能造成严重安全危害的情况下要进行药检。例如，可能负责处理危险化学品/医疗废物或从事公共交通活动（如驾驶公共汽车）的潜在雇员很可能要接受药物检测。一些组织还会核实未来雇员的信用情况。公司也可以通过联系前雇主进行核实，但实际上这些措施的价值不大，因为求职者一般提供的都是能够为自己提供正面意见的推荐人。更糟糕的是，一些求职者甚至可能伪造推荐信。[6]

➡ 9.4　薪酬与福利

员工为企业工作，自然期望获得薪酬，而如今，大多数员工还期望从雇主那里享受到一定的福利待遇。实际上，留住有才能、技术娴熟员工的一个主要因素是企业的**薪酬体系**（compensation system），即企业因员工为了实现企业的使命所作出的贡献而支付给员工的一系列报酬。企业既要提供足够的薪酬与福利待遇来吸引和留住员工，同时还要保持劳动力成本与自己的收入相匹配、与竞争对手的成本保持一致。

9.4.1　工资与薪金

工资与薪金是指支付给员工劳动报酬的货币数额。**工资**（wages）是按劳动时间支付的报酬。例如，如果企业为你的工作每小时支付 10 美元，这 10 美元就是你的工资。**薪金**（salary）则是按从事的工作所支付的报酬。一名年薪为 10 万美元的行政主管必须实现预定的业绩，才能获得应得的薪金，即使这意味着某一天要工作 5 小时，第二天要工作 15 小时。薪金通常以每月或每年支付的货币数额来表示。

在确定工资与薪金水平的过程中，公司可以首先考察竞争对手的工资水平。公司还必须确定公司内部不同岗位的工资与薪金的比较情况。有些公司给做同样工作的员工支付同样数额的薪酬，在其他一些组织中，经验更丰富的员工或业绩较高的员工可能比做同样工作的其他员工得到更多薪酬。只要薪酬差异的原因与工作相关，而不是基于偏见或偏袒，这种做法就是合法的，就可以起到激励作用。

2008—2011 年的经济衰退促使一些公司为降低成本而减少支付给员工的工资与薪金。例如，惠普公司减少了除顶级业绩者以外所有员工的薪酬，降低幅度在 2.5%～20%。凯业必达也降低了所有员工的薪酬，同时开始在每个周五的下午给所有员工放假，这也是降低工资的一种形式。

9.4.2　激励计划

研究表明，超出某一水平之后，支付更多的薪酬并不会产生更好的绩效。只有把薪酬与业绩直接联系起来，薪酬才会调动员工的积极性。建立这种联系的最常见的方法是使用**激励计划**（incentive plan）——旨在激励高水平绩效而制订的特殊薪酬计划。有些计划是针对个人的，而有些计划是针对整个公司的。

个人激励计划

销售奖金是一种典型的激励计划。如果员工在指定的时间段（如一周、一个月、一个季度或一年）内销售的产品达到规定的某一数量或金额时，他们将能得到**奖金**（bonus），也就是在薪金之外特别发放的奖励性酬金。未能达到目标的员工将得不到任何奖金。**绩优加薪制**（merit salary system）将加薪与非销售岗位的绩效水平联系起来。

公司通常将给予高级管理人员股票期权作为一种激励机制。例如，苹果公司的首席执行官蒂姆·库克每年可以按事先确定的价格购买数千股的公司股票。如果他的管理才能使公司的利润和股票价格有所提高，他就可以按低于市值的价格购买股票，而理论上，他对股票市值负有主要责任。他可以按市价出售股票，将所得收益归为己有。

另一种受到欢迎的激励计划是**绩效工资**（pay for performance）或**浮动工资**（variable pay）。从本质上讲，中层管理者因效益特别高的产出，即产生的收益大大超过奖励的成本，而受到奖励。在过去十多年里，美国采用浮动工资的公司数量在不断增长，而且有专家预测，浮动工资的受欢迎程度将继续提高。很多公司认为，浮动工资比绩效工资更能起到激励作用，因为在绩效工资下，绩效最优者与绩效平平者之间的加薪差距通常很小。

公司激励计划

一些激励计划面向公司所有员工。例如，根据**利润分享计划**（profit-sharing plans），公司把超过某个水平的所得利润分配给员工。此外还有**收益分享计划**（gainsharing plans），即通过提高工作效率而降低公司成本时，把奖金分配给员工。**知识工资计划**

（pay-for-knowledge plans）指的是公司给员工支付学习新技术并掌握不同岗位所需的娴熟技能的费用。

纽柯钢铁公司获得成功的妙举

在 2008—2011 年经济衰退期间，美国企业奉行的做法大多是降薪、缩编和裁员。但是，美国最大的钢铁制造商纽柯钢铁公司仍然保留所有的工作岗位。自 2008 年 9 月开始，美国钢铁行业受到减产幅度高达 50% 的打击，到 2009 年 1 月已经裁员约 1 万人，美国钢铁工人联合会（United Steelworkers Union）预计，在衰退结束之前，这一数字将翻一番。然而，到 2010 年底，纽柯拒绝效仿其他企业，没有裁掉任何一名员工。公司不仅在经济衰退期间保留了所有员工，而且在 40 多年的时间里，没有因为工作岗位不足而解雇一名员工。

就最高管理层而言，公司顺利渡过经济危机的能力源于几个因素，其中最重要的是公司员工和公司文化。公司文化源于 20 世纪 60 年代，是肯·艾弗森（Ken Iverson）所制定的政策带来的结果。艾弗森对如何管理公司的人力资源以及首席执行官的岗位责任提出了激进的观点。他认为，如果一个雇主想方设法与员工分享权力，尊重员工所取得的成就，尽可能地给予慷慨的劳动报酬，那么员工的生产率将会大大提高。现如今，公司人力资源模型的基础内容被归结为公司的"员工关系原则"：

1. 管理层有责任管理好纽柯，让员工有机会根据自己的工作效率赚得相应的收入。
2. 员工应该相信，如果他们能做好自己的工作，明天就会有工作可做。
3. 员工享有得到公平对待的权利，并相信他们会得到公平对待。
4. 当员工认为自己受到了不公平对待时，他们必须有申诉的途径。

艾弗森的方法是以激励为基础，关键在于高度创新的薪酬制度。该制度的第一步要求基本工资低于行业平均水平，这可能看起来并不是一个很有希望的开始，但纽柯薪酬制度的目的是使员工薪酬随着工作结果的改善而变得更好。例如，如果某一班生产出一批无缺陷的钢材，那么该班的每个工人都有权利得到按周发放的奖金，这可能使每个工人的实际工资增加两倍。此外，还有一次性的年终奖和分红。

然而，这一制度有利有弊。如果某班生产的一批钢材出了问题且在这批钢材离开工厂之前发现问题，那该班的工人显然得不到按周发放的奖金。如果这批钢材已到达客户手中，这些工人可能会损失三倍的奖金。人力资源副总裁詹姆斯·科布林（James M. Coblin）说："在经济低迷时，我们比其他公司的同行挣得少。这应该是在告诫我们，不要成为业绩平庸者或表现不佳者，我们要努力做好。"在 2009 财年，纽柯的总薪酬下降了约 40%。

公司里的每个人，从门卫到首席执行官，都被相应地纳入与各种目的和目标挂钩的某种形式的激励计划。纽柯的利润分享计划保证公司将拿出 10% 的税前收入用于该计划。此外，对于生产部门的员工设有工作小组一级的激励措施，而对于管理人员设有部门和事业部一级的激励措施。

该公司的组织结构非常扁平，这是艾弗森的另一项创新。在高级管理人员和门卫之间只有四层：总经理、部门经理、一线主管和领时薪的员工。大多数经营决策都在事业部一级或更低级别的管理层作出。众所周知，该公司对于在履行决策职责时无意间犯下的错误抱有宽容的态度。纽柯的网站上指出，对于员工积极主动参与决策，为企业提出合理建议，公司允许由此造成的失败。也就是说，如果某一位员工以合情合理的方式处理某个问题，而且作出的决策无可争辩、理由正当充分，但是最终结果事与愿违，那么这位员工不会受到惩罚。这样处理失败是为了促进员工的创造性和主动性的提升。

纽柯的做法能产生良好的预期效果，不仅是因为员工分担财务风险、分享经济收益，而且还因为他们在这个过程中很像是企业所有者。而那些像企业所有者一样思考的人，在必须作出决定或解决问题时，更有可能采取积极主动的工作作风。更重要的是，纽柯发现，团队合作是一个很好的孵化器，有助于员工积极性、主动性的提升，有助于员工集思广益、献计献策。在 2013 年成为首席执行官之前，约翰·费里奥拉（John J. Ferriola）负责管理位于阿肯色州希克曼的纽柯工厂。他记得在 2006 年 3 月的一个下午，工厂的电网设施发生了故障。他的电工给另外三个公司的电工打电话，一个在亚拉巴马州，另外两个在北卡罗来纳州，他们放下手头的工作，直奔阿肯色州工厂。这个电工联合小组每班工作 20 个小时，在三天内（而不是预期的一周时间）就让工厂恢复了正常的运转。对远道而来的电工来说，这样做得不到额外奖励（至少在经济上）。他们知道，当所在工厂的设备不运转时，相关维护人员是得不到奖金的。一位一线主管说："在纽柯我们不是像'你们这伙人'和'我们这伙人'这样分清职责，而是大家都负起责任。哪里出现瓶颈，我们就会前往那里，每个人都会努力解决出现的问题。"

9.4.3 福利计划

福利（benefits），即除工资与薪金以及公司给员工提供的其他奖励之外的报酬，在多数薪酬预算中所占比例日益增加。法律要求多数公司支付社会保障退休福利税，提供**员工工伤保险**（worker's compensation insurance，对员工在工作时遇到的伤害事故进行补偿的保险）。多数公司还为全职员工提供健康保险、人寿保险以及伤残保险，在员工休假和节假日放假时照常支付薪资。星巴克和货柜商店（The Container Store）等少数公司也向兼职员工提供类似的福利，但水平有所降低。很多公司还允许员工使用工资扣款的形式，以折扣价购买公司股票。一些大型企业为酗酒或有感情问题的员工提供咨询服务，还在工作场所设立托儿所。有些公司甚至给员工提供健身房和健身俱乐部的折扣会员费，以及针对个人信息被盗用提供保险或其他保护措施。[7]

退休计划

退休计划或养老金计划构成了另一种多数员工可以享受但有时可能引起争议的重要福利待遇。由公司资助的退休计划的建立最初是为了使员工在退休时可以领到养老金（这些被称为固定收益计划）。在有些情况下，公司为员工向养老基金全额缴纳养老金。在其他情况下，养老金则由公司和员工个人共同缴纳。近年来，有些公司由于没有足够的资金缴纳已经同意支付的养老金而陷入麻烦。

今天，许多公司正在转变使用固定缴款计划，也称为 401（k）计划。在这些计划中，雇员的缴款以及雇主按雇员薪资的一定比例所缴纳的款项，被投资于股票和债券基金。个人的退休金账户面临更大的风险（也有可能得到更高的回报），而雇主承担的风险较小。联邦快递和固特异都将员工的养老金计划转变为固定缴款计划。其他正在进行这种转变的企业包括安海斯－布希公司、美国富国银行、通用汽车公司、美国电话电报公司（AT&T）、通用电气以及美国塞克斯百货公司（Saks）。

控制福利成本

随着福利范围的不断扩大，对控制福利成本的关注也在增加。很多公司在努力吸引和留住杰出员工的同时，尝试实施成本削减计划。一种方式是**自选福利计划**（cafeteria benefit plan），即拨出一定数目的员工福利款，员工可以从各种不同的福利种类中自己挑选。医疗保健成本是人们越来越关注的一个领域。医疗费用支出增加了保险费，进而增加了雇主维持福利计划的成本。很多雇主在寻找降低这些成本的新办法。一个日益流行的做法是，组织创建自己的健康保健供应商网络，这些供应商同意对成员组织的员工收取较低的服务费用。作为回报，它们享有与大企业的稳固关系，从而增加了客户和病人数量。保险公司对成员员工收取的保险费有所降低，因为它们的赔付支出也比较低。

▶ 9.5 员工发展

公司雇用新员工后，必须使员工熟悉公司情况以及他们要承担的新工作。管理者还经常采取措施对员工进行培训，进一步拓展他们在工作中所需的技能。此外，每个公司都有自己的绩效考核和反馈体系。

9.5.1 培训和培养

在人力资源管理中，**培训**（training）通常是指教导从事操作性或技术性工作的员工如何做好自己的本职工作。它也指技术领域，如新的软件和技术的使用。**培养**（development）是指教授管理人员和专业人员当前和未来工作所需要的技能，包括决策改进、战略领导等。[8]大多数组织都为管理人员和普通员工提供定期的培训和培养课程。例如，IBM每年用于培训和培养项目的支出超过 6.2 亿美元，并有一位副总裁主管员工的教育工作。美国企业在远离工作场所的地方对员工进行培训和培养的项目上，每年的支出超过 1 270亿美元。全球每年在这方面的花费超过 2 650 亿美元。这些数字还不包括员工在参加这些项目时领取的工资、薪金和福利待遇。

评估培训需求

制订培训计划的第一步是确定存在哪些需求。例如，如果员工不知道如何操作机器来完成本职工作，那么有必要制订关于如何操作机器的培训计划。另外，当一些办公室职员表现不佳时，培训可能不是解决问题之道。问题可能出自工作动机不明、设备老化、监管不力、工作设计低效，或者员工缺乏技能和知识，只有最后一点才能通过培训加以解决。制订培训计划后，管理者应该设定可衡量的具体目标，明确参与者应该学习什么。管理者也应该在员工完成培训计划后对其进行考核评估。

常见的培训方法

有许多员工培训和培养方法。在选择方法时要考虑许多因素，但最重要的可能是培训内容。当培训内容是真实的材料（如公司的规定或如何填写表格的说明）时，指定阅读材料、程序化学习和课堂讲授等方法会很有效。然而，当培训内容是人际关系或集体决策时，公司所采用的方法必须允许人际接触，如角色扮演或案例分组讨论。当员工必须学习一项物理技能时，就需要采用允许练习以及实际使用工具和材料的培训方法，如**在职培训**（on-the-job training）或**仿真培训**（vestibule training）。（仿真培训能够使学员集中在安全的模拟场景中专心学习，关注的是反馈，而不是效率。）现场培训（on-the-spot training）是员工一边工作一边进行的培训，非现场培训（off-the-spot training）是员工离开工作场所进行的培训。该方法提供了一个受控制的环境，使受训者能不受干扰地集中学习。如果组织想保持一个高素质、高效率的员工队伍，那么培训是必要的手段。而且，很多员工把培训看成是一种福利——使他们与时俱进、学习新技术、为未来工作做好准备的福利。

基于网络和其他电子媒体的培训正变得越来越受欢迎。这类方法允许混合培训内容，比较容易进行更新和修改，让参与者使用可变的时间表，并降低成本。[9]但是，它们在模拟真实活动和促进面对面交流方面能力有限。施乐、美国万通人寿保险公司（Massachusetts Mutual Life Insurance）和福特都表示，这些方法取得了巨大成功。此外，大多数培训项目实际上依赖于多种方法。例如，波音公司派遣管理人员参加为期两周的密集培训研讨会，内容包括测试、模拟、角色扮演练习和飞行模拟练习。[10]

最后，一些规模较大的企业已经开始建立自己独立的培训机构，通常为企业大学。麦当劳是首批采用这种做法的公司之一，在伊利诺伊州开设汉堡大学（Hamburger University）。公司所有受训的管理者在这里进行培训，准确了解烤一个汉堡包需要多长时间、如何保持良好的客户服务等。人气颇高的 In-N-Out 汉堡包连锁店（In-N-Out Burger）也有一个类似的培训场所，名为 In-N-Out 大学（In-N-Out University）。其他公司如壳牌和通用电气也使用这种方法。[11]

培训效果评估

企业应该始终对员工培训和培养计划进行评估。典型的评估方法包括在培训之前和培训之后衡量一个或多个相关标准（如态度或表现），并确定这些标准是否需要改变。在培训结束时收集的评估指标很容易得到，但在员工工作时收集的实际绩效指标更为重要。员工可能会说他们很喜欢这次培训，学到了很多东西，但切实的评估标准是，他们的工作表现是否在培训后有所改进。

9.5.2 绩效评估

员工受过培训，工作步入正轨之后，管理层的下一个关注点就是绩效评估。[12]**绩效评估**（performance appraisal）就是对员工的工作绩效所进行的正式评价。鉴于诸多原因，应该定期对员工的绩效进行评估。一是为了检验员工选拔手段或评估培训项目的效果，有必要进行绩效评估。二是行政上的原因，绩效评估可以辅助管理者制定加薪、晋升和培训等方面的决策。还有一个原因是给员工提供反馈，帮助他们提高能力，为未来的职业生涯做好规划。[13]

由于绩效评估通常决定了员工的工资和晋升，因此必须做到公平，不能有歧视。在评估绩效时，管理者使用内容验证法来证明评估体系准确地衡量重要工作要素的绩效，而不衡量与工作绩效无关的特质或行为。

常用的评估方法

组织中常用的评估方法有两种：目标绩效评估法和判断绩效评估法。绩效目标的衡量标准包括实际产出（生产的产品数量）、报废率、销售额和处理的索赔数量。如果某些人比其他人有更好的机会，那么目标绩效评估结果可能会受到"偏得机会"的影响。例如，在密歇根州销售吹雪机的销售代表要比在亚拉巴马州销售同一产品的同事有更多的销售机会。但是，通常可以根据机会偏差的影响调整原始绩效数据，从而得到准确代表每个员工绩效的数据。

判断绩效评估法包括排序法和评级法，是最常用的绩效评估方法。排序法直接对员工进行比较，并把他们按绩效最佳到最差的顺序排列。排序法有许多缺点。使用排序法对较大规模的团队进行绩效评估是比较困难的，因为可能很难准确区分绩效分布在中间水平的个人的绩效孰优孰劣。对不同工作团队的员工进行比较也很困难。例如，绩效在强队排名第三的员工，可能比在弱队排名第一的员工更有价值。排序法的另一个缺点是，管理者必须基于员工的整体绩效进行排序，即使每个人各有长处和短处。此外，排名并不提供有用的反馈信息。得知自己的工作质量很高、数量令人满意、准时性有待提高，或者具有优秀的人际交往能力，远比得知排名第三对员工更有助益。

评级法与排序法的不同之处在于，它将每个员工与固定的标准进行比较，而不是与其他员工进行比较。评级量表提供了这样的标准。图 9-2 给出了银行出纳员的评级量表示例。评级量表包含一个要进行评级的绩效维度，然后是一个进行评级标注的量表。在构建评级量表时，必须选择与工作绩效相关的绩效维度。特别要注意的是，评级量表应该关注工作行为和结果，而不是人格特质或态度。

绩效评估中的错误

在任何一种评级或排序系统中，都可能发生错误或偏差。[14]一个常见的问题是近因性错误（recency error），即倾向于根据下属最近的表现作出判断，因为这是最容易回忆起来的。通常，评级或排序的目的是评估一段时间内的绩效，比如六个月或一年的绩效，因此近因性错误会导致判断失误。其他的错误包括过度使用评级量表的某一等级、评估过于宽松、评估过于严厉，或者给每个员工一个"平均"的评级。

晕轮效应（halo error）是指将某一员工在某一维度的评估结果"扩展"到对该员工其他方面的评估。例如，如果一个员工的产品质量评级是优秀，评估者可能会给他在其他维度的评级高于应得的评级。晕轮效应产生的原因也可能是有意或无意的种族、性别或年龄歧视。消除这类错误的最佳方法是确保在一开始就建立起一个有效的评估体系，并对管理人员进行培训，使他们能够正确使用评估体系。

一些组织如今在绩效评估时使用一个很有趣的创新方法，叫作 **360 度反馈**（360-degree feedback），利用管理者周围从上司、同事到下属的每一个人的反馈意见对其进行绩效评估。这是一个更全面综合的方法，提供了比只有上司主导的传统方法更丰富多样的绩

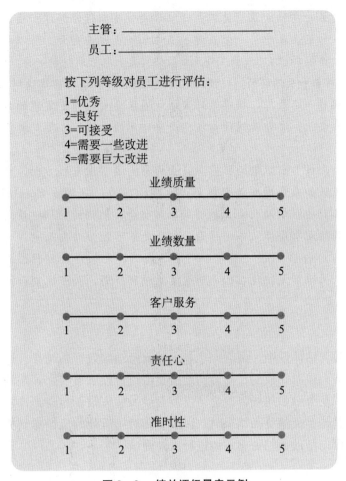

主管：_____

员工：_____

按下列等级对员工进行评估：
1=优秀
2=良好
3=可接受
4=需要一些改进
5=需要巨大改进

业绩质量

1　　2　　3　　4　　5

业绩数量

1　　2　　3　　4　　5

客户服务

1　　2　　3　　4　　5

责任心

1　　2　　3　　4　　5

准时性

1　　2　　3　　4　　5

图9-2　绩效评级量表示例

效信息。当然，这种评估方法需要较长时间才能完成，而且还必须注意不要在工作场所引起不安和不信任。[15]

创业和新企业　　　　　　　　　**裁员**

丹·柳（Dan Yoo）可以算得上"顺风顺水"。1999年，他以优异成绩毕业于乔治城大学（Georgetown University），获得管理学和金融学学位。在美林（Merrill Lynch）工作一年后，他进入了"技术支持型"投资银行 Epoch Investment Partners。不到一年，他梦寐以求的工作就不复存在了。该公司被高盛收购，他和几名新员工失业了。在此后的几年里，他在金融服务和技术部门担任了一系列备受瞩目的职位。后来他辞去了领英业务运营和业务分析副总裁的职务，成为 NerdWallet 的首席运营官。NerdWallet 是一家总部位于旧金山的定制财务咨询和分析提供商。

在 Epoch Investment Partners 的经历，使柳认识到同理心在与员工进行每一次互动中的重要性。虽然很少有人进入企业会期盼进行绩效评估甚至解雇员工，但强大的人际关系技能对企业家来说至关重要。在《企业家》（*Entrepreneur*）杂志上的一篇文章中，柳对如何怀有同理心作出因绩效不佳或削减成本而解雇员工的决定，提出了建议。

• 解雇员工的第一步始于录用员工之日。必须对员工行为加以塑造，主管不能对不良行为视而不见。在初创企业中，一个表现不佳的人可能影响重大，所以要让员工知道其所处的位置很重要。柳解释说："正如工作无成效就需要采取果断行动一样，员工入职后需要进行一个积极的上岗培训和反馈环节，以便快速沟通问题，并在裁员前提供纠正措施的机会。"

• 如果必须解雇一名员工，提前做好谈话计划很重要，你要实现的目标是尽可能以最好的方式进行解雇谈话。这就是同理心发挥重要作用的时候——要从被解雇员工的角度理解有关情况。

• 如果可能，应该作出慷慨的补偿。失业的影响远不止金钱方面，可以通过延长健康保险福利或再就业服务来帮助失业者缓解过渡期的压力。当柳被 Epoch Investment Partners 解雇时，他和其他被解雇的员工能够领取到奖金，他们的股权也被纳入公司的利润分享计划。该公司虽然没有法律义务这样做，但还是尽可能帮助失业者。[16]

到 2016 年底，NerdWallet 已经有 400 多名员工，它和许多加利福尼亚州科技公司一样，提供曾经被认为很罕见但现在已成为主流的福利待遇，如午休室和健康午餐。[17]

绩效反馈

在大多数绩效评估体系中，最后一步是向下属反馈绩效评估结果。这通常是在被评估者与其上司的私下面谈时完成的。面谈一般应集中讨论以下事实：评定的绩效水平、评估的方式和原因，以及今后如何加以改进。反馈面谈做起来很不容易。许多管理者对这项任务感到不安，尤其是在反馈负面结果时，以及下属对所听到的反馈感到失望时。对管理者进行适当的培训可以帮助他们更有效地进行反馈面谈。[18]

9.6 变化的工作场所面临的新挑战

除了我们已经考虑的挑战之外，人力资源管理者还面临着不断变化的经济和社会环境给企业带来的新挑战。

9.6.1 管理多元化的劳动力

人力资源面临的一个重要的挑战是**劳动力多元化**（workforce diversity）——因性别、种族、年龄、国籍、身体能力以及其他相关特点造成员工在态度、价值观、信仰以及行为方面各不相同的状况。过去，企业倾向于打造同质化的员工队伍，使每个员工以类似的方式思考和行动。但是，作为平权行动的结果之一，许多的美国企业正在创造比以往任何时候更为多元化的员工队伍。

图 9-3 展示了美国劳动力在年龄和种族构成上的变化趋势。日益多元化是一个非常鲜明的特点。美国白种人在总劳动力中的占比在不断下降，其他族裔群体劳动力占比不断增长，拉丁裔员工的增长速度尤其快。美国劳动部估计，到 2050 年，劳动力中近 1/4 将是拉丁裔。

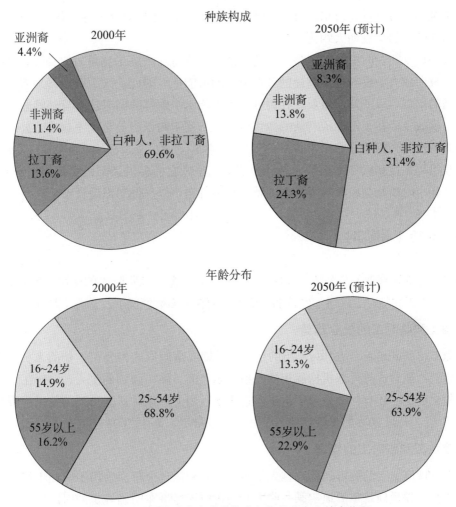

图9-3 美国劳动力在种族构成和年龄分布上的变化图*

资料来源：Based on U. S. Department of Labor，https：//www. bls. gov/emp/ep _ pub _ labor _ force. htm（accessed June 27，2017）。

如今，企业认识到多元化可能是一个竞争优势。例如，通过从所有族裔群体，而不是从一个或几个族裔群体雇用最优秀的人才，企业可造就较高素质的员工队伍。同样，多元化的员工队伍可以带来解决问题所需的更为广泛的信息，对向范围更广的客户营销产品提出深刻的见解。

9.6.2 管理知识型员工

传统上，员工因他们所做的工作或他们积累的经验给公司增加价值。然而，在信息时代，很多员工给公司带来价值是因为他们所掌握的知识。因具备某些知识而使公司价值得以增加的员工为**知识型员工**（knowledge workers）。知识型员工包括计算机科学家、工程师、物理科学家以及游戏开发人员等，一般要求接受广泛的、高度专业化的训练；他们进

---

* 如图中各部分合计数不为100%，原书如此，未做修改。——译者

入工作岗位后，对其进行再培训和培训更新对防止技能过时十分关键。例如，有人指出，工程学技能教育的半衰期大约为三年。

如果公司不能及时更新知识型员工的技能，不仅将导致员工竞争力的丧失，还将增加这些员工流向致力于更新员工技能的其他公司的可能性。因此，人力资源管理者必须确保提供适当的培训，以使知识型员工在得到市场平均水平薪酬的同时技能与时俱进。

这一挑战主要在于定期招聘新的知识型员工。鉴于知识型员工供不应求，公司通常会采取一系列措施来招聘这些出类拔萃的人才。例如，谷歌、Facebook 和星佳（Zynga）经常为了吸引程序员和软件工程师而展开激烈的竞争。它们提供诸如免费按摩、洗衣服务、美味餐食和小吃以及高级咖啡等慷慨的特别福利待遇，以赢得知识型员工。[19]

9.6.3 应急工和临时工

当代人力资源管理需要关注的最后一个问题是，应急工和临时工的使用不断增加。一些企业使用应急工和临时工以增加经营的灵活性，而在大多数情况下，是为了降低成本。

应急工和临时工的就业趋势

应急工（contingent worker）指的是不以长期或全职形式为公司工作的人员。应急工的类型包括（通常通过外部机构雇用的）独立承包商、随叫随到的工人、临时工，以及合同工和租赁员工。还有一类是兼职员工。近年来，用人单位对这类员工的使用呈爆炸式增长。2017 年，大约 20%的美国就业人员属于兼职员工，高于 2008 年的 10%。

对应急工和临时工的管理

有效管理应急工的关键问题，首先是精心策划和认真分析。公司不应在不得已的情况下，不进行事先规划就零散地招聘一些人。公司应该尽量在明确规定的时间段，按已经确定好的数量聘用员工到岗工作。公司还应该记录使用应急工所带来的劳动力成本节约情况。例如，大多数零售商在圣诞节期间临时雇用节日期间需要的员工。根据以往的经验，它们通常知道需要雇用的员工数量及雇用时间。公司还应该记录使用临时工节省下来的劳动力成本。

其次是要认识到通过使用应急工和临时工能够做到什么，不能够做到什么。例如，他们可能缺乏对公司特殊情况的了解，不可能像正式员工那样有效地完成任务；他们对组织的奉献精神也不如正式员工，表现出组织公民行为的可能性也低于正式员工。

最后，管理者必须决定如何使应急工融入公司。这些决定可能很简单，如是否邀请他们参加公司的节日晚会；也可能比较复杂，如是否让应急工享受咨询服务和幼儿保育等员工福利。

动荡时期的管理

人才短缺

尽管失业率不到 5%，但万宝盛华集团（ManpowerGroup）进行的 2016 年美国人才短缺调查显示，超过 40%的雇主难以找到合适的人才来填补空缺，这是自 2008 年经济衰退以来的最高比例。这个问题产生的原因可能并不是缺少工人，而是受到技术创新、人口结构变化、客户成熟度提高以及个人选择增多的影响。

在万宝盛华的调查中，近1/4的雇主表示缺少求职者，另有1/5的雇主表示求职者不具备所需的相关经验而且缺乏技术技能。在失业率下降的情况下听到雇主抱怨人才短缺，这似乎很奇怪，但有一种失业被称为"结构性失业"，是由失业工人的技能与工作场所的需求和要求不匹配所造成的。

万宝盛华北美前高级副总裁基普·赖特（Kip Wright）说："低失业率加上技术飞速变化，导致技能更新周期缩短，这意味着美国各地的雇主都在努力填补职位空缺。这在制造、建筑、交通和教育等行业尤其常见。"

万宝盛华副总裁兼美国现场运营总经理萨尼·阿克曼（Sunny Ackerman）指出："过去几年，随着就业岗位的增加相对强劲，个人对工作场所有了更多的选择，我们正在从处于一个人才充裕的环境转变为处于一个竞争更加激烈的环境。"

与此同时，通过在招聘、录用和留住员工过程中提供更多的机会，多元化在人才开发和招聘中发挥着越来越重要的作用。那些在日常人力资源职能中融入多元化的雇主比那些没有这样做的雇主，拥有敬业度、满意度和留任率更高的员工。

在当今的职场中，多元化不仅仅与种族或民族有关。不同的工作场所由具有不同特征的员工组成，包括宗教和政治信仰、性别、种族、教育、社会经济背景和地理位置上的多元化。雇主在努力寻找优秀人才的同时，也在努力对越来越多元化的员工予以认可和表彰。

但变化很缓慢，女性逐渐融入劳动力队伍就是明证。在20世纪50年代，女性只是为了工作而奋斗。在1979年的一起案件中，一名女性员工起诉她的三名主管骚扰她，一位地区法院法官认为"对女性雇员进行不正当的性接触是标准的操作程序，是生活中的现实情况，是正常的就业条件"，并拒绝判给她任何损害赔偿金。

当然，社会规范正在发生改变，但是就在2014年，微软首席执行官萨提亚·纳德拉（Satya Nadella）还在宣称，女性不必自找麻烦要求加薪。他认为，她们应该相信微软的体系会给予她们合理的报酬。他补充道，克制自己，不要求加薪，实际上是"好福缘"。面对推特上暴风雨般的强烈反对，纳德拉公开道歉。不到一年后，公司被前员工凯蒂·穆苏里斯（Katie Moussouris）起诉，她声称自己只是微软公司中收入低于男性的女性之一。穆苏里斯还声称，男性在晋升过程中获得了优待，而且获得了更有利的工作评价。

金钱可能不是员工满意度的唯一激励因素，但它仍然是衡量大多数工作的基准。免费午餐和乒乓球台对吸引刚加入正式员工队伍的年轻员工非常奏效，但更多的资深员工已在公司工作相当长的时间，不仅工作技能得到培养，而且积累了很多职业经验，他们崇尚自由，独立自主，重视经验的多样性，看重从事自己所热衷的项目的能力。尽管他们要求高薪，但他们通常能比工资较低的员工更快更好地完成工作（后者甚至可能没有完成同样工作的能力），因此，尽管工资水平更高，他们也能为公司带来更多的利润。

在20世纪四五十年代，就业问题主要围绕退休福利、集体协商和工作场所安全。现在，公司比以往任何时候都更多地处理员工的个性问题和生活质量问题。即便如此，对于今天的企业来说，无论是以福利或薪酬的形式，还是两者兼而有之，解决人才短缺的问题仍然是一个平衡成本与利润的问题。

➡ 9.7 应对有组织的劳动力

工会（labor union）是为取得与工作有关的共同目标，如提高工资、缩短劳动时间、争取更多福利或改善工作条件而在一起共同工作的个人组成的群体。**劳动关系**（labor relations）指的是应对由工会所代表的员工的过程。

9.7.1 当今的工会体系

从第二次世界大战结束一直到 20 世纪 60 年代中期，大多数工会通常在认证选举中获胜。然而，近年来，工会在号召工人投票认证时，赢得认证资格的概率不足 50%。[20] 其结果是，虽然有几百万工人仍然属于工会，但工会成员占劳动力总数的比例逐步下降。在 2007 年，仅有 12.1% 的美国工人属于工会，而 1983 年该数据是 20.1%。[21] 2008—2011 年经济衰退加剧了人们对失业和减薪的担心，工会成员的数量再次小幅增加。2010 年，这一数字再次下降到衰退前的水平。2016 年，工会成员在劳动力中仅占 11.1%。图 9 - 4 显示了这种变化趋势。

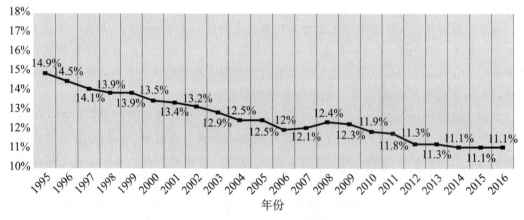

图 9 - 4　1995—2016 年工会成员占比

工会的未来

尽管有一些成员工会在 2005 年从上级工会组织中退出，但是，美国劳工联盟（American Federation of Labor）、产业工会联合会（Congress of Industrial Organizations）以及独立的工会组织，如美国卡车司机工会（Teamster）和全国教育协会（National Education Association），仍然在美国商界起着十分重要的作用。在商品传统生产产业中，工会继续掌握着巨大的权力。几十年来，全美汽车工人联合会（United Auto Workers，UAW）一直是美国最大的工会之一。但是，它似乎也进入了衰落阶段。2008—2009 年，美国汽车工业经历的创伤要求全美汽车工人联合会作出很多重大的让步，帮助福特、戴姆勒-克莱斯勒以及通用汽车渡过难关，得以幸存。此外，汽车制造厂的关闭将大大减少未来汽车产业工作岗位的数量。

影响工会未来发展的一个问题是美国经济的地理转移。在很大程度上，美国的工会运动始于北部和中西部地区，以及底特律、匹兹堡、克利夫兰、圣路易斯和芝加哥等城市。但是，在过去的几十年里，随着企业将业务转移到南方和西南地区（这些地区没有强大的工会体系），这种情况发生了明显的转变。例如，纽柯钢铁公司为了寻找更好的经营方式，将其工厂设在美国南部较小的社区，这样做的部分原因是该公司知道那里的工人不容易组建工会。

9.7.2　集体协商

工会的力量来自集体行动，迫使管理层倾听所有工人而不是仅几位发言代表的心声。**集体协商**（collective bargaining）是劳资双方为由工会所代表的工人们协商聘用条件并草签劳动合同的过程。

就合同条款达成一致意见

当工会被公认为工会成员的全权代表，工会领导人与管理层代表为了商定一致接受的劳动合同而会面时，集体协商过程就开始了。根据法律，双方必须坐在会议桌前，真诚实意地进行协商。图 9-5 显示了所谓的"讨价还价区间"。例如，从理论上讲，雇主希望尽可能少支付工资，它们支付的工资通常会高于最低工资，但也有一定的上限，不会支付超过这一上限的工资。同样，工会希望尽可能得到最高的工资，但预期得到的工资会较之少一些，同时它们也有自己的下限，不能比下限更低。

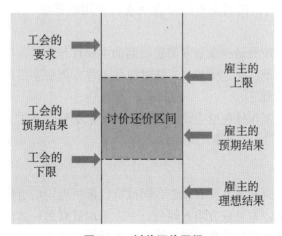

图 9-5　讨价还价区间

例如，假设讨价还价的议题是加薪。雇主最初可能会提议加薪 2%，但（私下里）愿意提供的加薪幅度最高是 6%。然而在任何情况下，它都不会支付超过 8% 的加薪。与此同时，工会最初可能会要求 10% 的加薪，但（私下里）愿意接受最低 4% 的加薪。假设双方真诚协商，并愿意作出让步，那么真正的协商区间就在工会下限（4%）和雇主上限（6%）之间。最终结果取决于正在谈判的其他项目以及各自谈判者的能力。

有时，协商过程进展得相当顺利。而有时，双方可能无法达成一致。例如，上述例子的结果应该是达成协议，因为工会的加薪下限和雇主的加薪上限提供了一个讨价还价的空间。但如果工会的要求是加薪不低于 8％，而雇主不愿提供超过 4％的加薪，那就没有讨价还价的余地了。解决僵局在一定程度上取决于合同问题的性质、双方是否愿意使用某些战术如罢工，以及通过调解或仲裁达成和解的可能性。

合同争议

劳动合同本身可以解决一系列有争议的问题。对于工会代表来说，最重要的问题是薪酬、福利以及工作保障。在大多数正在协商的协议中，某些管理权利问题，如对雇佣政策以及工作任务的控制权等，也需要协商。其他可能有争议的问题包括如下具体细节：工作时间、加班政策、休息时间安排、倒班员工的差异化工资计划、临时工的使用、申诉程序以及允许工会开展的活动（缴纳会费、工会告示板等）。

薪酬　薪酬包括当前和未来的工资。保证工资增长的一个常见工具是**生活费用调整**（cost-of-living adjustment，COLA）条款。多数生活费用调整条款把未来的加薪与消费者价格指数（CPI，反映消费者购买力变化的政府统计数据）挂钩。如今美国几乎一半的劳动合同都包括 COLA 条款。

工会可能对仅基于 COLA 工资增长条款的长期合同不满意。一个解决方法是**工资重起条款**（wage reopener clause），该条款允许在合同有效期内按即时工资水平重新协商工资。

福利　员工福利是大多数劳动合同的重要组成部分。工会一般希望雇主支付员工的全部或大部分保险费用。协商中要解决的其他福利问题有退休福利、带薪休假以及工作条件。由于医疗保健费用剧增，员工的医疗保险费成为争议的要点。例如，很多员工现在看病费用中自付率（co-pay，指的是看病时自己支付费用的数额，余下的由保险公司支付）比几年前要更多。

工作保障　工作保障仍是现今很多劳资协商的主要议程项目。工会历来都在争取必须裁员时使用资历作为标准，决定哪些员工能够保住工作。但雇主可能会反对这一立场，因为新员工的工资通常较低。

面对公司把一部分工作外包给劳动力较便宜的国家的情况，工会也在力争为美国工人保住这部分工作。

谈判失败

经过多轮协商后，劳资双方没有就新合同或取代即将到期的合同达成一致，就会出现僵局。虽然大家都承认，如果双方陷入僵局，一方采取针对另一方的行动，双方都将遭受损失，但为了维护自身的利益，各方都可能采用几种策略来支持自己的要求，直到僵局被打破。

工会的策略　历史上，工会最常使用的策略之一是**罢工**（strike），即工人们暂时离开岗位并拒绝工作。在美国，现如今大罢工出现的次数比过去数十年要少得多。例如，1960—1980 年，每年发生罢工的平均次数是 281 次；20 世纪 80 年代，每年平均有 83 次大罢工；20 世纪 90 年代，这一数字降到了每年 35 次；2000—2010 年，每年平均发生 20 起大罢工[22]；自从 2012 年以来，美国平均每年只发生 18 起大罢工。

为了支持罢工，面对僵局的工会还可能求助于其他合法的行动。

- **罢工纠察**（picketing）是指工人拿着解释罢工理由的标示牌到雇主的厂区大门前进

行的游行活动。

• **抵制运动**（boycott）是指工会成员不购买被定为打击目标的雇主的产品，工人们还可能敦促消费者抵制该公司的产品。

• **怠工**（work slowdown）是取代罢工的另一方法。工人们并不举行罢工，而是以慢于正常的速度完成任务。一个变相的方法是集体托病罢工，即大量工人请病假。

管理层的策略　管理层可以采取以下方式对僵局作出强有力的反应。

• **停工**（lockout）是雇主拒绝工人进入工作场所的办法。如果管理层使用停工作为赢得优势的工具，那么这种停工就是非法的。但是，如果管理层因正当的业务需要（如避免易腐坏存货的增加）采用停工措施，就是合法的。2011年，美国国家橄榄球联盟未能与球员工会达成有关新合同的一致意见，联盟老板实施了停赛，直到达成协议。2013年，多伦多动物园（Toronto Zoo）因劳动纠纷闭园，将员工拒之门外。圣保罗室内乐团（St. Paul Chamber Orchestra）也曾这样做。

• 公司还可以雇用**罢工破坏者**（strikebreakers），也就是用临时或长期的工作人员取代罢工者。然而，法律禁止长期取代因企业存在不公正做法而参加罢工的工人。在某些情况下，雇主可获得合法的强制令，禁止工人罢工或禁止工会干预企业雇用罢工破坏者的做法。

调解和仲裁

劳资双方可以不采取上述这些敌对手段，而是同意请第三方帮助解决纠纷。

• **调解**（mediation）。在调解中，第三方（调解人）可以提出解决方案，但不强加给当事人。

• **仲裁**（arbitration）。双方同意把纠纷交给外部人士裁判，然后由中立的第三方（仲裁员）指定解决办法。在有些纠纷中，如政府和公共部门员工之间的纠纷，仲裁是强制性的。

管理组织的人力资源是一项非常复杂和重要的任务。大多数公司可以购买和竞争对手一样的设备，使用一样的技术，但员工的才能和积极性是不容易复制的。因此，大多数管理有方的公司认识到员工的价值，努力确保人力资源管理的高效率和高效用。

问题与练习

复习题

1. 内部招聘和外部招聘的优缺点是什么？分别适合于什么情况？

2. 为什么对员工的正式培训对多数雇主来说都很重要？为什么雇主不能让员工一边工作一边学习？

3. 为了吸引和留住有能力的员工，公司一般采用哪些不同的薪酬形式？

4. 什么是知识型员工？公司采用什么策略来留住知识型员工？

分析题

1. 你对工作场所进行药物检测的做法有何见解？如果你的雇主要求你递交药物检测报告，你将怎么办？

2. 全美汽车工人联合会代表了福特、通用公司以及戴姆勒-克莱斯勒的工人。但是，全美汽车工人联合会未能成功地包含本田、日产、丰田的美籍工人。你认为为什么会这样？

3. 拥有一支多元化的员工队伍有哪些好处和坏处？

4. 福利因素将在多大程度上影响你毕业后对雇主的选择？什么福利对你最有吸引力和最没有吸引力？为什么？

应用练习题

1. 上网搜索至少三家被认为是最佳工作场所的公司。描述每一家公司的薪酬、福利和特殊待遇。在这三家公司中，哪一家对你最有吸引力？为什么？

2. 采访当地公司的人力资源经理，了解公司的招聘流程。描述该公司如何从求职者中招聘员工，选拔过程中采用了哪些步骤，以及制订了哪些新员工入职培训计划。

案 例

推动韦格曼斯发展的独特伙伴关系

在本章开篇，你阅读到了有关韦格曼斯及其人力资源管理方法的案例。利用本章所学内容，你应该能够回答下列问题。

◇问题讨论

1. 如果你是韦格曼斯的人力资源主管，你会更关注内部招聘还是外部招聘？对于较高职位的招聘工作和较低职位的招聘工作，你是否会采取不同的策略？当前的经济环境会影响你的策略吗？

2. 作为韦格曼斯的人力资源主管，你需要招聘一批新员工，这是管理培训生项目的一部分。这些培训生最终会走上管理岗位。请简要概述你对这些员工的培养计划。

3. 如果你是韦格曼斯的员工，你希望你的年度绩效评估如何进行？鉴于公司所采纳的客户关系策略，你认为哪种评估方法最合适？

找到工作与生活的平衡

SAS 公司是一家私人科技公司，总部位于北卡罗来纳州，在美国拥有 6 000 多名员工，公司在全球雇用的员工数量是在美国雇用的员工数量的两倍。SAS 付给员工的薪酬很高，这一点很重要，因为作为一家帮助企业将原始数据转化为有用信息的公司，员工是其成功的核心要素。

SAS 也非常重视员工的工作与生活平衡。SAS 有一个在全公司实施的标准：员工每周工作时间不超过 37.5 小时。当然，有时员工需要加班，但公司鼓励他们在下班后尽快休息，恢复体力。每个员工都有私人办公室（没有隔间，也没有共享工作空间），可以在上班时间光顾公司内设的美发和美甲店、鞋子和珠宝修理店以及干洗和裁缝店。许多服务都是在工作现场免费提供，如税务、诊所和药房。它们甚至在总部开办了一个季节性的农贸市场。

对于已婚的员工来说，SAS 是理想的雇主。公司欢迎员工孩子的到来，无论是在公司给予补贴的内部日托中心还是在自助餐厅，菜单上包括章鱼热狗等适合孩子的食物。鼓励有学龄儿童的员工偶尔在教师研修日带孩子一起来上班，这样做可以使员工更容易实现养育孩子和工作之间的平衡。在一项调查中，一名员工这样说："无论你处于人生的哪个阶段，SAS 都为你提供支持，在孩子出生到上学之前为你的孩子提供儿童保育服务，为你的孩子在青少年阶段和大学阶段的规划提供资源，在你需要照顾年迈的父母时提供帮助。更重要的是，大家长时间一起工作，真正的社区意识就建立起来了。"

公司创始人兼首席执行官吉姆·古德奈特（Jim Goodnight）认为，让员工感到被公司信任和重视至关重要。从几乎所有的衡量指标来看，这样做都能得到回报。在软件行业，员工为了获得更高的工资或更好的工作条件可能频繁跳槽，行业每年的流动率约为20%。SAS 的情况并非如此，公司员工的流动率仅为 4% 左右。在一项调查中，超过 95% 的员工这样评价 SAS：敢于直面巨大挑战、善于营造良好氛围、竭诚提供丰厚回报、选拔任用杰出的领导者。

◇问题讨论

1. 在阅读了 SAS 公司的介绍后，哪一点最吸引你在那里工作？

2. SAS 在提供上述福利和文化方面做了哪些权衡？

3. 你认为什么样的政策和福利最有利于实现工作和生活的平衡？

4. 在这样的环境中，作为一名管理者，你可能会面临什么挑战？你如何克服这些挑战？

注　释

第 IV 篇

市场营销原理

第 **10** 章　营销过程和消费者行为

学习目标

1. 解释营销的概念，确定构成外部营销环境的五种力量。
2. 说明制订营销计划的目的，确定营销计划的主要组成部分。
3. 解释什么是市场细分，以及如何在目标营销中使用市场细分。
4. 论述市场调研的目的，比较四种营销调研方法。
5. 阐述消费者购买过程，以及影响消费者购买过程的关键因素。
6. 讨论组织市场的四种类型以及 B2B 购买行为的特点。
7. 阐述小企业的营销组合。

开篇案例　　　　　　　　**利用社交媒体打造品牌**

　　米歇尔·潘（Michelle Phan）曾渴望从事艺术职业，这样她就能让自己过上父母从越南移民到美国时所梦想的那种生活。但她的父亲欠下了巨额赌债，在米歇尔 6 岁时离家出走，再无音讯，而她的继父专横跋扈，控制欲极强，后来也离开了，留下米歇尔和她的妈妈相依为命。她们住在佛罗里达州萨拉索塔市，只能勉强度日。2007 年，19 岁的米歇尔·潘在环太平洋寿司餐厅（Pacific Rim Sushi）当服务员，虽然她设法凑够了瑞林艺术与设计学院（Ringling College of Art and Design）一年的学费，但家里无力支付她第二年的学费。她申请了更符合自己兴趣、收入更好的工作，包括在当地兰蔻化妆品柜台的化妆师职位，但遭到了拒绝。或许正是因为这些，米歇尔迸发出一股动力，心中暗自定下目标，坚持不懈地追求自己的理想。

　　她开始在业余时间创作博客，讲述自己想象中的生活，并在 YouTube 上开设了一个名为米兔（RiceBunny）的频道，展现出一个充满自信、魅力四射、酷飒时尚的个性形象。

然而，她的博客只是开始。在瑞林艺术与设计学院的第一年，米歇尔用她的笔记本电脑录制了一段化妆指导视频，经过编辑后发布在 YouTube 上。该视频大获成功，在一周之内就获得高达 4 万次的浏览量，而且人们想要看更多的这类视频。于是，她制作了更多关于如何打造不同妆容的视频，从灰暗和热烈的色调到柔和色调。米歇尔确立了自己在美容领域的地位，并分享自己的专业知识。"你需要有趣的内容，既能娱乐又能提供信息。你希望人们期待你的创作，时常关注。人们想要追随你，想听到你的话语，看到你的愿景。"她没有钱买化妆品，但这并没有限制她创作新视频的能力。她在商店的便宜货架上搜寻，买到了很多不到一美元的东西。

在四年之内，米歇尔已然成为一个品牌。米歇尔·潘这个名字传达了一种形象和市场地位。谷歌向她提供 100 万美元，让她制作 20 个小时的内容。而后兰蔻看重她的专业知识和成果于是联系她，这样她又开始为兰蔻制作视频。她还创办了一个名为 ICON 的生活方式网络和一个名为 Ipsy 的美容订阅服务。2013 年，她与欧莱雅美国公司合作，创立了自己的美容品牌 Em Cosmetics，后来她从欧莱雅手中买下了这个品牌，这样她就可以拥有更多的艺术控制权。

到 2016 年，米歇尔的 YouTube 频道已经拥有 800 多万名粉丝，点击量超过 10 亿。虽然很多人认为 YouTube 是通往成功事业的一条艰难之路，但米歇尔的看法恰恰相反。[1]

通过认真执着的勤奋努力，以及对借助互联网将消费者与产品联系起来这一做法的深刻理解，米歇尔已经成为美容和生活方式行业强有力的推动者。她仔细观察周围环境的变化趋势，并迅速捕捉新的机会。与此同时，她对自己的目标市场保持着敏锐的洞察力，了解消费者的购买过程。2014 年，瑞林艺术与设计学院授予她荣誉博士学位。（学完本章内容后，你应该能够回答章末的一系列讨论题。）

我能从中学到什么？

企业采用许多不同的方式去适应外部环境。一种常见的方法是以创新的方式应用营销基础原理，迎合外部营销环境力量。本章将讨论这些基础原理，同时探讨营销计划和营销组合的构成要素，还将探讨目标营销和市场细分。本章还将探讨影响消费者和组织购买过程的关键要素。通过掌握本章的营销方法和营销思想，你不仅可以更好地认识营销专业人员在经营中的作用，而且可以成为一个更知情的消费者。

➡ 10.1　什么是营销

作为消费者，我们受到米歇尔·潘等人以及欧莱雅、苹果和必胜客等公司的营销活动的影响，这些公司希望我们购买它们的产品而非竞争对手的产品。作为消费者，我们是营销过程中的重要组成部分。我们每天都会表达对衣食住行等方面生活必需品的需求，也表达对娱乐休闲方面等非必需品的欲望。我们的需求和欲望是推动市场营销活动的主要力量。

提到市场营销，你会想到什么？大多数人会把营销看成是为快餐食品、电影、软饮料和汽车等产品所做的广告。然而，市场营销包含的活动更加广泛。美国市场营销协会

（American Marketing Association）对**营销**（marketing）的定义是："创造、沟通、传递和交换对顾客有价值的供应品的活动、体系和过程。"[2] 为了弄清楚该定义在现实中的具体体现，本章接下来将探讨营销的一些基本要素，包括营销人员与客户建立关系的方法。然后将考察构成外部营销环境的力量，接着研究营销策略、营销计划、营销组合的组成部分，此外还将讨论市场细分以及如何将其应用于目标营销。之后将研究市场调研，了解影响消费者和工业买家购买过程的关键因素。最后将探讨小企业营销组合，以及跨越国界探索国际营销组合。

10.1.1　提供价值

是什么吸引消费者购买一种产品而不是另一种产品？虽然我们对许多产品和服务的渴望可能是无止境的，但是有限的财力迫使大多数人要有选择性地进行购买。因而，消费者在想要满足自己的需求和需要时，往往购买那些能够提供最大价值的产品。

价值与收益

产品的**价值**（value）是将其收益和成本进行比较而得出的。收益不仅包括产品的功能，还包括与拥有、体验和控制该产品有关的情感满足。例如，从沃尔玛购买一双40美元的篮球鞋，对大多数业余球员来说可能已经足够，但许多人为了独特的风格或是为了收藏，会花更多钱购买乔丹、勒布朗、杜兰特或欧文代言的最新款球鞋。每个产品都有成本，包括销售价格、购买者寻找产品花费的时间，甚至包括作出购买决定的情感成本（如决定买哪双篮球鞋）。感到满意的客户会认为从购买中获得的收益大于成本。因此，简单而重要的价值比率可以根据下列公式得出：

$$价值比率 = \frac{收益}{成本}$$

领军企业的营销策略侧重于提升带给客户的价值，以增加产品收益、减少产品成本、提供更大价值为原则，部署营销资源。为了使客户满意，公司应该做好以下几个方面的工作：

- 开发性能比现有产品更好的全新产品（提高产品性能带来的收益）；
- 在旺季延长商店营业时间（增加购物便捷性带来的收益）；
- 降低价格（带来降低成本的收益）；
- 提供相关信息，说明如何能够以新的方式使用产品（在不增加成本的情况下，增加新用途带来的收益）。

价值与效用

为了理解营销活动是如何为客户创造价值的，我们需要了解购买者从公司所提供的产品或服务中获得的收益是什么。正如我们在第6章中所讨论的，这些收益给客户提供**效用**（utility）——产品能够满足人们的需要或需求的能力。考虑微软游戏机Xbox系列与其竞争品牌索尼游戏机PlayStation系列的竞争性营销活动。这两家公司的营销活动所提供的效用主要有如下四种类型：

1. **形式效用**（form utility）。营销在设计客户对其特征有特殊要求的产品方面有发言

权。微软推出的 Xbox One 配备有用于大屏幕观看的广角投影仪，索尼的新 PlayStation 4
（PS 4）配备有具有六轴传感器的控制器。

2. 时间效用（time utility）。市场营销活动通过在客户需要的时候提供产品来创造时间效用。索尼和微软都在游戏玩家中制造网络热门话题和传闻，暗示即将发布的日期，但没有提及具体细节。

3. 地点效用（place utility）。市场营销活动通过使产品易于购买，即在客户理想的购买地点提供产品，创造地点效用。Xbox One 游戏机和索尼 PS 4 游戏机可在亚马逊网站在线购买，也可以在许多实体零售店如百思买和塔吉特购买。两家公司也都提供在线销售。

4. 所有权效用（possession utility）。市场营销活动通过设定销售价格、确定客户信用支付条款（如果有必要）以及提供所有权凭据，将产品所有权转移给客户，从而创造所有权效用。这两家公司关于价格的暗示加速了传言的扩散，据估计，Xbox One 的售价大概是 350 美元，而索尼 PS 4 的售价预计是 400 美元。

可以想象，在竞争激烈的市场中，微软和索尼的营销职责是极具挑战性的，而且风险很高。因为它们要确定产品的特性，以及为客户提供效用和增值的时间、地点及销售条件，所以营销人员必须在实际产品发布之前了解客户的需要或需求。在当今快速变化的环境中，企业还必须做好充分准备，快速适应快时尚和不断变化的需求。本章和之后两章将集中讨论创造效用的营销方法。

10.1.2 商品、服务与观念

作为消费者，我们几乎在任何地方都能看到有形商品的营销，在社交媒体和其他网站上、在电视上、在杂志上、在高速公路上和路边、在商店门口、在体育馆、在邮箱里，有形商品的营销随处可见。在你的社交媒体账户上，一个弹出的广告可能推销一种新的运动饮料。一家制药公司的电视广告可能会宣传其新型感冒药的优点。当地的汽车经销商可能会以折扣价提供经济型汽车。这些商品都是**消费品**（consumer goods），即消费者可能为个人使用而购买的有形商品。把商品出售给消费者供个人消费的公司从事的是消费者营销，也称为企业对消费者（business-to-consumer，B2C）营销。

营销也适用于**工业品**（industrial goods），即公司在生产其他产品时所使用的有形物品。外科手术器械和推土机是工业品，集成电路、钢梁、咖啡豆和塑料管等零部件和原材料也是工业品。向其他公司销售工业品的公司从事的是工业品营销，也称为企业对企业（business-to-business，B2B）营销。

营销技巧同样适用于**服务**（services）——具有无形性（非实物性）特征的产品，如专业建议、即时决策信息或度假安排。服务营销，即营销在服务领域的应用，在美国是持续不断增长的主要领域。保险公司、航空公司、公共会计师事务所和医疗诊所都既对个人（消费品市场）又对其他公司（工业品市场）进行服务营销。因此，消费品营销和工业品营销的概念既包括商品营销又包括服务营销。

营销人员还会推销观念，例如，在 YouTube 和热门电视广告中所看到的"鼓舞人心的价值观"。剧院里的广告警告我们，不要侵犯版权，不要制作盗版。其他营销活动可能会强调不吃快餐、开车时不发短信、戒烟等的好处，或者可能会宣传某个政党或候选人。

10.1.3 关系营销和客户关系管理

虽然营销一般集中于商品、服务或观念的单次交易，但市场营销人员也会从长远的角度考虑营销问题。**关系营销**（relationship marketing）是一种强调与客户和供应商建立持久关系的营销方式。更牢固的关系，包括更牢固的经济和社交联系，可以提升长期满意度，增强客户忠诚度，留住老客户。[3]米歇尔·潘非常成功地运用了关系营销。类似地，星巴克的酬宾活动使顾客享受到咖啡免费续杯以及其他额外的优惠，吸引回头客不断光顾。同样，商业银行也提供经济激励措施，鼓励建立更持久的关系。使用银行一定数量产品（例如，活期存款账户、储蓄账户和贷款）的长期客户会得到信用积分，达到一定积分后可以得到免费或优惠的产品或服务，如免费的投资建议或享有减费优惠的支票账户。

与许多其他营销领域一样，营销人员与客户建立关系的方式也发生了巨大变化。**客户关系管理**（customer relationship management，CRM）是企业为了与客户建立更好的信息联系而采用的一种有组织的方法，使管理者能够建立更牢固的企业与客户之间的关系。

互联网的传播力量，再加上收集和汇聚客户偏好信息的能力，使营销人员能够更好地预测客户的需求和购买倾向。在起航前几个月，维京游轮（Viking Cruises）要与已预订行程的客户进行沟通，包括发送电子邮件，提供客户目的地的菜单和食谱。维京游轮还鼓励这些客户之间建立社交网络，在行程前建立起友谊，以便行程开始后能更快地面对面交流。

编制和存储客户数据，即众所周知的**数据仓库**（data warehousing），可以为市场营销人员提供原始材料，他们若能从中挖掘出有用的信息，就能够找到新客户，并识别出最佳客户。营销人员可以向这些最佳客户发布即将推出新产品的通知，发送售后服务提醒。**数据挖掘**（data mining）就是采用自动化手段进行大规模的数据分析，即借助计算机技术对客户在看什么、有什么反应、最可能受何种方式影响等方面未曾发现的线索，进行过滤、分类和搜索，得到希望的结果。营销人员使用这些工具可以更清楚地了解客户偏好，更清楚地知道如何能够满足这些特殊需求，从而与客户建立更密切、更牢固的关系。[4]

举例来说，总部位于多伦多的费尔蒙酒店集团（Fairmont Hotels and Resorts）首先利用数据挖掘技术，通过了解客户喜欢哪种度假方式来重建酒店与客户关系管理措施，然后在更容易接触到这些客户的地方投放广告。数据挖掘揭示出费尔蒙客户在全球的目的地，这些信息帮助费尔蒙作出决策，购买这些客户首选的下榻之地——伦敦的萨沃耶酒店（Savoy）。[5]费尔蒙的客户关系管理通过网络促销和激励措施吸引新客户，强化与现有客户之间的关系，提升这些客户的忠诚度。使用客户个人信息档案，费尔蒙标识目标客户细分市场，向客户提供个性化的价格折扣和特殊的酒店服务。[6]我们将在第13章更详细地讨论数据仓库和数据挖掘。

10.1.4 营销环境

营销计划和战略不是由任何公司单方面决定的，确切地说，它们受到强大的外部环境力量的巨大影响。正如图 10-1 所示，每个营销方案的制定者都必须了解公司面对的外部环境力量，即组织边界之外可能对组织产生影响的所有因素。本小节将探讨这些外部环境因素如何影响营销环境。

图 10-1 外部环境

政治法律环境

全球和国内的**政治法律环境**（political-legal environment）对营销活动有深远的影响。例如，环境立法决定着整个行业的命运。政界对替代能源的推动为新兴公司创造了新型市场和新产品，例如，印度苏司兰能源有限公司（Suzlon）的大型风电涡轮机、德国 Nordex 公司的风电发动机、西班牙歌美飒公司（Gamesa）的风电厂和发电厂。营销经理通过以下几种方式努力维持有利的政治法律环境：为了赢得公众对产品和营销活动的支持，营销人员利用广告活动来提高公众对重要问题的意识；公司向政坛候选人捐款，支持由各自所在行业赞助的政治行动委员会的活动。

社会文化环境

社会文化环境（sociocultural environment）也会影响营销。不断变化的社会价值观迫使企业既要为个人消费者又要为企业客户开发和促销新产品，如不使用抗生素和生长激素的家禽和肉类。以前，有机食品只能在美国全食超市这样的特色食品店才能买到。现如今，为了满足人们对健康食品日益增长的需求，塔吉特的阿彻农场（Archer Farms）推出品牌产品系列，给更多的顾客提供可以买得起的有机食品。克罗格（Kroger）和 H-E-B 等食品杂货零售商也在其连锁商店里划出大片区域，售卖有机和天然产品，供消费者选购。此外，新工业品也反映了正在发生变化的社会价值观：公司为改善员工健康状况可以采纳的健康计划在日益增多。例如，一家从事 B2B 业务的奎斯特诊疗（Quest Diagnostics）提供一项名为"健康蓝图"的服务，对客户公司员工的医疗保健风险进行评估，并推荐可以降低这些风险的方案。这一趋势以及其他趋势反映了对社会价值观、信仰和观念的塑造。企业也会努力与那些可能有冒犯性的人和产品保持距离。

技术环境

技术环境（technological environment）创造新产品和新服务。新产品使现有产品过时，很多产品改变了我们的价值观和生活方式。反过来，生活方式的改变往往会刺激与新技术本身没有直接联系的新产品的出现。例如，移动设备、大量可以下载使用的应用程序和社交媒体方便了商务交流，就像预包装餐食为忙碌的家庭在准备饭菜时提供了便利一样。这两类产品都为娱乐和休闲节省出时间。

经济环境

经济情况决定消费者、企业以及政府的支出模式，因此**经济环境**（economic environment）影响企业所提供产品的种类、定价以及促销策略等营销计划。营销人员非常关注通货膨胀、利率以及经济衰退等经济变量。所以，营销人员应监测商业周期的总体变化情况，预测消费者和企业的消费倾向。

竞争环境

在**竞争环境**（competitive environment）中，营销人员必须说服购买者购买自己公司的产品，而不是另一家公司的产品。由于消费者和企业购买者的资源都是有限的，因而花费在一种产品上的钱，就不可能再用于其他产品。因此，每个营销项目都旨在使其宣传的产品最具吸引力。用商业术语来表达就是，一个失败的营销项目将永远（或至少在买家进行下次购买之前）失去从购买者那里挣钱的机会。

为了有效促销产品，营销人员必须首先了解他们面临的竞争属于下列三种类型中的哪一种：

1. **替代产品**（substitute products）可能看上去并不相像，或者可能彼此根本不同，但它们可以满足同样的需要。例如，可以通过两个相互竞争的产品控制胆固醇水平：一种是健身计划，另一种是药物疗法。健身计划与药物疗法是彼此相互竞争的替代产品。与此类似，奈飞等在线视频流媒体服务为传统电视节目提供了替代产品。皇家加勒比游轮（Royal Caribbean Cruise）、科罗拉多滑雪度假村和迪士尼主题公园为寻找春假旅行方案的家庭提供了替代产品。

2. **品牌竞争**（brand competition）发生在相似的产品之间，是基于购买者对某一特定公司所提供产品的收益的感知。对于互联网搜索，你会选择谷歌、必应（Bing）还是Dogpile？品牌竞争是基于用户对每个产品所提供的收益的感知。

3. **国际竞争**（international competition）使国内营销人员提供的产品与国外生产的产品不得不同台较量。正如我们在第3章中所看到的，今天许多企业在全球市场上进行竞争。福特和通用汽车（美国公司）在每个全球汽车市场上都与宝马和大众（德国公司）以及丰田和日产（日本公司）展开竞争；苹果（美国公司）与三星（韩国公司）相互竞争；索尼（日本公司）与LG（韩国公司）进行竞争。在每一种情况下，这些企业都参与在母国的竞争，也参与在国际竞争对手母国的竞争，同时还参与在许多中立国家的竞争。以可口可乐为例。在美国，可口可乐显然将自己宣传为传统的、主流的美国产品。在其他国家，可口可乐也被公认为是美国的象征。但该公司更像是一个全球品牌，而不是一个美国品牌。事实上，可口可乐在世界各地赞助了100多支不同国家的奥林匹克运动队。

　　　　　　　　　美国的象征

　　无论是年轻人、老年人、富人或是穷人，几乎都能听辨出哈雷戴维森（Harley-David-son）摩托车的低沉隆隆声，辨识出它标志性的外观。对于这家拥有百年历史的公司来说，这一切来之不易。内部和外部的挑战一直在考验公司的拼搏精神和生存能力。而所有这一切的核心，即要经受考验的关键环节，是营销。

　　该公司由威廉·哈雷（William Harley）和亚瑟·戴维森（Arthur Davidson）、沃尔特·戴维森（Walter Davidson）两兄弟于 1903 年创立，其标志性的风冷发动机由两个成 45 度角的气缸组成。这种相当低效且笨重的设计会发出一种独特的、震耳欲聋的排气声音，在当时被认为是早期设计大型摩托车发动机的恼人的副作用。第一次世界大战给这家新公司带来了巨大的商机，因为军方订购了数千辆摩托车，第二次世界大战则提供了更多对摩托车的需求，以及全新的客户群体——从战场上返回家乡的退伍军人。尽管有"坏小子"的名声，但大多数哈雷戴维森骑手都只是想暂时感觉不那么普通的普通人。

　　20 世纪 60 年代中期，哈雷戴维森每年生产约 1.5 万辆摩托车，收入约为 4 900 万美元，随着哈雷戴维森声名的广泛传播，公司高管看到了增加市场份额的机会。1965 年，为了筹集资金促进公司发展，公司所有者将公司上市。为了追求更高的利润，体育用品制造商 AMF 获得了哈雷戴维森的控股权，并开始利用该品牌日益受欢迎的机会大幅增加销量。到 1973 年，该公司每年生产 3.7 万辆摩托车，收入 1.22 亿美元，但为了实现这一目标，管理层裁员、简化生产工艺，导致摩托车质量低劣。即使摩托车漏油，冲压金属部件也没有以前的特色和感觉，哈雷戴维森的车主们仍然很忠诚。但是消费者的耐心逐渐消磨殆尽。当 AMF 用自己的标识取代备受崇敬的哈雷戴维森标识时，公司以惊人的速度失去了市场份额。13 名哈雷戴维森高管于 1981 年回购公司，以拯救这个经典的美国品牌。

　　此时，日本公司填补了市场空白，它们不再满足于销售较小的摩托车，而是生产出 750cc 超大排量甚至更大排量的摩托车。1979 年本田开设俄亥俄州马里斯维尔工厂，并推出专门面向美国市场的摩托车"金翼"（Gold Wing）。"金翼"和哈雷戴维森摩托车一样大，但在长途骑行中更舒适、更可靠。本田摩托车的进入，将哈雷戴维森的市场份额从 70％削减到 14％。哈雷戴维森因质量差和可靠性受质疑而声名狼藉。当时行业内流传这样一个笑话："如果你要买哈雷戴维森摩托车，最好买两辆，其中一辆提供备用零部件。"

　　哈雷戴维森的管理层采取了紧急措施。1982 年，哈雷戴维森成功游说美国国会，提高了外国进口摩托车关税。与此同时，公司高管努力效仿日本公司的做法。他们参观了日本工厂，想弄清楚它们为什么做得这么好。他们看到了精益生产和准时制库存控制系统。

　　因此，哈雷戴维森解雇了 40％的员工，并削减了剩余员工的工资。它取消了主要的产品开发，采用按需采购原材料（materials-as-needed，MAN）系统，要求供应商降价，并在削减经销商利润的同时缩小经销商网络。该公司还加大了营销力度，最引人注目的是成立了哈雷车主会（H.O.G），赞助摩托车手集会，组织慈善活动，并向不同的客户群提供特别促销活动。现在，哈雷车主会在 25 个国家拥有超过 100 万名会员，超过一半的会员定期参加哈雷戴维森的活动，公司鼓励会员直接参与哈雷戴维森的创意过程。

　　哈雷车主会的成立是哈雷戴维森朝着正确方向迈出的一步，在 20 世纪八九十代，其销售、质量、可靠性和声誉都有所改善，但传统客户群体是 50 岁以上的白人男性。这一消费群体往往有可支配收入，但许多人已经拥有摩托车，随着年龄的增长，消费必然会放缓。公司的大量摩托车只能卖给"婴儿潮"一代。这一群体人口数量下滑的影响在公司的销售额中突显。2006 年，哈雷戴维森出货量超过 35 万辆，但 2016 年只有 26.2 万辆，下降近 30％，尽管海外销量有所增加，但国内销量下滑，利润稳步下降。

但对哈雷戴维森来说，这只是前进路上的一个障碍。该公司正试图与更广泛的客户群建立联系，以应对人口结构变化带来的影响。新产品如 LiveWire（一款概念电动摩托车）和入门级街车 Street 车型旨在建立更年轻的品牌形象，以吸引新客户群体，特别是千禧一代、女性和新骑手。为了鼓励新群体尝试这款产品，该公司在哈雷戴维森通过经销商设置了一系列由认证教练提供的培训课程，还实施了一个 Jumpstart 计划，让新骑手从摩托车中任选一款体验模拟骑行。尽管 2016 年出货量有所下降，但该公司一直在采取战略性措施，努力实现老产品存货出清，为新产品的推广铺平道路。2017 年，哈雷戴维森宣布计划在未来五年推出 50 款新型摩托车。该公司在 2014 年推出了 8 款新车型，震惊了投资者，这是该公司历史上规模最大的新车型发布。

10.2 制订营销计划

营销管理者对自己的角色和竞争的性质有了基本了解之后，下一步就是制订营销计划。一家大型家电制造公司的营销经理用旅行计划作类比，对制订营销计划这个概念作出如下的解释：

•"首先，你决定你想去哪里，你希望到达那里时会发生什么事情。为什么选择去那里旅行而不是其他地方？"

［确定要达到的目标。］

•"在某个阶段，你会决定何时启程、如何到达目的地。"

［计划何时发生，以及到达那里的路径（或路线）。］

•"每次旅行都需要资源，所以你要确定这些资源需求，并将其与现有可用的资源做比较。"

［评估资源需求和可用性。］

•"如果现有可用的资源过于昂贵，那么你可以调整行程，使你能够负担相应的开支。"

［根据需要调整计划，使之变得切合实际，具有可行性。］

•"在旅行期间和旅行结束后，你会评估成功之处（哪些是正确的）和不足之处（哪些是错误的），并记住它们，这样你就能让下一次旅行变得更好。"

［记录发生的事情，因为从这次经历中学习可以增加下一次取得更大成功的概率。］

正如你将看到的，我们对营销计划的讨论包含了前面提及的许多要素。**营销计划**（marketing plan）要确定营销目标，即说明营销要在未来完成什么任务。它包括为了实现营销目标要采取的策略，也就是确定企业要开展的具体活动及所需资源来满足所选目标市场中客户的需求和愿望。

首先也是最重要的，营销计划是面向未来的，要说明随着营销活动的进行将会发生什么结果。如图 10-2 所示，一份好的营销计划有充分的依据，先是从目标或目的开始，为接下来的每一项活动设定方向。**营销目标**（marketing objectives）即营销计划要达到的目的，是营销活动的基础，起着引领计划中所有具体活动的作用。然而，营销目标本身的存在仅仅是为了支持公司的总体业务使命（在图 10-2 的顶部），一般侧重于保持或增强组织未来在其目标市场中的竞争地位。假设星巴克的总体业务使命是成为世界领先的特色咖啡零售商，那么，对此有支持作用的两个营销目标可能是：（1）到 2020 年全球市场份额增长 5%；（2）到 2022 年成为中国特色咖啡的主要零售商（以美元销售额为标准）。

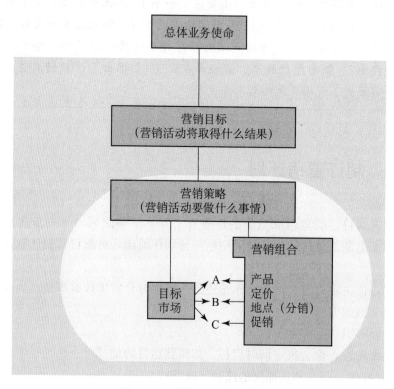

图 10-2 营销计划的组成部分

营销团队明确营销目标后，就可以制定相应的营销策略了。具体来说，**营销策略**（marketing strategy）要确定计划好的营销方案、企业为实现营销目标而进行的所有营销活动以及这些活动将在何时发生。如果没有足够资金支持计划好的活动，那么市场营销人员需要调整活动或目标，直到计划现实可行。因为营销策略是一个持续的过程，而不仅仅是一次性的努力，它可以通过从过去的成功和错误中吸取经验教训来加以改进。

营销经理（marketing managers）是负责计划、组织、领导和控制组织的营销资源，以支持和完成组织总体任务的人员。为了履行这些职责，营销经理需要制定一个清晰的策略，规划和实施所有导致产品或服务向客户转移的活动。营销策略关注的是公司选择的目标市场中客户的需求。营销策略还包括**营销组合**（marketing mix）的四个基本组成部分，即产品、定价、地点（分销）和促销（通常称为"4P"），是营销经理用来满足目标市场客户的四项活动。4P 的具体活动内容彼此各不相同，以便最好地满足每个目标市场的需求。

产品

营销活动开始于**产品**（product）——旨在满足客户需求或需要的商品、服务或观念。生产商通常针对产品的某些特征开展营销活动，以使自己的产品有别于市场上的其他产品。**产品差异化**（product differentiation）是指为某一产品创造出与现有产品有所不同的特点或形象，使之足以吸引顾客的做法。例如，苹果公司自推出第一代 iPhone 后的几年里，坚持进行更快、更强大、对消费者更友好的创新，推出了一系列不断升级换代的新款机型。iPhone 具有行业领先的功能，吸引了大量的追随者，大大促进了苹果公司在财务上取得更大的成功。例如，新款 iPhone 的设计提供了比以往型号更多的新功能，机身更轻薄，配备了新型显示屏，改进了摄像头，更新了更快的操作系统，使其在竞争日益激烈的智能手机市场保持领先地位。

与此同时，三星凭借其具有竞争力的 Galaxy 系列产品在市场上爆红。和苹果一样，三星多年来也推出了多个版本的 Galaxy 手机。受欢迎的功能包括更强大和可拆卸的电池、更快的下载和上传速度、流行的安卓操作系统，以及许多其他功能如防尘和防水功能。在全球智能手机市场中，三星 Galaxy 手机占有率第一，苹果排名第二。然而，在美国市场上，苹果的占有率高于三星。我们将在第 11 章更全面地讨论产品开发问题。

定价

产品的**定价**（pricing），即选择出售产品的最佳价格，通常是一个平衡的过程。一方面，价格必须足够高，可以支付各种直接成本（经营、行政管理、科研以及营销成本）和间接成本。另一方面，价格又不能太高，否则消费者会转向价格较低的竞争对手。成功的定价意味着在这两个极端要求之间找到有利可图的平衡区域。

低价和高价策略在不同的情况下都可能有效。例如，低价通常会带来更大的销售量；高价通常会限制市场规模，但可以增加单位产品利润，高价也可以通过暗示产品质量高来吸引顾客。我们将在第 11 章更详细地讨论定价问题。

地点（分销）

在营销组合中，**地点**（place）或**分销**（distribution）指的是消费者在何处以及如何获得他们想要购买的产品。制造出来的产品必须让消费者能够在某个地点买到，比如零售店、数字设备或者直接交给消费者。分销是将产品从生产者转移到消费者的一系列活动。把产品投放到像零售店这样合适的经销点，需要制定与几项活动有关的决策，所有这些活动都与把产品从生产者转移到消费者这一过程有关。关于仓储和库存控制的决策是分销决策，运输方式的选择也是分销决策。

公司还必须制定通过哪些渠道分销产品的决策。例如，许多制造商把商品卖给其他公司，而后这些公司再把商品分销给零售商。其他制造商则直接向塔吉特和西尔斯等大型零售商销售产品。还有一些制造商直接将产品卖给最终消费者。我们将在第 12 章进一步讲解分销决策。

促销

毫无疑问，营销组合中最引人注目的组成部分是**促销**（distribution），它指的是为沟通商品信息所采用的技巧。最重要的促销工具包括广告、人员推销、销售促进、宣传、公共关系以及直接或交互式营销。促销决策将在第 12 章进一步讨论，这里简要介绍四个最重要的促销工具。

广告　广告（advertising）是指由身份明确的出资人通过付费媒体对潜在购买者进行劝说或告知产品信息的非人员沟通方式。例如，提供投资和证券产品的金融咨询公司通过在《财富》杂志和在彭博社电视网络上做广告，将有关信息传达给客户群。

人员推销　许多产品（如保险、定制服装和房地产）最适合通过**人员推销**（personal selling），即人对人的推销方式来进行促销。工业产品和服务很大程度上依赖于人员推销。当公司从其他公司购买产品时，采购员与其他需要技术和详细信息的人通常被引见给销售公司的销售代表。

销售促进　从历史上看，相对便宜的商品通常是通过促销手段进行销售的。**销售促进**（sales promotion）也叫营业推广，是一种给消费者提供一次性直接优惠的推销方式。赠品（通常是免费赠送的礼物）、优惠券和插页都是旨在吸引消费者购买产品的促销手段。现在，这些销售促进手段的应用已经扩展到 B2B 销售领域，以及通过高朋团购网站（Groupon）等渠道的互联网交易场所进行面对消费者的大型商品销售。

公共关系　公共关系（public relations）包括所有旨在建立友好关系的沟通努力。它致力于在公众心目中建立起对组织及其产品的良好态度。罗纳德·麦克唐纳之家慈善机构（The Ronald McDonald House Charities）及其与麦当劳的合作是公共关系建设方面的一个著名实例。

融合：整合营销策略

整合营销策略（integrated marketing strategy）确保"4P"融合在一起，彼此兼容，并与公司的非营销活动互相配合。以全球最大的汽车制造商丰田汽车公司为例。尽管曾发生产品大规模召回事件，但该公司 30 多年来一直保持在汽车市场上的优势，丰田汽车的优越性源于与其生产战略紧密结合、相互支持的营销组合。丰田汽车的型号较少，其目标客户想要的是较高的质量、可靠的性能、适中的价格（性价比高）。与美国的汽车制造商相比，丰田提供的不同车型较少，因此需要的零部件种类也有所减少，购买成本随之下降，在丰田的精益生产系统中，库存和装配所需要的厂区也减少。在精益生产中，装配工作有所简化，促进了质量的提高，工厂实现了成本节约，使产品价格下降，快速生产还缩短了丰田分销系统的交货时间。同时，丰田的广告传递出它在行业中享有较高客户满意度的信息，所有这些叠加在一起，构成了丰田的整合营销策略。

🔶 10.3　营销策略：目标营销与市场细分

营销者早已知道，产品不可能满足所有人的所有需要。营销理念的出现和对客户需要与需求的认知，使得营销者在思考问题时将出发点放在**目标市场**（target markets）——企业要服务的一群有着相似需要与需求并有望对同一产品表现出兴趣的人或组织。选择目标市场通常是营销策略中的第一步。

目标营销需要首先进行**市场细分**（market segmentation）——把市场按客户类型进行分类或"分割"。一旦公司找到目标区域即所谓的细分市场，它们可能采取各种各样的策略。有些公司不止在一个目标细分市场上销售产品。通用汽车曾努力为几乎所有细分市场提供汽车，其拥有的品牌包括雪佛兰、别克（Buick）、奥兹莫比尔（Oldsmobile）、庞蒂克（Pontiac）和凯迪拉克（Cadillac）、土星（Saturn）、萨博（Saab）、悍马（Hummer）等特色产品，以及各种 SUV 和皮卡。然而，2008—2011 年的金融危机将通用汽车推到了财务崩溃的边缘，该公司不得不接受美国政府的紧急贷款救助。为了应对危机，通用汽车出售了一些生产线，并关闭了其他几条生产线。如今，该公司已经成为一家更加精简的公司，目标细分市场数量减少，所得利润却大幅提高。

与此形成对照的是，一些企业一直专注于范围较窄的产品系列，比如法拉利的高价跑车把目标只锁定在一个细分市场。值得注意的是，市场细分是对客户进行分析的策略，不是对产品进行分析的策略。目标细分市场一旦确定，针对该细分市场的产品营销即已开始。对产品本身特性的确定、调整以及沟通的过程就是**产品定位**（product positioning）。

10.3.1　确定细分市场

根据定义，一个细分市场的成员必须具有一些影响其购买决定的共同特点。研究人员在确定消费者细分市场的过程中，要观察影响消费者行为的几个不同因素。下面探讨五个最重要的可变因素。

10.3.2　地理细分

很多购买决定受到人们居住地的影响。城市居民不需要农业设备，帆船在海边比在大平原要卖得更好。**地理变量**（geographic variables）是指研究人员在**地理细分**（geographic segmentation）策略中需要考虑的大到国家、小到居民区的地理区域单元。德国的麦当劳餐厅与美国的有所不同，德国麦当劳餐厅提供啤酒。怀俄明州杰克逊霍尔市的药店出售枪支，而在芝加哥禁止这样做。星巴克目前正专注于中国不断增长的地理细分市场。

10.3.3　人口统计细分

人口统计细分（demographic segmentation）是一种利用人口统计变量来区分消费者的策略。**人口统计变量**（demographic variables）是指为了描述人口状况而确定的特征，如表 10-1 所示。基于营销人员要达到的目的，人口统计细分可以是根据单一特征分类（年龄 20～34 岁），也可以是根据综合特征分类（年龄 20～34 岁、已婚无子女、年收入 25 000～44 999 美元）

表 10 - 1　人口统计变量示例

年龄	5 岁以下，5～11 岁，12～19 岁，20～34 岁，35～49 岁，50～64 岁，65 岁以上
教育	小学或小学以下，上过中学，中学毕业，上过大学，获得大学学位，更高学历
家庭生命周期	单身年轻人，已婚无子女年轻人，已婚有子女年轻人，年长已婚且有 18 岁以下子女，年长已婚且没有 18 岁以下子女，年长单身，其他
家庭人口	1 人，2～3 人，4～5 人，6 人以上
收入	不足 15 000 美元，15 000～24 999 美元，25 000～50 000 美元，50 000～100 000 美元，100 000～200 000 美元，200 000 美元以上
族裔	非洲，美洲，亚洲，英国，东欧，法国，德国，爱尔兰，意大利，拉美，中东，斯堪的纳维亚
种族	印第安人，亚洲裔，非洲裔，白人（高加索人）
宗教	佛教，天主教，印度教，犹太教，伊斯兰教，新教
性别	男，女

例如，Hot Topic 最初是一家总部位于加利福尼亚州的潮牌服饰连锁店，专营服装、配饰和珠宝，旨在吸引 Y 世代和千禧一代，这一人口统计细分市场由"80 后"和"90 后"的美国消费者组成。其经营活动所突出的主题是流行文化音乐，因为它是影响目标群体时尚品位的最重要因素。Hot Topic 已经成为与流行文化有关的服装、配件和娱乐产品的全美零售连锁企业。

10.3.4　地理人口统计细分

地理人口统计细分（geo-demographic segmentation）是一种组合策略。**地理人口统计变量**（geo-demographic variables）是地理区域特征与人口统计学特征的组合，是最常见的市场细分工具之一。如下例所示：城市青年职业女性，即受过良好教育、从事高薪专业工作、生活在大城市的中心地区、年龄在 25～54 岁的年轻女性。Chico 品牌服装的目标客户就属于这一细分市场，该品牌提供的时尚旅行服装非常适合这一群体的需求。采用的变量越多，市场界定越精准，市场细分也就越有效。

10.3.5　心理因素细分

根据生活方式、兴趣、个性和态度等**心理统计变量**（psychographic variables），也可以对市场进行**心理因素细分**（psychographic segmentation）。例如，自 1856 年以来，英国标志性奢侈品牌博柏利（Burberry）的雨衣一直是英国传统的象征。现在博柏利将自己重新定位为像古驰（Gucci）和路易威登（Louis Vuitton）一样的全球奢侈品牌。这一策略要求吸引不同类型的顾客——富有的、有时尚意识的、享受在尼曼·马库斯（Neiman Marcus）和波道夫·古德曼（Bergdorf Goodman）这种精品店购物的人。与人口和地理因素不同，消费心理是可以通过营销活动的努力加以改变的，因此，对于营销者来说，消费心理因素格外重要。例如，波兰公司通过宣传使用信用卡的安全性与可取性帮助消费者克服抵触情绪，使他们不再单纯依赖现金来支付。[7]

10.3.6　行为细分

行为细分（behavioral segmentation）使用**行为变量**（behavioral variables）来营销产品，其中包括如重度消费者（大批量购买商品者，这是山姆会员店和开市客的主要客户）；情境购买者（就消费支出而言，万圣节现在是第二大节日）；或特定目的购买者（All Free 这款洗涤剂适用于皮肤对其他洗涤剂中的添加剂过敏的人）等的行为。

➡ 10.4　市场调研

在制定营销决策或营销计划时，无论营销管理者逻辑多么严谨缜密、论证多么合理充分，可能仍然做不到完美无缺，但是他们对营销组合和市场细分策略的决策和计划可能会产生长期的影响。为了作出最佳决策，制订最有效的计划，营销管理者要努力做到以客户为中心，并基于市场趋势的即时信息采取相应的行动。**市场调研**（marketing research）是研究客户需要什么、想要什么以及如何最好地满足这些需要和想要的一门学问，是获取决策信息的一个有力工具。

市场调研与整个营销过程的关系如图 10－3 所示。它的作用是通过明确公司利益相关者（包括消费者）、可控营销变量、环境因素和营销决策之间的相互作用来提高竞争力。研究人员使用几种方法来获取、解释和应用消费者的相关信息。他们要决定市场营销策略、目标设定和目标市场选择等决策所需要的信息种类。在上述过程中，他们可能会研究消费者对营销组合中所提议的变动的反应。例如，一位研究人员可能会研究消费者对处于实验阶段的涂料配方（新产品）的反应；另一位研究人员可能研究消费者对公寓降价（新定价）的反应；还有一位研究人员可能会核查消费者对广告活动（新促销）的回应。营销人员还可能试图了解消费者是更倾向于在专卖店购买产品还是在网上购买（新地点）。

在国际市场上销售产品的重要性使市场调研发挥作用的范围有所扩大。例如，当一家公司决定在全球范围内销售产品或服务时，它必须决定是提供标准化的产品还是为每个市场提供不同版本的产品。相应地，市场调研的取向也日益全球化。

10.4.1　调研过程

市场调研可以在产品生命周期的任何阶段进行。它通常用于开发新产品或改进现有产品。万豪国际集团决定推出费尔菲尔德酒店（Fairfield Inn & Suites）品牌时，派出管理者团队到美国其他经济型酒店进行全面测评，考察从毛巾厚度到床垫牢固度再到房间大小的各个指标。它还对经济型旅行者进行了多次焦点小组访谈，以找出对于他们来说什么更

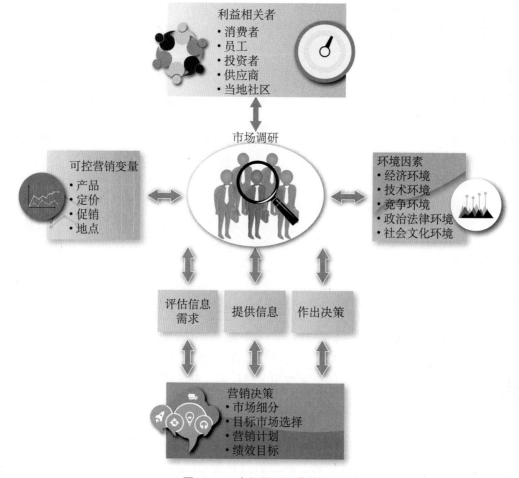

图 10 - 3 市场调研和营销过程

重要、什么更不重要。经过三年的研究，它成功推出了费尔菲尔德品牌。

市场调研通常遵循五个基本步骤。但是，如果研究过程存在缺陷，即使是非常高效的公司也会陷入困境。我们以可口可乐的经典例子来说明进行市场调研的五个步骤。

1. 研究现状。人们有什么需要？正在采取什么措施来满足这一需要？20 世纪 80 年代中期，可口可乐市场份额不断下滑，公司决定进行一项著名的（因失败而著名的）市场研究，以确定恢复可口可乐市场地位的途径。

2. 选择调研方法。在从广泛多样的调研方法中进行选择时，营销人员必须考虑不同选择方案的有效性和成本。可口可乐事前收集到的信息表明，可口可乐的味道是问题的主要根源。可口可乐的市场份额被百事可乐抢占，因为消费者发现百事可乐更甜。研究人员决定用口味测试法，了解消费者对一种比原有可乐更甜的"新可乐"的看法。

3. 收集数据。大多数研究数据可以划分为两种类型。**二手数据**（secondary data）是已经可以从以前的研究中得到的数据。例如，《美国统计摘要》（Statistical Abstract of the United States）提供了美国政府收集的关于地理和人口变量的数据。使用二手数据可以节省时间、精力和金钱。然而，当二手数据不可用或不充分时，研究人员必须获得**原始数据**（primary data），即从新进行的研究中收集的新数据。在可口可乐的调研中，所收集的原始数据取自 20 万名品尝者，他们将"新可乐"与原有可乐和百事可乐的味道进行对比。

4. 分析数据。收集数据后，要对它们进行分析，以形成有意义的信息。对可口可乐调研数据的分析发现，超过一半的品尝者认为"新可乐"的味道比原有可乐和百事可乐更好。

5. 准备报告。报告应该阐述调研的方法和发现，还应确定解决问题的方案，并酌情就行动方针提出建议。可口可乐用"新可乐"取代原有可乐的最终建议得到贯彻实施。

事实证明，这一决定带来了代价高昂的灾难性后果，最终导致可口可乐以"经典可口可乐"这个新品牌名称恢复了原有"可乐"品牌的销售，同时将"新可乐"撤出市场。事实证明，这次调研的缺陷导致结果出现偏差：（1）测试品尝者没有被告知，如果推出"新可乐"，那么原有可乐将不再供应；（2）当产品退出市场时，消费者对可口可乐品牌的长期依赖将会消失。[8]

可口可乐公司的例子是一个代价昂贵的学习经验，说明即使是最成功的公司偶尔也会遭遇营销失误。虽然可口可乐的市场调研误导了公司，但许多其他公司，包括万豪国际集团、三星、宝洁，都通过开展市场调研活动提高了市场份额，并对自己产品的市场有了更好的理解。

`寻觅良策`   **在线客服的真相**

市场营销的基本原则之一是"找到需求，满足需求"，斯特拉服务公司（StellaService Inc.）作为在线零售商评级公司，通过提供衡量在线服务的更好方式，即从消费者的角度出发，以年度客户服务评级来衡量在线服务质量，填补了这一利基市场的空白。例如，2017年，斯特拉服务公司授予维生素专卖店（Vitamin Shoppe）"精英综合奖"，这是专为在多个服务渠道中表现最佳者设立的一项最高荣誉奖。公司每年都颁布精英奖，表彰在电话、电子邮件、聊天、送货和退货等方面提供最佳客户服务的零售商。

自2010年成立以来，斯特拉服务公司花了两年时间收集包括亚马逊和里昂比恩公司等巨头在内的数千家在线零售商提供的有关客户满意度的数据。掌握有关数据后，联合创始人乔迪·雷瑟（Jordy Leiser）和约翰·厄斯伯格（John Ernsberger）筹集了2 200万美元的风险投资，用以提高他们开发强大分析软件的能力。他们计算了每位零售商在4个服务领域（电话支持、邮件支持、送货、退货和退款）的客户满意度。每个领域都有9～25项衡量指标。例如，在电话支持方面，需要考虑客服人员的反应速度及其对产品的了解程度等9项衡量指标；在送货方面，则要衡量送货时间和产品的准确度。衡量结果提供了竞争对手的排名，显示了每个零售商目前在4个服务领域中相对于竞争对手的位置。例如，在体育用品类别中，斯特拉服务公司的报告可能会显示BassPro.com、Cabelas.com、DicksSportingGoods.com等公司的电话支持、邮件支持、送货以及退货和退款等服务的排名。

通过这些衡量结果，斯特拉服务公司使零售商能够客观地衡量自己的客户服务表现，并准确地持续监控自己与竞争对手之间的差距。斯特拉服务公司知道成败取决于测量方法的有效性和可信度，因此使用了一套独立的第三方评级系统。当"秘密购物者"（受过培训的员工）通过电子邮件、电话和即时聊天软件与在线零售商交流、购物、等待送货或退货和退款时，他们采用严格且受控的测量方法来衡量该服务项目。斯特拉服务公司坚持将"客户服务测量过程审核"作为其有效性的附加保证，并详细阐明了公司的测量方法、收集和处理数据的程序，以及确保准确性和有效性的具体步骤，甚至还聘请了四大审计和注册会计师事务所之一的毕马威（KPMG）对公司采用的测量方法进行审计。现在，零售商可以根据独立、客观的信息作出在线营销和服务决策。从本质上说，斯特拉服务公司所做的一切都是为了提高利润，同时帮助消费者作出更好的决策。[9]

10.4.2　调研方法

市场调研的成败通常取决于调研团队所使用的方法。可以考虑使用以下四种基本方法：

1. **观察法**（observation）是指观察并记录顾客行为的调研方法。现如今，信息技术系统（包括实时摄像反馈和电脑记录）使营销人员能迅速且准确地观察到顾客的偏好。实体店里的电子扫描仪和数据文件，还有电视收看记录、电话交易记录和网站访问等相关数据能让营销人员看到顾客的购买历史，以及他们在某时间段内的产品和品牌偏好。

2. 有时，营销人员必须进一步了解情况，就相关内容提出问题。**调查法**（surveys）是获取有效信息的一种途径。这种收集数据的办法是指研究人员通过以邮寄或发送电子邮件的方式寄出问卷、电话访问、面对面进行交流互动，从而了解事实、人们的态度或观点。UPS 曾对客户做过有关公司的调查，以改善服务。问卷调查结果显示，客户希望能同司机进行更多的交流，因为司机能够就物流问题给出实用的建议。因此，UPS 增加了额外的司机，让客户有更多的时间与司机接触。现在，大多数调查都是在网上进行的。

3. **焦点小组访谈法**（focus group）是指让参与者们聚集在一起，对给出的问题进行讨论的调查方法。调查人员对访谈活动做记录并录像，对访谈讨论结构只做最小化的安排。这种方式能让调查人员探究那些对于问卷调查来说太过复杂的问题，并形成具有创造性的解决方案。

4. **实验法**（experimentation）要对相同或相似人群在不同情况下的反应进行比较。例如，一家公司考虑是否要在新的糖果棒中添加坚果，如果只是询问人们对此决定的看法，可能不会得到多少有用的信息。但是，如果请一些人品尝含有坚果的糖果棒，另一些人品尝不含坚果的糖果棒，然后对这两组人的反馈意见进行对比研究，则可能会对决策有所帮助。如果这两组的意见有所不同，那么该公司将获得是否在新的糖果棒中加入坚果的宝贵信息。

➡ 10.5　消费者行为

虽然营销人员可以解释人们希望新冰箱具有什么特点，但是他们无法解释人们为什么购买某一款特定的冰箱。消费者想要满足的愿望是什么？他们为什么购买这种产品而不是别的产品？这其中是否有心理或社会原因？这些问题以及其他很多问题都可以从**消费者行为**（consumer behavior）研究（对人们购买和消费产品的决策过程的研究）中得到答案。

10.5.1 影响消费者行为的因素

营销人员主要运用心理学和社会学等领域的知识，来理解消费者行为。他们主要关注影响消费者行为的四大类因素：心理因素、个人因素、社会因素以及文化因素。营销人员通过确定在特定情况下哪种因素的影响最为活跃，设法解释消费者的选择，并预测他们未来的购买行为。

1. 心理因素包括个人的动机、感知、学习能力和态度。
2. 个人因素包括生活方式、性格，以及经济地位。
3. 社会因素包括家庭、意见领袖（对群体意见有影响力、他人向其征求意见的人），以及朋友、同事、专业同事等可提供参考意见的群体。
4. 文化因素包括文化（使一个大群体有别于另一个大群体的生活方式）、亚文化（具有共同价值观的小群体），以及社会阶层（根据背景、职业和收入等标准划分的具有不同文化特征的群体）。

尽管这些因素对消费者的选择有强烈的影响，但是它们对实际购买产生的影响有时很微弱。例如，有些消费者表现出高度的**品牌忠诚**（brand loyalty），他们对产品的性能感到非常满意，因此不断购买这些产品。这些人不太容易受到外界的影响，他们往往坚持选购自己喜欢的品牌。另外，消费者穿的衣服、选择的社交网络，以及装修房间的方式，通常反映出社会因素和心理因素对其消费行为的影响。

10.5.2 消费者购买过程

研究消费者行为的学者构建了有利于理解消费者如何决定购买产品的各种模型。图 10-4 所示的就是其一种。这些模型的核心是对导致消费的众多影响因素的认识。营销人员可使用这些信息制订营销计划。

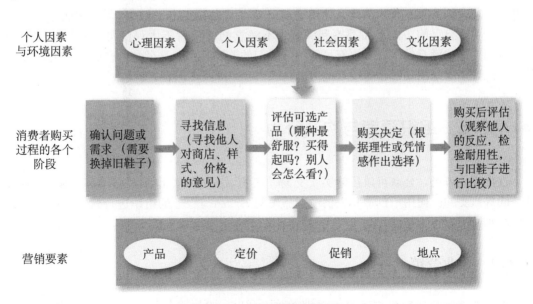

图 10-4 消费者购买过程

确认问题或需求

购买过程始于消费者确认存在某个问题和需求之时。当你有机会改变购买习惯时，也会出现需求确认。当你毕业后找到第一份工作时，你的收入会使你购买以前认为太贵而没有购买的产品，你可能需要职业装、公寓装饰品以及汽车。当美国银行和花旗银行向大学生销售信用卡的时候，它们就是在迎合需求的转变。

寻找信息

确认有某种需求之后，消费者通常要寻找信息。在做重大决定之前，多数人要获取来自个人和公共来源以及亲身体验的信息。在你决定成为某家健身房的会员之前，你可以在yelp. com 上了解你所在地区的健身房信息，或者你也可以去附近的几家健身房实地考察。通过寻找信息，消费者形成了一种包含他们考虑购买的产品的激活域（evoked set）（或称**考虑集**（consideration set））。

评估可选产品

如果消费者想要在市场上购买滑雪板，他们可能需要了解有哪些公司制造滑雪板以及这些滑雪板有何不同。消费者通过分析考虑集的产品属性（价格、声誉、质量），对产品进行比较，然后决定哪一种产品能够最大限度满足他们的需求。

购买决定

最终，消费者作出购买决定。购买决定的依据是理性动机、情感动机，或两者兼而有之。**理性动机**（rational motives）指的是对产品属性、成本、质量以及有用性进行合理评估。**情感动机**（emotional motives）指的是非客观因素，包括社交活动、模仿他人以及审美情趣。例如，你可能会和朋友购买同一品牌的牛仔裤，但你是为了让自己能被某个群体所接受才购买的，而不是因为你的朋友碰巧有良好的判断力，喜欢穿物美价廉的牛仔裤。

购买后评估

产品售出并不意味着营销活动的终止，销售之后发生的事情也很重要。营销人员希望消费者购买产品后得到满足，这样他们才有可能再次购买。由于消费者并不想每次购买产品都经历复杂的决策过程，因此，他们通常重复购买使用过且喜欢的产品。然而，并不是所有消费者对自己购买的产品都感到满意。不满意的消费者不大可能再次购买同样的产品，他们比那些满意的消费者更有可能传播他们的购物经历。这就是为什么一些公司如此努力地改进不满意的消费者所反馈的问题。

10.6　组织营销与购买行为

在消费品市场，公众可以目睹买卖交易。组织（或企业）市场虽然不那么显而易见，却是同等重要的。向用于创造和提供消费品而购买产品与服务的组织进行营销，涉及的各种市场和购买者行为与消费品市场大不相同。

10.6.1　企业营销

企业营销涉及四种类型的组织（或企业）市场：服务市场、工业品市场、中间商市场、政府和机构市场。综合来看，B2B市场每年交易额超过25万亿美元，相当于美国消费品市场的两倍。[10]

服务市场

服务市场（services companies market）包括许多向有意购买的大众提供服务的公司。举例来说，迪士尼乐园为了能给游客提供独一无二的体验，需要准备各种材料及用品；美国联合航空公司、MTV和普华永道会计师事务所在运营过程中也存在类似需求。从兽医诊所到酒店服务提供商，再到医疗中心和幼儿园，所有购买材料的服务市场都需要为顾客提供服务。

工业品市场

工业品市场（industrial market）包括购买可以转化为其他产品或在生产过程中被消耗掉的产品的公司，如农场主、制造商以及一些零售商等。例如，钢琴制造商施坦威从其他公司购买木材、木材染色剂、金属和其他材料来制造三角钢琴。该公司还要购买在纽约和德国的生产设施中使用的办公用品、工具和工厂设备。

中间商市场

在产品到达消费者之前，要通过由转卖者组成的**中间商市场**（reseller market），包括购买和再转售制成品的批发商和零售商。例如，作为游艇市场零部件和配件的主要分销商，海岸分销系统（Coast Distribution System）购买灯具、方向盘和螺旋桨后，又将其转卖给游艇码头和船舶修理店。

政府和机构市场

除了联邦政府和州政府，美国还有大约89 000个地方政府。2016年，州和地方政府每年支出大约3万亿美元，用于购买耐用品、非耐用品、服务和建筑。**机构市场**（institutional market）由非政府组织组成，如医院、教堂、博物馆以及慈善机构，这些组织也使用办公用品和设备，以及法律、会计和交通运输服务。

10.6.2　B2B购买行为

在某些方面，组织购买行为与消费者个人购买行为的共同点很少。其差异包括购买者的购买技巧和对买卖双方关系的重视程度。

购买者差异

与大多数消费者不同，组织的采购人员购买数量大，专门从事采购工作，有专长，见多识广，对市场行情了如指掌。B2B采购人员具有以下几点特征：

- B2B采购人员通常大批量采购，并且由于涉及的资金数额巨大，他们在自己采购的产品领域通常是行家。机构采购人员通常通过参加贸易会展、阅读贸易杂志以及与卖方代表磋商的方式，定期研究竞争产品和其他供应商。
- 作为专业人士，B2B采购人员接受过洽谈购买条件的技巧训练。买卖双方就交易条件达成一致后，还要签订正式的合法合同。
- 通常，B2B采购人员是企业所购买的某类产品的专家。例如，一家大型面包厂的一个采购人员可能专门采购食品原料；另一个采购人员专门采购烘烤设备（工业用烤炉和搅拌机）；还有一个采购人员可能负责采购办公设备和办公用品。

买卖关系上的差异

消费者与卖家的关系通常是不涉及个人感情的、短暂的一次性交往。与之相反，B2B 的情形通常涉及频繁、持久的买卖关系。长久培养的关系使得各方能够了解彼此的技术优势，有把握知道将来的业务状况。因此，购买者和供应商可以组成设计团队，开发对双方都有利的产品。因而，B2B 卖家重视由懂得客户需求并受过训练的销售代表所进行的人员推销。

10.6.3　社交媒体和市场营销

营销人员所使用的**社交网络**（social networking）是指人们和组织通过网络平台进行互动的交流工具，这些网络平台能够帮助用户建立社交关系。从市场营销的角度来看，**社交网络媒体**（social networking media）指的是 Facebook、推特、领英和 YouTube 等网站或访问渠道，数百万消费者在作出购买决策之前都会去这些网络媒体寻找信息并同其他人交流。

病毒式营销和社交网络

病毒式营销（viral marketing）是一种依靠社交网络和互联网的营销方式，像"病毒"一样在人与人之间传递信息，营销目的可能是提高品牌知名度、推广新产品理念或培养刺激销售的兴奋感。关于新车、体育赛事、电影以及许多其他商品和服务的信息通过网络在潜在消费者中传播，然后他们再将这些信息传给更多人。营销人员能够利用各种社交网络形式，如游戏、竞赛、聊天室、博客和公告牌，鼓励潜在消费者试用他们的产品，并向他人介绍这些产品。例如，迪士尼在计划推出以《星球大战》和漫威宇宙中的人物为主角的新电影时，通常会提前几个月甚至几年发布简短的样本片段，希望观众会喜欢他们看到的东西，并在新电影正式上映之前使观众产生对新电影的期待。美国银行、麦当劳、eBay和思科等公司的营销人员越来越频繁地使用**公司博客**（corporate blogs）进行公关和品牌推广，除此之外，他们还向目标市场散播消息，激起人们对相关产品的讨论。[11]

网络收入和社交网络

许多大型消费品公司都有自己的 Facebook 账号，小企业同样也在利用社交媒体与目标市场的客户建立关系来增加收入。例如，A2L 咨询公司向律师事务所提供陪审团咨询、审前服务、法庭技术和诉讼图像等服务。该公司利用包括谷歌＋（Google＋）、YouTube、拼趣（Pinterest）、领英和推特在内的多种社交网络来增加网络收入。A2L 的月度网站访问量超过 15 000 次，其网站流量所带来的收入极为可观。公司代表认为，在 A2L 所使用的社交媒体网络中，领英是连接 B2B 目标市场最有效的。领英拥有 3.5 亿用户，并且每秒新增 2 个用户。

这些新媒体的效果如何呢？同传统媒体相比，病毒式营销和社交网络可以更快地引起消费者的注意，更广泛地将信息传播给更多的消费者，而且所需成本也更低。新媒体取得更好的效果有两大原因。首先，过去只能从报纸、杂志和电视中获取的信息，现在能通过互联网得到。其次，是互动元素，消费者成了信息传播过程中的双向参与者，他们在将信息转发给其他网络用户的同时，也从其他网络用户那里获取自己需要的信息。

社交媒体的持续发展也正在改变企业的营销实践和消费者行为。Facebook 已经成为互联网上使用最频繁的社交媒体网站，它的月活跃用户数量超过 16.6 亿，每天使用的人数超过 9.5 亿。推特是现在发展最快的社交网络，它在规模上排名第二，注册用户超过 3.1 亿，平均每天发布近 5.25 亿条推文。这些数字不仅反映了社交媒体行业的巨大规模，还体现了参与者的数量庞大。这些人相互影响，说服对方去探索新理念和新产品，因此他们既是消费者又是推销者。该行业的成长很大程度上归功于：（1）移动设备用户数量的增长；（2）55 岁以上的用户中有更多的人在使用推特；（3）全球更多地区、更多潜在用户可以使用这些新社交媒体。随着经验的不断积累，企业正在用新的方式使用社交媒体。家乐氏公司（Kellogg Company）除了用社交媒体进行广告宣传外，还用其进行消费者调查，获得新的产品创意。宝洁公司已经意识到，在 Facebook 上进行病毒式营销能比在电视上做广告带来更多的销量。eBay 发现自己网上的卖家和买家正利用社交媒体引导其他卖家和买家访问 eBay 的网站。对于营销专业的学生来说，社交媒体的发展趋势有两个明确的含义：（1）使用社交媒体的消费者会看到越来越多诱人的产品信息；（2）熟悉社交媒体应用和技术操作的用户会发现社交媒体行业中的就业机会越来越多。

10.6.4 国际营销组合

开展国际营销意味着要把战略提高到支持全球业务经营的层次。例如，国外客户与国内客户在语言、习俗、商业惯例以及消费者行为方面都存在差异。营销企业如果要走向世界，就必须重新考虑营销组合的每一个要素——产品、定价、分销以及促销。

国际产品

有些产品不做任何改动就可以在国外进行销售。可口可乐和万宝路的产品在伊利诺伊州的皮奥里亚和在法国的巴黎都是一样的。在一些情况下，美国公司不得不创造具有内在灵活性的产品，例如，电动剃须刀可以匹配 120 伏特或 230 伏特的电压插座，使旅游者既可以在美国使用又可以在欧洲使用。通常情况下，国内产品需要进行重大的重新设计，才能满足国外市场消费者的需要。例如，为了在日本销售计算机，苹果公司不得不开发日语操作系统。

国际定价

为国际市场定价时，营销人员必须考虑到在国外运输和销售产品会使成本提高。例如，由于建筑、租金、设备以及进口猪肉提高了成本，还有汇率的影响，麦当劳的巨无霸在美国售价为 5.30 美元，而在挪威为 5.91 美元。

国际分销

在有些行业，如消费品和工业设备行业，开拓新的国际分销网络代价十分昂贵。因此，拥有现成分销体系的公司享有优势。为了避免延误时间，很多公司选择收购拥有稳定分销和营销网络的现存公司。例如，宝洁收购了露华浓（Revlon）旗下的蜜丝佛陀（Max Factor）和 Betrix 化妆品公司，这两家公司皆在海外市场拥有分销网络和营销网络。在美国使用的分销方法在很多情况下都不适用于国际市场。例如，在欧洲，鼻舒乐（Breathe Right）通气鼻贴被认为是医用商品，因此只能在药店出售。

国际促销

有时，好的广告宣传活动具有普适性。但在更多情况下，美国的促销策略在其他国家并不能获得成功。很多欧洲人认为，如果一个产品采用广告宣传，特别是下大力气推销，那它一定是糟糕的产品。

国际营销人员更应该意识到文化差异的影响，因为有些差异可能造成人们对宣传不当的产品产生负面反应。例如，一些欧洲人对电视广告中出现的武器或暴力很反感；一些欧洲广告的开放程度超出了某些国家的接受程度；在美国香烟广告禁止在电视上播放，在很多亚洲和欧洲市场却很受欢迎。管理人员必须谨慎地将促销策略与当地习俗和文化价值观相匹配。

由于需要调整营销组合，在国际市场取得成功比较艰难。但是，不论在国内还是国外进行营销，营销的基本原则依然适用，只是对它们的应用要有所改变。

| 创业和新企业 | 深耕利基市场 |

7 英亩的农场非常小。但是，供职于弗吉尼亚州交通部（Virginia Department of Transportation）并担任专职环境经理的瑞克·克罗福德（Rick Crofford），忙碌地经营着在弗吉尼亚州自家 7 英亩土地上种植的农作物。他最先耕种的作物是蓝莓。他种植了近 200 株蓝莓树，每年产出 10~15 品脱的蓝莓。在收获过程中，蓝莓是劳动力密集型的农产品，而且他还不得不安装围栏以防鹿闯入农田。后来他扩大了浆果的经营品种，包括 250 株草莓和 3 种覆盆子。克罗福德已将经营范围扩展到其他农作物，其中包括小土豆。一块不到 1 英亩的土地产出了总计 1 000 磅的 4 个品种的作物，平均每磅售价约 2 美元。在他的 4 个孩子和偶尔雇用的临时工的帮助下，他还在农场种植了大蒜、辣椒和西兰花。他把所有的利润都投入为孩子们准备的大学储蓄计划。

弗朗西斯·恩戈（Francis Ngoh）在自己 39 英亩的农场里种植蘑菇和其他农作物。他从西非来到美国，在马里兰大学（University of Maryland）获得工程学学位。尽管他在多家公司工作过，但他现在把全部精力都放在了农业上。他种植的主要作物是香菇，每年收获 3 000~4 000 磅，他也种植芦笋、韭菜、大蒜、辣椒等蔬菜。虽然恩戈还不是一个得到认证的有机农产品生产者，但他已经接受这些标准。

由于找到了合适的分销网络，克劳福德和恩戈得到了相应的支持，他们还得到了弗吉尼亚州合作推广服务机构的支持。克劳福德与农产品批发商 Fresh Link 有广泛的密切合作。Fresh Link 的联合创始人莫莉·维索斯基（Mollie Visosky）帮助当地生产者了解华盛顿地区高端餐厅的需求，她解释说："我们在 1 月与厨师们一起了解他们在下一个生长季节需要什么食材。然后，我们努力帮种植者销售出他们能种植出的最好的农作物，从而获得可观的利润。"此外，恩戈能够把他种的蘑菇和其他蔬菜卖给全食超市和其他当地购买者。

克劳福德和恩戈都曾与弗吉尼亚州合作推广服务机构的吉姆·哈斯金斯（Jim Haskins）合作过，这个合作项目由弗吉尼亚州立大学（Virginia State University）和弗吉尼亚理工大学（Virginia Tech）的代理机构联合运营。这种支持是克劳福德决定种植小土豆的关键，这种土豆的产量远高于传统的爱尔兰土豆。拨付的补助金也帮助了农民，为他们提供了免费的植物和种子。事实上，这两种支持措施非常成功，哈斯金斯利用它们在福基尔县地区推广利基农业生产。这种合作关系很可能是成功的关键之一。[12]

⇒ ## 10.7　小企业及其营销组合

很多大型企业之前都是小企业。很多小企业成功的背后，是营销观念的巧妙应用和对营销观念各个因素的充分理解。

10.7.1　小企业产品

很多小企业在一开始就注定要失败，原因是没有客户需要它们提供的产品。很多公司没能很好地估计真实的市场潜力，一些公司在没有弄清楚自己的目标细分市场之前，就迫不及待地提供新产品。对客户需求的彻底了解，对很多小企业来说是非常有价值的。例如，Little Earth Productions 的情况就说明了这一点。该公司是制造手提包等时装配饰的公司。起初，公司只是考虑消费者如何使用公司生产的手提包。但是，在研究了消费者的购物习惯之后，公司重新设计了店内陈列，更好地展示待售商品。公司在陈列时把包挂起来，而不是平放在地板上或较低矮的柜台上，使店里的手提包更为醒目，公司还特意在包上增加拎带，销量因此得以提高。公司目前专注于提供配饰，比如带有标识的化妆包、发带、钱包和发饰。

10.7.2　小企业定价

随意定价可能毁掉一个拥有好产品的公司。小企业定价错误通常源于不能准确估计经营费用。Nomie Baby 是一家专为婴儿生产防水可拆卸式汽车座椅套的公司，其创始人一开始把商品价格定得过低，仅考虑了制造和材料成本，而错误地忽略了运输费、储存费和设计费等其他花费。后来，当公司提高销售价格以覆盖所有成本时，销售额（幸运地）保持稳定，没有下滑。由于担心定价过高，新企业往往会把产品价格定得过低，而定价过低随后会引发财务危机。那些经营不善的企业主经常会抱怨："我不了解经营企业要花多少钱。"然而，某些公司有时会发现即便定价包含了所有的成本，价格仍然太低。Head-sets. com 公司曾因一个电脑错误而将其在互联网上发布的价格设为公司产品的成本价，而非零售价。但令人惊讶的是，阴差阳错的低价并没能让销量激增。消费者略显平静的反应表明该产品不像公司最初设想的那样是价格敏感型的，因此，该公司又将价格在原价的基础上提高了 8%，公司收入持续增加，但销售量与此前相比几乎没有变化。[13]很多小企业能够通过认真估算成本，合理确定价格，获得令人满意的利润。

10.7.3　小企业分销

很多小企业吸引和留住客户的能力部分取决于如何选址，特别是对新的服务企业来说，选址十分重要。

但是，正如营销组合中的其他方面一样，小企业在分销方面可能比大的竞争对手具有优势。由于小企业增加了人际接触，所以可能比大企业更快捷、更高效地满足客户的需求。位于加利福尼亚州弗里蒙特的 Everex 系统公司（Everex Systems）通过零反应时间的系统，向批发商和零售商销售个人电脑。由于该公司规模小，较为灵活，因此可以每两个小时查看一遍电话订单，工厂装配随之调整，以满足供货需求。

10.7.4　小企业促销

成功的小企业将促销成本纳入计划，把它作为起步成本的一部分。有些小企业用较便宜的促销方法，如在地方报纸上进行产品宣传、在线发送消息来降低成本。其他一些小企业把自己及其产品与有关群体、组织以及事件联系在一起。因此，工艺品装潢店可能会与当地艺术联合会合作，公开展示它们联合制作的艺术品。

问题与练习

复习题

1. 外部环境影响营销的五种力量是什么？
2. 价值和效用的区别是什么？
3. 什么是市场细分？如何将其运用于目标营销？
4. 消费者的购买行为与组织市场中采购员的购买行为有何不同？

分析题

1. 请选择三种日用产品（例如，个人健身训练项目、CD、狗粮、手机、咖啡或鞋子）。说明这些不同产品如何选定不同的目标细分市场。解释针对每个细分市场所采取的营销组合有何不同。

2. 使用理智决策的五个步骤来谈谈你选择大学的过程。这能否反映出你决定上大学的方式？为什么？

3. 假设你是美国一家大型连锁酒店的营销经理。当你为了适应墨西哥、阿联酋、德国这几个外国市场而调整营销组合时，你会考虑哪些因素？

4. 选择一种能从病毒式营销中获益的现有产品。在你作出选择之后，说说你会如何利用病毒式营销来增加人们对该产品的需求。

应用练习题

1. 找出一家有你感兴趣的产品的公司。思考该公司应如何利用客户关系管理来增强与目标市场的关系。请具体解释你对公司如何在客户关系管理工作中使用营销组合的四个要素的建议。

2. 人口普查收集了大量对市场调查很有用的二手数据。你可以访问相关网站收集你所在社区的居民数据。然后根据年龄、种族、家庭规模、婚姻状况和受教育程度等因素，将你所在社区的情况同整个地区进行对比。最后基于比较结果，看看哪些类型的零售机构特别适合你所在的社区？

案 例

利用社交媒体打造品牌

你已在本章开篇读到米歇尔·潘的故事，了解到她如何将博客发展成为美容和生活方式的大企业。利用本章所学内容，你应该能回答下列问题。

◇问题讨论

1. 外部环境中的哪些力量为米歇尔·潘创造了机遇或挑战？请作出解释。

2. 你如何描述米歇尔在价值组合、营销组合和整合营销方面的营销理念？

3. 描述消费者购买化妆品的过程。视频和像 Ipsy 这样的服务适用于这个过程的什么环节？

中产阶层都去哪了？

宝洁在剃须产品领域所占据的主导地位完全胜过在其他许多消费品领域的地位。在吉列（Gillette）、Mach3 和 Fusion 等强大品牌的帮助下，宝洁成为全球数百万人日常用品的领军者。它在刀片和剃须刀市场占据了 65% 的市场份额。然而，这一核心产品线正受到重视价值创造的竞争对手的攻击，也受到联合利华的美元剃须刀俱乐部（Dollar Shave Club）等订阅服务的攻击。这些竞争使宝洁的市场份额有所下降。

宝洁旗下拥有福爵咖啡（Folgers）、伊卡璐（Clairol）、Charmin 和吉列等一系列深受欢迎的知名品牌，据估计，98% 的美国家庭至少使用一种宝洁产品，这一市场地位主要得益于宝洁将中产阶层消费者作为目标市场。尽管宝洁的产品销往 180 多个国家，但美国消费者每年为宝洁公司创造了 35% 以上的销售额和近 60% 的利润。然而，该公司面临着营销困境：2015 年和 2016 年的年收入大幅下降。事实上，2016 年是宝洁自 2006 年以来销售额最低的一年。

宝洁面临的一个问题是中产阶层购买力的萎缩，这一变化始于 2008 年的经济衰退，并持续至今。尽管经济正在复苏，但许多曾经富裕的中产阶层家庭仍面临困境，因为汽油、食品、教育和医疗保健的价格不断上涨，但他们的工资几乎没有增加。除了经济变化之外，消费者的偏好也在发生变化。Y 世代和 Z 世代的购买者都在高端品牌的陪伴下长大。这些年轻人在青少年时期穿的是霍利斯特（Hollister）和阿贝克隆比·费奇（Abercrombie & Fitch）的品牌服装，而不是在廉价零售店里买的衣服。成年之后，他们表现出对高端品牌的偏好，即使他们的收入基本上属于中产阶层。根据宝洁的研究，宝洁北美业务的高管预计中产阶层的规模逐渐缩小将是一个持续的趋势。因此，宝洁和其他公司正在重新考虑自己的目标市场。宝洁公司目前专注于 10 个产品品类，包括 65 个品牌，并减少品牌组合的数量，专注于核心品类和少数品牌，以推动销售增长。此外，公司还加强了对低收入家庭的市场调查，经常通过面对面的访谈来深入了解这些消费者。到目前为止，低端和高端市场的规模一般都小于之前庞大的中产阶层市场，这意味着宝洁正在分散营销工作的努力方向，而不是只针对一个细分市场施加更大的推力。正如一位公司高管所指出的，从历史的角度来看，他们擅长做规模更大的事情，但现在他们正在学习如何处理两个细分市场的产品销量较小的问题。新产品的开发也受到了影响，因为高端细分市场通常涉及较少的产品，这些产品具有吸引人的额外功能，以更高的价格销售，因而可以获得可观的利润。[14]

　　◇问题讨论

　　1. 针对本案例所介绍的情况，你如何评价宝洁的营销策略？请阐明原因。

　　2. 宝洁公司外部环境中的哪些因素（如果有的话）正在影响公司的营销策略？请阐明原因。

　　3. 你认为宝洁的市场调研为什么会包含面对面的采访？在这种情况下，其他形式的市场调研是否也会有效？请阐明原因。

　　4. 请解释目标营销和市场细分在本案例中的作用。

　　5. 宝洁营销组合在哪些方面受到了本案例中所述情况的影响？举例说明。

注　释

第 **11** 章 产品开发和定价

→ 学习目标

1. 解释作为价值包的产品的定义，对产品和服务进行分类。
2. 描述新产品的开发过程。
3. 描述产品生命周期的各个阶段，以及延长产品生命周期的方法。
4. 确定主导定价决策的多种定价目标，描述在制定决策时使用的定价工具。
5. 探讨针对不同的竞争情况可以运用的定价策略，确定定价战术。

开篇案例   **免费大学的价格**

在 2017 年初，纽约正式成为美国第一个支付公立大学学费的州。至少在一开始，该项目仅限于就读于纽约州立大学（State University of New York）或纽约市立大学（City University of New York）且家庭收入不超过 10 万美元的学生。2018 年秋季，收入限制放宽至 11 万美元，2019 年放宽至 12.5 万美元。不过，对学生还有一些额外要求。例如，他们每年必须修满 30 学分，毕业后在纽约生活和工作的年限必须与他们获得资助的年限相同。时任州长安德鲁·科莫（Andrew Cuomo）的办公室估计，当该计划全面实施时，该州约有 94 万个家庭符合资格。尽管短期内这对大学生来说是一件好事，但由此产生的价格竞争可能会对许多州内私立大学的招生产生巨大的负面影响。

根据纽约独立学院和大学委员会（Commission on Independent Colleges and Universities，CICU）的数据，该州拥有 100 多所私立非营利的学院和大学，招收的学生中约有 30 万是纽约居民。这些私立机构许多规模很小，学生人数不到 2 000 人，因此即使招生人数小幅下降也会对预算产生严重影响。CICU 预计，公共机构的招生人数将增加 9%～22%，而该州私立非营利学院和大学的招生人数将减少 7%～15%。

私立大学可能不得不对价格进行评估。麦道尔大学（Medaille College）的校长肯尼思·马库尔（Kenneth Macur）认为学校应注重价值，而不是价格，他说："当你已经有能力竞争价值而不是价格时，你就有能力竞争了。"但就像许多小型私立机构一样，麦道尔大学竞争学生的部分方式是给予学费大幅折扣，州内新生的学费折扣率约为 50%，略高于美国大学商务官员协会（National Association of College and University Business Officers）报告的首次全日制新生 48.6% 的全国平均学费折扣率。

根据《高等教育界》（*Inside Higher Education*）的一篇文章，负责监督咨询公司 Ruffalo Noel Levitz 财务援助服务部门的副总裁韦斯·巴特菲尔德（Wes Butterfield）警告学校不要过分关注价格。他认为，私立学院和大学需要审视它们的价值包、使命、愿景和价值观，以便更好地找准自己在市场中的定位。[1]

筛选更为严格的学校受到的压力较小。受到影响最大的将是那些依靠学费大幅折扣的学校，以及依靠为州立学生提供助学金的院校。但不仅仅是这些学校会受到经济影响。从长远来看，随着小型私立大学缩减招生规模或完全倒闭，减免学费计划可能会给当地社区带来数百万美元的经济损失。（学完本章内容后，你应该能够回答章末的一系列讨论题。）

我能从中学到什么？

若想在任何市场成为首屈一指的零售商，你必须对如何开发一款具有吸引力的产品以及如何进行最佳定价以实现利润和市场份额目标了如指掌。本章讲述好产品的组成、定义产品的分类方式以及探讨研发新产品时所需要的活动。我们还会看到任何产品的成功营销都依赖于吸引目标客户的定价。通过理解本章中的定价方法，你将对如何针对不同商业目标进行定价有更清晰的认识，同时你也能辨别和使用多种定价工具，在产品生命周期的不同阶段调整产品的定价策略和战术。此外，你还能够通过销售活动和竞争潜力评估公司产品及其定价行为。你还能为评估公司产品和定价活动做好准备，它们与公司的营销计划和竞争潜力密切相关。

你可能不会认为你的大学教育是一种"产品"，或者你的学费是一种"价格"，但在很多方面它们确实是。就像你用金钱换取一个新背包、智能手机和房子一样，你也要用金钱换取上课和获得学位的机会。有些背包只需几美元，有些则要贵得多，有些可能只能使用很短的时间，而另一些则可以使用多年。同样，一些大学的学位比其他大学的学位花费更高，一些学位可能比其他学位带来更高的薪水。就大学的决策者而言，他们必须决定提供什么学位、提供这些学位需要收取多少费用，以及想要录取多少学生。就像企业一样，大学必须推销自己，以吸引最好的学生。由于给一些学生免除学费，纽约的大学现在必须重新思考如何按照其他行业开发新产品的基本规则来定价和营销自己：首先确定目标受众不断变化的需求，开发可以满足这些需求的新产品或改进产品，然后在制定价格时考虑成本。正如你将在本章中看到的，营销人员只有在开发产品和定价时作出正确的选择，才能实现他们的目标。

正如我们在第 10 章中已经看到的，管理人员要负责制定营销计划和策略，以满足客户需求和需要。我们还看到，营销策略关注营销组合的四个组成部分（4P）：产品、定价、地点和促销。然而，大多数管理人员都明白，在制定战略营销决策时，几乎不可能只关注营销组合中的某一个要素（如产品设计）而不同时考虑其他要素（如产品价格）。在本章中，我们将更详细地介绍营销组合中的两个要素。我们将从产品开发和公司如何决定向客户提供什么产品开始。接下来，我们将了解定价的概念以及定价决策中使用的定价工具。在下一章中，我们将考虑营销组合中的另外两个要素：地点（分销）和促销。

➡ 11.1 什么是产品

在制定任何产品的营销组合时，无论是商品还是服务，营销者都必须考虑清楚：消费者购买产品时真正想要的是什么。只有这样，营销者才能够制订有效的战略计划。本节首先介绍产品战略开始之处：要知道每一个产品都是一个价值包，它为消费者提供各种利益，满足他们的需要和需求。接下来，我们会讨论消费者所购买的产品的主要分类。最后我们会探讨企业所提供价值包的最重要组成部分，即产品组合。

11.1.1 价值包

无论是有形的商品还是无形的服务，抑或是两者的结合，消费者都能从与产品相关的各种收益、性能和回报中获得价值。**产品性能**（product features）是公司融入其产品中的品质，既包括有形的，也包括无形的，如割草机上的 12 马力发动机。然而，正如我们之前探讨的，为了吸引消费者，这些性能还必须能够给消费者带来益处：使用这台割草机割草坪后，必须能够达到美化草坪的效果。拥有者知道割草机在他需要时可用，从中获得的满足感就是一种无形的回报。

现在的消费者把产品价值视为捆绑在一起的属性、收益和特性，这个集合体被市场营销者称为**价值包**（value package）。消费者越来越期望获得具有更高价值的产品，也就是期望产品价格更合理、收益更多、性能更好，因此公司必须在增强价值包的基础上展开竞争。设想笔记本电脑价值包中可能包含的属性：

- 购买前容易获得明白易懂的信息。
- 性能，如无线。
- 吸引人的颜色和设计。
- 有用的软件包。
- 吸引人的价格。
- 快速、简便的网络订购渠道。
- 安全的信用卡支付方式。
- 快速送货保障。
- 保修服务。
- 易于获取技术支持。

尽管电脑包含处理装置和其他硬件等有形的物理特征，但在其价值包中有许多项目是服务或无形的性能，它们共同为消费者带来益处，提高了消费者的满意度，增加了价值。可靠的数据处理显然是一种益处，同样地，快速交付货物和便利的技术支持也是。现在，越来越多的公司在增强价值包的基础上展开竞争。很多公司发现，增加简单的新服务项目就能带来客户满意度的提升，而由此产生的收益往往远高于提供该项目的成本。例如，仅仅使购买交易变得更快、更便捷，就可以通过省去顾客的漫长等待和复杂的书面工作，从而增加产品的价值。现在，想去迪士尼乐园的游客可以在前往佛罗里达州之前收到魔法手环。这些手环可以作为顺利进入主题乐园的钥匙，也可以帮助游客安排参观主要景点的时间，避免排长队，还可以用于商店收费。因此，这类手环使游客更容易制订日常活动计划，起到为游客价值包增值的作用。

寻觅良策 　　　　　　　　　　　　　　**雪场大战**

"我们的目标是永远经营下去。要做到这一点，我们必须保持盈利，解决气候变化问题，善待我们的社区，以不损害当地环境的方式运营。"这是美国最受认可的冬季运动目的地之一阿斯彭滑雪公司（Aspen Skiing Company）的承诺。

阿斯彭不仅仅是一个滑雪胜地。它的起源可以追溯到 20 世纪 40 年代，当时沃尔特·佩普克（Walter Paepcke）和他的妻子伊丽莎白（Elizabeth）开始在阿斯彭购买土地创建一个滑雪胜地，目的是"获得内在精神的重生"。尽管阿斯彭致力于保护环境和社区，但管理层不能忽视利润，"我们必须保持盈利"。为了做到这一点，阿斯彭要在价格上竞争，尤其是考虑到其最大的竞争对手——附近的范尔（Vail）。

范尔推出了一款非常成功的全球滑雪一卡通 Epic Pass，允许客户无限次地进入其所经营的 14 个度假村，以及科罗拉多州阿拉帕霍盆地和欧洲的 30 个合作度假村。范尔收购了北美最大的滑雪场之一——不列颠哥伦比亚省的惠斯勒黑梳山滑雪场（Whistler Blackcomb）。作为回应，阿斯彭买下了猛犸（Mammoth）、汽船（Steamboat）、冬季公园（Winter Park）和斯特拉顿（Stratton）。这两家公司是竞争激烈的对手，但消费者受益匪浅，尤其是在一个进入门槛很高的行业。

环境法规对在北美建设新滑雪场构成了巨大的障碍。最大的滑雪场位于美国林业局（U. S. Forest Service）的土地上，这使得它们受到商业开发法规的严格监管。此外，需要很长时间才能建立起滑雪社区的支持。即使做到这一点，你仍然需要花数十年时间，耗资数亿美元，设计滑雪体验，建造滑雪度假村。事实上，自 20 世纪 80 年代初以来，美国还没有新的大型滑雪场开业。从经济角度来看，这些进入壁垒意味着更少的竞争，所以像阿斯彭和范尔这样的滑雪胜地可以提高门票价格，因为它们知道新进入者没有破坏性竞争的机会。尽管如此，它们还是要为有限的消费者互相竞争。它们竞争的一种方法是，想客户之所想，关切客户之所关切。例如，范尔的最新成员惠斯勒黑梳山滑雪场继续因其积极应对气候变化的方法而受到认可。这个滑雪度假胜地在菲茨西蒙斯溪修建了一个微型水力发电的可再生能源项目，该项目产生的电力足以为整个度假村供电。

一些当地人希望，价格战徒劳无益的结果会迫使度假村不再关注它们可以售出多少门票，而更多地重视人群管理和环境保护。但是，即使范尔努力通过与阿斯彭行业领先的环保项目进行竞争来吸引有环保意识的消费者，消费者也更愿意看到谁的季度门票会更便宜，而这一切本质上都关乎盈利。

11.1.2　产品和服务的分类

我们可以根据预期购买者对产品进行分类，预期购买者可以分为两类：（1）消费品购买者；（2）组织用品购买者。正如我们在第 10 章看到的，消费品和工业品的购买过程有很大的不同。同样，向消费者推销产品与向公司和其他组织推销产品也有很大的不同。

消费品的分类

在通常情况下，消费品可分为三类，它们在典型的购买者行为方面有所不同，表 11-1 列出了这三类消费品的特点及实例。

表 11-1　消费品分类

种类	说明	举例
便利品和便利服务	• 消费快速且定期 • 便宜 • 经常购买，花费很少时间和精力	牛奶 瓶装水 快餐
选购品和选购服务	• 不太经常购买 • 比较贵 • 消费者可能会根据风格、性能、颜色、价格和其他标准对产品进行比较后选购	电视机 轮胎 酒店预订
特殊品和特殊服务	• 极少购买 • 非常昂贵 • 消费者准确选定某个产品，不会接受替代品，花费大量时间挑选"完美"的商品	奢华珠宝 婚纱礼服 医疗保险

• **便利品**（convenience goods）（如牛奶和瓶装水）以及**便利服务**（convenience service）（如快餐店提供的服务），消费速度快而且有一定的规律性。它们价格便宜，购买者购买频次高，购买时花费的时间和精力少。

• **选购品**（shopping goods）（如家用电器和移动设备）以及**选购服务**（shopping service）（如酒店或机票预订），与便利品和便利服务相比，价格更昂贵，购买频次更低。消费者往往会比较品牌，通过在不同商场或网络搜索进行比较。他们还会根据风格、性能、颜色、价格和其他标准评估可供选择的商品或服务。

• **特殊品**（specialty goods）（如婚纱礼服）以及**特殊服务**（specialty service）（如婚礼宴会餐饮服务或医疗保险），极其重要和昂贵。消费者通常会根据自己的需求仔细地做决定，并且不会接受替代品。他们经常访问各种来源，有时会花费大量金钱和时间来获得某个特定产品。

组织用品的分类

根据成本和用途，组织用品可分为三大类。表 11-2 概括介绍了这三类用品的相关情况。

表 11 - 2　组织用品

种类	说明	举例
生产品	• 在生产过程中直接使用的产品或服务	加工后放入茶叶包的茶叶 实时生产的信息处理 航空服务所使用的航空柴油
消耗品	• 一年内公司用于生产其他产品或提供其他服务而消耗的产品和服务	机器使用的机油和电能 建筑物维护 法律服务
资本品	• 持久性（昂贵、耐用的）产品和服务 • 预期使用寿命一年以上 • 购买频次极低，因而经常由高层管理人员作出购买决策	建筑物（办公室、工厂） 固定设备（水塔、烤炉） 附属设备（信息系统、计算机、飞机） 金融咨询服务

• **生产品**（production items）是直接用于转化（生产）过程中的产品或服务。例如，原油转化成汽油以及乘客需求信息转化为公交或列车服务。多数消费品，包括食品、服饰、住房以及娱乐服务，都是通过生产品创造出来的。

• **消耗品**（expense items）是一年内机构生产其他产品或支持其他服务时消耗的产品和服务。消耗品的概念来源于会计的标准做法。根据这一标准做法，将根据其花费速度分为消耗品或资本品。因此，打印机所用的纸张和建筑维护服务如果预计在一年内会被消耗掉，那么它们就是消耗品。

• **资本品**（capital items）是可持续使用较长时间的（昂贵而且有时是持久使用的）产品和服务。它们具有一年以上的预期使用寿命，通常预计可使用长达数年。建筑物（办公室、工厂）、固定设备（水塔、烤炉）以及附属设备（信息系统、飞机）都是资本品。资本服务则是那些作出长期承诺的服务，如长期保险服务、建筑服务以及金融咨询服务。由于资本品昂贵且持久，通常需要由高层管理人员作出购买决策。

11.1.3　产品组合

公司可以销售的全部产品，无论是消费品还是工业品，抑或是两者兼有，构成该公司的**产品组合**（product mix）。例如，亿创理财（E* TRADE）提供线上金融投资和交易服务、退休规划以及教育资源；百得集团（Black & Decker）制造烤面包机、食物搅拌机、电钻等多种家用电器和工具；3M 生产从便利贴到光学系统以及超过 1 000 种胶带产品。

很多公司以单一产品起家，比如简单的咖啡。经过一段时间后，公司发现最初的产品不适合选购这类产品的所有顾客。为了迎合市场的需求，它们推出了可以赢得更多顾客的同类产品，比如风味咖啡和各种烘焙咖啡。再如，星巴克的咖啡店增加了各种意式浓缩咖啡饮品，包括摩卡、卡布奇诺、拿铁、风味奶盖，还有轻度烘焙咖啡、冰咖啡和杯型不同的各种咖啡等等，拓宽了咖啡产品线。因功能相近（如风味咖啡）或出售给采用相同使用方式的同一顾客群体（如堂食顾客）而彼此关系紧密的一组产品被称为**产品线**（product line）。

公司可以扩大视野，在现有产品线之外发掘新的机遇，形成多重（或多元化）产品线，这在 ServiceMaster 体现得尤其明显。该公司是提供防蛀和地毯清洁等家政服务企业中最先获得成功的企业之一。后来，公司增加了其他为居民提供的密切相关的服务，扩展了产品线，如草坪养护（TruGreen）、害虫防治（Terminix）以及清洁（Merry Maids）。在为居民提供客户服务多年之后，ServiceMaster 引入了另一条产品线——企业和行业客户服务，包括土地测绘和管理服务、教育服务（学校和机构的支持服务管理，包括有形资产以及金融和个人资源）以及医疗保健服务（长期护理机构的后勤服务管理，包括设备运行、资产管理、洗衣房/亚麻织品供应）。多重产品线可以使公司快速发展，有助于抵消任何一条产品线销售下滑所带来的后果。

11.2 开发新产品

拓宽产品线或使产品线多元化，实际上就是为了生存下去，公司必须源源不断地开发和推出新产品。面对行业竞争和多变的消费者偏好，没有哪个公司能够依靠单一的成功产品永远运营下去。即使是数十年一直畅销的产品也需要定期更新，跟上技术发展的步伐，适应不断变化的消费者偏好。

以美国最知名的牛仔裤品牌之一李维斯为例。李维斯凭借铆钉加斜纹牛仔布的特色曾是市场的引领者，然而该公司未能紧跟潮流的变化，落后于竞争者的新产品，在 20 世纪 90 年代丧失了 14~19 岁男性的市场份额。2000 年，不止一名行业分析师认为李维斯"已经数年没有推出过一款成功的产品了"。在 2003 年，事情迎来了转机，在庆祝发明牛仔裤 130 周年之际，李维斯面向大宗渠道购物者推出了 Signature Brand 新款休闲服饰，该品牌最初可在美国沃尔玛商店内买到。Signature Brand 品牌因其拥有在谷歌、沃尔玛、凯马特（Kmart）和 Meijers 公司网站上便捷的网上购买渠道而流行。近期，李维斯为了迎合不同体型和偏好的消费者，拓宽了自己的产品线：男士 501CT 经典牛仔裤，允许消费者选择定制颜色、腰围和内缝；女士的两个 Curve ID 系列，每个系列有四个腰围和臀围的定制尺寸选项。

创业和新企业

在 2011 年的一次鸡尾酒会上，迈克尔·杜宾（Michael Dubin）遇到了一位先生想要抛售满满一仓库积压的剃须刀刀片。杜宾设想，他可以将刀片邮寄给顾客，价格是杂货店的零头，而且还能省时、省力、省钱。因此，2012 年 3 月 6 日早上 6 点，他发布了一段视频，向全世界宣布美元剃须刀俱乐部（Dollar Shave Club）成立。视频一开始，杜宾坐在办公桌前，力荐手中的剃须刀，这是史上最著名的病毒式营销视频之一。尽管制作成本仅为 4 500 美元，但该公司在流媒体平台播放的第一天就收到了 1.2 万份订单，自此，已经有 2 400 万人观看该视频。

当杜宾推出美元剃须刀俱乐部时，吉列占有 72% 的市场份额，遥遥领先于排名第二的舒适牌剃须刀（Schick）。杜宾起初以低价销售策略起家，随后几年又推出了一系列男士美容产品。最终，他赢得了忠实的消费者。

他的成功为其他小型直邮公司铺平了道路，如 Harry's 和 ShaveMOB。到 2015 年，男士剃须用具的网络销售额在整个行业翻了一番多，达到 2.63 亿美元。2016 年，美元剃须刀俱乐部在剃须刀市场占有 51％的份额，吉列一度占据主导地位的市场份额已降至 21.2％。美元剃须刀俱乐部 2017 年收入超过 2.5 亿美元，高于五年前的 600 万美元。

2017 年，吉列和舒适都开始降低所有男性护理产品的价格，试图重新夺回市场份额，但可能降价幅度太小且为时已晚。在此期间，杜宾以 10 亿美元的价格将公司出售给联合利华，为公司赋予了巨大的力量。尽管杜宾最初的竞争优势建立于低价之上，但他的核心理念仍然是创造卓越的客户体验。

11.2.1 新产品开发过程

多年来，对改善医疗保健的需求日益增长，这促进了新型膳食补充剂、心脏药物和其他药物的开发，也促进了疾病诊断、外科手术和病人康复情况监控等新设备的研制。然而，开发、研制和销售这些产品的公司面临着巨大的挑战：开发新产品的成本可能远远超过 1 亿美元，甚至可能超过 10 亿美元，耗时长达 8～10 年，甚至更久，才能使某种新产品顺利通过美国食品药品监督管理局的审批流程。

为了第一时间通过美国食品药品监督管理局的审批，使产品被市场接受，企业必须进行相关测试，这可能是研发过程中最耗时的阶段。比如，默克公司多年来一直在研发一种名为安塞曲匹（Anacetrapib）的实验性心脏药物，以期通过提升好胆固醇的水平，来降低心脏病发作的风险。默克公司进行了数年的实验室研究工作，还进行了一项由 1 600 名患者参与的漫长测试研究，该项研究结果必须能经得住后期的分析论证。如果成功，默克公司就能够在不断增长的降胆固醇药物市场中大赚一笔，业内估计每年可能实现的销售额为30 亿～100 亿美元。然而，为了完成如此长期的研发工作，公司需要投入大量的时间、耐心、资金，还要面临失败的风险。[2]

产品研发是一个漫长且昂贵的过程，就如默克公司那样，很多公司都设有研究和开发（R&D）部门，负责探索新产品开发的可行性。为什么它们投入那么多资源去探索新产品开发的可行性，同时又否决掉很多看上去很不错的创意？首先，新创意的高失败率意味着只有少数几个新产品最终能够进入市场。其次，对于很多公司来说，一个产品的上市速度和研发时的谨慎同样重要。

11.2.2 产品存活率

根据一些专家的研究，50 个新产品的创意方案才能最终产生一个进入市场的产品。即使到了这个阶段，也只有少数几个幸存下来的有可能成为成功的产品。很多看上去很棒的创意在转变成产品之后却遭遇了失败。创造成功的新产品越来越困难，即使对最有经验的营销者来说也是如此。为什么？每年投放到市场中的新产品数量急剧增加，仅在 2015

年，就有多达 192 000 种以上新的家庭用品、食品杂货和药品投放到美国市场，有 9 300 个新品牌发布。在很多年份，仅美国包装消费品行业就推出了 20 000～40 000 种产品（食品、饮料、学校用品和其他非食品产品）。[3] 然而在任何时候，北美超市平均只备有总计 44 000 种不同的商品出售。显然，新产品必须与现有产品争夺货架空间。事实上，由于货架空间的限制、消费者需求疲软，每年约有 90% 的新产品会遭遇失败。那些最有可能成功地进入市场的是创新型产品，能给消费者带来独特的好处。产品失败的一个最大原因是缺乏显著的独特性（比如，新产品和已有产品十分相似或为其仿制品）。在这方面有一些众所周知的例子，比如可口可乐推出对抗胡椒博士（Dr. Pepper）的一款饮料皮普先生（Mr. Pibb，后来的 Pibb Xtra），尽管其现在还在市场上销售，却是胡椒博士较为次要的竞争对手，还有汉堡王（Burger King）针对巨无霸推出了 Big King。

一个产品从实验室进入市场的速度越快，就越有可能幸存下来。公司把新产品先于竞争产品投入市场，能够确立自己在市场中的领导地位，能够在新竞争者发起挑战前确立牢固的市场地位。例如，苹果第一代 iPad 在 2010 年初发布后，销量激增，据估计，截至 2010 年底，售出了超过 1 300 万台 iPad，约占世界平板电脑销量的 75%。自 2011 年以来，尽管该行业内几乎所有公司都尝试推出与之竞争的产品，但是 iPad 依然是全球市场的引领者。那么，产品的**上市速度**（speed to market），即一个公司根据消费者需求或市场变化快速作出反应的程度，有多么重要呢？一项研究报告称，一种产品仅晚于领先产品 3 个月上市，便会损失其生命周期潜在利润的 12%；若延后 6 个月，损失比例则达到 33%。

11.2.3 "七步走"研发流程

为了增加新产品开发成功的概率，在开发有形的商品时，很多公司使用"七步走"研发流程（稍后会讨论服务的研发流程）。

1. 产品创意。产品开发始于对新产品创意的探寻。产品创意通常来自消费者、销售团队、研发部门、供应商或者工程人员。以本章前面讨论的产品开发案例为例，在 2003 年，默克公司的科研人员坚信能够研发出一种预防心脏病发作的药物。

2. 筛查。这个阶段旨在消除与公司能力或目标不一致的创意。来自市场营销部、工程部、运营部以及财务部的代表会在此阶段参与进来。默克公司的科研人员、营销人员和财务人员进行合作，得出结论：这种名为安塞曲匹的胆固醇脂转移蛋白阻滞剂具有合理的商业开发前景。

3. 概念测试。筛选出创意方案后，公司便会进行市场调查，获得消费者对于收益和售价的意见。其他公司对类似产品所作早期测试的结果表明，默克公司的产品概念提供了可接受的科学依据，可以实现商业化。

4. 商业分析。在收集到消费者的意见之后，营销人员便会比较生产成本和收益，计算该产品是否满足最低盈利目标。默克公司的研发团队认为该产品能够盈利，其市场盈利潜力高达 100 亿美元，但是预计多年的研发成本非常高，可能会抵消产品收益。

5. 原型开发。公司确定了某产品的潜在盈利能力后，工程部门、研发部门或设计小组就会制作一个原型产品。这个原型可能非常昂贵，经常需要使用三维电子模型以及昂贵的设备来生产第一个有形产品。默克公司安塞曲匹的初期研发需要 3～5 年实验室的化学研究和生物科学研究。

6. 产品测试和试销。根据从原型产品上吸取的经验教训，公司开始进入有限生产阶段。此后对产品进行测试，了解其是否满足性能要求。如果满足要求，该产品将会在有限的地区进行试销，获取消费者的反馈。2016 年，默克公司已经进入第三阶段，该阶段的持续测试始于 2011 年，共有约 2 万名消费者参与，整个测试于 2018 年 1 月完成。

7. 商品化。如果试销效果良好，公司将开始大规模地生产和营销新产品。由于必须及时建立促销和分销渠道，这一阶段的成本可能会很高。一方面，随着公司开始向越来越多的地区提供产品，逐步的商业化可以防止对初期生产能力造成不必要的压力。另一方面，商业化的延迟可能给其他公司推出竞争产品的机会。默克公司是否对安塞曲匹进行商业化，取决于 2017 年的测试结果，以及其他可能会使默克公司研发成果相形见绌的新产品的出现。

11.2.4　服务开发流程中的变化

服务开发的流程与上述流程存在很多共同步骤。步骤 2、3、4、6 和 7 基本上是一样的。而步骤 1 和 5 则有十分重要的区别。

1. 服务创意。寻找服务创意灵感，需要定义服务价值包，确定属于服务特有的有形性能和无形性能，以及说明服务规范。例如，一个想要向办公楼提供年终清洁服务的公司，可能会承诺遵守以下规范：在 1 月 5 日午夜之前，在不影响对外客户服务的情况下，对办公大楼进行内部清洁，服务内容包括清理地毯、清除灰尘和杂物、擦亮洗脸盆和盥洗室设施。

2. 服务流程设计。服务业不需要原型开发，取而代之的是由三部分组成的服务流程设计。一是流程选择。这一部分确定服务的每一步，包括顺序和时间安排。（部分）流程确定方法范例：办公室清洁在 12 月 26 日至 1 月 5 日晚 8 点至早 5 点进行。步骤：① 将家具从办公室搬至走廊；② 除尘、清洗和擦干办公室墙壁和固定设施；③ 用电动真空吸尘器清洁地毯；④ 用电动地毯清洗机湿洗地毯；⑤ 吹干地毯；⑥ 将家具移回办公室；⑦ 最终从客户处移走清洁设备，此项工作在 1 月 5 日进行，预计在午夜前完成。二是员工要求。这一部分确定员工的行为、技术、能力以及在服务期间与客户接触的互动行为。（部分）要求范例：1 名主管和 22 名工人将工作 11 天半，每天工作 9 小时（包含 1 小时休息时间）。如有需要，小组主管（24/7 在职）以及 2 名工头（工作期间）将会和客户进行沟通交流。工人们需做到：① 了解家具移动要求、地毯特性以及安全要求；② 具备使用所有清洁设备的技术；③ 在与客户的接触中保持礼貌，并向主管或工头反映问题。三是设备要求。这一部分标明所有用于提供服务的设备。（部分）设备要求范例：① 8 辆动力拖车用于搬运家具；② 50 个厚套子用于保护家具；③ 10 个工业用二级电动地毯清洗机；④ 12 个工业用电动真空吸尘器；⑤ 40 个 5 加仑罐装 Get-it-All 牌擦洗/消毒清洁剂；⑥ 大运量货车，用于将物料、补给和设备运送到客户处，然后再运回来。

11.3 产品生命周期

产品投放市场后，就进入了**产品生命周期**（product life cycle，PLC），即产品在商业生命周期中经历的一系列阶段。依据产品吸引和留住客户的能力，产品生命周期可能会经历几个月、几年或几十年的时间。强大的成熟产品（如高乐氏（Clorox）漂白水和 H&R Block 的税务筹划服务）拥有长久的生命。一些产品如可口可乐还在继续销售，而另一些产品如录像机和便携式磁带播放机，在生命周期中进展相当快，已经被基于新技术的产品所取代，在市场上销声匿迹。

11.3.1 产品生命周期的各个阶段

商品和服务的生命周期是一个自然的过程，在这个过程中，产品会经历引入、成长、成熟、衰退（和可能消亡）的阶段，如图 11-1 所示。图 11-1（a）所示的是把这四个阶段应用于广为人知的几款产品的情况。

引入期。当产品投放市场时，这个阶段就开始了。营销人员集中精力让潜在客户认识产品及其益处。大量的开发、生产和销售成本抵消了利润。

成长期。如果新产品吸引了足够多的客户，销售额将迅速攀升。营销人员可以把价格稍微下调，继续开展促销活动，推动销售额不断增加。随着收入超过成本，产品开始获得利润，其他公司可能迅速行动，成功推出自己的新产品。

成熟期。本阶段通常是很多产品生命周期中历时最长的阶段。此时销售增长变得缓慢。虽然在该阶段的初期，产品的利润率达到最高水平，但日益激烈的竞争最终迫使产品降价，广告和促销支出增加，利润率下降。在该阶段后期，销售量开始下降。

衰退期。由于处于引入期的新产品夺走了市场，该产品销售量和利润继续下降。公司结束或减少促销支持（广告和销售人员），但是也可能让产品继续存留以提供一些利润。

图 11-1（b）描绘的是产品生命周期与产品通常的利润（黑色）或亏损（白色）之间的关系。尽管在产品生命周期的初期阶段经常出现财务亏损，但接下来成功产品销售量的增长能够弥补早期的亏损，持续创造利润，直到衰退期。例如，由于利润以及市场份额的持续下滑，柯达在 2004 年停止了在美国传统摄像机市场的营销活动。在 2012 年，该公司宣布会停止新的数码相机产品线的生产，原因是利润下降。对于很多产品来说，盈利是短暂的，这就是为什么很多公司，比如 3M 依靠创新不断补充产品线。

11.3.2 延长产品生命周期：新产品的一种替代选择

公司会尽力延长产品的成熟期。在 2012 年底，经历了 80 年的出版发行，《新闻周刊》（*Newsweek*）寄出了最后一期纸质印刷版杂志。同时，《新闻周刊》的生命周期通过发行新的在线版本得以延续。电视机的销售也通过数年的性能改变，如颜色、便携性、音响效果、更大的超薄屏幕、家庭影院功能、网络流媒体播放功能等，恢复了生机。事实上，公

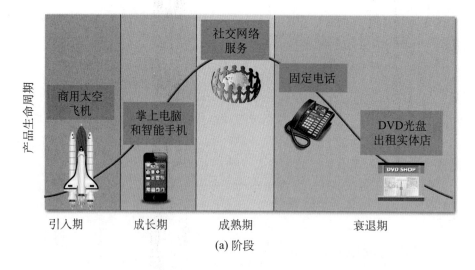

(a) 阶段

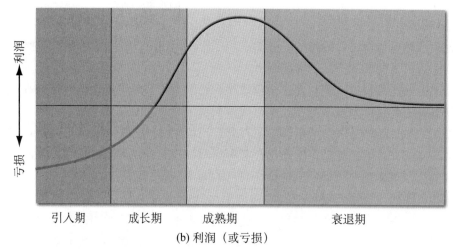

(b) 利润（或亏损）

图 11 - 1　产品生命周期

司能够通过一系列创新来延长产品生命周期。国外市场提供了三种延长产品生命周期的方法。

1. **产品延伸**（product extension）是指将现有产品在全球范围内推广，而非仅限于在国内销售。可口可乐、必胜客以及李维斯牛仔裤就是产品延伸的众多例子之一。

2. **产品适应**（product adaptation）就是对产品作出一些改动，使其能够在不同国家产生更大的吸引力。在德国，麦当劳的套餐包括啤酒；在南非和日本，吉普（Jeep）将方向盘设置于右侧。由于涉及对产品的变动，所以采用这种方法的成本通常要高于产品延伸。

3. **重新引入**（reintroduction）是指将在旧市场即将过时的产品投放到新市场，使其重获新生。例如，原美国国家收银机公司（National Cash Register，NCR）在拉丁美洲重新引入手动收银机；波音公司在一些发展中国家销售旧型号的飞机；创立于 1926 年的英国著名服装品牌肯迪文（Kent & Curwen）在英国只剩下一家销售门店，但在亚洲开设了多家门店。[4]

11.3.3 产品的识别

开发产品的性能只是营销工作的一部分。营销人员还必须使产品易于识别,这样,消费者才能记住你的产品。完成此项任务的两种重要工具是品牌化和包装。

产品的品牌化

可口可乐是世界上最著名的品牌之一。可口可乐的一些高管声称,如果公司所有其他资产都被毁掉,仅凭可口可乐这个品牌的力量,他们仍然能够从贷款机构得到 1 000 亿美元的贷款。品牌排名公司英图博略(Interbrand)认为,从创造产品需求的能力所产生的收入来看,可口可乐品牌在 2016 年的价值约为 731 亿美元。

行业观察家认为,品牌是一个公司最具价值的资产。[5] **品牌化**(branding)是使用名字或标识,如可口可乐的名字、梅赛德斯的三芒星标识、耐克的勾子标识、苹果公司的苹果型剪影或麦当劳的金色拱门,向客户传达由某个生产商所生产的特定产品的质量的过程。品牌旨在表达一种独特的品质,由于记住了商家的名字或标识,尝试并喜欢其产品的消费者可以重复购买。

成功的品牌战略可以带来几种益处,其中包括品牌忠诚度和知名度。**品牌知名度**(brand awareness)是指当你考虑某种商品的时候,首先进入脑海的品牌名称。例如,当你接到通知,需要短期内把文件长途送达某个目的地时,首先想到的是哪家公司?对很多人来说,UPS 具备了必要的品牌知名度,而另一些人可能最先想到联邦快递。

表 11-3 显示了基于品牌估算的美元价值排名的全球十大最有价值的品牌。它反映了各个品牌带来的收入增长力——用来说明品牌现在和将来增加销售额和收益的能力,以及展示这些未来收益的现在价值。只有那些销售额在国际市场占比超过 20% 的全球品牌才被包含在内。

表 11-3 全球十大最有价值的品牌

排名	品牌	2012 年品牌价值（10 亿美元）
1	苹果	178.1
2	谷歌	133.3
3	可口可乐	73.1
4	微软	72.8
5	丰田	53.6
6	IBM	52.5
7	三星	51.8
8	亚马逊	50.3
9	奔驰	43.5
10	通用电气	43.1

资料来源:"Interbrand Releases 13th Annual Best Global Brands Report," Interbrand,at http://www.interbrand.com/en/best-global-brands/2016/downloads.aspx,accessed March 24,2017.

获得品牌知名度　为了提高品牌知名度，需要付出昂贵的代价，有时还要进行激烈的竞争，这一点在网络公司的品牌竞争中尤其突出。网络公司的顶级品牌，谷歌（排名第 2）、亚马逊（排名第 8）、Facebook（排名第 15）以及 eBay（排名第 32），合计每年花费几十亿美元用于品牌开发。此外，获得品牌知名度的成本日益增加，这意味着更多新建立的电子商务企业会破产或面临破产。

随着品牌知名度在几乎所有行业的重要性日益增长，营销人员正在寻找更有效、更便宜的方式来获得品牌知名度。除了使用病毒式营销和社交网络营销之外，最近的成功方式还有植入式广告。

植入式广告　尽管很多观众一看到电视节目中的插播广告，就会借机去厨房转一圈，但娱乐节目仍然吸引我们全神贯注地观看。因此，营销人员利用植入式广告提高促销效果。**植入式广告**（product placement）是指让电视、电影、音乐、杂志或电子游戏中的角色使用观众可以清晰看到的某一品牌产品，进而起到品牌宣传作用的一种促销战术。

植入式广告之所以有效，是因为产品信息是在吸引观众的背景下提供的。当产品在成功的电影或电视节目中使用时，品牌与著名演员的联系暗示了名人对品牌的认可和赞许，其目的是使品牌能够被目标受众接受。每年总计有近 50 亿美元用于植入式广告，主要是在电视上，而且大公司通常有专门的营销人员或聘请外部专家来协助产品植入。最早的一个成功的植入式广告是在斯皮尔伯格（Spielberg）导演的影片《E. T. 外星人》中植入的里斯巧克力（Reese's Pieces）广告，电影的热映带来该品牌巧克力销量的猛增。多年来，宝马公司借助詹姆斯·邦德系列电影推出带有异国情调的新车型。汤姆·汉克斯（Tom Hanks）出演的电影《萨利机长》（Sully）中的角色特别喜欢住在万豪酒店。宜家出现在《死侍》（Deadpool）中，奥迪出现在《美国队长》（Captain America）中。在印刷品植入式广告中，惠普计算机在宜家（IKEA）产品目录册中的照片版面出现。电视植入式广告也很普遍，比如现代汽车（Hyundai）在电视剧《都市侠盗》（Leverage）和《火线警告》（Burn Notice）中植入，薄荷糖组合（Junior Mints）在《宋飞正传》（Seinfeld）中出镜。HBO 播出的迷你电视连续剧《大小谎言》（Big Little Lies）中的许多角色都驾驶别克车。

由于数码录像机依旧很流行，所以电视节目植入式广告极其有效。人们使用自己的录像机观看录制的节目时，可以跳过电视广告，但无法屏蔽植入式广告。

理想的植入式广告从正面展示产品优点或以中立（或被动）的方式展示产品，但很少以消极的方式展示产品。例如，在惊心动魄的虚构故事情节中，飞机失事是由维护不当或飞行员失误造成的，航空公司也几乎总是虚构的，没有航空公司会花钱让自己的品牌被如此描绘，如果被那样描述，大多数航空公司都会起诉。此外，植入式广告通常针对的是与展示产品的媒体的目标受众相同的人群。例如，《复仇者联盟 2：奥创纪元》（Avengers：The Age of Ultron）中的植入式广告包括节拍（Beats）耳机、阿迪达斯运动鞋、安德玛运动装备和李维斯牛仔裤。

品牌名称种类

几乎每个产品都有品牌名称。总的来说，不同品牌名称，不论是全国知名的、特许的，还是自有的，都能发挥一定的作用，能提高购买者对竞争产品性质和品质的认知程度。当消费者对某一产品感到满意时，营销人员会努力在回头客最多的潜在细分市场中打造品牌忠诚度。

全国知名品牌　全国知名品牌（national brands）是由制造商生产、广泛分销并标有制造商名字的品牌。由于全国性的广告宣传，这些品牌（如美国卫星电视 DirecTV、美国前进保险公司（Progressive Insurance）、思高（Scotch）和佳洁士 Scope 漱口水）一般都会得到消费者的广泛认可，因此是宝贵的资产。因为打造全国知名品牌的成本很高，有的公司在一些相关的产品上使用同一个全国知名品牌。宝洁公司在营销象牙牌洗发水（Ivory Shampoo）时，利用的是其肥皂和洗涤剂的品牌名称。虽然这种做法的成本效益高，但有时也会削弱原始品牌的效力。库尔斯轻啤（Coors Light Beer）的销量现在超过了原始品牌库尔斯啤酒（Coors Beer）。

特许品牌　我们对公司（甚至个人）出售在产品上冠以其品牌名称的权利的做法已经司空见惯。这些品牌名称就是**特许品牌**（licensed brands）。例如，赛车的流行使得美国全国运动汽车竞赛（National Association for Stock Car Auto Racing，NASCAR）品牌收获几百亿美元，NASCAR 把它的品牌名字特许给汽车零备件、女装、男装、耳机以及无数其他商品使用，允许它们印有著名车手的名字，如马丁（Martin）、约翰逊（Johnson）、斯图尔特（Stewart）和爱德华兹（Edwards）等。哈雷戴维斯的著名标志作为一种装饰印在靴子、眼镜、手套、钱包、打火机和手表上，为这个摩托车生产商带来了超过 3 亿美元的年收入。与库尔斯和法拉利等品牌一样，奇妙仙子、米奇老鼠和其他以迪士尼角色命名的品牌通过特许授权同样获利颇丰。营销人员要充分利用品牌，因为品牌对公众具有吸引力，客户希望通过与品牌发生联系，进而赢得相应的形象和身份。

自有品牌　批发商或零售商可以创立自己的品牌，并将其印于由制造商生产的产品上，由此产生了**自有品牌**（private brand）或**自有标签**（private label）。例如，梅西百货公司销售的多种产品都是自有品牌，包括 Hudson Park、Aqua、Maison Jules、Alfani、Charter Club、Club Room、Home Design 和 Studio Silver。许多超市还出售自有品牌的牛奶、面包和其他主食。

产品包装

除极个别情况，产品都需要一定形式的**包装**（packaging），以减少损坏、破碎或变质的风险，增加偷盗小宗产品的困难。包装还可以成为店内广告，使商品更具吸引力，可以展示品牌名称，表明其特性和益处。此外，包装的某些特点，如高乐氏漂白水的无滴漏包装瓶，还为消费者增加了效用。

11.4　确定价格

营销组合的第二个要素是**定价**（pricing），即确定在商品交易中，顾客支付多少，卖家得到多少。确定价格时需要了解价格对达到公司销售目标有多大贡献。本节首先探讨影响公司定价决策的目标，这有助于我们更多地了解价格是如何确定的，然后介绍公司用来实现这些目标的主要工具。

11.4.1 实现企业目标的定价

定价目标（pricing objectives）是卖家在为待出售的产品定价时希望达到的目标。有些公司以利润最大化为定价目标，有些公司以更大市场份额为定价目标，还有一些公司则会根据电子商务目标进行定价。定价决策还受到市场竞争需要、对社会问题和道德问题的关注以及公司形象的影响。在经济危机期间，金融产品、贷款和其他借款的定价也受到政府意见以及政府对利率控制的影响。

利润最大化目标

卖家的定价决策对公司的收入至关重要，因为收入等于销售价格与销售数量的乘积。

收入＝销售价格×销售数量

按照利润最大化目标定价的公司，希望确定的销售价格能使所销售的产品实现总利润最大化。如果公司对产品定价太低，产品销售数量可能很大，但每卖出一单位的产品，都会损失一些额外的利润（甚至每笔交易都要赔钱）。如果公司定价太高，单位产品的利润很高，但产品销售数量会减少，公司也会损失利润，而且可能因为产品销售数量减少而出现库存过剩。

在计算利润时，管理人员要权衡收入与原材料、劳动力、资本资源（厂房设备）以及营销费用（如维持庞大的营销队伍）等成本。为了有效利用这些资源，很多公司在确定价格时，既考虑支付成本，还考虑要能实现所有者期望的目标收入水平。

市场份额（市场渗透）目标

从长远来看，公司必须盈利才能生存。由于愿意接受以最低利润甚至亏损来争取客户尝试自己的产品，公司可能在新产品上市的初始阶段定价较低，以获取**市场份额**（market share）或**市场渗透**（market penetration），即某一产品在整个行业的销售占比。即使对于知名的成熟产品，市场份额的领先地位也可能是比利润更为重要的定价目标。对于费城奶酪（Philadelphia Brand Cream Cheese）和 iTunes 这样的知名品牌，占据市场主导地位意味着客户更有可能购买他们熟悉的产品。市场主导地位代表持续的销售额以及更高的利润，尽管产品销售单价较低。

电子商务目标

当为在线销售进行定价时，营销人员必须考虑不同类型的成本和不同形式的消费者意识。由于互联网的独特营销能力，很多电子商务企业不仅降低成本，也降低售价。而由于生产商与消费者能够在网站上进行更为直接的联系，因此消费者通常能够避免因批发商和零售商的参与而造成的额外成本。

另一个因素是"货比三家"的容易程度：很显然，网络购物要比开车从一家店到另一家店寻找更优惠的价格要高效得多。此外，消费者和企业买家都可以通过在线合作获得更大的购买权力，从而获得更低的价格。亚利桑那州凤凰城 Arrowhead Health 医疗保健公司的医生和员工与联合药物处方福利管理公司（United Drugs Prescription Benefit Management）合作，创造了一种新的方法以降低购买仿制药和品牌药的成本，节省了员工处方药折扣计划的资金。他们使用的两种新工具包括：（1）搜索低价替代药品的网站；（2）列出全国药品平均零售价格的网站。该方法使员工和医生能够减少处方药的费用，也有益于控制索赔费用。[6]

11.4.2　定价工具

无论公司的目标是什么，管理者都喜欢在决定最终定价之前衡量其潜在的影响。为达到这个目的使用的两种工具是成本导向定价和盈亏平衡分析。虽然这两个方法可以单独使用，但由于合理的定价可以帮助公司实现目标，而这两个工具为定价决策提供的信息种类不同，所以它们通常被同时使用。

成本导向定价

成本导向定价（cost-oriented pricing）考虑公司盈利的愿望和覆盖经营成本的需要。

销售价格＝成本＋利润

T 恤零售商店经理通过计算把 T 恤提供给消费者所花费的成本来确定其价格。因此，销售价格包括店面租金、员工工资、水电费、产品陈列成本、保险费以及服饰生产厂商索要的价格。

如果生产厂商对每件 T 恤索要的价格是 8 美元，商店也卖 8 美元，那么商店就赚不到利润。如果每件卖 8.5 美元，甚至 10 美元或 11 美元，商店也赚不到利润。为了盈利，公司必须需要有足够多的钱来购买产品和支付其他成本。所有这些因素决定了**加成**（mark-up）——加到产品购买成本上以期销售有利可图的金额。在这种情况下，在购买价格上加 7 美元比较合理，现在销售价格就变成 15 美元。下方公式表明如何计算加成百分比，它决定了每 1 美元的收入中毛利润所占百分比：

$$加成百分比＝\frac{加成}{销售价格}×100\%$$

对 T 恤零售商而言，加成的百分比是 46.7：

$$加成百分比＝\frac{7}{15}×100\%＝46.7\%$$

在每 1 美元的收入中，有 0.467 美元是毛利润。当然，在毛利润之外，商店还必须支付店面租金、水电费、保险费和所有其他费用。

有经验的定价人员使用更简单的方法，即用标准的商品成本百分比来确定加成金额。例如，很多零售商把商品成本的 100% 作为标准加成。如果生产厂商的价格是每件 T 恤 8 美元，加成（100%）也是 8 美元，那么销售价格应该是 16 美元。

盈亏平衡分析：本量利关系

使用成本导向定价时，公司需要核算**可变成本**（variable costs），即随着产品生产和产品销售的单位数量的变化而变化的成本，如原材料、销售佣金以及运输成本，将其计算在价格之内。公司还要核算**固定成本**（fixed costs），如店面租金、保险费以及水电费等，不管生产或销售多少单位数量的产品，这些都是必须支付的成本。

成本和销售价格决定了公司必须销售多少单位产品才能覆盖所有成本，包括可变成本和固定成本，而且开始盈利。**盈亏平衡分析**（breakeven analysis）旨在确定总成本等于总收入时的销售额，方法是估算不同销售数量下的成本与收益，并在每一个特定的销售价格上，估算与每个可能实现的销售数量相对应的盈亏情况。

如果你是一家 T 恤商店的经理，你将如何决定销售多少件 T 恤才能实现盈亏平衡？我们知道，从生产厂商那里购买每件 T 恤的价格是 8 美元。这意味着，商店的年可变成本取决于 T 恤的销售数量（可变成本等于 T 恤销售数量与每件 8 美元成本的乘积）。假如维持商店运营一年的固定成本是 100 000 美元（与 T 恤的销售数量无关）。如果销售价格为每件 15 美元，那么卖出多少件 T 恤，才能使总收入恰好抵消固定成本和可变成本？答案就是**盈亏平衡点**（breakeven point），在本例中是 14 286 件。

$$盈亏平衡点 = \frac{固定成本}{销售价格 - 可变成本}$$

$$= \frac{100\ 000}{15 - 8} = 14\ 286\ （件）$$

上例中 T 恤销售的盈亏平衡分析如图 11-2 所示。如果 T 恤的销售数量少于 14 286 件，那么商店当年就会出现亏损。如果销售数量超过 14 286 件，则每多销售一件，利润将增加 7 美元。如果商店恰好售出 14 286 件 T 恤，那么收入将能够覆盖所有成本，利润为 0。

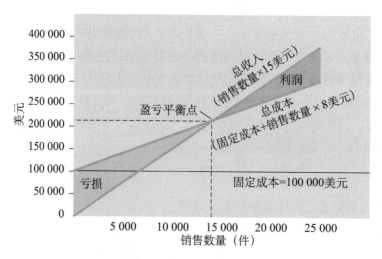

图 11-2　盈亏平衡分析

盈亏平衡点利润为 0 还可以通过利润公式得出。

$$利润 = 总收入 - （总固定成本 + 总可变成本）$$

$$= (14\ 286 \times 15) - (100\ 000 + 14\ 286 \times 8)$$

即　　　　　　$$0 = 214\ 290 - (100\ 000 + 114\ 288)$$

T 恤数量近似取整。

➡ 11.5　定价策略与战术

前面所讨论的定价工具有助于管理者确定具体商品的价格。然而，它们不能帮助管理者在不同的竞争环境中决定定价原则。本节将讨论定价策略（把定价作为一种规划活动）以及一些基本定价战术（管理者执行公司定价策略的具体方法）。

11.5.1 定价策略

定价既是营销组合中的要素，也是灵活的营销工具，改变价格比改变产品和分销渠道容易。本部分将探讨定价策略是如何导致非常类似的产品定价大相径庭的。

现有产品定价

公司为现有产品定价时有三种选择方案：
1. 利用共同的主观看法，即高价格意味着高质量，定价高于市场上的同类产品。
2. 提供与定价较高的竞争者同等质量的产品，但定价低于市场价格。
3. 按市场价格或接近市场价格定价。

歌帝梵巧克力和百达翡丽（Patek Phillipe）手表通过提升声望和高质量形象来维持高定价，而好时巧克力和天美时（Timex）手表的价格要低得多。消费者很可能会认识到这些产品的差异，并知道他们购买的是什么。与此相反，汽车租赁公司百捷特（Budget）和道乐（Dollar）则把自己宣传为赫兹（Hertz）和安飞士（Avis）的低价替代品。由于这四家公司提供的汽车种类相同，赫兹和安飞士通常强调自己的客户可以获得更大的便利，享受更好的客户服务。如果一家公司提供的产品质量合格，且成本低于价格较高的竞争对手，那么低于现行市场价格定价是可行的。

新产品定价

当引入新产品时，公司通常在定价最高和定价最低之间进行选择。**撇脂定价**（price skimming）是指设定较高的初始价格，补偿开发与市场推广成本，每单位商品都赚得较大的利润。只有在说服消费者相信新产品与现有产品确实存在不同，而且在一段时间内不会出现同类竞争产品时，这一策略才会奏效。苹果推出的 iPod 就是一个很好的例子。由于几年内都没有强力竞争者进入市场，苹果得以维持高定价低折扣，甚至在沃尔玛商店中销售时也是如此。与之相反，**渗透定价**（penetration pricing）则设定较低的初始价格，以便确立新产品的市场地位。这一策略旨在引起消费者的兴趣，激励消费者尝试购买。渗透定价是当一个产品进入市场时，已经或很快会出现竞争者的最好策略。吉列几乎在全部的新剃须系列产品上使用这个策略，来确保这些产品能够在早期获得较大的市场份额。

初创企业通常使用同一价格为发布的新产品设置固定价格。凯备份（Carbonite）有限公司于 2006 年开始提供在线数据备份服务，不管客户需要多大空间来备份个人电脑文件，其定价策略都是"一个统一水平的低价"。[7] 随着公司发展，其定价策略已经改变，迄今为止，该公司已备份超过 5 000 亿份电脑文件。当新电影上映时，大多数电影院对所有场次都实行同一价格。不过，几周后，当最初的需求下降时，它们可能会开始在非高峰时段提供折扣票。

在线企业的固定定价与动态定价对比

数字市场引进了高度可变的定价体系，可以替代传统的消费品和 B2B 产品的固定定价策略。不过目前，固定定价仍然是网上消费者最经常选用的方法。电子零售业巨头亚马逊一直将这种做法作为其数百万零售商品的定价策略。与之相反，eBay 使用基于传统拍卖竞价的动态定价策略，买卖双方可以灵活设定价格，利用网络把产品的数量以及价格变化即时通知数百万消费家。

还有一种动态定价策略是反向拍卖，卖家能够视情况私下改变价格。例如，在价格在线公司（Priceline.com）的网站上，消费者可以设定他们愿意支付的机票（或租车、旅店客房）价格（低于公开的固定价格），然后航空公司通过接受该出价完成销售。对于 B2B 采购来说，MediaBids.com 利用反向拍卖的方法出售广告空间。某公司可以通知 Media-Bids，它将花费 1 000 美元做广告。然后，广告商把广告空间折算成货币，对广告费进行投标。接下来，该公司会接受提供最大广告空间的最佳广告商的报价。[8] 此外，预算意识较强的公司在寻求法律咨询服务时，也越来越多地转向反向拍卖，以便与律师事务所签订低价服务合同。彼此竞争的律师事务所在网上聊天室向下竞价，为客户公司提供法律服务。有报道称，大约 40% 的法律市场通过反向拍卖决定价格，而反向拍卖服务费相比传统法律服务费降低了 15%～40%，对此律师事务所感到担忧。[9]

捆绑

捆绑策略（bundling strategy）是将多个产品组合在一起，作为一个整体而不是单独销售。设想你有来自不同公司的两种保险方案，一种是人身保险，另一种是车辆保险。你也许能够通过捆绑销售而获益，即以一个"包"的形式从一家公司购买两种保险。你的总保险费可能会减少，而且你获得了只需同一家而非两家公司进行沟通和按月付费的便利。进行捆绑销售的公司也会因为售出两种而非一种产品带来的额外销售收入而获益。比如，CenturyLink 提供一个包含家庭电话、网络和直播电视 DirecTV 服务的产品包，其价格低于这三项服务单独付费时的总价格。

动荡时期的管理　　　　公平还是欺骗？

尽管动态定价模式为优步（Uber）最初取得成功铺平了道路，但由于公司丑闻、管理层改组以及涉及多名当事人的诉讼和调查案件，人们记住的可能不是优步的创新成果，而是复杂性。

优步是特拉维斯·卡兰尼克和加勒特·坎普（Garrett Camp）在 2008 年创立的公司。他们曾由于打不到出租车而被困在巴黎街头，这件事使二人以一流企业家惯有的行事风格开动脑筋，思考各种解决问题的方法。他们想出的好主意就是开发一款手机应用程序，可以以合理的费用在短时间内呼叫附近的车辆。按照供需规律，优步将客户（需要从地点 A 到地点 B）与司机（有车且愿意运送客户）进行匹配。与出租车普遍采用的固定定价模式不同，优步解释道："价格上涨是为了鼓励更多的司机上线提供服务。价格的上涨与需求成正比。"优步在 2012 年初观察了波士顿消费者的需求和司机行为后，开发了这一定价模型。许多司机在凌晨 1 点在系统"打卡下班"，而这时正是人们离开酒吧和餐馆，想要搭乘车辆回家的时候。优步并没有因为司机有限而让客户等待很长时间，而是给凌晨 1 点后准时上班的司机提供按溢价费率收取打车费用的奖励。叫车服务的迅速供应与需求相匹配，优步市场和业务得以扩大。

很快，情况就出现了逆转。以前出租车太少，无法满足客户的需求，现在出租车却太多了。2015年，加利福尼亚州三家出租车公司以掠夺性定价起诉优步，称优步"以低于成本的价格提供服务，目的是抢夺市场份额，损害加利福尼亚州的竞争"。据报道，尽管总预订金额高达数十亿美元，但出租车公司仍在亏损，需要依靠私人投资维持运营。在旧金山等城市，有运营执照的出租车司机需要支付12.5万～25万美元不等的费用以获得官方运载许可证，这种许可证被称为牌照，允许他们运送乘客，这导致传统出租车的价格比较高。那么优步是如何绕过出租车司机必须遵守的规定的呢？优步是一款拼车应用程序，而管理出租车的法律并没有跟上技术的变化。

然而，优步不仅面临因改变人们的出行方式而导致的外部问题，还面临内部问题。2017年初，有人录下了卡兰尼克斥责一名优步司机的视频。一个月后，卡兰尼克解雇了工程副总裁，原因是他没有透露自己在前雇主谷歌任职期间曾因性骚扰而接受调查。一个月后，公司总裁杰夫·琼斯（Jeff Jones）离职，并公开发表了一系列对公司文化的严厉评论。此外，该公司还使用一款名为灰球（Greyball）的小程序帮助司机识别和避开监管，因而备受谴责。

优步、来福车（Lyft）和其他拼车公司创造了一种全新的产品，加剧了市场竞争，从而降低了整体市场的价格。然而，与任何公司一样，盈利能力和企业生存并不是成为最低成本提供商所带来的必然结果。为了取得长期成功，优步可能需要更深入地了解自己的文化，这样它才能成长起来，而不只是依靠廉价的叫车服务。

11.5.2 定价战术

不管公司的定价策略如何，其都可能采用一种或多种定价战术来保证它的实施。在一个产品类别中销售多款产品的公司，通常采用**价格划线**（price lining），以有限数量的价格提供某个产品类别的所有产品。例如，一家百货商店可以预先确定175美元、250美元和400美元作为男士西装的价格点，所有男士西装必须按此定价。这种做法可以使该商店为其目标细分市场上所有不同顾客群体提供适合的西装。食品杂货店也采用这种策略，例如，在罐装食品行业中，企业经销各种全国品牌、商店品牌和通用品牌。

心理定价（psychological pricing）利用消费者在作购买决定时不是完全理性的这一规律。其中一种是**奇偶定价**（odd-even pricing），其依据是消费者喜欢奇数的价格理论。消费者认为1 000美元、100美元、50美元和10美元的价格要分别比999.95美元、99.95美元、49.95美元和9.95美元高得多。当然，为产品设定的价格并不是一成不变的。卖家经常采取降价或打折等措施来刺激销售。汽车经销商、度假胜地、航空公司和酒店在淡季提供**折扣**（discount）价格以刺激需求。凯悦酒店（Hyatt Hotel）和许多其他酒店一样，为频繁出差的商务客户和大型活动（如会议、贸易展和特别活动）参与者提供商务客房折扣。正如你将在章末案例中看到的，当彭尼百货停止为零售客户提供店内价格折扣优惠时，新的问题产生了。

11.5.3　国际定价

宝洁公司审查在新的海外市场营销产品的发展前景时，发现了一个令人不安的事实：公司为产品设定的价格通常要涵盖大量的研发费用，但定价合理、可以盈利的产品对于大多数全球客户来说价格过高。此问题的解决方案很简单，就是将整个定价过程反过来。宝洁公司开始研究外国消费者能够接受的价格，然后再为该市场研发他们能够买得起的产品。宝洁通过低价位商品打入市场，并且鼓励消费者在他们有购买能力的时候转向购买更高质量的产品。

还有一种策略则是通过低于成本价的产品定价提高外国市场占有率。其结果是某个特定产品在外国市场的定价低于本国市场上该类产品的价格。正如我们在第 3 章中看到的，这种做法被称为倾销，在美国是违法的。在 2013 年，美国海湾虾业联盟（Coalition of Gulf Shrimp Industries）请求美国国际贸易委员会（International Trade Commission, ITC）对来自中国、厄瓜多尔、印度、印度尼西亚、马来西亚、泰国以及越南七个国家的商品征收特别关税，指控这些国家的商品利用政府补助对美国虾业实现不公平的降价或倾销。如果这个指控成立，美国政府会对来自这些国家的虾施加反补贴税的惩罚性关税，以平衡售价。[10]

问题与练习

复习题

1. 盈亏平衡分析如何帮助管理者评估价格的潜在影响？

2. 讨论撇脂定价和渗透定价的目标。

3. 消费品和工业品有哪些不同的分类？针对每一个类别各举出一个未在文中提及的商品和服务的例子。

4. 在消费品营销和工业品营销中，价值包发挥了什么作用？

分析题

1. 描述产品生命周期的四个阶段，以及在每个阶段所使用的营销组合。在每个阶段至少举出一个本章未提到的产品示例。

2. 有些公司产品组合非常狭窄，仅生产 1~2 种产品，而有些公司则有很多不同的产品。这两种产品组合方式的优势各是什么？

3. 假设一家小出版商向图书分销商销售图书，每年的固定成本为 600 000 美元，可变成本为每本书 3 美元。如果售价为 6 美元，则该公司必须销售多少本书才能实现盈亏平衡？

4. 描述撇脂定价和渗透定价。哪种新产品最适合采用撇脂定价？哪种产品使用渗透定价最容易获得成功？

应用练习题

1. 请选择一个你感兴趣的汽车或货车品牌，确定它的目标市场。请描述该品牌吸引目标市场的独特性能。

2. 选择一个产品并分析它的定价目标。如果你以实现利润最大化或获得更大市场份额为目标，你需要获得什么样的信息？

案 例

免费大学的价格

在本章开篇，你读到了高等教育的学费大幅打折所产生的影响。利用本章所学内容，你应该能够回答下列问题。

◇问题讨论

1. 你如何描述你所在学校的价值包？

2. 你学校的目标市场是什么？你认为它是逐渐演变的还是静止不变的？

3. 如果你是纽约或其他州的一所私立大学的管理人员，免学费威胁到你所在学校目前的招生情况，你会如何应变？

4. 你认为你所在大学的学费是如何定价的？有折扣吗？

5. 根据前面几个问题的答案，制定一个整体应对策略来处理公立院校免学费的问题。

改变定价策略可能耗资巨大

多年来，知名零售商彭尼百货公司吸引着大量忠实的顾客不断惠顾，而吸引这些顾客前来购物的是店里提供的折扣和促销活动，尤其是可享有大幅折扣的优惠券。其目的是通过大力度的折扣优惠来影响顾客的情绪。店内的特价优惠刺激顾客立即进行购买，创造一种迫切行动的氛围，营造出一种物美价廉、交易实惠的感觉。就在 2012 年，尽管销售额相比于前一年下降了近 3%，而大多数排名前 100 位零售商的销售额都有所上升，但彭尼百货在美国前 100 家零售商中仍排名第 23 位。收入的下降是一个早期迹象，预示着价格变化，即用新的"每日低价"取代优惠券和其他折扣可能会让彭尼百货付出代价，导致曾经忠实的顾客群开始流失。

这个巨大的价格变动是由新任首席执行官罗恩·约翰逊推行的。在过去 10 多年里，约翰逊一直成功地领导着苹果的大规模零售业务活动。不同于彭尼百货，苹果的定价更像是一个趋向"真实定价"的目标，不存在大幅折扣，而且总体上"定价就是售价"。约翰逊为彭尼百货带来了这个理念：去除大幅折扣的特别销售能够获得顾客更明确和持续的青睐。在 2011 年，彭尼百货举办了 590 种不同的促销活动，在凌晨五点、周末和节假日以及每个月的特别清仓日都有特别折扣。当约翰逊来到彭尼百货的时候，他看到价格被故意提高或"造假"，管理层知道这些虚高的价格将会享受很大的折扣，有时高达 60%，以创造出顾客所期盼的"特价"。所以他在 2012 年初决定逐步取缔促销价格以及优惠券，同时将定价调整至彭尼百货原来无折扣价格的 40%～50%。女士服装原先定价 60 美元，随后优惠至 35 美元，现在则直接根据新的"公平合理"定价方法定为 35 美元。男士服装、儿童服装和几乎所有产品也经历了同样的调整。

但是，顾客的反应并不如预期。彭尼百货在 2012 年的销售额比前一年降低 25%。从 2011 年约翰逊就职到 2013 年初，彭尼百货已经遭受 130 亿美元的利润损失，以及 50% 的股价损失。究竟发生了什么？没有了那些激励长期顾客购买的折扣，顾客去彭尼百货购物的动力也就消失了。当顾客不再收到优惠券时，他们也就不再去彭尼百货购物。虽然价格明显降低了，但顾客不再有机会感受到使用优惠券和其他促销活动所带来的节省。

此时财务危机已经无法避免，于是，约翰逊立即在 2013 年初转变了策略。为了重建与长期顾客间的关系，彭尼百货开始恢复优惠券和传统的高定价，这样能够再次以大幅折扣招揽顾客，但为时已晚。虽然采用约翰逊的风险策略仅仅一年，但下降的销售额以及经济损失显然已威胁到公司的生存。约翰逊从苹果信心满满地来到彭尼百货，任职 17 个月之后就被解聘了，接替他的是前首席执行官麦伦·乌尔曼。

乌尔曼的归来使彭尼百货回归熟悉的定价策略。公司把价目表的价格抬高了 60%，以便提供更大的折扣。这种策略的一个优点是"价格锚定"效应。高昂的标价会给人一种产品质量高的感觉，即使是以低得多的价格购买。虽然提高价格和大幅折扣的最终结果与约翰逊的日常低价策略没有太大区别，但彭尼百货的忠实顾客群开始回归[11]，但这仍然是一场艰苦的战斗。2015 年中，乌尔曼再度辞职，由马文·埃里森接任。埃里森在家得宝步步高升，直至就任彭尼百货的最高职位。埃里森计划引入更多的产品线，比如家电。尽管公司在 2016 年实现了 6 年来的首次盈利，但他宣布计划关闭美国近 140 家表现不佳的门店。

◇问题讨论

1. 描述彭尼百货和苹果的目标市场。它们有什么相似或不同之处？目标市场如何影响它们的定价策略？

2. 彭尼百货和苹果提供的产品和产品线有什么相似和不同之处？哪种定价策略对其产品策略最有效？

3. 考虑顾客购买彭尼百货产品的地点（分销），再考虑苹果客户去哪里购买苹果产品。你认为这两家公司分销方式的差异会如何导致定价策略的差异？

4. 在日常低价的时代结束后，一副曾经标价 200 美元的耳环被加价到 450 美元。虽然新恢复的大幅折扣和优惠券将大大降低顾客的实际购买价格，但顾客实际支付将高于 200 美元。你认为这种做法是道德的还是不道德的？为什么？

注 释

第 12 章 产品分销和促销

➡ **学习目标**

1. 解释分销组合的含义，确定不同的分销渠道。
2. 描述批发商的作用和电子中间商的功能。
3. 描述零售的不同类型，解释在线零售商如何在互联网上为顾客增加价值。
4. 定义物流并描述物流过程中的主要活动。
5. 确定促销的目的以及选择促销组合时需要考虑的因素，讨论各种类型的广告促销方法。
6. 概述人员推销涉及的有关任务，描述各种类型的销售促进活动。

开篇案例　　　　　　　　　　**不断变化的商业格局**

在美国商业发展的初期，人们期待西尔斯商品目录册的到来，然后更加期盼富国银行的马车送来他们订购的商品。

1897 年，西尔斯的商品目录册约有 800 页，甚至还有一个房屋出售的版块。预制木材、门、窗和屋顶由铁路运输，买方自行组装。（其中一些房屋仍处于闲置状态。）可能需要数周甚至数月时间，才能完成将订单送达西尔斯、执行订单、发运订购商品的过程。但即使这个过程很漫长，也比前铁路时代利用手推车和货车为当地商店提供有限货物有了根本性的改进。

今天，我们会去像沃尔玛这样的商店，从供应的大量商品中找到需要的东西，但我们更希望能够在网上订购货物，并且能在几天内收到。我们被一系列以前难以想象的广告所吸引。各种研究表明，信息和品牌的曝光量可能达到每天 3 000～20 000 人次。除了传统的广告，还包括杂货店里的每一个标签、你邮箱里的所有广告（不管你是否看到它们）、你穿的每件衣服上的标签、冰箱里的调味品、高速公路上的汽车，以及其他任何你能想象到的、接触到的品牌。然而，仅仅是与信息、品牌名称或标识位于一处，并不意味着你能注意到它。没有人能真正处理这么多广告宣传活动。我们无法注意、吸收甚至判断每天 3 000 次视频/音频广告宣传的价值，更不用说 20 000 次了。

电子商务已经成为收集和整理个人及市场购买模式以及跟踪个人购物偏好的专家。其还能运用算法预测购买模式，并安排货物进入距离最终目的地两个小时的仓库。电商平台 Stitch Fix 根据既定的个人喜好送货，然后允许购买者对那些不合身或不满意的衣服退货。广告和促销发生了巨大的变化，因为信息时代使营销在微观层面成为可能，这在以前是不可能发生的。

电子商务也正在改变美国实体经济部门的情况。位于工业区的朴素的配送中心正在慢慢取代过去主导城市体验的高调的、灯火通明的购物中心。《商业内幕》（Business Insider）报道，2017 年梅西百货宣布计划关闭 100 家门店，西尔斯百货计划在 2017 年 4 月前关闭至少 30 家西尔斯和凯马特门店，彭尼百货宣布计划在 2017 年底前关闭 138 家门店。瑞士信贷（Credit suisse）在 2017 年初发布的一份研究报告预测到 2017 年底将有 8 600 多家实体店关门停业。[1]

无论是那些依赖在线销售的公司，还是那些依赖实体店的公司，若要生存下去，都要努力实现下一个层次的差异化。包括汽车在内的许多产品都可以由消费者在线定制，公司按订单生产，并快速交付。亚马逊和其他公司已经在测试自动驾驶送货车，并寻找向消费者交付产品的方法。我们能想象接下来会发生什么。每个家庭都有 3D 打印机可供使用，随时可以组装定制的物品，可以借助触感全息影像图虚拟试穿衣服。下一个重大突破可能是我们想象不到的。可以肯定的是，今天的商科学生将创造未来的购物体验。（学完本章内容后，你应该能够回答章末的一系列讨论题。）

我能从中学到什么？

在任何市场上，企业要想成为头号零售商，就必须充分了解向客户分销和促销产品的最佳方式。本章将阐述不同类型的批发商、零售商和中间商，以及在线市场如何改变公司开展业务的性质。通过掌握本章涵盖的产品分销和促销的方法，你将更清楚地了解如何确定各个公司、各类产品和各种广告活动所关注的目标客户，并对他们进行分类。作为理性的消费者，你可以更好地了解自己如何成为每日促销宣传活动的目标。你还能够评估公司的分销方法、广告方案和竞争潜力。

正如我们在第 11 章中看到的，营销人员关心的是如何决定公司将向客户提供什么产品、如何确定这些产品的价格。本章将介绍营销组合中的另外两个要素。我们将从分销组合以及不同的分销渠道和方法入手。然后将探讨促销活动，并讨论选择促销组合时应考虑的因素。最后将讨论人员推销以及各种促销活动涉及的任务。

12.1 分销组合

除了良好的产品组合和有效的定价之外，产品的成功还取决于其**分销组合**（distribution mix），即公司把产品送到最终消费者手中所采用的分销渠道的组合。在本节中，我们将介绍中间商和不同类型的分销渠道。然后，我们将讨论消费者从中间商提供的服务中获得的一些好处。

12.1.1 中间商与分销渠道

中间商（intermediaries）曾被称为中间人，帮助企业分销产品，它们促成产品流通或提供信息，促进商品从卖家到消费者的流动。**批发商**（wholesalers）是把产品卖给其他企业以便再转售给最终消费者的中间商。**零售商**（retailers）则是指将产品直接销售给最终消费者的中间商。

产品与服务的分销

分销渠道（distribution channel）是指产品从生产商流通到最终消费者的途径。图 12 - 1 展示了如何根据将产品送达消费者的过程中所涉及的渠道成员，来识别四种常见的分销渠道。

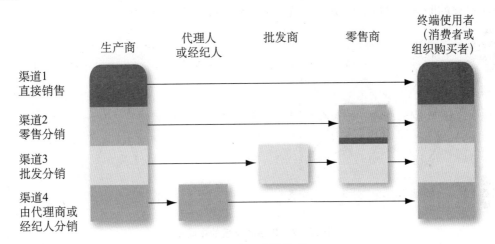

图 12 - 1 分销渠道

渠道 1：直接销售。在**直接渠道**（direct channel）中，产品在没有中间商的情况下，从生产商转移到消费者或组织购买者。雅芳、戴尔、政府雇员保险公司（Government Employees Insurance Company，GEICO）和特百惠（Tupperware）以及许多在线公司都使用直接渠道。大多数企业的产品，特别是那些大量购买的产品，是由生产商直接卖给组织购买者。

渠道 2：零售分销。在渠道 2 中，生产商通过零售商对消费品进行分销。例如，固特异有自己的零售网点；李维斯拥有自己的零售网点，但同时也生产牛仔服供应给其他零售商。沃尔玛等大型门店直接从生产商那里购买商品，然后通过网店和沃尔玛零售店转售给消费者。消费者上网购买在线零售商的热门产品，如书籍、电影和 iTunes 下载。许多组织购买者，比如从史泰博（Staples）购买办公用品的企业，也使用这个渠道。

渠道 3：批发分销。作为曾经使用最广泛的非直接销售方式，传统的实体分销渠道 2 需要成本高昂、拥有较大面积的建筑物来储存和陈列商品。批发商通过储存商品和频繁地为零售商补货来缓解空间问题。使用批发渠道的便利店和加油站组合体就是渠道 3 的例子，其近 90% 的空间用于陈列商品，只有 10% 的空间用于仓储和摆放办公设施。

渠道 4：由代理商或经纪人分销。销售代理商或经销商代表生产商向消费者或组织购买者销售产品，并从中赚取佣金。**销售代理商**（sales agents）包括许多在线旅行社，为了满足许多客户的需求通常会处理少数生产商（如旅游公司）的相关产品线。房地产和证券交易等行业的**经纪人**（brokers）会根据需要给房地产销售所需的大量卖家和买家牵线搭桥，但事先通常并不了解买卖双方的具体情况。

非直接销售的利与弊

非直接销售的一个弊端是抬高了价格。分销渠道中的成员越多，通过加价或赚取佣金而获得利润的中间商就越多，最终的产品价格也就越高。然而，中间商也可以提供附加值，因为它们提供的信息节省了消费者的时间，并使消费者在需要产品的时间和地点能够有适量的产品可供选购。图 12-2 说明了在没有常见的中间商（超市）带来的好处的情况下，制作辣味牛肉豆会遇到的问题。消费者如果试图从不同的生产商那里收集所有的烹调原料，显然会花费更多的时间、金钱和精力。简而言之，中间商之所以存在，是因为它们提供了必要的服务，可以有效地将产品从生产商转移到消费者手中。

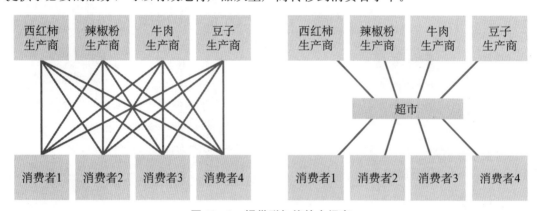

图 12-2 提供附加值的中间商

12.1.2 分销策略

选择合适的分销网络是一种战略决策，它决定了一个产品所覆盖市场的数量和成本，或者任何一种中间商的数量。一般来说，分销策略取决于产品的类型和市场覆盖的程度，而市场覆盖程度越大，购买产品的客户就越多。营销人员努力使产品可以在足够多的地点买到，以满足客户的需求。例如，你可以在许多零售店买到牛奶和瓶装水，但可以买到一辆新的法拉利的经销店却寥寥无几。有三种市场覆盖程度不同的分销策略：（1）密集分销；（2）独家分销；（3）选择性分销。

• **密集分销**（intensive distribution）是指通过尽可能多的渠道和渠道成员（包括批发商和零售商）进行分销。它通常用于具有广泛吸引力的低成本消费品，如糖果和杂志。玛氏（M&Ms）糖果通过很多不同的零售渠道，如超市、自动售卖机、杂货店、网店等，进入市场。

- **独家分销**（exclusive distribution）是指生产商授予数量有限的批发商或零售商在特定地理区域内分销或销售产品专有权利的策略。这种策略在高成本的声望产品分销中最为常见，如劳力士手表只由劳力士官方珠宝商出售。

- **选择性分销**（selective distribution）是指生产商只使用在销售、展示和促销等方面给予自己产品特别关注的批发商和零售商的策略。选择性分销最常用于消费品，如家具和电器。北极（Frigidaire）和惠而浦（Whirlpool）使用选择性分销来巩固与批发商的关系，批发商将优先于其他品牌推销北极和惠而浦的产品。

12.1.3 渠道冲突和渠道领袖

生产商和服务提供商如耐克、LG 电子和联合保险公司（Allied Insurance），可以通过多个渠道进行分销，许多零售商如沃尔格林（Walgreens）可以自由地与尽可能多的生产商（如泰诺（Tylenol）、雅维（Advil）和 Aleve 的生产商）达成协议。在这种情况下，可能会出现渠道冲突。可以通过更好的协调来解决冲突，而协调组织活动的一个关键因素就是渠道领导。

渠道冲突

当渠道成员在彼此发挥的作用或报酬方面存在分歧时，就会发生**渠道冲突**（channel conflict）。约翰迪尔和州立农业保险公司会反对其经销商经销竞争品牌的拖拉机和保险产品。同样，一家由生产商所拥有的经销店在打折销售公司的产品时，也可能会有疏远其他零售商的风险。如果一个渠道成员拥有更多的权力或被认为得到了优惠待遇，就可能产生冲突。苹果在开设零售店之前，通过许多非苹果零售店销售产品。苹果开设自己的零售店后，就产生了渠道冲突，因为这大大减少了以前分销和销售苹果产品的商店的销售额。当然，渠道冲突会扰乱商品流通，从而破坏该渠道的宗旨。

渠道领袖

通常只有一个渠道成员即**渠道领袖**（channel leadership），可以决定其他渠道成员的作用和报酬。通常情况下，渠道领袖是生产商或服务的发起者。珠宝工匠托马斯·曼（Thomas Mann）的珠宝首饰的市场需求量很大，批发商和零售商要等待几年才能有机会销售他科技感十足的浪漫创意作品。所以，曼可以选择渠道成员，设定价格，并决定如何可以买到产品。在其他行业，有影响力的批发商或大型零售商如沃尔玛等可能因为销量大而成为渠道领袖。

➡ 12.2 批 发

在分销渠道中，不同的中间商发挥着不同的作用。批发商为购买产品用于转售或用于商业活动的购买者提供各种各样的服务。除了提供仓储服务和各种产品，一些批发商还提供送货、信贷和产品信息。服务的范围取决于中间商的类型：商人批发商、代理商和经纪人或电子中间商。

12. 2. 1　商人批发商

大多数批发商是独立经营的企业，销售由不同生产商生产的各种消费品或工业品。最大的批发商，即**商人批发商**（merchant wholesalers），从生产商购买产品，然后卖给其他企业。它们拥有转售的货物，通常提供仓储和交货服务。

完全服务商人批发商（full-service merchant wholesalers，约占所有商人批发商的80%）提供增值服务，包括信贷、营销建议和商品服务。**有限服务商人批发商**（limited-function merchant wholesalers）提供的服务较少，有时只提供仓储服务。其客户通常运营规模很小，以现金付款并自己提货。**承运批发商**（drop shippers）甚至不需要储存产品或搬运产品，它们接受客户的订单，与生产商协商货物供应事宜，取得货物所有权，并安排装运发货。**超市批发商**（rack jobbers）直接将消费品（主要是非食品物品）推销给零售店，在各种各样的商店里标明价格并设置陈列。宝洁公司使用超市批发商来分销产品，如帮宝适（Pamper）纸尿裤。

12. 2. 2　代理商和经纪人

代理商和经纪人，包括在线代理商，是许多公司产品的独立销售代表。它们收取佣金，通常是净销售额的4%～5%。与批发商不同，代理商和经纪人不拥有产品，它们帮没有销售能力的生产者或销售者进行销售。

代理商和经纪人的价值在于它们对市场的了解和推销经验。它们向潜在的购买者展示出售的产品，为零售店提供货架、陈列和广告布局等服务。它们会把打开的、撕破的或弄脏的包裹取走，整齐排列产品，并且通常保持产品的漂亮陈设。许多超市产品都是通过经纪人来出售的。

12. 2. 3　电子中间商

电子商务将数百万分散的消费者和企业聚集在一起的能力改变了中间商的类型和角色。**电子中间商**（e-intermediaries）是在线渠道批发商，执行以下功能：（1）收集卖家的信息并将其呈现给消费者（如卡雅 kayak.com）；（2）帮助将在线产品交付给买家（如亚马逊）。

联合销售

当一个网站向另一个网站提供推荐客户的佣金时，就会出现**联合销售**（syndicated selling）。亿客行（Expedia.com）和道乐租车就是联合销售的完美示例。亿客行是一个月访问量达数百万的旅游服务网站。亿客行在网页上给道乐租车提供了一个特殊的横幅广告位。当亿客行的客户点击租车的横幅广告时，他们就会从亿客行网站跳转到道乐网站。道乐为通过亿客行这一渠道进行的预订支付一定的费用。虽然亿客行作为中间商增加了道乐供应链的成本，但它为客户增加了价值。客户避免了不必要的网络搜索，并被有效地引导到汽车租赁公司。

购物代理

购物代理（电子代理）（shopping agents（e-agents））通过收集和整理信息来帮助在线消费者。它们虽然不提供产品，但知道要访问哪些网站和商店，提供准确的比较价格、相同的产品功能，并有效地帮助消费者完成交易，这些活动都在瞬间完成。Hotwire.com 是一家知名的旅游产品购物代理网站。消费者指定产品如酒店、航班、假期、汽车等之后，Hotwire 就搜索供应商，进行价格比较，列出从低到高的价格，然后将消费者引导到不同的网站。

B2B 经纪人

电子商务中间商为企业客户提供网上增值服务。B2B 的买家和卖家可以将商品和服务之间的定价过程外包出去，例如，外包给在线公司 MediaBids。作为广告服务的定价经纪人，MediaBids 将几乎所有的广告服务买家与潜在的供应商联系起来，这些供应商都希望成为行业客户的供应商。客户公司（广告服务的买家）如 Biocentric Health、基督教科学箴言报（Christian Science Monitor）和简约沙发（Simplicity Sofas），支付固定的年订阅费，并通过网络连接到 MediaBids 的拍卖总部，在那里远程发布供应商的实时竞价。该网站提供最新信息，直到低价供应商获得竞标。在代理拍卖交易时，MediaBids 并不拥有任何产品的所有权。作为一名经纪人，它汇集即时信息并将企业彼此联系起来。

创业和新企业　　　**来自自动售货机的希望**

在智利圣地亚哥郊区，食物价格昂贵，选择范围也很有限。人口密度不够高，再加上家庭收入低，导致超市很少。大多数居民在小商店购物，产品线狭窄，价格比人口稠密地区高出 40%。为了改善居住在这些地区的人们的生活，总部位于圣地亚哥的 Algramo 公司采用了一种独特的分销模式。Algramo（其名字的意思是"按克重"）大量购买产品，以保持低成本。该公司在当地商店安装了高科技自动售货机，里面装满了豆类、大米和糖以及其他产品。公司不向店主收取安装机器的费用，但与店主平等分享所有销售利润。仅在运营的第一年，Algramo 就在 300 多个地点拥有自动售货机，为大约 36 000 名客户提供服务。

这家公司是智利学生何塞·曼努埃尔·莫勒（Jose Manuel Moller）的创意。他和三个朋友搬到了圣地亚哥外的一个小社区，希望能更好地了解当地居民的情况。社区商店是社区重要的人员聚集场所，食品价格高以及工资低，导致大多数居民难以满足最基本的需求。莫勒意识到这些高物价是对 70% 生活在大城市之外的智利人口征收的"贫困税"，为此他决心作出改变。该公司估计，这种模式使消费者每月在家庭产品上节省了高达 40% 的费用，他们能够使用节省的资金去获得更好的医疗保健服务或为孩子提供优质的教育。Algramo 商业模式的好处不仅限于消费者，还扩展到店主。Algramo 的自动售货机为利润微薄的小商店创造了利润，使它们能够继续经营，提高店主的生活质量。该模式还对环境友好，Algramo 将产品放在可重复使用的容器中，减少了一次性包装造成的浪费。[2]

➡ 12.3 零售业

美国有 500 多万家实体零售店。许多零售店只有店主和兼职员工。事实上，美国半数以上零售商的全部零售额只占美国总零售额的不到 10%。零售商还包括全球最大的运营商沃尔玛和家得宝等大型公司。尽管许多国家都有大型零售商，如德国的麦德龙（Metro）、法国的家乐福（Carrefour）和日本的永旺（Aeon）等，但世界上最大的那些零售商大多是美国企业。

12.3.1 实体零售商的类型

美国零售商在类型和规模上都存在很大差异。它们可以按照定价策略、经营地点、服务范围或产品线范围进行分类。选择合适的零售商类型是分销策略至关重要的方面。本小节将美国的零售商分为以下三种类型：（1）产品线零售商；（2）廉价零售商；（3）便利店。

产品线零售商

经营多种产品线的零售商包括**百货商店**（department stores），其组织结构由专门的部门构成：鞋部、家具部、女装部等。百货商店的店面通常都很大，经营的商品范围广，提供的服务种类多，比如信贷计划和送货。**超市**（supermarkets）也是按相关产品分成不同的部门，如食品部、家庭用品部等，强调低价位、自助服务和广泛的选择。

相比之下，**专卖店**（specialty stores）通常规模很小，服务于特定的细分市场，经营产品范围较窄，但款式、品种齐全，通常拥有具有专业知识技能的销售队伍，如美国帽类产品零售商 Lids 经营的就是这种专卖店，其旗下拥有 1 000 多家经销新潮运动帽的连锁店。

廉价零售商

廉价零售商（bargain retailers）以低价销售范围广泛的产品。**折扣商店**（discount houses）在成立之初，采用大幅度降价的方式出售众多商品，顾客只能用现金付款。随着品牌商品越来越普及，它们对经营品种进行了更好的分类，同时仍在低租金的门店进行只以现金交易的销售。随着地位日益稳固，它们搬到更好的地段，改进装潢，以更高的价格出售质量更好的商品，并提供信贷计划和非现金交易等服务。

目录商店（catalog showrooms）寄送产品目录册给顾客，吸引他们到店里浏览陈列样品、订购商品，稍加等待之后，店员会把所选商品从库房调出来。**工厂销售点**（factory outlets）是生产商拥有的商店，省去了批发商和零售商环节，把货物直接从工厂卖给消费者。开市客等**仓储会员店**（wholesale clubs）向每年缴纳会员费的顾客提供大量品牌折扣商品。

便利店

连锁便利店（convenience store）强调便利的地理位置、延长的营业时间、快捷的服务，如 7-11 便利店和 Circle K 便利店。它们与大多数廉价零售商不同，因为其特点不是以低价销售。

不断演变的支付方式

在 19 世纪末，俄亥俄州一位酒吧老板发明了一种机器，可以在售货时帮助记账，从而防止售货员从现金抽屉里偷钱。到 1915 年，有近 200 万台收银机出售给了美国的食杂店、酒店、百货公司和其他零售商，直到不久前使用收银机收银还很普遍。如今，随着越来越多的商店使用移动应用程序、平板电脑和自助收银机取代效率较低的劳动密集型收银机，传统的收银机已经很少见了。除了可以降低人力成本外，一台配有信用卡读卡器的 iPad 售价为 1 500 美元，而收银机的价格为 4 000 美元，而且前者的财务数据信息系统更容易与客户管理系统集成。例如，餐厅可以在顾客下订单后把订单发送到厨房进行处理，并从餐桌上的读卡器接受付款。

即使是精明的小企业主过去在使用信用卡时也曾遇到一些麻烦，但现在他们可以使用读卡器和应用程序，如 Square、PayPal 和许多其他在线处理工具，这些在线处理工具与公司的会计软件整合起来，即使是一个人的商店也可以提供更多的支付选择。

除了便利性，新兴技术还使购买活动更加安全。欧洲的银行率先使用了难以复制的微芯片，尽管美国的银行在采用这项技术方面进展缓慢，但与欺诈指控相关的费用让它们不得不重新对此加以考虑。苹果凭借 Apple Pay 进入认证支付领域。与使用固定 16 位数字的传统信用卡不同，Apple Pay 会生成一个令牌，也就是一个唯一的、加密的购买授权。Square 支付和其他移动技术将指纹认证融入支付程序，提高了支付的安全性。

专家们早已预测，未来零售购物将不需要结账，不需要现金，也不需要不必要的等待，这一切都是为了让顾客有更好的购物体验。亚马逊在西雅图率先推出了测试版的 Amazon Go 无人商店，宣传"即拿即走免排队"的购物体验。使用 Amazon Go 应用程序，消费者进入商店拿到想要购买的产品后，就可以离开商店。商店使用嵌入技术可以检测从货架上取走或放回的产品，并在虚拟购物车中对它们进行跟踪。然后，该应用程序向消费者的亚马逊账户收费并发送收据。也许不久以后，现金、支票，甚至信用卡就会像宝丽来（Polaroid）相机和马车鞭子一样，成为博物馆里的稀罕物品。

12.3.2 非店铺零售

有些零售商不是通过实体店销售产品。某些类型的产品，如休闲食品、瓶装水和软饮料，在自动售货机和投币售货机上卖得很好。对于某些娱乐形式，如弹球、电子游戏和台球，在某些场所（如电影院大厅、保龄球馆等）提供服务的情况可能更好。红盒子（Redbox）还成功地通过独立售货亭租赁 DVD 和视频游戏，而这些售货亭基本上就是自动售货机。2016 年，全球通过自动售货机销售的所有产品的销售额接近 2 000 亿美元。尽管如此，自动售货机的销售额在美国零售总额的占比仍不到 1%。

非店铺零售还包括**直复式零售**（direct-response retailing），即企业直接与客户联系，告知产品信息并接受订单。**邮购/目录营销**（mail order/catalog marketing）是 Crate & Barrel 和 Garnet Hill 公司实施的一种深受欢迎的直复式零售形式。**电话营销**（telemarketing）是通过拨打外呼电话，向接听电话的消费者销售产品的营销形式。但近年来，由于设立了"谢绝来电"登记制度的限制，未经允许不能打电话向陌生人推销产品，所以电话营销不那么受欢迎了。然而，电话营销还包括由客户打来的免费呼入电话，大多数目录商店和其他零售店都提供这项服务。包括玫琳凯化妆品在内的 600 多家美国公司都通过**直销**（direct selling）的方式挨家挨户上门推销产品，或者通过家庭销售聚会推销产品。雅芳（Avon）是全球最大的直销企业之一，在 100 多个国家拥有约 600 万名上门销售代表。[3]

12.3.3　在线零售

2014 年，全球 B2C 销售额接近 2 万亿美元，2017 年超过 2 万亿美元。[4]全球 85％以上的网民，即超过 10 亿消费者，在互联网上进行过购物。iTunes 的销售量已经超过实体音乐零售商，亚马逊是全球最大的在线零售商，2016 年在国内外市场上的销售总收入接近 1 360 亿美元。**在线零售**（online retailing）使得卖家能够通过网络告知客户产品信息，向它们销售或分销产品。表 12-1 列示了美国领先的一些在线零售商。除了大公司，全球数百万的小企业也有自己的网站。

表 12-1　不同消费品类别中领先的在线零售商

消费品类别	领先的在线零售商
大宗商品	亚马逊
办公用品	史泰博
计算机与电子产品	苹果
影音娱乐	奈飞
家庭装修	家得宝
服饰	里昂比恩
家居用品	威廉姆斯-索诺玛公司（Williams-Sonoma）
玩具	玩具反斗城（Toys "R" Us）
健康与美容	Bath & Body Works
体育用品	卡贝尔拉斯（Cabela's）

资料来源：Adapted from "Top 500 Guide," Internet Retailer (2016), at www.internetretailer.com/top500/list/.

电子目录

电子目录（e-catalogs）通过在网上展示产品，使数百万零售商和公司客户能够随时访问产品信息。卖家避免了邮寄分销和印刷邮寄的成本，而且电子目录降低了维护和更新的成本。大约有 90％的目录零售商从事在线销售，利用网站进行的销售占所有目录销售的 50％以上。

电子店面和网络购物中心

每个卖家网站都是一个**电子店面**（electronic storefront）或虚拟店面（virtual store-front），消费者在这里收集产品信息、寻找购买机会、下单、支付货款。产品种类较多的生产商，如戴尔，也在自己的网站上展示自己的产品线。其他网站如提供电脑和其他电子设备的新蛋网（Newegg. com）是目录销售商，它们在电子店面展示来自许多生产商的产品。

像谷歌和 Dogpile 这样的搜索引擎，能起到**网络购物中心**（cybermalls）的作用，这种购物中心汇集了一大批提供多种不同产品、快速便捷、24 小时随时可以访问和高效搜索的电子店面。进入网络购物中心后，消费者可以从商店列表（里昂比恩、Lids 或梅西百货公司）、产品列表（体育用品、女装或移动设备）或类别（服装、洗浴、美容）中进行选择，然后开始浏览。

互动和视频零售

如今，零售商和 B2C 客户使用语音、图像、动画、电影剪辑和实时个人建议，与多媒体网站进行互动。许多电子零售商提供实时销售和客户服务，客户可以与服务运营商进入实时聊天室，服务运营商可以回答客户提出的特定产品问题。

视频零售（video retailing）是一种公认的由来已久的互动营销形式，观众可以通过电视频道上的广告节目在家里购物。例如，美国最大电视购物网 QVC 可以展示和演示产品，并允许观众通过打电话或发送电子邮件订购产品，可在 Facebook、YouTube 和推特上使用。现在的电视已经具备联网功能，因此，内置 Wi-Fi 的电视就成了一个配有大屏幕显示器、可以在家舒适进行网上购物的平台。

12.4 物 流

物流（physical distribution）指的是将产品从中间商或生产商转移到客户手中的活动，包括仓储和运输业务。其目的是将商品在客户需要的时间和地点提供给客户，同时要保持低成本，并给客户提供满意的服务。由于物流对于客户满意度十分重要，一些公司将物流作为自身营销战略的重要组成部分。

以全球最大的一家微芯片制造商美国国家半导体公司开创性的全球分销系统为例。成品微芯片在世界各地的工厂生产，然后运往数百个客户，如 IBM、东芝和惠普，这些客户也在全球各地设有工厂。微芯片最初在多达 12 家航空公司的 2 万个不同航线上运送，送达客户前在工厂车间、海关、分销商设施和仓库等连续环节的地点等待运输。美国国家半导体公司在新加坡设立了一个中心，由此向世界各地空运微芯片，进而简化了分销系统。储存、分拣和发货，每一项活动都由联邦快递负责集中管理。通过将这些活动外包，公司的分销成本降低了一半，交货时间缩短了一半，销售额大幅增加。2011 年被得州仪器收购之后，美国国家半导体公司及其创新的全球分销系统成为得州仪器下属的硅谷模拟部门，该部门在生产高性能模拟元件方面仍处于世界领先地位。

12.4.1　仓储业务

仓储（warehousing）是物流管理的重要组成部分。在选择战略时，管理人员必须同时考虑仓储业务的不同特点和成本。**自营仓库**（private warehouses）由某一个生产商、批发商或零售商所独自拥有，它们的交易量大，需要经常储存货物。自营仓库大部分由大公司经营，例如，沃尔玛就拥有自己的仓库，以方便将产品运送到零售店。

拥有独立产权和经营权的**公共仓库**（public warehouses）只向公司出租它们所需要的空间，这种仓库很受只在产品销售旺季需要储存空间的公司的欢迎，也很受需要多个储存地点，将产品运往多个市场的生产商的欢迎。

数字时代带来了大量需要安全存储、保存、组织和访问的数据。许多公司为了保护其有价值的数据资源，依赖 ZipCloud 等远程异地数字存储服务作为安全网。家庭用户也使用每日在线备份服务，如凯备份和 SOS 在线备份，以防止电脑崩溃时丢失数据。即使发生洪水、火灾、地震等灾难，数据也可以从客户设备的备份系统在线恢复。

12.4.2　运输业务

产品运输是很多公司成本最高的业务。除了运输方式外，公司还必须考虑产品的性质、运输距离、送达时间以及客户的需要与需求。

卡车运输、铁路运输、空运、数字传输、水运和管道运输，这些主要运输方式之间的成本差异通常与交货速度直接相关。

在美国有 200 万名卡车司机和 800 万辆卡车从事货运，运力占美国全部货运方式载重量的 2/3 以上。卡车运输的优势表现在对任何距离物流的灵活性、服务的迅捷性和可靠性上。但是，日益增长的卡车运输也引起人们对公路安全和交通拥堵问题的关注。

铁路运输适合数量多、重量大、体积大的产品，如汽车、钢铁和煤炭。然而，铁路运输路线受到固定的铁路道轨的限制。

空运是实体货物最快捷、最昂贵的运输方式。对于容易变质的商品而言，空运可以免除其储存需要，从而降低库存成本。例如，饭店可以每天接收空运的鲜鱼，这就避免了包装和储存造成的变质风险。

音乐、软件、书籍、电影和其他数字产品的下载的运输方式是数字传输，这比所有其他方式都更快捷、更便宜。它也仅限于数字形式的产品，这些产品可以通过通信渠道进行传输。

除了数字传输，水运是最便宜的方式，但速度也是最慢的。由海洋、河流和湖泊组成的水路网，使水上船只能够到达世界上许多地方。大船和驳船主要用于运送大宗产品，如石油、粮食和砂砾。

管道运输速度缓慢，缺少灵活性和适应性，但对于液体和气体等一些专用物资来说，管道运输提供了经济可靠的运输方式。

12.4.3 营销策略：通过供应链进行分销

许多公司不再仅提供产品特性、质量、价格和促销等方面的优势，而是转向供应链，依赖作为业务战略基石的分销。这种方法意味着评估、改进和整合将产品交付到客户手中所涉及的整个活动流程，包括上游供应商的活动、批发、仓储、运输、交付和后续服务。

从 20 世纪 60 年代起，在日本丰田的引领下，工业界见证了准时制生产方式的兴起（见第 6 章）。准时制生产方式主要用于提高产品质量和节约成本，在 20 世纪 80 年代初由福特公司引入美国制造企业。在过去 30 多年里，准时制生产方式的出现使供应链技术和管理以及其在零售业的应用都有了显著的改善。20 世纪 80 年代，沃尔玛决定建立自己的分销系统，采用准时制生产方式和供应链的最佳实践，而不是依靠外部货运运输和批发商的行业惯例。下面来看沃尔玛如何利用准时制生产方式和供应链在竞争中占据主导地位，并成为世界领先的零售商。

假设你正在沃尔玛购物，并决定购买一台一次可冲制 8 杯咖啡的咖啡先生牌（Mr. Coffee）咖啡机。结账时，扫描仪会读取包装盒上的条形码，沃尔玛的库存系统会立即更新，显示货架上需要补上一台咖啡机；补货的咖啡机来自该商店的"后方"，在沃尔玛的库存系统中，剩余的存货数量减少一台。当后勤供应减少到自动触发数量时，沃尔玛的配送仓库就会收到信号，通知该商店需要更多该型号的咖啡机。与此同时，电脑系统也通知沃尔玛的配送仓库需要补充存货。制造商的供应商也会得到通知，以此类推，继续向上游传递信息，从而加快整个供应链的再供应协调。沃尔玛的数据挖掘系统根据销售额（每天、每周，甚至是一年中的某个时间）确定每个产品的重新订购数量。由于沃尔玛从上游渠道不断快速补充存货，因此其无须在仓库和零售店中保存大量存货，从而降低了库存成本，并能够提供较低的产品价格。

沃尔玛的准时制生产方式使其能够实现从生产商到商店货架只需两天的周转时间，从而实现了更好的成本控制，使客户可以购买到产品。它保持较低的库存水平，满足客户需求，并保持零售行业的最低价格。另一家能够在类似规模上采用这种方法并与沃尔玛（仅在食品杂货领域）有效竞争的零售商是 H-E-B 食品杂货公司在得克萨斯州的连锁店。它的数据挖掘系统可以评估何时购买什么产品，以及与哪些其他产品一起购买（例如，它知道在圣诞节要供应墨西哥玉米饼，因为使用辣酱优惠券的顾客会一起购买这两个产品），并利用这些信息预测即将到来的需求。

动荡时期的管理 | **物流背后的逻辑**

营销的本质是在合适的时间以合适的价格将合适的产品放在合适的地方。这就是分销和物流如此重要的原因。

分销是商品从生产商到批发商、零售商，最后到最终消费者的实际移动过程。在管理分销过程中，公司必须考虑如何以最经济实惠的方式将商品运送到客户手中。物流侧重于信息流的管理，这与分销中普遍存在的货物的物理移动形成了对比。开发自动化库存系统是物流的一个关键要素。例如，许多零售商将商店计算机系统与自己的配送中心或供应商的配送中心同步。这种电子整合使订购商品、履行配送中心订单和将商品运输到商店的流程自动化。

克尼切尔物流公司（Knichel Logistics）面临着零担货运（less-than-truckload，LTL）部门增长乏力的困境。零担货运适用于提单上注明的重量小于 10 000 磅的货物。克尼切尔无法在价格上与实力雄厚的公司竞争，但总裁克里斯蒂·克尼切尔（Kristy Knichel）知道，需求是存在的，她说：“有更多的业务是我们很有可能抓住的。我们为什么没有成功？我们需要做什么？我们有一个庞大的客户群，我们知道他们想要这项服务。如果我们不提供，他们会去其他地方寻找这项服务，然后我们可能会失去为该客户提供其他服务的机会。”

克里斯蒂和她的父亲威廉在 2003 年创建了这家公司。她的弟弟小威廉（William Jr.）和妹妹凯西（Casey）积极参与公司的管理，她的另一个妹妹和父亲也拥有公司的部分所有权。作为价值 5 000 万美元的物流和运输服务供应商，克尼切尔物流公司是竞争极为激烈的行业中的一条小鱼，这个行业正在经历大型公司的无数次并购，例如，Swift 运输公司和 Knight 运输公司合并为 Knight-Swift 运输控股公司。

然而，尽管大型物流和运输公司正在整合以获得竞争优势，但在亚马逊的免费送货在整个零售界投下的长期阴影中，一种新的物流和履行订单业务正在形成。克尼切尔等公司提供的订单快速配送服务有助于小零售商更快地向消费者交付商品。这种服务通过汇集来自许多客户的订单，让规模较小的零售商获得规模优势，进而可以借助零担货运与亚马逊进行竞争。配送服务运营商正在努力降低运输成本，但零售商的真正目标是继续营业。

克尼切尔物流公司解决营销和增长问题的创造性方案，来自 BlueGrace 公司发布在领英上的一项公告，旨在请求潜在的特许经营商提出建议。克尼切尔物流公司耗时约 6 个月，通过特许经营协议为其零担货运部门成立了 BlueGrace Logistics Pittsburgh North 独立公司。由于作出了计划周密的战略性决策，与获得特许经营权的公司进行合作，克尼切尔物流公司现在可以利用 BlueGrace 物流基于网络的专有系统和在线客户门户网站，而无须投资建设自己的系统，同时仍然保持自主权和对员工的行政管理。然而，其最大的回报是获得了 BlueGrace 庞大的运营商网络和较低的价格，这种回报体现在财务报表中。正如克尼切尔指出的：“2016 年底，我们的销售额比 2015 年增长了 40%，比 2014 年增长了近 62%，2014 年是我们成为 BlueGrace 特许经营商前的最后一年，该年销售额比业绩最好的 2013 年高出近 17%。”[5]

➡ 12.5 促销的重要性

促销（promotion）指的是传播产品信息的技巧，是沟通组合的一部分。沟通组合是公司向客户发送的全部产品信息。促销技巧，尤其是广告，必须传达产品的用途、特性和益处，而为了达到这个目的，营销人员要利用一系列工具。

12.5.1　促销目标

任何促销活动的最终目的都是增加销售额。此外，营销人员还可以通过促销来沟通信息、对产品进行定位、增加产品价值和控制产品销量。

正如我们在第 10 章中看到的那样，产品**定位**（positioning）是通过确定、调整和沟通产品本身的特点，在消费者心目中确立一个易于识别的产品形象的过程。首先，企业必须确定哪些细分市场可能会购买自己的产品，企业的产品与竞争产品相比如何。然后，企业可以把重点放在促销选择上，以便对产品进行差异化，并在目标受众心中形成一个明确的定位。例如，在提到面巾纸时，大多数人会想到舒洁（Kleenex）；在提到"终极座驾"时，大多数人想到的是宝马。人们普遍产生这些联想表明，相关企业的定位策略取得了成功。

促销组合通常旨在沟通产品的增值效益，使其区别于竞争对手的产品。例如，奔驰和丽思卡尔顿酒店在促销产品时，把自己的产品定位为具有高质量、高品位、高性能的高端产品和服务，所有产品和服务的价格都很高。

12.5.2　促销策略

明确了更大的营销目标之后，公司就必须制定促销策略来实现这些目标。这里介绍可以考虑使用的两种主要策略。

• **拉式策略**（pull strategy）直接吸引消费者，而后他们会要求零售商提供促销的产品。制药公司使用直接面向消费者的广告（direct-to-consumer advertising，DTC），说服消费者积极地要求使用某种药品，而不是被动地等待医生建议时才使用这个药品。"和你的医生谈论 Allegra-D"只是众多处方药、膝关节置换系统和其他医疗产品的电视及网络广告的一个例子。最终消费者的需求刺激了零售商从批发商和生产商那里购买产品的需求。

• 通过**推式策略**（push strategy），公司将产品推销给批发商和零售商，然后说服消费者购买。例如，宾士域公司（Brunswick）采用推式策略来推广贝琳娜（Bayliner）游艇，将促销目标对准经销商，并说服它们订购更多存货。然后，经销商负责通过各类促销活动来刺激消费者的需求。

许多大公司把拉式策略和推式策略结合在一起。例如，通用磨坊（General Mills）为其早餐主食做广告，以创造消费者需求（拉式策略），其早餐食品包括幸运符麦片、麦圈和伯爵巧克力味麦片。与此同时，它还运用推式策略刺激批发商和零售商增加产品库存，并做好产品展示。

12.5.3　促销组合

在市场营销活动中，最强有力的五大促销工具是广告、人员销售、销售促进、直接或互动营销、宣传与公共关系。这些工具的最佳组合即最佳**促销组合**（promotional mix），取决于很多因素。最重要的因素是目标受众。举例来说，从现在起两代人之后，25％的美国劳动力将是拉丁裔。据估计，到那时将有 5 200 万拉丁裔美国人，拉丁裔可支配收入的增加已经使他们成为强大的经济力量，营销者争先恐后地重新设计和促销产品，以西班牙语商业广告和其他广告吸引拉美裔消费者。HBO 和娱乐与电视体育网（Entertainment and Sports Programs Network，ESPN）等几家主要有线电视网络都单独提供西班牙语频道。

在建立促销组合时，营销人员将促销工具与消费者购买过程中的五个阶段相匹配：

1. 当消费者第一次意识到购买的必要性时，营销人员就会利用广告和宣传来确保购买者知道它们的产品。广告和宣传可以确保迅速引起很多人注意到其产品。

2. 当消费者寻找现有可购买产品的信息时，广告和人员销售是重要手段。

3. 当消费者对相互竞争的产品进行比较时，人员销售就变得至关重要。销售代表可以采用与竞争对手的产品相比较的方法，展示产品的质量、特点、效益和性能。

4. 当消费者准备好购买产品时，销售促进活动可以刺激消费者购买。人员销售可能有助于把产品送到方便客户购买的地点。

5. 在购买产品之后，消费者对产品进行评估，并注意（且记住）其优点和缺陷。在这个阶段，广告和人员销售可以提醒消费者他们作了明智的购买决定。

图 12 - 3 总结了消费者购买过程中每个阶段的有效促销工具。

图 12 - 3　消费者购买过程和促销组合

资料来源：Multi-Source.

12.5.4　广告促销

广告（advertising）是由身份明确的出资人通过付费媒体告知目标受众有关产品信息的非人员沟通方式。2016 年，美国公司支付的广告费高达 2 100 亿美元，仅前十名公司的广告费就近乎 300 亿美元。美国前十大广告商所支出的广告费如图 12 - 4 所示。下面，让我们来看看不同类型的广告媒体各自的优势和局限性。

广告媒体

消费者往往忽视铺天盖地的广告信息，他们只关注自己感兴趣的东西。此外，广告是一个动态的过程，反映客户和广告商不断变化的兴趣和喜好。例如，一项客户调查显示，邮件广告被列为最令人恼火、最令人厌烦的广告形式，而报纸和杂志广告最不令人反感。

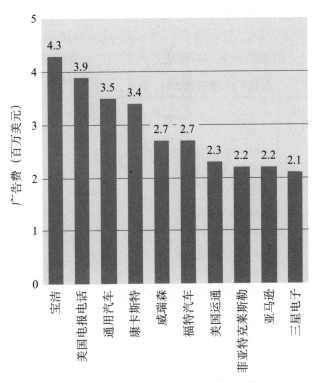

图 12 - 4　美国前十大广告商的广告费

资料来源：Adapted from "Kantar Media Reports U. S. Advertising Expenditures Increased 3 Percent in 2012," Kantar Media，March 11，2013，at http: //kantarmediana. com/intelligence/press/us-advertising-expenditures-increased-3-percent - 2012.

然而，尽管被调查者认为报纸广告比其他媒体信息更丰富、更有用，但由于报纸的读者群（受众）正在减少，广告商不断地转移阵地，开始更多地使用在线广告宣传方式。[6] 当然，在少数情况下，广告本身已经成为一种吸引力，最为突出的例子是超级碗（Superbowl）。据调查，有些人承认他们看比赛只是为了看广告。广告商还制作特别的广告，并经常使用它们来宣传大型活动。当然，超级碗期间的广告费也非常昂贵，在 2017 年的比赛中，一则 30 秒的广告费用为 450 万美元。

实时广告跟踪

广告商总是想更准确地知道谁在观看广告、观看多长时间、各种不同的广告内容对哪些目标受众和具有哪些人口统计特征的人群更有吸引力等相关信息。由于有了高科技实时监控的帮助，有关购物中心、影剧院以及杂货店里的消费者观看广告行为的精准信息正在不断增加。当路过的消费者观看视频屏幕上的广告时，摄像头就会监视消费者，计算机软件会分析观看者的人口统计特征以及他们对各种广告内容和形式的反应。跟踪系统的生产商声称，其在确定性别、大概年龄和种族方面的准确率高达 90%。一旦得到完善，该系统可能会衡量消费者的人口统计特征，把消费者归类于某一目标受众群体，然后立即转换画面为其喜欢的产品和视觉形式，以吸引消费者的注意力，使其持续注意这个产品和广告。[7] 接下来，营销人员必须弄清楚客户是谁、他们关注哪些媒体、什么信息能引起他们的兴趣、如何获得他们的关注。

因此，营销人员使用几种不同的**广告媒体**（advertising media），即将卖家的信息传达给潜在顾客的特定沟通手段。公司进行广告宣传时综合使用的媒体被称为**媒体组合**（media mix）。表 12 - 2 所示的是美国媒体的广告支出占比及优缺点。

表 12 - 2　美国媒体的广告支出占比及优缺点

广告媒体	广告支出的百分比	优点	缺点
电视	35%	• 广告商可以根据节目的人口统计数据定制广告 • 受众人数多	• 费用最昂贵
互联网	20%	• 可面向目标受众 • 可衡量成功与否	• 消费者会产生厌恶情绪 • 容易被忽视
直接邮寄	10%	• 可面向目标受众 • 信息个性化 • 结果可预测	• 容易被丢弃 • 对环境不友好
报纸	10%	• 覆盖面广 • 广告可以每日更换	• 很快丢弃 • 广泛的读者群限制了针对特定受众的能力
广播	8%	• 费用低廉 • 受众广 • 各种现成的市场细分	• 容易被忽视 • 信息很快消失
杂志	8%	• 可反复阅读并分享 • 各种现成的细分市场	• 需要提前计划 • 很难控制广告的投放
户外广告	3%	• 费用低廉 • 难以忽视 • 反复曝光	• 呈现的信息有限 • 对受众的控制极少

说明：不包括其他不可衡量的媒体，如黄页、目录、特殊活动、在人行道上散发的传单、交通工具上的广告、空中文字广告、电影和挨家挨户上门宣传等。

营销人员通过在不同平台上应用媒体组合而变得越来越精明干练。这种组合通常以营销伙伴关系的形式出现。例如，假设你正在考虑去纽约旅行。作为初步计划的一部分，你可以在亚马逊上查看一款新背包，在美国联合航空公司的网站上查看机票，并在万豪酒店和希尔顿酒店的网站上比较酒店价格。几个小时之后，你决定在 Facebook 上查看你朋友的近况。在你朋友的页面中，你很可能会看到与你之前查看的酒店、航班和背包相同的广告。这是因为亚马逊、联合航空、希尔顿和万豪都向 Facebook 支付费用，将用户的购物搜索链接至其在看的 Facebook 页面。

➡ 12.6　人员推销

人员推销（personal selling）是最古老、最昂贵的促销形式，销售人员与潜在客户进行一对一的沟通，确定他们的需求，并使其与产品相匹配。销售人员投入大量时间了解和熟悉潜在客户，回答他们的问题，进而赢得客户可信度的提升。这种专业性的互动在关系营销中尤其有效，它使卖方更清楚地了解买方的情况，并使销售人员能够为买方提供增值服务。

12.6.1　人员推销情境

销售人员必须考虑消费品和工业品两者之间的差异对人员推销活动的影响：

- **零售**（retail selling）是指向买方销售供个人或家庭使用的消费品。
- **工业销售**（industrial selling）是指为了将产品销售给用于制造其他产品或用于转售的企业而进行的推销活动。例如，李维斯向沃尔玛销售牛仔裤（工业销售），随后，消费者在沃尔玛商店购买李维斯的牛仔裤（零售）。

每一种情境都有不同的特点。在零售中，买家通常会前往卖家去询购商品，而工业销售人员通常会去拜访潜在买家。一个工业品购买决策通常比一个零售购买决策需要更长的时间，因为它涉及更多的钱、更多的决策者和更多的权衡。正如我们在第 10 章中看到的，组织采购人员是习惯与推销人员打交道的专业采购员。相比之下，零售消费者可能会感到推销人员有胁迫购买的意图。

12.6.2　人员销售任务

销售人员必须熟练地执行人员销售的三项基本任务。在**订单处理**（order processing）过程中，销售人员首先接收订单，然后确保订单的处理和交货。上门拜访老客户核实存货情况的销售人员通常负责订单处理，他们会拜访老客户，查看库存情况。在征得客户的同意后，他们可以决定重新订货的数量，直接填订单从卡车上进货，甚至是从库存货架上进货。菲多利、可口可乐和许多啤酒经销商都使用这种方法。

在其他情况下，当潜在客户没有意识到需要或想要什么产品的时候，公司要进行**创造性销售**（creative selling），这就要求销售人员提供信息，展示产品的优点，说服消费者完成购买。创造性销售对于工业品和高价位的消费品（如汽车）至关重要，因为买家会对这些产品进行比较。最后，销售人员可以使用**推销式销售**（missionary selling）对公司及其产品进行促销，而不是简单地达成交易。医药公司经常采用这种方法让医生了解公司及其产品，以便他们向其他人推荐本公司的产品，或者医生会给病人开含有这些产品的处方。因此，产品的销售实际上是在药房进行。推销式销售的目标可能是提升公司的长期形象，就像任何特定产品一样。推销式销售的另一项活动是复杂产品的售后服务。IBM 使用售后服务来确保企业客户知道如何使用 IBM 的设备。

根据产品和公司的情况，销售工作通常要求个人在某种程度上完上述三项任务——订单处理、创造性销售和推销式销售。

12.6.3　人员销售过程

在上述三项销售任务中，最复杂和最具挑战性的是创造性销售。创造性销售人员负责开启和跟进人员销售过程中的大部分步骤。

•寻找客户和审查资格。销售人员必须首先有潜在顾客或预期客户。**寻找客户**（prospecting）是识别潜在客户的过程。销售人员通过公司人事记录、领英等社交网站以及现有客户、朋友和商业伙伴来寻找潜在客户。在**审查资格**（qualifying）时，必须对潜在客户进行评估，以确定他们是否具有购买的权力和支付能力。

•接近客户。这种方法指的是销售人员与合格的潜在客户在见面最初几分钟内的接触。因为这会影响销售人员的可信度，所以后期的成功取决于客户对其的第一印象。因此，销售人员必须展现出专业的形象，在接待潜在客户的过程中逐渐建立起信任。

•展示和演示。接下来，销售人员要做展示，对产品及其特性和用途进行充分的说明。最重要的是，展示时要将产品优势与潜在客户的需求联系起来。展示时可以演示如何使用产品。

•处理异议。无论销售什么产品，潜在客户都会有一些不同意见。他们可能通过讨价还价来争取折扣。然而，异议不仅表明客户对此感兴趣，而且指出了其在展示环节的困扰之处。

•达成交易。销售过程中最关键的部分是**达成交易**（closing），销售人员要让客户购买产品。成功的销售人员能识别出客户愿意购买的迹象。当客户开始考虑分期付款时，则清楚地表明他们准备购买。然后销售人员应该努力达成交易，要么直接要求销售，要么间接暗示成交。"您能在星期二提货吗？"和"我们为什么不先订 10 箱呢？"这样的问题都是以默认成交为前提。间接成交将拒绝购买推销品的负担放在潜在客户身上，他们可能会觉得说"不"有点难以启齿。

•后续跟进。后续跟进是一项关键活动，尤其是在关系营销中。为了与客户保持长久的关系，优秀的销售人员不会以成交结束销售过程。他们希望销售取得更大的成功，这样客户就会再次购买他们的产品。因此，他们会提供额外的服务，如提供方便和增值的售后支持。后续跟进包括快速处理客户的订单、准时交货、快速维修服务、及时回答客户问题。

12.6.4　销售促进

销售促进（sales promotions）是短期的促销活动，旨在鼓励消费者购买，促进工业品的销售或分销商的合作。这些活动有助于增加消费者试用产品的可能性，提高产品的认知度，增加购买规模和销售收入。

成功的促销活动为潜在客户作出购买决策时提供便利，使客户可以光顾销售现场。如果哈雷戴维森公司举行为期一周的摩托车促销活动，而你是一个感兴趣的买家，但当地没有经销商，你也没有机会参加展示骑乘活动，那么这个促销活动可能对你毫无用处，你也不会购买。相比之下，如果福爵咖啡提供 1 美元的优惠券，你可以攒起来留着以后用，那么这次促销活动既给客户提供了优惠又便于其前往门店购买。

大多数消费者参加过各种不同的销售促进活动，如发放免费样品（赠品）、零风险试用产品，还有促销**优惠券**（coupon），它是授权消费者享受折扣的凭证，鼓励其尝试新产品，诱导他们远离竞争对手或回购（购买更多的产品）。优惠券可以从很多渠道获得，包括报纸、邮件和购物时的结账柜台。在线优惠券网站，如 Coupons.com、CoolSavings.com 和高朋，提供可打印的折扣券和免费的优惠券。

赠品（premium）是作为消费者购买特定产品的回报的免费商品或降价商品，如铅笔、咖啡杯和 6 个月的低息信用卡等。美国康泰斯特公司（Contest）通过奖励业绩杰出的分销商和销售代表去夏威夷或巴黎度假来促进销售量的提高。消费者也可以通过提交猫粮包装袋后面的参赛表，让他们的猫参加普瑞纳妙多乐猫粮挂历竞赛来获得奖品。

忠诚计划（loyalty programs）是对常客进行重复购买的奖励。大洋邮轮旅游公司（Oceania Cruises）和 Tauck 旅游公司为忠诚的客户提供特别优惠的假期特价。例如，网上和邮件促销活动可能会宣布下一班邮轮价是买一送一，并缩小升级到更豪华住宿条件的差价。旅游特价则可能是为回头客提供低价机票、免费上网以及岸上游览服务。

商店为了吸引顾客的注意力，在货架间过道的末端或收银台附近使用**销售点陈列**（point-of-sale (POS) displays），以方便顾客寻找产品，并把竞争对手的产品排除在考虑范围之外。除了提供实物商品之外，销售点还提供服务，如提供消费者需要的信息。例如，银行大厅和医院候诊室都设有电脑交互服务台，邀请消费者在显示器触摸屏上了解更多银行产品的信息以及现有治疗方法的科普信息。对于 B2B 促销活动，各行业均会举办**贸易展销会**（trade shows），企业可以在展销会上租用展台，向有兴趣或准备购买的客户展示和演示产品。

12.6.5　直复（互动）营销

直复（互动）营销（direct (interactive) marketing）是一对一的非人员销售，设法让消费者不在零售店购物，而是在家里、工作场所或在走路时使用移动设备进行购物。这种快速增长的销售方式包括非店铺零售（商品目录、电话营销、家庭视频购物）、直邮、直复式广告（如信息导购和直复式杂志和报纸广告）以及最重要的互联网。B2B 企业使用直复营销的主要目的是引领销售过程，这样销售人员就可以在潜在顾客产生兴趣时达成交易。在 B2C 业务中，直复营销的首要目标就是销售。直复营销的优点是，你可以将销售信息直接传达给某个人，还可以衡量结果。例如，亚马逊知道你何时登录、你是谁、你买过什么，并根据你的购买行为作出推荐。当你选择一本书时，亚马逊可能向你推荐其他选择该书的消费者购买过的另外一些书，这样就可以增加销售给你的产品数量。

互联网加强了传统的直销方式，特别是直邮。通过使用"许可营销"（permission marketing，一种消费者允许企业联系他们的电子邮件形式），企业编制消费者的电子邮件列表，并根据他们过去的购买情况定期与他们联系，告知优惠活动和交易信息。电子邮件来自消费者接触过并同意接收信息的公司，它包含一个直接查看该公司网站和特价商品的链接。亚马逊、戴尔、盖璞和凯特·丝蓓（Kate Spade）等公司都成功地使用了直复营销。

12.6.6　宣传及公共关系

宣传（publicity）是指为了吸引公众的注意力而通过大众传媒传播有关公司、产品或者事件等信息的促销工具。宣传是免费的，然而市场营销人员无法控制媒体记者和撰稿人传播的内容，而且由于是以新闻形式呈现，消费者通常认为这种宣传是客观可信的。以 2005 年发生的一件经典宣传事件为例：一位顾客说她在温迪快餐店（Wendy's）的一碗辣味牛肉豆里发现了一片人的指甲，这让美国的快餐顾客顿感毛骨悚然。这场噩梦般的宣传立即损害了温迪的声誉，其仅在短短 6 周内就损失了约 1 500 万美元的销售额。[8]

与宣传不同，**公共关系**（public relations）是一种受公司影响的信息，旨在通过宣传与公众建立良好的关系，如宣传公司的慈善捐款或应对不利事件的信息。在温迪事件中，首席执行官杰克·舒斯勒（Jack Schuessler）的公关回应果断且重点突出：保护品牌，告知真相。这意味着不能用封口费或贿赂来封锁消息。相反，温迪与卫生部门和警方合作进行公开调查，用测谎仪对员工进行测谎，公开宣布举报热线，对提供信息者给予奖励，所有这些做法都导向了一个结论，即报道中的事件未必可信。积极的公共关系是证实温迪自身清白和维护公司声誉的有效宣传工具。[9]

问题与练习

复习题

1. 描述可以使用的从生产商到最终消费者的分销渠道类型，并为每个类型举出一个例子。

2. 市场覆盖程度不同的三种分销策略是什么？每一种策略在什么情况下最适合？

3. 比较主要的运输方式，找出每种方式的至少一个优点。

4. 选择四种不同的广告媒体，比较每种媒体的优缺点。

5. 人员销售过程有哪几个步骤？

分析题

1. 描述非店铺零售的四种形式。举例说明最适合每种形式的产品，并讨论该产品在特定的非店铺零售形式下销售业绩良好的原因。

2. 产品线和廉价零售商有哪些主要类型？为每种类型至少举出一个例子。

3. 确定主要的促销工具。每一种促销工具在消费者购买过程的哪个阶段最重要？为什么？

应用练习题

1. 除了作为一个主要的在线零售商，亚马逊还是许多中小型企业的电子中介商。假设你对销售翻新手机很感兴趣，那么你将如何利用亚马逊网站上的信息成为亚马逊上的卖家？通过亚马逊销售你的产品需要多少成本？如果你决定通过自己的网站来销售产品，那么优点和缺点是什么？

2. 搜索一些优秀的病毒式营销视频，选择其中的一个加以分析：视频推销的产品是什么？目标市场是什么？广告如何吸引目标市场？为什么你认为这个视频非常有效？

案 例

不断变化的商业格局

在本章开篇，你阅读到了美国商业的演变。从小型夫妻店到大型购物中心、大型卖场再到电子商务。运用本章所学内容，你应该能够回答以下问题。

◇问题讨论

1. 为什么网上零售商从传统实体店抢走了这么多的市场份额？

2. 你认为梅西百货甚至沃尔玛这样的传统商店在未来能够与网上商店竞争吗？为了更具竞争力，它们必须如何作出改变？

3. 物流的变化如何改变了市场？市场如何改变了分销网络？

4. 如果所有东西都可以在网上购买，那么还会有你想亲自前往商店去购买的产品和服务吗？对于人们仍然更喜欢亲自去实体店购买的商品，在线零售商如何才能比传统商店更具竞争力？

再论长尾理论

早在 2005 年，《连线》（*Wired*）杂志的编辑克里斯·安德森（Chris Anderson）就写了一本书，名为《长尾理论：为什么企业的未来是少买主流商品》（*The Long Tail：Why the Future of Business Is Selling Less of More*）。他提出，由于电子商务的扩张，消费者现在可以购买到大量传统实体店永远不会有存货的产品。长尾指的是总需求曲线中需求量逐渐减少的较长部分。如果没有实体货架空间的限制，且拥有更多的分销渠道，那么小众商品和服务在经济上可以与主流产品一样具有吸引力。

安德森辩称，传统零售经济学使人相信，商店只储存最受欢迎的商品，因为货架空间很昂贵，但理论上，像亚马逊这样的在线零售商几乎可以储存所有商品。亚马逊从销售数不尽的产品中成功获得利润，促使许多竞争对手采用长尾策略。然而，亚马逊本身并没有储存所有的商品，而是为长尾商品提供了一个市场。换言之，亚马逊专注于直接销售和配送高需求的产品，并将长尾商品留给独立卖家来配送。下次你在亚马逊上购物时，你可以搜索服装、电子产品、家居用品或其他任何你感兴趣的东西，试着弄清楚它们是由亚马逊商店出售还是经亚马逊这个中间商平台由其他卖家出售。

对于消费者来说，长尾效应肯定有好处。现在可以买到以前在公开市场上没有的产品。例如，在互联网"销售数不尽的商品"之前，可能找不到一本关于沙鼠繁殖和饲养的指导书籍，但现在利基市场营销人员可以提供非常具体的产品，而这些产品的潜在购买者可能分散在不同的地区。利基商品的卖家，可能只是在一个很小的家庭办公室工作，但更了解自己的利基市场，他们有更好的机会与小众供货商进行合作，并与小众供应商建立起更好的关系。对于亚马逊来说，允许第三方在其网站上进行销售可以提供长尾商品的相关数据，然后可以利用这些数据直接提供畅销的产品。从本质上来看，亚马逊是在利用长尾商品卖家提供的人口统计数据和销售数据，将其市场调研众包给这些长尾商品卖家。

◇问题讨论

1. 你认为哪些产品属于安德森所说的长尾？请举出一些例子。

2. 你认为长尾理论仍然适用吗？为什么？

3. 你会创办一个利用利基市场进行营销的企业吗？为什么？如果会，你将如何营销你的产品或服务？

4. 你认为像亚马逊这样的公司收集第三方数据是否合乎道德? 如果你的产品突然成为主流商品,而后亚马逊开始经营、销售并配送这些商品,你会怎么想、怎么做? 你应该考虑的问题是什么? 利弊是什么?

注　释

V

第 篇

信息管理

第 **13** 章 商务信息技术

学习目标

1. 讨论信息技术给商务世界带来的影响。
2. 确定公司掌握的信息技术资源以及这些资源是如何使用的。
3. 描述信息系统的作用、种类，以及公司是如何使用信息系统的。
4. 识别给公司造成威胁和风险的信息技术。
5. 描述公司保护自己免受信息技术带来的威胁和风险的方法。

开篇案例   **点击前要三思**

"做一名'国际销售代表'或'货运经理'，开始'在家工作'，领取一份优厚的薪水。只需要用你个人的名字在银行开个账户，接收该账户的转账，然后再转账给我们分布在全球各地的客户。"

对于那些失业的计算机用户来说，这样的电子邮件极具吸引力。当然，这不太可能是合法的。在这种骗局中，新"员工"为匿名的非法牟利者提供了一种安全的方式，帮助他们洗白偷来的或以其他非法方式得到的钱。然后，由互联网转账的钱到账后，再（非法地）转给由非法获取钱财的接收者组成的一个全球网络。

随着这些骗局的频繁发生，上当受骗的人越来越少了，但互联网带来了几乎无限的风险。一旦某个骗局不再奏效，诈骗者就会创造出更复杂的圈套取而代之。例如，犯罪分子会冒充雇主，与在网上发布简历的人取得联系。他们通常通过线上方式进行面试，给求职者提供一份极好的工作。接下来就是收集信息，比如被骗者的社会保障号码。他们实际上并没有任何公司也没有任何工作，他们会用被骗者的社会保障号码以及其他个人信息来申请永远不会还款的信用卡。在你分享自己的社会保障号码等信息之前，一定要了解电子邮件的另一端是谁。做一些调查，确保这家公司是合法的，并且与你互通电子邮件的人确实是该公司的员工。

在一个惯用的"在家工作"骗局中，毫无戒心的受害者（新的在线"员工"）要兑现外国"雇主"寄来的支票，并获得 10% 的现金作为劳务费。其余的 90% 则通过西联汇款（Western Union）汇回"雇主"手中。由于这些支票是伪造的，所以会遭到拒付，受害者必须全额赔付银行。庄臣公司（SC Johnson，有雷达（Raid）、稳洁（Windex）和碧丽珠（Pledge）等品牌）提醒公众注意另外一个骗局：冒用庄臣公司在网上提供在家客服工作机会的骗局。诈骗者声称，起初会给参加培训的人每小时 20 美元，培训后提高到每小时 25 美元，但参加培训必须首先购买一些培训软件，当然，受害者购买之后是不会再收到钱的。

在找工作的时候，为了保护自己不受网络犯罪的侵害，应该警惕一些危险信号，能意识到有些事情不对劲。这些网络罪犯不是人力资源专业人员，所以你可能会在邮件中注意到有拼写或语法错误。虽然错误可能时有发生，但这是一个潜在的危险信号。同样地，如果一份入职通知看起来好得令人难以置信，那么它很可能是假的。如果你得到了一份聘用通知，但要求你先付一笔钱，那么这份工作很有可能是不合法的。最后，时间紧迫的入职通知更有可能是诈骗。犯罪分子不希望你花时间去考虑一个糟糕的协议，他们会鼓励你在这个协议失效之前立即行动。

显然，面临风险的不仅仅是求职者。短信称受害者的信用卡已经失效，诱使银行客户将账户信息告知一个未知的发送者。网络电话用户接收到真实存在的医院、政府机构、银行和其他企业的虚假来电显示，这是一种很流行的电话钓鱼形式，诱导受害者泄露个人信息。或许给人印象最深刻的是网络罪犯正在使用营销技巧，尤其是通过"目标定位"来接近特定受众。目标定位也被称为"鱼叉式网络钓鱼"，诈骗者用目标定位的方法进行调研，找出富有的个人和家庭以及专业基金经理。受害人收到看似友好但包含病毒附件的电子邮件，一旦打开附件，受害者的计算机将被感染，银行账户以及其他个人身份信息将被暴露给诈骗者。虽然计算机安全设施——垃圾邮件过滤器、数据加密、防火墙以及杀毒软件，能截获大量的数据侵犯行为，但是威胁仍然存在。[1]谷歌文档曾遭到黑客的入侵，黑客能够使用某个应用程序诱骗用户打开来自可信来源的文档，然后访问用户的联系人列表以及个人谷歌文档文件夹中可能包含的其他机密信息。尽管谷歌在几个小时内采取了纠正措施，但已经造成了很大的损失。

组织机构也是网络入侵的受害者。安全顾问声称，被称为"夜龙"的全球网络攻击行动侵入了石油公司的电脑，窃取了有关竞标、融资和运营的信息。为了节省资金，一些政府利用黑客窃取其他国家尖端军事装备的技术机密，包括防御系统。随着越来越多的员工使用个人电话和计算机开展业务，这些组织发现要想实现网络安全更加困难。因此，组织的相关信息传播得更加广泛，更加容易遭到手机恶意软件、受病毒污染的应用程序以及包含间谍软件的链接的短信入侵。[2]（学完本章内容后，你应该能够回答章末的一系列讨论题。）

我能从中学到什么？

防范网络攻击是互联网和相关技术重塑商业格局的一个极端例子。但是，无论是在使用纸笔、电话和传真机的时代，还是在由数字语言翻译器、智能手机和智能手表传递信息的时代，即使是最传统的公司也必须与时俱进。事实上，时代变化得越来越快，而正是在这种背景下，对各种不同的信息技术及其作用以及与此相关的收益与风险的探讨格外重要。通过学习本章内容，你将更清楚地了解商务活动如何使用技术、技术如何影响商务活动，以及作为员工、投资者、管理者或企业所有者，将如何更好地利用技术。

13.1 信息技术的影响：商务变革的推动力

信息技术（information technology，IT）对商务活动的影响十分重大。事实上，信息技术，即以视觉形象、声音、多媒体以及商务数据等多种不同模式创造、存储、交换并使用信息的各种器械装置与设备，改变了组织的基础结构，从根本上改变了组织内外部人员的互动方式。我们随处可见笔记本电脑、平板电脑和智能手机的广告，我们大多数人每天都会上网。电子邮件已经成为商业中的一种主要沟通方式，尽管现在在许多年轻人看来有点过时。甚至像美甲店和垃圾回收公司这种传统的低技术企业也会依赖在线连接、计算机和网络。消费者每次转账、在麦当劳点餐或在 UPS 查看包裹状态时，都会与信息技术网络的数据库进行交互。信息技术及其影响随处可见。

电子商务（E-commerce）利用互联网和其他电子手段进行零售或 B2B 交易，在全球创造了新的市场关系。本节将了解企业如何使用信息技术提高生产率、改善经营和流程、创造新的机会，以及以几年前不可能实现的方式沟通和工作。

13.1.1 创造移动办公室：远距离提供即时信息

应用信息技术的电子设备，如三星和苹果手机，以及 IBM 无线互联网接入和个人电脑端办公应用系统，使得员工、客户和供应商可以在任何地点进行沟通，为企业节省了时间成本和差旅费用。信息技术的移动通信功能，意味着工作场所和公司总部可以分开，这种现象会越来越普遍。工作地点不再仅限于办公室或工厂，公司的业务也没有必要在一个地点进行，员工在哪里，哪里就是办公室。当使用这些电子设备时，在工作场所之外的员工可以随时获取信息，而不用一直坐在办公桌前查看档案或接入互联网。员工在任何地点，都可以查看客户的项目文件夹、电子邮件和语音消息。

13.1.2 协调远距离传输，提供更好的服务

由于能够使用互联网，公司的活动可以在地理上分散，通过一个可以给客户提供更好服务的网络系统，这些活动仍然能够保持相互协调。例如，很多公司从一个集中的位置协调其活动，但服务是从几个远距离的地点提供的，而且提供服务的成本通常比较低。当你从互联网上的商店订购家具时，椅子可能来自菲律宾的一个仓库，台灯可能来自加利福尼亚州的一个生产商，沙发和桌子可能来自北卡罗来纳州的一些供应商。从客户下订单开始，商业活动就由公司的网络来协调，就好像整个订单是在一个地点处理一样，避免了要

把货物运到一个集中地点的代价很高的中间环节。

13.1.3　创造更精干、更高效的组织

网络与技术也促使公司更加精干，员工人数减少，组织结构更加精简。由于网络使得公司能够在员工和客户之间保持信息联系，所以雇用较少的人就可以完成更多的工作任务，达到更高的客户满意度。银行客户通过连接到一个 24 小时运行的信息系统，即便在没有工作人员协助的情况下，也可以对账户进行管理。以前由主管向装配工人下达指示，现在则以电子方式将指示传达到各个工作站。采用信息技术的通信设施能使员工技能得到更好的发挥，使物质资源得到更高效的使用。例如，卡车司机过去需要返回货运点，接受上级对下次送货装货的指示。如今，使用信息技术的一位调度员取代了几个主管。司机在行驶途中从卡车的电子屏幕上接收到车队的指示，就可以事先知道下一项任务，与此同时，卫星导航服务如天狼星 XM 卫星交通导航（SiriusXM NavTraffic）提醒司机前面发生的交通事故，这样他们可以选择其他路线，避免延误送货。[3]

13.1.4　增强合作

当公司使用协作软件和其他信息技术沟通设施时，内部单位之间以及与外部公司之间的协作更加融洽，这一点我们将在后面详细讨论。公司日益认识到复杂问题可以通过信息技术支持的协作得到更好的解决，不管是正式团队进行的协作还是人员和部门之间自发的互动。例如，新产品设计曾经是工程部门的责任，现如今，它是由营销、财务、生产、工程以及采购部门根据客户信息共同完成的活动，这些部门共同决定最佳设计。波音 787 "梦幻客机"就是共同协作的成果，不仅是工程师们之间的合作，也是与乘客（希望飞机上安装电源插头给电子设备充电）、客舱乘务员（希望增加洗手间，加宽通道），以及空中交通管制人员（希望加大飞机减速板，提高安全性能）的合作。波音 787 最初存在一些设计上的缺陷，但解决方案需要在波音工程师、供应商、客户和美国国家航空航天局之间形成一个全球性技术合作网络，现在波音 787 已成为波音公司一大成功的商用机型。[4]

13.1.5　实现全球交换

信息技术在全球的应用使合作以前所未有的规模展开。看一下洛克希德·马丁公司为美国、英国、意大利、丹麦、加拿大以及挪威设计和供应的几千架不同版本的联合攻击战斗机的合同。洛克希德·马丁公司无法自己完成这些合同，在 20 年的工程寿命期内，1 500 家公司供应了所有的器材，从雷达系统到发动机再到螺丝钉。在起步阶段，洛克希德·马丁与英国 BAE 系统公司以及包括澳大利亚航空通信制造商和土耳其电子产品供应商在内的约 190 个地方的 70 多个美国承包商和 18 个国际承包商合作。总之，有 40 000 台远程计算机使用洛克希德·马丁互联网系统进行项目合作。大规模的数字协作对协调产品的设计、调试和建造起到了十分关键的作用，能避免延误，降低成本，保证质量。[5]

13.1.6 改进管理流程

信息技术还改变了管理流程的性质。现在的管理活动和方法与几年前相比有巨大的不同。过去，高层管理人员并不把精力放在工作一线反映的详细信息上，因为收集信息代价很高，收集和记录过程很烦琐，信息很快就过时了。所以，工作现场的管理工作就授权给中层或一线的管理人员。

然而，数据库、专业软件和交互网络中的数字化处理技术，使各级管理者都能够接触到即时信息，这对他们大有裨益。以企业资源规划（enterprise resource planning, ERP)——组织和管理公司跨产品线、跨部门和跨地理位置活动的信息系统为例。企业利用资源规划系统，存储有关工作状态和即将进行的交易的实时信息，通知员工要在何时采取行动，才能按日程安排完成工作任务。企业资源规划协调内部运营与外部供应商的活动，通知客户即将发送的货物和发票情况。因此，越来越多的管理者使用这个系统来规划和控制公司范围的运营活动。例如，好时公司的一位经理利用企业资源规划检查客户订购好时之吻巧克力或多滋乐草莓味扭扭糖等系列产品订单的当前状态，查看每个工作站的生产利润率统计结果，分析每批产品的交货执行情况。管理者可以更好地协调公司范围的运营活动，他们可以找出合作良好的部门和落后于进度并造成瓶颈的部门。

13.1.7 为定制提供灵活性

信息技术的进步还创造了新的制造能力和服务能力，使得公司能够给客户提供更多的产品、可定制产品的更多选择，以及更快的交货周期。无论是 iPhone 应用程序还是罗林斯（Rawlings）棒球手套，通过信息技术网络快速灵活地制造自己设计的东西是完全可以实现的。在 Ponoko 网站上，客户可以设计和制作从电子产品到家具的许多产品。通过线上会谈，买家和材料供应商可以在线快速生成数千种产品设计，可以对设计进行修改，使之适合每个买家的喜好。同样，在总部位于洛杉矶的 Timbuk2 公司的网站上，你可以在不同价位选择规格、面料、颜色组合、配件、里料、包带甚至左手还是右手提拎等，定制属于自己的斜挎包。[6] 在这种**大规模定制**（mass customization）的原则下，公司仍可以大批量生产，而信息技术可以使每个产品独具特色。有了信息技术，工人可以立即得到所有产品选择方案的装配指令，原有标准化生产线的适应性得到增强，设备也可以根据客户的每一笔订单迅速调整改变。

如图 13-1 所示，灵活生产和快速交货取决于可以协调客户、制造商、供应商以及运输商之间所有活动的一体化信息网络系统。

服务业，包括医疗保健行业、银行业和娱乐业，也在为满足客户需求而加强灵活性。例如，快乐宠物网（HappyPetCare.net）的个性化宠物护理，依赖信息技术来安排定制活动——遛狗、宠物寄宿、宠物护理、宠物保姆、宠物出租车和其他服务。在旅游业方面，在美国大洋邮轮公司网站，乘客可灵活选择个性化的船上服务，包括餐饮、游憩和娱乐活动、教育课程及水疗护理。乘客还可以定制航空旅行日程安排，以及乘坐邮轮前后个性化的陆上活动计划。

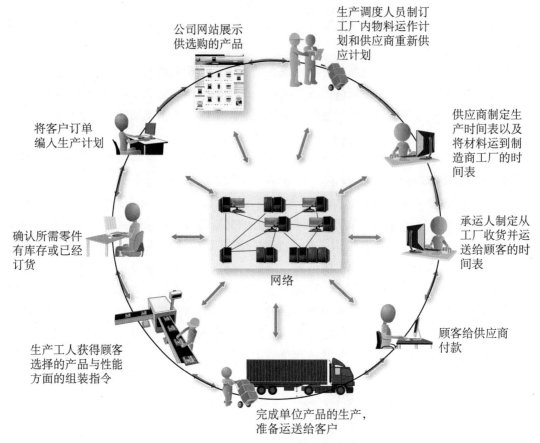

图 13-1 大规模定制的网络系统

13.1.8 提供新商机

信息技术不仅在改进现有企业，还在创造崭新的企业。对大公司来说，这意味着开发新产品、提供新服务、服务新客户。现在市值几十亿美元的商业巨头谷歌，也曾是一个羽翼未丰的搜索引擎公司。如今，该公司不仅拥有搜索引擎，还有数百项服务：电子地图、YouTube 视频、推特账户、Facebook 页面、即时通信、电子邮件服务（Gmail）以及在线语音邮件和软件服务（如照片编辑、云存储和文档创建）。

基于信息技术的行业为个人和企业客户提供有价值的服务，包括计算机备份和身份盗窃保护。在线备份可防止因硬盘驱动器崩溃、火灾、洪水和其他原因导致的数据丢失。例如，凯备份和 Backblaze 提供自动连续备份，以便客户快速恢复丢失的数据。为了防止身份盗用，诺顿（LifeLock）和 IdentityGuard 等公司会通过提醒客户注意各种信息盗窃风险并发送预防身份盗用提示来保护个人信息。

信息技术的发展现状也为居家创业提供了新的电子商务机会。以理查德·史密斯（Richard Smith）为例。他七岁喜欢上了集邮，现在距他收集第一枚邮票已过去 50 多年，他已将自己的爱好变成 eBay 上的一家盈利企业。每天他都在家中办公室的个人电脑上浏览 eBay 上的物品列表，查找世界各地卖家在售卖的物品和买家欲购买的物品。理查德已达成 6 000 多笔交易，其中有几笔交易超过 4 000 美元，保持着完美的客户评级。如今，成千上万的在线市场使企业家绕过传统的零售店直接向消费者销售，还能够接触到全球客户群，实现 B2B 交易。为了帮助初创企业，eBay 的服务网络采用了一个极其方便的在线商务模式，它不只是拍卖市场，服务范围包括信用融资、保护交易方免受欺诈、信息安全、国际货币交易以及售后管理等。这些服务使用户能够完成销售交易、交付商品、得到将来可以转售的新商品，而且这一切都可以在舒适的家中完成。许多 eBay 用户，如理查德·史密斯，在这些服务的帮助下开创了可以盈利的新事业。

13.1.9　改善世界和我们的生活

信息技术的进步能否真正使世界更加美好？智能手机、社交网络、家庭娱乐、汽车安全装置和其他应用的发展无疑给全球成千上万人的日常生活带来了享受和便利。新技术超越了旧型号手机和个人电脑上的技术，提供了大量的应用程序软件选择，使每个用户可以根据自己希望的使用功能、使用方式和使用地点来定制产品。计算机和智能手机的应用程序涵盖语言学习、音乐、工作、游戏、旅行、艺术等几乎所有用户感兴趣的领域。上市两年之后，苹果的应用商店就为全球的 MacBook、iPhone、iPad 和 iPod 用户提供了超过 400 亿次的应用程序下载服务。

信息技术为个人和组织提供了有价值的社交网络服务。博客、聊天软件和网络等形式的社交媒体，如领英、推特和 Facebook，不再只是喜欢闲谈和有某种偏好的用户的玩具，更是找工作的有效工具。2009 年美国经济下滑时，数百万求职者转向在线网络，从朋友、同事和熟人那里打探线索，与正在招聘的公司取得联系。同行和招聘人员在专业协会、贸易团体、技术学校和校友组织网站上利用论坛和公告板进行联络。一些社交网站提供职业指导和工作建议：科学家通过 Epernicus 了解他人的科研活动，高级经理利用 Meet the Boss 彼此进行沟通，研究生使用 Graduate Junction 保持相互之间的联系。[7]

信息技术的不断进步也受到医院和医疗设备公司等组织的欢迎，使它们可以提供更好的服务。例如，在治疗战地伤员时，沃尔特·里德国家军事医学中心（Walter Reed Army Medical Center）的外科大夫现在依靠高科技成像系统，把病人身体的二维照片转换成供术前计划使用的三维实体模型。胳膊、股骨以及面部骨骼的三维实体模型使医生有机会在手术之前像在手术室里那样查看和触摸这些结构。药丸大小的胶囊内窥镜经由口腔进入胃肠之后，给医生提供了病人人体内部结构的影像，帮助他们对溃疡和癌症等疾病作出更准确的诊断。[8]

➡ 13.2　信息技术基础构件：企业资源

如今，有大量各种各样的信息资源可供企业支配。除了互联网和电子邮件，这些资源还包括通信技术、网络、硬件设备和软件，正如在 informationweek.com 等技术媒体网站上所展示的。

13. 2. 1　互联网及其他通信资源

互联网（Internet）是一个由相互连接的计算机网络组成的巨大系统，它包括数以百万计通过语音、电子技术和无线技术连接在一起的政府、企业、学术和公共协作组织和机构。[9]网络内的计算机通过各种通信协议或标准化编码系统连接，如用于万维网的超文本传输协议（HTTP）——一种由相互连接的超文本文件或网页组成的互联网分支。其他协议服务于其他目的，如发送和接收电子邮件。万维网及其协议使用通用语言允许在互联网上共享信息。对于成千上万的公司来说，互联网作为通信工具取代了电话、传真机以及标准通信。

互联网还衍生了其他一些商用通信技术，如内联网、外联网、电子会议和甚小口径卫星终端站（very small aperture terminal，VSAT）卫星通信系统。

内联网

很多公司对互联网技术进行了延伸，把全公司的内部网络联结起来。这些私有网络或**内联网**（intranet）只对员工开放，可能包含与福利计划、学习图书馆、生产管理工具或产品设计资源等有关的机密信息。福特汽车公司的内联网每天可供分布在亚洲、欧洲和美国工作站的 20 万员工访问。除了福特员工，福特在世界各地的经销商和供应商也可以访问该内联网。通过内联网分享工程、分销以及营销信息，缩短了新车型从开始设计到投产完成的时间，也缩短了向客户交货的时间。[10]

外联网

外联网（extranets）与内联网相似，但能够使更多的外部人员在一定的权限范围内使用内部信息网络。外联网最常见的应用是允许购买者进入一个系统查看哪些产品有货，可以销售和发货，因此，外联网提供了产品可供货情况的便捷信息。工业供应商经常与客户的信息网络连接，以查看已计划好的生产进度，为客户即将进行的运营准备好供应品。例如，纽柯钢铁公司的外联网让客户通过其货场进行电子采购，以便其通过电子手段了解工业钢材产品的计划库存。服务业也允许客户访问其提供的服务。例如，Tauck、格罗布斯酒店（Globus）和维京游轮等旅游服务公司主要与达美航空公司合作，为游客提供航班信息。旅游公司通过连接达美航空的未来航班时刻表，为游客预订座位。

电子会议

电子会议（electronic conferencing）使得处于不同地点的几组人能够通过电子邮件、电话或视频同时进行交流，因此他们不必出差也可以进行实时交流。数据会议能使相距遥远的人们同时处理某一个文档，而视频会议使得参与者能够在会议进行中从视频上看到彼此。例如，前面讨论的洛克希德·马丁公司的联合攻击战斗机项目，使用的就是互联网上具有语音和视频功能的合作系统。虽然合作双方彼此分隔，不在一起共事，但他们仍然可以像在一个房间里一样进行沟通，为了重新设计部件和制定生产进度表密切合作。电子会议对很多公司都很有吸引力，因为它在一定程度上消除了出差的必要性，节约了资金。

VSAT 卫星通信系统

企业用来进行通信联系的另一个互联网技术是 **VSAT 卫星通信系统**（VSAT satellite

communications）。VSAT 卫星通信系统是放在户外并带有径直朝向卫星的接收天线的无线收发器。设在公司总部地面站计算机上的集线器向卫星发送信号并接收来自卫星的信号，进行声音、视频交换和数据的传输。VSAT 卫星通信系统的一个优点是私密性。运行自有 VSAT 卫星通信系统的公司对在自己设施上进行的通信具有绝对的控制权，不管这些设施位于何处，都不必依赖其他公司。公司可以使用 VSAT 卫星通信系统在总部和相距遥远的商店之间交换销售和库存信息、交换广告文案以及进行视频展示。例如，位于明尼阿波利斯、伦敦和波士顿的商店，可以通过卫星发送和接收信息与位于纽约的总部进行通信，如图 13-2 所示。

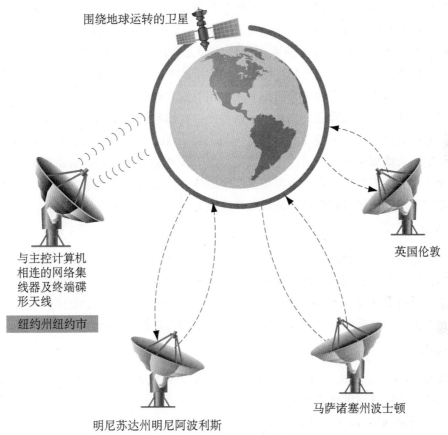

图 13-2　VSAT 卫星通信系统

13.2.2　网络：系统架构

计算机网络（computer network）通过某种光缆或无线电技术把由两台或更多的计算机组成的一组机器如打印机连接起来，共享数据或资源。企业最常使用的是**客户机-服务器网络**（client-server networks）。在客户机-服务器网络中，客户机通常是笔记本电脑或台式电脑，用户通过这些电脑提出索要信息或资源的请求。服务器是提供用户共享服务的计算机。在大公司里，服务器通常被赋予具体的任务。例如，在一所地方大学或学院的网络里，应用软件服务器存储文字处理程序、Excel 电子表格以及连接到该网络的所有计算机使用的其他程序。打字机服务器控制打印机，存储其他客户计算机的打印请求，当打印机准备就绪时，开始按规定顺序执行打印任务。电子邮件服务器处理所有进出的电子邮件。有了客户机-服务器网络，用户可以分享资源和互联网链接，而且可以避免费时费力的重复性操作。

云计算通过添加外部定位的组件（即"云"）对传统网络加以改进，该组件取代了之前由应用程序服务器执行的功能。可以利用云通过互联网从远程存储服务中进行信息资源检索，而不是依赖于网络连接的用户共享服务器，在客户机-服务器系统中存储数据和软件包。用户可以通过连接互联网的设备，包括笔记本电脑、台式机、平板电脑、手机和其他可以上网的设备，访问数据和软件资源。云增强了用户的灵活性，特别是对于远程工作的员工，因为用户可以从任何地方在线访问电子邮件和数据文件，而不是从某个特定的位置。

亚马逊简单存储服务（Simple Storage Service，S3）是公共云的一个范例，它租用互联网存储空间，使用户可以随时随地在该公共云上存储任意数量的数据，然后在任何时间、地点上网进行数据检索。简单存储服务消除了购买、安装和维护内部服务器计算机的必要性，因为许多内部服务器计算机都有未使用的超大存储容量，以备不时之需，它已经成为公司节约成本的有效途径。简单存储服务允许存储和管理应用程序数据、在线搜索文件、快速升级软件，然后下载和共享数据。与公共云相比，JustCloud 和 ZipCloud 等私有云服务使用防火墙保护用户公司的存储数据，提供额外的安全保护，确保不被入侵。私有云为创建自定义数据存储、自动数据集成和集成软件应用程序提供了更大的灵活性，更好地满足用户需求。网络可以根据地域规模和连接方法（有线或无线）来分类。

广域网

通过长途电话线、微波信号或通信卫星在全州甚至全国范围内远距离连接的计算机，组成了覆盖广大地区的网络，即**广域网**（wide area network，WAN）。公司可以从通信运营商那里租赁线路或建立由自己维护的私有广域网。例如，沃尔玛主要依赖私有卫星通信网络，把美国以及全球的几千家零售店连接到位于阿肯色州本顿维尔的总部。

局域网

局域网（local area network，LAN）是由处于小区域范围如一个办公室或建筑物内，通过电话线、光纤或同轴电缆连接在一起的计算机所组成的网络。例如，在电视家庭购物网中，一个局域网连接几百个记录电话订单的操作员。这种安排只需要一台装有数据库和软件系统的计算机即可完成。

无线网

无线网是指使用空载电子信号连接计算机和电子设备的网络。与有线网络一样，无线网络也可以跨越长距离，或者在一个建筑物内或较小的区域内有信号。例如，智能手机系统允许用户通过全球 90 多个国家的数百个服务提供商的**无线广域网**（wireless wide area network，WWAN），如 Cellular One（美国）、T-Mobile（美国）和沃达丰意大利分公司（意大利）等，发送和接收传输的信号。防火墙提供私密性保护，本章后面将详细讨论防火墙。

Wi-Fi

大家都可能使用或者至少听说过"热点"这个词，全球有数百万这样的地方，比如咖啡店、酒店、飞机场等，都给忙碌的人们提供无线网络连接。每个热点或 **Wi-Fi**（采用与高保真音响术语 Hi-Fi 相似的形式）接入点均使用自己的小网络，即**无线局域网**（wireless local area network，WLAN）。某些热点提供免费的无线网络服务，有些却是要按天或按小时收取 Wi-Fi 服务费。

Wi-Fi 的好处是，用户不用连接网线就可以上网。飞机延误时，员工可以一边在机场等候，一边通过连接无线网络的笔记本电脑或其他设备工作。然而，与所有技术一样，Wi-Fi 也有局限性，比如连接范围比较小。这意味着，如果你离开热点超过 300 英尺，你的笔记本电脑就会断开网络连接。而且厚墙、建筑梁柱或其他障碍都可能干扰网络信号。所以，即使一个城市有几百个热点，你的笔记本电脑也必须靠近热点才能连接 Wi-Fi。全球微波接入互操作性（Worldwide Interoperability for Microwave Access，WiMAX）是无线网络发展的下一步，它将拓宽距离限制，使无线连接距离超过 30 英里。

美国联邦通信委员会（Federal Communications Commission）于 2013 年大胆地提出了一个未来发展方向，宣布由联邦政府打造全国"超级 Wi-Fi"网络项目。和现在的网络相比，超级 Wi-Fi 更强大，可以进一步扩大服务范围，覆盖主要城市和大部分农村地区。超级 Wi-Fi 信号更强，不受混凝土墙、钢梁、森林和山丘的阻碍。该项目建成后，用户无须每月支付手机费或上网费，就可以上网和拨打移动电话。[11]科学家还鼓励政府使用旧电视频率的带宽来支持超级 Wi-Fi。

航空公司也在长途国际航班上提供基于卫星的互联网服务，扩大 Wi-Fi 服务范围，不再仅限于国内航班。除了东京、洛杉矶、芝加哥和雅加达之间的航班外，日本航空公司（Japan Airlines）还在纽约和东京之间的航线上提供 Wi-Fi 服务。其他准备或已经在长途航班上提供 Wi-Fi 的航空公司有法国航空（Air France）、达美航空和联合航空。由于乘客对国际 Wi-Fi 服务不感兴趣，澳洲航空公司（Qantas）曾终止试运营的Wi-Fi服务，但现在已经恢复服务。

13.2.3　硬件与软件

任何计算机网络和系统都需要**硬件**（hardware），即计算机网络实体部件，如键盘、显示器、系统元件以及打印机等。除了笔记本电脑、台式电脑，企业也经常使用掌上电脑和其他移动设备。例如，塔吉特的员工在商店货架间走动，使用掌上电脑识别、清点和订购商品，跟踪交付的货物情况，更新分销中心的备用库存，保证货架上的商品得到及时补充。

任何计算机系统都不可缺少**软件**（software），即告诉计算机如何工作的程序。软件包括系统软件，如个人计算机使用的微软 Windows 系统，它告诉计算机硬件如何与软件互动、使用什么样的资源、如何使用这些资源等。软件还包括应用程序软件，如微软的 Live Messenger（即时通信软件）和相片库（Photo Gallery），这些是满足某些特定用户需求的程序。有些程序用来解决共同的长期需要，如数据库管理和库存控制，而有些程序的研发是为了完成从绘制海洋深度映射图到分析人体解剖结构等各种不同的专项任务。例如，可视化数据探测器（IBM 的 Visualization Data Explorer）软件使用现场样本数据，构建油田地下结构模型。所得照片中的图像给工程师提供更好的油位信息，减少了出现钻孔产油量较低的风险。

最后，**群件**（groupware）是为信息发布、电子会议、信息存储、预约和计划表以及群体写作等任务连接群组成员而设计的软件，使得成员即使彼此相距遥远，也能够在自己的计算机上合作完成工作任务。在成员经常要协同工作，对信息分享依赖程度很大的情况下，群件格外重要。群件系统包括 IBM Lotus 软件和 Micro Focus Groupwise。

创业和新企业　　　　**语音技术的未来：响亮而清晰地说话**

1985 年，为了维持生命，斯蒂芬·霍金（Stephen Hawking）接受了气管切开术，因而失去了说话的能力。之后，他依靠计算机发出声音，表达他智慧的头脑中所产生的令人惊叹的学术观点。"唯一的问题是（语音合成器）给我配的是美国口音。"他曾在自己的网站上写道。多年来，编程人员一直在努力开发声音更自然的语音技术，强化信息技术系统的语音输出，而不是传统的打印或视觉输出。长期以来，语音技术产生的声音可以明显听出是机器发出的，直到 2005 年，马修·艾利特（Matthew Aylett）和尼克·赖特（Nick Wright）在苏格兰爱丁堡成立了 CereProc，才有所改进。[12] 创建伊始，该公司就致力于创造更好的合成声音，给声音赋予人的特征和情感，让听众听到发音自然的信息。在 CereProc 公司成立之前，这些目标令人望而却步。以前语音专家创建的文本转语音软件，不能使输出的语音听起来像真实对话，不能改变语调，不能为不同的情境提供不同的音色和音调。以前的软件无法将输入的文本（来自文字处理或文本消息）转换为自然语音格式。为了应对这些挑战，CereProc 召集了一支顶尖的语音专家团队，还与顶尖大学和研究项目组在语音科学技术研究方面展开合作，开发新的语音输出应用软件和市场。

该公司的主要产品是 CereVoice。这是一种将文本转换为语音的先进技术，可应用于移动设备、个人电脑、服务器和头戴式耳机，该技术在大多数公司的产品中都有应用，可以提供更好的合成语音。任何计算机的现有语音系统都可以被更自然的语音系统取代，可以选择不同的口音，包括英国南部口音、苏格兰口音和美国口音，这些口音可以在公司的网站上通过直接现场语音演示进行采样。[13] 该技术有广阔的潜在应用场景，如厨房电器、报警系统、交通控制器、汽车电器、无线电广播、电话信息和电影等。尽管消费者可能看不到 CereVoice 的标签，但他们在日常生活中经常会听到由它生成的各种声音。

CereProc 的语音创建服务可以创建某人声音的合成模拟语音，包括对语气和声调变化的模仿。已故的著名影评人罗杰·埃伯特（Roger Ebert）因手术失去说话能力四年之后，就是通过这种方式再次让大众听见他的声音。CereProc 的语音工程师使用埃伯特过去 40 年在电视节目中的录音记录，从中捕捉单个声音并识别出各种声音特征。然后，专家们一丝不苟地将它们重新拼凑在一起，模拟这位普利策奖得主早期的声音。埃伯特把他的评论输入电脑，然后电脑把这些文字转换成以他的声音发出的文字读音。这款史无前例的应用程序，在奥普拉脱口秀（Oprah Show）首次公开亮相，罗杰热情地演示了他如何通过电脑发出声音，这一情景令人难忘。[14] 除了技术上的成功，这个项目还生动地展示了 CereProc 业务中富有人文关怀的一面。

在 CereProc 确立了利基市场的同时，许多其他公司也在研究类似的技术。苹果公司在马萨诸塞州剑桥市组建了一个团队，旨在增强在语音技术领域的开发能力，又以 1 亿美元收购了英国人工智能初创企业 VocalIQ。苹果公司在语音识别和语音技术方面投入了大量资金，但依然面临着强有力的竞争。Google Now、微软小娜（Cortana）和其他人工智能操作系统每天都有新突破。随着越来越多的汽车、电器甚至房屋开始用语音与我们交流，未来就在我们眼前。语音识别和语音创建技术迅速普及，不再令人感到新奇。[15]

13.3 信息系统：利用信息技术的竞争力

如今公司对信息技术管理的依赖程度是 10 多年前无法预料的。现在，管理者把信息技术当成从事日常业务的基本组织资源。在大公司，设计服务项目、保证产品如约交付、保障现金流正常运转以及进行员工绩效考核等活动都与信息系统密切相连。**信息系统**（information system，IS）是使用信息技术资源，使管理者能够采集**数据**（data）（本身没有意义的原始事实和数字），然后把这些数据转换成**信息**（information）（对数据有意义、有用处的解释）的系统。信息系统还使管理人员能够收集、处理和传输用于决策的信息。

众所周知，沃尔玛非常善于发挥信息系统的战略性作用。公司的运营中枢是位于阿肯色州本顿维尔的中心信息系统。该信息系统使沃尔玛的成本不断下降，效率不断提高，同样的方法和系统应用于全球 28 个国家的 11 700 多家沃尔玛商店。几十亿条销售交易数据（时间、日期、地点）都流向本顿维尔。该信息系统每周跟踪数百万个库存单位（stock keeping units，SKUs），对 100 000 多家供应商（其中包括中国的 20 000 多家供应商）实施统一的重复订货和交货，管控商品在分销中心和商店之间的流动，并对进出配送中心和门店的商品流动进行监管。

除了公司的日常运营外，信息系统对于制订计划也十分关键。经理习惯于使用信息系统来决定未来 5 年或 10 年的产品与市场。公司的巨大数据库使营销经理能够分析人口统计信息，制订财务计划，安排物料搬运，与供应商和客户进行电子资金转账等。

像多数公司一样，沃尔玛把信息系统看成是私有资源，一种可以计划、开发和保护的资源。因此，就像设有生产、营销和财务经理一样，沃尔玛也设有自己的**信息系统经理**（information systems managers），其负责管理收集、组织和传递信息的信息系统。这些信息系统经理使用各类信息技术资源，如互联网、通信技术、网络、硬件和软件，来筛选信息，然后把它们应用到自己的工作中。

13.3.1 信息资源的杠杆作用：数据仓库与数据挖掘

你所做的每一件事情几乎都会留下相关的信息痕迹。你在影片租赁、电视观看、在线搜索以及食品杂货购买方面的偏好，你拨打的电话、信用卡的消费以及财务状况，你的年龄、性别、婚姻状况、健康状况等个人信息，等等，这些只是存储在分散的数据库中的部分信息。企业通过分析长期以来收集的有关用户使用互联网和店内购买的信息档案，可以跟踪几百万用户的行为模式。

在电子档案中对上述信息进行采集、存储和检索的过程称为**数据仓库**（data warehousing）。对于管理人员来说，数据仓库可能就是企业的信息"金矿"。克罗格公司是一家总部位于俄亥俄州的杂货连锁店，公司收集顾客购买习惯的数据，目的是找到提高顾客忠诚度的办法。作为一家数据挖掘公司的部分所有者，克罗格公司根据购物卡收集信息，分析相关数据，发现持卡者的购物模式，再把能够省钱的购物券寄给经常购买某种商品的顾客。克罗格的精准目标定位得到了回报，特别是在经济不景气的时候。克罗格的购物券使用率高达行业平均水平的 50 倍，此举既能为顾客省钱，也推动了公司的销售。[16]具体而言，克罗格每季度邮寄广告中的购物券是为每个顾客量身定制的，在邮递后 6 周之内，70％的购物券被顾客消费使用。

数据挖掘

采集信息后，信息系统经理进行**数据挖掘**（data mining）——应用电子技术搜寻、筛选和重新组织数据以发现有用信息的过程。信息挖掘技术帮助管理者筹划新产品，确定价格，发现趋势和购物模式。通过分析消费者实际在做什么，企业可以预测他们接下来可能购买什么，然后推出有针对性的广告。例如，《华盛顿邮报》（*Washington Post*）使用数据挖掘软件分析人口普查数据，找出可能对销售活动作出积极回应的家庭。[17]

与供应商信息互通

沃尔玛信息系统优先考虑的问题是改善库存的可靠性，这要求沃尔玛及其供应商的活动与商店销售情况密切配合。这就是为什么宝洁、强生以及其他供应商会与沃尔玛的信息系统相连，观察各个商店各种商品最新的销售数据。它们可以使用各种工具——电子制表软件、销售预测工具以及天气预报软件，预测销售需求，编制送货时间表，避免了过度库存，加快了送货速度，降低了整个供应链的成本，同时又使为零售顾客设立的货架备货保持充足。

动荡时期的管理 **更好的医疗，更低的成本**

设想你是急诊科医生，有个病人一进诊室就说胸痛。你知道严重的情况是心脏病发作、卒中或主动脉夹层，较轻的情况可能是胃酸反流、肋骨损伤或骨折。你只有几分钟的时间进行快速评估，并提供正确的治疗方案。除了体检之外，病人的电子病历可能会提供关键信息，帮助你作出快速而准确的诊断，并制定相应的治疗方案。比如，电子病历可能显示，病人曾因心脏相关疾病住院，或者医生给其开过治疗高血压的药物。这些信息可能会指明诊疗方向，帮助医生快速安排必要的检查，确定是否是心脏病发作或其他相关疾病。如果病人最近发生过车祸，医生可能会先设法排除肋骨骨折导致疼痛的可能性，再安排进行昂贵的、与心脏相关的有创的检查。

电子病历是最近才开始采用的，许多医生和医院对此应用相对滞后是可以理解的。越来越多的数据被收集到电子病历中，可提供大量有价值的预测分析，同时也使医疗卫生行业面临着数据安全这一不容忽视的问题。为了在控制成本的同时实现数字化和一体化，医疗卫生行业往往因网络安全系统人员配置不足，使得医生和护士不得不解决恶意软件、勒索软件、病毒和其他技术问题。此外，尽管网络安全系统存在已知缺陷，许多医疗设备仍被迫投入使用。一些系统（如 Windows XP）甚至已经得不到技术支持，存在已知的漏洞，但仍然在普遍使用。目前还没有一个简单的解决方案，因为医疗卫生服务的提供者要努力降低成本，而采用不断更新的技术可能代价高昂。

13.3.2　信息系统种类

员工有各种职责和决策需求，而公司的信息系统实际上是一套共享的信息系统，服务于组织的不同层面、不同部门或不同业务。由于管理者需要解决的问题种类不同，他们及其下属要进入能够满足各自信息需要的专业信息系统。

除了用户种类不同，每个业务职能部门，如营销、人力资源、会计、生产或财务部门都有自己的信息需求，攻克主要项目的团队亦是如此。因此，每个用户群和部门可能都需要特殊的信息系统。

知识型员工使用的信息系统

正如我们在第 9 章所讨论的，对于知识型员工如工程师、科学家，以及依靠信息技术设计新产品或创造新程序的信息技术专家，信息与知识是他们工作的原材料。这些员工需要**知识信息系统**（knowledge information systems）提供资源，用于创造、存储、使用以及传递对应用软件有用的新知识，例如，利用数据库来组织和搜索信息，利用计算能力来分析数据。

专用的支持系统提高了知识型员工的生产效率。**计算机辅助设计**（computer aided design，CAD）通过三维影像中的仿真和展示功能，帮助知识型员工设计从手机到珠宝再到汽车零部件等各种产品，现在也更加普及，可以帮助消费者设计定制产品，正如我们在本章开篇看到的。在快速原型制作的更高级版本中，计算机辅助设计系统以电子方式将指令传送到计算机控制的机器，该机器可快速构建原型，即新设计产品的物理模型，如玩具、残疾人的假肢或太阳能电池板。用木头、塑料或泥手工制作原型的原始方法被更加快捷、更加便宜的原型制作所取代。

在考古学中，计算机辅助设计通过运用 CT 扫描恐龙化石得到的数据制造出骨骼、器官、组织的三维计算机模型，帮助科学家发现化石中的秘密。例如，科学家从这些模型中得知，巨型雷龙的脖子是向下弯曲的，而不是像曾经想象的高昂在空中。通过观察动物的骨骼是如何用软骨、韧带以及脊椎连在一起的，科学家发现了这些史前动物与周围环境相互适应的更多细节。[18]

在计算机辅助设计的直接分支中，**计算机辅助制造**（computer-aided manufacturing，CAM）使用计算机来设计和控制制造设备。例如，CAM 系统可以产生数字指令，控制生产线上的所有机器和机器人。比如，在制作珠宝盒的时候，CAM 引导机器切割材料，将切割好的材料运送到生产平台，然后将每一个漂亮的珠宝盒组装起来，无须人工参与生产。CAD 和 CAM 耦合在一起（CAD/CAM），用于设计和测试新产品，然后设计制造新产品的机器和工具，这对制造行业的工程师非常有用。

管理者使用的信息系统

因所在职能部门不同（会计或营销部门等）以及所处的管理层级不同，每个管理者的信息活动和信息系统需求也不同。下面是管理者为了达到不同目的而经常使用的一些信息系统。

管理信息系统　管理信息系统（management information systems，MIS）通过提供长

短期决策时需要使用的报告、进度表、计划以及预算等信息，支持相关管理者的工作。例如，在沃尔斯沃思出版公司（Walsworth），管理者每天每时每刻的决定都要依靠详细的信息，包括当前客户订单、人员配置计划、员工出勤情况、生产进度、设备状况以及材料供应情况等。他们还需要相关信息筹划中型活动，如人员培训、原材料运输以及管理现金流量。他们还要预计分配给部门的工作和项目的进展情况。现金流量、销售、生产计划以及运输信息管理系统对帮助管理者完成任务是必不可少的。

为了制定涉及公司战略的长远决策，沃尔斯沃思的经理需要信息分析出版业的发展趋势以及公司总体绩效。他们既需要内部信息也需要外部信息，既需要当前的信息也需要未来的信息，以便将当前的绩效与上一年绩效进行比较，对消费趋势和经济预测作出分析。

决策支持系统 需要作出某种决策的管理者可以不断地从**决策支持系统**（decision support systems，DSS）获得帮助，该系统是一种互动系统，为某一特殊决定创造虚拟商业模型，然后用不同的数据进行测试，观察其反应程度。例如，沃尔斯沃思的管理者面对工厂产能决策时，可以使用产能决策支持系统。管理者输入预期销售量、工作成本以及客户交货要求的数据。数据进入决策支持系统处理器，然后在设定的数据条件下模拟工厂的运营。对于增加设施容量的提议，比如将容量增加10％，可以通过模拟发现所需的运营成本、客户订单履行的百分比，以及其他与此相关的绩效衡量指标。在使用不同数据条件进行测试后，决策支持系统对工厂未来每个阶段的最佳产能水平提出建议。

➡ 13.4 信息技术风险与威胁

随着信息技术的发展和日臻精进，信息技术使用者面临的风险和威胁也在增加。这些风险和威胁从轻微侵扰到盗窃再到彻底破坏。信息技术使用者会发现社交网络和手机都有"阴暗面"——侵犯隐私。在 Facebook 网站上发布的用户个人信息可能被入侵者截取和滥用。Beacon 公司在其 Facebook 账号中公开发布人们的在线购买情况，引起了轩然大波。随着网格技术的发展，蓝牙连接器的一些性能使得入侵者能够阅读受害者的文本信息，窃听在线谈话，甚至观看未采取防范措施的照片。[19]

企业也受到信息技术"阴暗面"的困扰。黑客会侵入计算机，盗取个人信息和公司机密，并对其他电脑发动攻击。与此同时，对保护自己的知识产权日益困难的公司来说，在互联网上分享信息的便利性的代价也是昂贵的。此外，毁坏计算机的病毒使许多公司蒙受了数百万美元的损失。在本节中，我们将考察这些方面以及其他信息技术风险。然后我们将讨论公司如何保护自己免受这些风险的影响。

13.4.1 黑 客

非法入侵不再仅指对实体空间的入侵，如今它也指信息技术的入侵。**黑客**（hacker）是指未经授权进入计算机或网络，盗窃信息或财产，篡改破坏数据的网络罪犯。推特曾指出，黑客可能截获了 25 万名社交媒体用户的信息，包括姓名、密码和电子邮件地址。

还有一种常见的黑客活动是发动拒绝服务（denial of service）攻击。这种拒绝服务攻击向网络与网站发出大量要求提供信息和资源的虚假请求，使网络或网站超负荷而关闭，从而阻止合法用户访问。

对于网络犯罪分子来说，网络盗用有利可图。仅在短短的 5 分钟内，一位《坦帕湾时报》（*Tampa Bay Times*）的记者就用笔记本电脑发现了 6 个未受保护向外部用户完全开放的无线网络。[20]黑客一旦进入一个未设安全防范措施的无线网络，就可以利用该网络从事非法勾当，如传播儿童色情内容或进行洗钱活动。当警察追踪这些罪犯时，他们早已逃之夭夭，而无辜但毫无防备之心的网络用户可能面临刑事起诉。

正如我们在本章开篇案例中看到的，黑客经常入侵公司网络窃取公司商业机密。但是，行窃不仅限于黑客，由于被抓的可能性很小，家庭用户不断从文件转换网络不付费（非法）下载电影、音乐以及其他资源。一项研究表明，盗版音频每年给美国造成 125 亿美元的损失，减少 71 060 个就业岗位。然而，这些损失也表明了未能适应技术变化的企业的后果。直到最近，唱片业还不愿意将互联网作为一种分销途径，更愿意依法起诉盗版，而不是提供合法的在线替代品。相反，苹果公司从在线（下载）发行模式中获得巨大利益，成为全球最受欢迎的音乐供应商。[21]

13.4.2　身份盗用

一旦进入计算机网络，黑客就能实施**身份盗用**（identity theft）的犯罪行动，比如未经授权，盗窃个人信息（如社会保障号码和地址），假扮受害者去获得贷款、信用卡或其他金钱利益。研究表明，每年身份盗用的受害者多达 1 660 万。事实上，身份盗用是美国增长最快的犯罪活动之一。

狡猾的犯罪分子通过翻找垃圾桶、窃取信件、使用网络钓鱼或者通过网址嫁接手段诱惑互联网用户访问假冒网站，获取毫无戒心的受害者的信息。例如，网络犯罪分子可能会向 PayPal 网站用户发送一封电子邮件，通知其账户账单出现问题。用户点击收到的邮件链接，就会被转移到一个仿照 PayPal 网站设计的诈骗（伪造）网页。然后，用户将网页所要求的信息——信用卡账号、社会保障号码和个人身份识别号码（PIN），提交给犯罪分子，随即账户就被"洗劫一空"。

13.4.3　窃取知识产权

几乎每个公司都面临保护产品计划、新发明、产业程序以及其他知识产权保护的困境。**知识产权**（intellectual property）是由才华出众或有才智的人创造出来的具有商业价值的东西，其所有权和使用权受到专利、版权、商标以及其他形式的保护。但是，诈骗者可能窃取有关知识产权的信息，并制造未经授权的仿制品。

13.4.4　计算机病毒、蠕虫以及木马病毒

企业面临的另一个信息技术风险是无良程序员通过污染和毁坏软件、硬件或数据文

件来终止信息技术的运行。病毒、蠕虫以及木马病毒是三种恶意破坏程序，一旦被安装在计算机里，就可以关闭任何计算机系统。计算机病毒存在于附加程序的文件里，作为共享程序或电子邮件的附件，从一台计算机转移到另一台计算机里。除非用户打开受感染的文件，否则它不会感染计算机系统，用户通常意识不到病毒是由共享文件传播的。例如，病毒可以一遍遍地迅速复制，耗尽所有可用的存储空间，然后直接将计算机关闭。

蠕虫是在联网的计算机系统中从一台计算机传播到另一台计算机的一种特殊病毒，不需要打开任何软件就可以传播受病毒感染的文件。在几天时间里，臭名昭著的冲击波病毒（Blaster）感染了大约 40 万个计算机网络，损坏文件，甚至允许外部人员远距离操纵计算机。该蠕虫自我复制能力很强，能把几千个副本发送给网络内的计算机。通过在互联网链接和电子信件地址簿上漫游，蠕虫抢占系统存储空间，关闭网络服务器和个人计算机。

与病毒不同，木马病毒不自我复制，而是在多数情况下伪装成无害的合法软件产品或数据文件，经用户的请求进入计算机。一旦安装，木马病毒就开始进行破坏活动。它可能只是重新设计台式电脑的图标，而在更严重的情况下可能删除文件和损毁信息。

13.4.5 间谍软件

似乎强行入侵还不算最坏的情形，有时互联网用户可能无意间"邀请"来间谍软件，也就是伪装得十分友好的文件，这类文件可以作为赠品送给用户，或者可以供用户在个人电脑上共享。这类**间谍软件**（spyware）是由受到"免费"软件诱惑的用户主动下载的。一旦安装，它就到处乱窜，监视用户计算机的活动，收集电子邮件地址、信用卡密码、密码指令以及其他内部信息，然后将这些信息发送给用户信息系统之外的某个人。间谍软件使用者把窃取的信息编造成自己的"知识产权"，然后卖给想把这些信息用于营销和广告目的或用于身份盗窃目的的其他方。[22]

13.4.6 垃圾邮件

发送到邮寄名单或新闻组（在线讨论组）的**垃圾邮件**（spam），比邮政垃圾邮件更令人讨厌，因为互联网面向公众开放，发送电子邮件的成本微乎其微，而且很容易通过文件共享或盗窃得到大批邮寄名单。垃圾邮件发送者发送接收者不想要的信息，包括广告甚至是破坏性的计算机病毒。除了浪费用户的时间之外，垃圾邮件还消耗网络的宽带资源，因而减少了固定时间内可以传送的用于正当目的的信息传输量。美国行业专家估计，仅在美国，垃圾邮件每年在时间和生产率方面造成的损失就高达 280 亿～660 亿美元，全球的损失可能高达 6 200 亿美元。[23]

尽管垃圾邮件发送者可能获得可观的收入，但他们也面临被起诉的风险，可能付出极高的代价。例如，在对自称"垃圾邮件之王"的桑福德·华莱士（Sanford Wallace）提起的诉讼中，法官判决华莱士支付 7.11 亿美元，这是反垃圾邮件案件中罚款最高的案件之一。他被指控向 Facebook 发送 270 万封垃圾邮件，利用网络钓鱼从数千名 Facebook 用户那里获取密码，然后进入他们的账户发布诈骗信息。他面临电子邮件诈骗、损坏受保护电脑和藐视法庭等罪行的刑事指控。[24]

13.5 信息技术保护措施

开发抵御入侵和病毒的安全措施是一项需要经常进行的富于挑战性的工作。大多数系统要求用户设置保护密码，防范未经授权的进入。其他安全保护措施包括防火墙、特殊软件以及加密。

13.5.1 防止未经授权的访问：防火墙

防火墙（firewalls）是具备特殊软件和硬件设施，旨在保护计算机免受黑客攻击的安全系统。防火墙位于两个网络如互联网和公司内联网的交汇处。它包含两个过滤进入数据的组成部分：

- 公司的安保政策。确定公司不允许通过防火墙的每一种数据类型的访问规定。
- 路由器。可供使用的线路或路径表；根据安保政策对线路或路径进行测试后，决定用网络上的哪条线路或路径发送每个数据的"交通开关"。

只有满足用户安保政策所规定条件的信息，才可以通过防火墙在两个网络之间流动。没有通过访问测试的数据将被阻隔，不能在两个网络之间流动。

13.5.2 防范身份盗用

虽然万无一失的预防是不可能的，但仍可以采取一些措施，避免成为受害者。可通过身份盗窃资源中心获取防范信息，包括了解从欺诈警报、上当受骗问题、《公平准确信用交易法案》（Fair and Accurate Credit Transactions Act，FACTA）等立法。FACTA 具体规定了组织应该如何销毁信息，而不是把它们丢到垃圾箱里，以及如何加强防范身份盗用的措施。当公司处理包含信用卡或社会保障信息的文件时，必须把文件粉碎或焚烧，（计算机和数据库里的）所有电子记录必须永久清除，使入侵者无法获取这些信息。[25]

13.5.3 防范病毒：杀毒软件

战胜病毒、蠕虫和木马病毒以及其他传染性软件（统称为恶意软件）成为系统设计者和软件开发商的主业。给电脑安装数百种**杀毒软件**（anti-virus software）产品中的任何一种，就可以通过扫描进入系统的电子邮件和数据文件，寻找已知病毒和具有病毒鲜明特征的类病毒，起到保护系统的作用。为安全起见，要对受到感染的文件予以删除或隔离。很多病毒利用操作系统（如微软 Windows 系统）的缺陷，进行传播和扩散。网络管理者必须确保其系统中的计算机使用的是最新的操作系统，拥有最新的安全保护措施。

13.5.4　保护电子通信：加密软件

电子通信的安全性是企业关注的另一个问题。未加保护的电子邮件可能遭到拦截，被非法转移到其他计算机上，被打开后使内容暴露给入侵者。现在防范入侵的保护性软件通过给电子邮件编码增加一层安全性，只有预期收件者才能够打开文件。**加密系统**（encryption）是通过对电子邮件进行加密发挥作用，对任何没有密钥的人来说，加密邮件看上去乱七八糟，没有意义，也就是出现乱码，持有密钥的人可以对加密电子邮件进行解码。

13.5.5　避免垃圾邮件和间谍软件

为了帮助员工避免隐私侵犯和提高工作效率，企业经常在系统中安装反间谍软件和垃圾邮件过滤软件。市场上有几十种反间谍软件产品可以提供保护，如英国 Webroot 公司的 Webroot Spy Sweeper 和微软的 Microsoft Defender，但它们必须不断升级更新才能跟上新的间谍软件技术发展的步伐，起到保护的作用。

联邦政府 2003 年颁布的《反垃圾邮件法案》（CAN-SPAM Act）要求美国联邦贸易委员会保护公众不受如下伤害：虚假标题信息、没有标注但明显含有色情内容的电子邮件、互联网欺诈（使用骗术使信息看起来来源可靠），以及蠕虫或木马病毒攻击。虽然不能完全防止垃圾邮件，但很多互联网服务提供商（internt service provide，ISP）禁止互联网服务订阅者发送垃圾邮件，使垃圾邮件大幅减少。在一个经典处罚案例中，艾奥瓦州的一家互联网服务提供商在一场对 300 名垃圾邮件发送者的诉讼官司中胜诉，获得了 10 亿美元的赔偿。该案件令人震惊的是，这些人每天发出多达 1 000 万封垃圾邮件，堵塞了该互联网服务提供商的系统。反垃圾邮件团体也会提高公众对已知垃圾邮件发送者的了解。例如，国际反垃圾邮件组织（Spamhaus）持续推出"十大垃圾邮件发送者"名单，世界上大部分的垃圾邮件都是由它们发送的。

> **寻觅良策**　　　　　　　从万维网上征集智慧的创意

1999 年，马克·斯蒂格勒（Marc Stiegler）撰写了一本名为《地球网络》（*Earth-Web*）的小说，故事发生的背景是地球上的人们正在拼命寻找新的方法，去击败先进的、精通机械制造的外星敌人的系统性攻击。为了制定超出任何个人能力的作战策略，政府向公众提供小型计算机。当时这项技术是虚构的，但现在众包创意已成为可能。地球没有受到攻击，但我们确实看到了大数据、众包和信息无障碍的出现。维基百科是一大群人贡献集体智慧的例子，它展示了系统的力量，也显示出这个系统出现错误的可能性。错误和遗漏比比皆是，然而它仍然可以提供大量的专业信息。亚马逊等公司使用从数百万消费者那里收集的大数据来助力关键的商业决策。信息时代催生了像 Tongal 这样的众包公司，该公司是为了纪念博物学家弗朗西斯·高尔顿爵士（Sir Francis Galton）而命名的，他是查尔斯·达尔文（Charles Darwin）的亲戚，他观察了郡内集市上的一场公牛重量竞猜比赛，并注意到人群猜测的平均值比任何个人猜测值更接近实际重量。

Tongal 专门从事创意工作的众包运作，其中包括为一些公司征集制作产品使用说明视频、营销材料和网站上的原创内容。比如，Tongal 为吉列公司征集制作了投放于 YouTube 上的 18 个"如何使用剃须刀"的真实情景视频，为通用磨坊公司征集设计了针对博弈文化的数字广告，为菲亚特公司征集设计了在 Facebook、YouTube 和推特等社交网络上传播的、以讲故事的形式进行的广告宣传活动。2012 年夏天，高露洁公司（Colgate-Palmolive）与 Tongal 社区合作，开展了一项为期两个月、耗资 1.7 万美元的广告创意挑战赛，为主题为"Handle It"（干爽一夏）的止汗香体膏产品宣传活动筹集广告制作方案，并从征集到的众多方案中选择一个作为在超级碗上发布的广告。

苹果公司鼓励世界各地的用户和开发人员创造提升苹果产品价值的应用程序。华盛顿大学（University of Washington）的生物学家利用众包技术绘制了一种与艾滋病相关的病毒结构图，这种病毒困扰了学术界和行业专家超过 15 年。2012 年，默克公司通过一个名为 Kaggle 的众包网站，为药物开发中的创新想法提供了 4 万美元奖金。参与者之间的竞争非常激烈，短短 60 天就征集到 2 900 多个参赛作品。获奖者使用了最初为语音识别开发的深度学习模型，他们针对该问题采用的人工神经网络精度比行业标准基准提高了 17%。

众包活动不仅与一群有伟大想法的人有关。网络上随时都有从各种来源收集到的数据，这些数据可以使有能力将这些数据编译成有用信息的企业受益。例如，纽约时装技术学院（Fashion Institute of Technology）开设了一门课程，名为"用于规划和预报的预测性分析：适应天气变化的案例研究"。该课程向企业主传授如何使用大数据（包括天气预报）助力他们制定何时备货以及购入何种服装的决策。

尽管利用大数据和众包成功地改善了生活和企业利润，但这一模式可能到达了平台期。企业、研究人员甚至政府机构都在寻找从网络中征集充满智慧的创意的下一个重大突破，而下一个伟大的创新很可能就源自芸芸众生。

13.5.6 信息技术中的道德问题

很明显，在开发和利用信息技术方面取得进步的速度快于社会对其潜在后果（包括新的伦理问题）的认识。信息技术的应用除了带来许多好处之外，还会产生未曾预料到的亟待解决的问题，但现成的解决方案并不存在。电脑、移动设备和互联网的便利，加上信息传递功能和社交网络，促进了公众对个人生活的广泛了解，包括想法和感受等个人信息。这些信息应该如何使用、由谁使用、在什么条件下使用，以及有什么限制，这些都是道德问题。表 13-1 显示的是一些涉及道德问题的现实情况，你能否在表格中找出重大的道德问题？

表 13-1 信息技术及其应用中的道德问题

- 在一个经典网络霸凌案例中，一名 13 岁的女孩在聚友（MySpace）页面上遭到一则恶作剧信息的奚落和羞辱后上吊自杀。
- 将他人的私密行为发布在网络上，使他人感到难堪，甚至导致他人死亡：一名大学生的私生活被发布在网络上后，他在 Facebook 页面上留下了最后一条信息，然后跳桥身亡。
- 信息技术被越来越多地用于求助。许多大学生发布公开信息，要求得到物质和情感上的支持。其他人读到这些消息后，不确定是否应该作出回应。
- 雇主和员工对个人在什么情况下可以使用公司的信息技术争论不休。许多员工承认他们在工作中使用社交网络和私人电子邮件，但他们应该这么做吗？许多公司认为不应该，并补充说，员工应该知道，公司有权访问由公司信息系统发送、接收和存储的所有电子邮件。
- 各州正在建立数据库连接池，共享信息，以检查可疑的处方药活动。政府收集在药店购买药品、医生所开处方和警方记录的数据，从而确定州内个人和公司的药物滥用情况并跨州共享。
- 国土安全部（Department of Homeland Security）放弃了一种用于打击恐怖主义的主要数据挖掘工具，原因是该工具是否遵守隐私规则受到了质疑。人们发现，国土安全部使用真实的个人信息测试该数据挖掘工具，但没有保护这些信息的隐私。
- 为了省钱，信息技术用户检索并与他人分享知识产权——电影、文章、书籍、音乐、工业信息，而忽略版权、商标和专利保护。用户通常将取自互联网的文字内容插入自己的文字作品，并以自己的原创内容呈现，却没有标注引用文字的真实来源。
- 面试官会让求职者回答一些意料之外的问题："你的 Facebook 用户名和密码是什么？"一些应聘者回答："无可奉告，这严重侵犯隐私。"还有一些应聘者则应面试官的要求告知对方。

问题与练习

复习题

1. 比较内联网和外联网，指出两者之间的异同。
2. 电子会议如何能够提高公司的生产率和效率？
3. 云计算的优势和风险是什么？
4. 公司为什么要关注黑客？
5. 什么是知识产权？举出至少三个知识产权的例子。

分析题

1. 描述公司在其信息系统中如何使用数据仓库和数据挖掘技术以更好地筹划新产品。
2. 航空公司如何利用数据挖掘技术为小公司制定更好的业务决策。
3. 你的银行、雇主和电子邮件提供商如何保护你的个人信息不被盗用？

应用练习题

1. 考虑你作为消费者、学生、家长、朋友、房主或租客、汽车司机、雇员等的日常活动，然后回想你参与信息技术系统的方式。制作一张表格，列出近期你在信息技术方面遇到的情况，回想你在这些情况中泄露的哪些个人信息可能被用于身份盗用。表里列出的哪些情况风险更大？为什么？
2. 阅读完本章第一节之后，思考信息技术如何改变高等教育工作。至少指出三个 10 年前还没有的功能、服务或活动。你认为未来的大学和学院会因为信息技术的进步而发生什么变化？

案例

点击前要三思

在本章开篇，你阅读到了信息盗用者的非法活动以及他们如何对受害者造成伤害，这些受害者包括全球的组织和个人。你可以看到，这些犯罪分子的目的是通过给潜在的受害者提供似乎极具吸引力的利益，来窃取金钱和其他资源。利用本章所学内容，你应该能够回答以下问题。

◇问题讨论

1. 想想最近你收到的垃圾邮件和短信，入侵者想要寻找什么样的信息？

2. 你能够在打开电子邮件和手机短信之前识别出它们是"骗局"吗？还是在打开后才发现它们的真实意图？什么可能会提醒你注意这些风险？

3. 打开诈骗短信会在哪些方面对你有损害？这对你的信息技术设备和系统可能有什么损害？

4. 你可以采取哪些措施来防止此类入侵？获得这些保护需要多少成本？

5. 想想你每天使用的各种系统，它们有什么保护措施来防止黑客入侵？

出售用户搜索数据

2016年底，美国联邦通信委员会（FCC）通过了相关规定，要求互联网服务提供商在向第三方出售用户访问的网站信息之前，必须获得用户的同意。然而，亚马逊、Facebook和谷歌等公司属于美国联邦贸易委员会（FTC）的管辖范围，而不是FCC，而FTC的规定比FCC的规定更为宽松。互联网服务提供商成功地游说国会推翻FCC的规定，现在互联网服务提供商可以出售用户的浏览信息。

互联网服务提供商游说团体认为，它们应该遵守与其他互联网企业一样的规则，也就是可以收集、分析和传播用户数据，然后使用用户信息来定向投放广告。然而，互联网服务提供商在这个市场上具有优势地位，因为它们可以看到用户访问的所有网站，而不仅仅是恰巧参与某家公司广告网络的网站。例如，如果你访问了很多旅游网站，互联网服务提供商会告诉广告网络向你展示更多的航班或酒店广告。亚马逊只在用户登录其网站时收集数据，谷歌的浏览器也只能在用户使用浏览器时收集数据，互联网服务提供商则可以随时访问用户所有的浏览记录。

FCC限制互联网服务提供商共享数据的法规（现已废除）的支持者声称，更多地访问用户的浏览历史，相应地会有更大的责任来保护这些信息的隐私，虽然用户可以为了保护自己的数据隐私而选择"退出"，但是大多数人都可能无法找到或理解隐藏于用户协议中的相应条款。

这个问题很可能还没有得到解决，随着数据成为未来的通用工具，我们会看到在这一领域有越来越多的行动。

◇问题讨论

1. 你认为你的浏览记录如何以及在哪些方面影响你看到的广告？

2. 你是否意识到越来越多的公司所使用的目标营销，或者你是否觉得它限制了你的选择？如果是，它如何限制你的选择？

　　3. 作为一位消费者，你如何看待互联网服务提供商出售你的浏览数据？作为企业所有者、营销经理或企业家，你对此有何看法？你能向国会提出什么论点来支持或反对对利用诸如购买模式、搜索和页面访问等数据实施更严格的限制？

　　4. 作为消费品公司营销部门的一员，你将如何利用浏览记录来营销公司产品？

　　5. 你可能会采取哪些措施来保护自己的隐私？你会这样做吗？你认为互联网隐私是一个矛盾体吗？

注　释

第14章 会计和会计信息的作用

→ **学习目标**

1. 解释会计的作用，区分公共会计师、私人会计师、管理会计师以及法务会计师所从事的会计工作有什么不同。
2. 阐述如何使用会计等式。
3. 描述三个基本的财务报表，解释它们如何反映一个企业的财务状况。
4. 解释报告财务报表的关键标准和原则。
5. 说明计算财务比率如何有助于从财务报表中获得更多用于确定企业财务实力的信息。
6. 探讨会计职业道德。
7. 说明国际会计准则委员会的宗旨并解释其存在的原因。

开篇案例　　　　　　犯罪现场调查：华尔街

20世纪90年代，丹尼斯·科兹洛夫斯基（Dennis Kozlowski）将安全系统公司泰科国际（Tyco International）打造成了一家价值数十亿美元的企业集团。但是，他的许多交易都是基于电话或人情往来达成的，这些不确切的交易引起了联邦检察官的注意，他们随后发现科兹洛夫斯基一直过着奢华的生活，远远超出了他丰厚薪水的支付能力。他最初因在购买稀有艺术品时拖欠销售税而遭到起诉。尽管这起诉讼被驳回，但会计记录显示他大肆挥霍泰科国际的资金，举办奢华派对，购买个人资产，比如他购置了一间价值3 000万美元的第五大道公寓，里面配有6 000美元的浴帘和15 000美元的雨伞架，这些情况导致了一项针对他的更大规模的调查。2005年，科兹洛夫斯基因收取未经授权的奖金、滥用公司贷款计划、伪造记录和共谋等罪名而受到刑事指控。他为此进了监狱，而后于2015年获释。

由于这类财务丑闻日益盛行，许多公司对调查会计（亦称为法务会计）给予越来越多的关注。法务会计师通常从与高层管理人员的面谈开始，展开对某一个公司的调查。团队成员从员工或外部人士那里寻找线索，然后对电子邮件进行定性梳理，搜索可疑的词汇。面谈和电子邮件分析的结果可能引导审查人员找到特定的会计文件或底账记录。根据司法鉴定服务公司（Forensic Services）合伙人、普华永道（Pricewaterhouse Coppers）注册舞弊审查师冯德拉（Al Vondra），一些最常见的欺诈行为涉及在"非流动资产总额"或"其他流动负债"等虚假项目下隐瞒收入与支出款项。例如，印度萨蒂杨计算机服务有限公司（Satyam Computer Services Ltd.）的创始人兼前首席执行官拉马林加·拉贾（Ramlinga Raju）承认多年来做假账欺骗投资者，现已被捕。印度政府的严重欺诈调查办公室（Serious Fraud Investigation Office）正在搜寻线索，以期找到报告印度第四大软件公司根本不存在的 10 亿多美元现金和资产的合谋者。[1]

虽然会计丑闻一直存在，但在经济低迷时，其上升趋势十分明显。注册舞弊审查师协会（Association of Certified Fraud Examiners，ACFE）的数据显示，公司欺诈案件在 2008 年经济衰退初期迅速上升，2012 年全球诈骗损失达到 3.5 万亿美元。与此同时，来自美国公司内部与欺诈有关的报告和举报有 3 000 多起。注册舞弊审查师协会成员认为，欺诈案件上升源于严重的经济压力：当员工缺乏安全感时，为了使自己的绩效显得比较好，他们可能会在数据上作假，或者为了取得财务成功可能会冒更大的风险，需要对所冒风险加以掩盖。

最常见的一种欺诈行为是资产盗窃——盗取现金、虚报业务费用、伪造支票、盗窃非现金资产。例如，佛罗里达州一个林场的首席财务官伪造支票，滥用公司信用卡，侵吞了 1 000 万美元，因此被判处 96 个月监禁和 1 400 万美元罚款。[2] 伪造财务报表是最不常见的组织欺诈，也是迄今为止代价最高的欺诈。例如，2012 年，一家能源公司的财务官在为该公司的能源项目筹集资金时欺骗投资者，他实际上将这些资金用于支付自己和其他员工的工资。毫不知情的投资者在这场骗局中损失了约 430 万美元，他被判处 97 个月的监禁。

欺诈行为也普遍存在于公众的生活之中。欺诈性的保险索赔呈上升趋势：私家侦探拍摄到"受伤"的"受害者"在离开医生办公室后将颈托扔进汽车后座的画面；房主在未经证实的入室盗窃案件中高报失窃物品的价值；多年前遭遇车祸的受害者突然提出伤害索赔。员工也经常作出欺诈行为。美国商务部估计，1/3 的企业倒闭是由员工盗窃造成的。员工从公司仓库偷盗库存产品然后转手倒卖，窃取有关公司战略的内部信息并出售给竞争对手，虚报业务费用以获得高于应得的报销款。[3]

会计系统以及负责相关工作的会计人员记录下公司所有的财务交易，通常是这些记录使人察觉到欺诈行为。但更为重要的是，精心设计的完善会计系统可以防止欺诈。虽然欺诈行为备受关注，但会计人员提供的日常经营信息有助于管理者从事利润更高的业务，向利益相关者报告经营结果，并通过预算、资本收购分析、业务部门分析和其他财务决策管理公司的长期健康状况。（学完本章内容后，你应该能够回答章末的一系列讨论题。）

我能从中学到什么？

对于大多数人来说，会计术语和理念就像外语一样难以理解。正因为如此，专业术语可以用来掩盖欺诈和腐败行为。然而，会计术语也是专业人员分析增长、了解风险、交流对公司财务健康状态的具体看法所必备的工具。本章将讲述会计的基本概念，并将它们应用于常见的商务情境。掌握了这些基本会计术语，你将能作为从业人员、纳税人、公司老板参与讨论作为公司日常运营活动重要组成部分的财务问题。

➡ 14.1 什么是会计？ 谁使用会计信息？

会计（accounting 或 accountancy）是用于收集和分析财务信息，并向公司所有者、员工、公众以及各种监管机构传达这些信息的综合系统。为了履行这些职能，会计人员要记录所缴纳的税款、所得收入和发生的费用，这个过程叫作**簿记**（bookkeeping），同时还要对这些交易对企业活动产生的影响进行评估。通过对此类交易进行分类和分析，会计人员可以确定企业的经营管理状况，评估企业的整体财务实力。

由于企业要从事的交易数量庞大，保证财务信息的一致性和可靠性是必要的，这就是会计信息系统的工作。**会计信息系统**（accounting information system，AIS）是一个有组织的程序，用于识别、衡量、记录以及保存编制财务报表和撰写管理报告所需的财务信息。该系统包括汇编财务交易信息所需要的所有人员、财务报表、计算机、程序与资源。[4]

许多不同类型的个人、团体和其他实体使用会计信息：

- 企业管理者使用会计信息制定目标与计划，确定预算，把握市场机遇，制定相应的决策。
- 员工与工会使用会计信息为劳动报酬以及医疗保健、度假时间和退休金等福利待遇制订计划，并接受相应的薪酬和福利待遇方案。
- 投资者和债权人使用会计信息估计股东的投资回报，确定增长前景，决定某一个公司的信用风险是否比较小。
- 税务机关使用会计信息制订税收收入计划，确定个人和企业的应缴税款，确保按时收到正确数额的税款。
- 政府行政管理机构依赖会计信息履行对公众的职责。例如，证券交易委员会要求公司备案财务披露，因而潜在投资者可以获得有关财务状况的具有法律约束力的信息。

账务总管（controller）或首席会计官负责管理公司的会计活动，确保会计信息系统提供计划、决策以及其他管理活动所需要的报告与报表。会计活动需要不同领域的会计专家。在本部分，我们首先区分会计的两个主要领域：财务和管理。然后，我们讨论公共会计师、私人会计师、管理会计师以及法务会计师的不同职责与主要活动。

14.1.1 财务会计与管理会计

在任何公司，财务与管理这两个领域的会计都可以根据它们所服务的用户来区分：公司外部用户和公司内部用户。[5]

财务会计

公司的**财务会计**（financial accounting）系统针对外部用户：消费者团体、工会、股东、供应商、债权人以及政府机构。财务会计负责编制利润表和资产负债表之类的财务报表，重点关注整个公司的活动，而不是个别部门或事业部的财务情况。[6]

管理会计

管理会计（managerial accounting）为内部用户服务。各层级的管理者需要使用会计信息制定部门决策，监视工程进展，筹划未来行动。其他员工也需要会计信息。例如，在对产品或运营进行改进之前，工程师必须了解某些成本；采购员需要运用材料的成本信息与供应商进行交易条件的磋商；为了确立绩效目标，销售人员需要参考每个地理区域和每个产品以往的销售数据。

14.1.2　注册会计师

公共会计师为公众提供会计服务，他们独立于所服务的客户。也就是说，他们通常为会计师事务所工作，为事务所外部的客户公司提供服务，公共会计师在客户公司中没有既得利益，从而避免在进行专业服务时存在任何潜在的偏见。公共会计师中的**注册会计师**（certified public accountants，CPA）是在通过美国注册会计师协会（American Institute of Certified Public Accountants，AICPA）的考试后，由各州颁发执业证书的会计人员。成为注册会计师的准备工作始于主修会计理论、会计实践和会计法律问题等大学课程。除了注册会计师考试外，大多数州的认证还要求在注册会计师的指导下，在私营公司或政府机构中进行两年的实践。获得认证后，注册会计师可以执行的服务超出非注册会计师所允许的范围。[7]虽然一些注册会计师以个人执业者身份工作，但很多注册会计师组成或加入现有合伙的或专业会计股份公司。

"四大"注册会计师事务所

活跃在美国的注册会计师事务所数以千计，规模各异，从小型本地公司到大型跨国公司，但该行业的总收入中约有一半流向了四大注册会计师事务所。下面列出的是四大会计师事务所及其总部所在地：

- 德勤（英国）
- 安永（英国）
- 普华永道（英国）
- 毕马威（荷兰）

除了在美国具有突出地位，国际业务运营对这四家公司都很重要。近年来，它们在亚洲和拉丁美洲所提供的注册会计师服务增长尤其迅速。四大会计师事务所在全球拥有超过15万名员工。[8]

注册会计师提供的服务

实际上，所有注册会计师事务所，不论大小，都提供审计、税务和管理服务。德勤和安永这样较大型的会计公司，主要收入来自审计，咨询（管理顾问）服务成为主要的增长点。较小的会计师事务所的收入主要来自税收和管理服务。

审计　**审计**（audit）检查公司财务信息系统，以确定其财务报告是否可靠地反映了其经营状况。[9]组织在申请贷款、出售股票或经历重大重组时必须提供审计报告。不为公司工作的独立审计师必须确保客户的会计体系遵循**一般公认会计准则**（General Accepted Accounting Principles，GAAP），该原则由美国注册会计师协会下属的美国会计准则委员会（Financial Accounting Standards Board，FASB）制定，规范了财务报表的内容与格式。[10]企业财务报表审计是只能由注册会计师操作的业务。美国证券交易委员会是依法强制实行会计和审计相关规定和程序的政府机构。执行审计的注册会计师将确认客户报表是否符合 GAAP。

税务服务 税务服务（tax services）不仅包括协助准备纳税申报表的填报，还包括协助制订纳税计划。注册会计师的建议可以帮助企业组织（或重组）运营和投资活动，可能为企业节省高达几百万美元的税款。随时紧跟税法变化不是一件容易的事情。有些批评家指责说，改变税法成了一些州和联邦政府立法者的全职工作，他们每年不断地增加复杂的税收法律和税收技术修正。

管理咨询服务 作为顾问的会计公司，提供从个人理财规划到制订公司合并计划的各种**管理咨询服务**（management advisory services）。其他服务还涉及生产进度规划、信息系统研究、会计信息系统设计，甚至管理人员的退休。注册会计师事务所的人员编制包括工程师、建筑师、数学家以及心理学家，所有人员都可以提供咨询服务。

非注册的公共会计师

很多会计师不参加注册会计师考试，一些在这个领域工作的会计师做好了参加考试的准备，或已经达到所在州的资格要求。很多小企业、个人甚至大公司依赖这些非注册的公共会计师提供所得税申报、工资发放以及财务规划服务，前提是它们遵守当地和所在州的法律。非注册的公共会计师通常根据管理层提供的信息，汇总公司内部所使用的财务报表。在这些财务报表中可能用一条通告说明在编制报表的过程中未使用审计方法。

注册会计师愿景项目

会计界持续性的人才短缺导致该行业进行反思。[11]由于来自基层的注册会计师、教育工作者以及行业领军者的参与，美国注册会计师协会通过注册会计师愿景项目重新界定了当今世界经济中会计师的作用。愿景项目提炼出对于未来注册会计师十分必要的技能、技术与知识的独特组合，称为**会计核心能力**（core competencies for accounting）。美国注册会计师协会将该项目的核心目标概括如下："注册会计师……领悟不断变化的复杂世界。"[12]如表 14-1 所示，这些能力包括战略与批判性思维能力等，远远超出了"处理数据"的能力。注册会计师愿景项目预见，注册会计师将专业技能和基础深厚的培训结合起来，可以在广泛的商业活动中更加有效地与人沟通。

表 14-1　会计核心能力

战略与批判性思维能力	注册会计师可以将数据与推理和专业知识结合起来，确定需要解决的关键问题，帮助解决问题，以便采取更好的战略行动。
沟通能力、人际交往能力与有效领导能力	注册会计师能够在各种商务环境中有效地进行沟通，运用有意义的沟通能力，建立有效的人际关系，能够胜任领导工作。
满足客户需要的能力	注册会计师能够比竞争对手更好地了解和满足客户的独特需要，能够比竞争对手更好地预见客户的未来需要。

续表

| 整合各种信息的能力 | 注册会计师能够把财务和其他类型的信息结合起来，从中获得新的含义，为客户解决问题提供有用的见解和对相关信息的理解。 |
| 熟练掌握信息技术 | 注册会计师能够运用信息技术为客户提供服务，能够确定为使企业增值可以采用的信息技术应用程序。 |

资料来源：Based on "The CPA Vision Project and Beyond," The American Institute of Certified Public Accountants，at http：//www. aicpa. org/RESEARCH/CPAHORIZONS2025/CPAVISIONPROJECT /Pages/CPAVisionProject. aspx， accessed on April 15, 2017.

14.1.3 私人会计师和管理会计师

为了确保报告的真实性，注册会计师总是与其审计的公司保持独立。但是，很多公司聘用由其支付薪酬的**私人会计师**（private accountants）来从事日常财务活动。这些会计师也可能是注册会计师，但不能参与外部审计活动。

私人会计师的工作范围很广。例如，康菲石油公司（ConocoPhillips）的内部审计人员可能飞往北海确认海上石油钻井平台的油量计的准确性。负责每月向供应商和员工支付20亿美元货款和薪酬的会计主管可能无须离开办公室，其职责包括招聘和培训员工、分配项目任务以及评估会计人员的绩效。大公司雇用专业会计师分管预算编制、财务计划、内部审计、工资以及税务等专业领域的会计工作。小公司的会计可能要处理所有会计事务。

虽然私人会计师可能是注册会计师或非注册会计师，但大多数都是**管理会计师**（management accountants），在不同领域（营销、生产、工程等）给管理者提供支持服务。很多人拥有**注册管理会计师**（certified management accountant，CMA）资格，该资格由管理会计师协会（Institute of Management Accountants，IMA）授予，是对满足该协会经验和考试要求的专业人士的资格认证。管理会计师协会在全球范围内拥有约 65 000 名会员，致力于支持会计专业人员在所服务的公司实施高质量的内部控制和财务实践。

14.1.4 法务会计师

会计行业中发展最快的领域之一是**法务会计**（forensic accounting），即将会计用于法律目的。[13]法务会计师有时被称为"企业文化的私家侦探"，他们必须擅长抽丝剥茧，查明真相。法务会计师把目光投向公司表象的背后，而不是仅相信财务记录的表面信息。通过将调查能力与会计、审计和侦探本能相结合，法务会计师协助对可以提请法庭审理的商业和财务问题进行调查。法务会计师可受执法机构、保险公司、律师事务所、私人和商业公司的邀请，在公司受到侵害、涉嫌犯罪以及民事纠纷中进行会计调查，提供诉讼支持。他们可以对网络诈骗和滥用政府资金进行刑事调查。在民事纠纷方面，他们通常需要对由于疏忽造成的个人伤害损失诉讼进行量化调查，以及分析婚姻纠纷中的财务问题。法务会计师还帮助商业公司跟踪和追回由于员工业务欺诈或偷盗所导致的资产流失。

调查会计

执法人员可能要求法务会计师调查一桩嫌疑犯罪，如洗钱阴谋或投资骗局背后的一系列交易。由于法务会计师熟悉法律概念和安检程序，他们能够识别和分析相关财务证据，包括文件、银行账户、电话通话、计算机记录以及人员，并提供会计结论，阐释其法律意义。他们还出具报告、证物和各种单据，阐述他们发现的情况。

诉讼支持

法务会计师协助获取并保存可用于司法程序的会计证据。他们还帮助提供支持审判证据的视频，尤其是在法庭确定经济破坏程度的程序中，作为专家证人出庭作证。例如，离婚律师若怀疑资产被低估，可要求法务会计师进行财务分析；若一位演员在电影杀青前提前辞职，制片人可寻求法律援助，确定违约行为的赔偿问题。

注册舞弊审查师　作为法务会计的一个特殊领域，**注册舞弊审查师**（certified fraud examiners，CFE）是由美国注册舞弊审查师协会设立的专业资格，授予在调查舞弊相关问题方面具有专长的人员。注册舞弊审查师特别关注舞弊欺诈相关问题，例如，舞弊检测、评估会计系统的弱点和舞弊风险、代表执法机构调查白领犯罪、评估内部组织联系人、防范诈骗、寻找专家证人等。很多注册舞弊审查师在努力设法防止内部舞弊的公司就职。注册舞弊审查师考试包括以下四个方面的内容：

1. 欺诈防范与威慑。包括人们为何欺诈、欺诈防范理论以及职业道德规范。
2. 财务交易。审查会计记录中发生的各种存在欺诈行为的财务交易类别。
3. 欺诈调查。跟踪非法交易、欺诈评估、访谈以及获取声明。
4. 欺诈的法律因素。包括证据规定、刑法与民法、被指控者与指控者的权利。

参加考试的资格包括学历教育和工作经验方面的要求。虽然要求至少有学士学位，但不一定是会计或其相关专业的学位。对于没有学士学位但具有防舞弊相关专业经验的申请人，两年工作经验与一年的专业学习有同等效力。要求包括至少有两年在防舞弊相关领域的工作经验，如审计、犯罪学、舞弊调查或法律。

动荡时期的管理　　　　　　　　　　　**从中取利**

詹妮弗·梅贝里（Jennifer Mayberry）在太平洋西北部的一个小镇上经营着一家深受顾客欢迎的咖啡店。她有一位朋友在当地大通银行工作，多年来，她一直把每天的营业收入存入这家银行。詹妮弗信任银行系统，她从未将自己的存款单与会计记录做过核对，事实上，她也从未将支票账户与银行结算单进行过对账。但是，当她的会计师开始为纳税申报做收入汇总时，他们发现11月的存款中少了1 000美元。于是，她聘请了一名法务会计师，进而发现尽管银行有内部控制，但詹妮弗的朋友还是一直在从她的存款中盗取现金，更改存款单，然后将剩余的存款存入账户。在18个月的时间里，这位朋友从中获利42 828.96美元。如果采用一些简单的会计程序，詹妮弗本可以防止这件事情的发生。[14]

与此同时，在得克萨斯州，以美味水果蛋糕闻名的柯林斯街面包店（Collins Street Bakery）的老板鲍勃·麦克纳特（Bob McNutt）正在揭开深藏十年的贪污案件。最初，一名会计人员觉得自己的薪水过低，于是就用一张公司支票支付了购车款，给自己买了一辆新的雷克萨斯，然后通过在系统中撤销支票使之失效，再向合法的供应商开具另一张从未寄出的支票，以掩盖自己的犯罪记录。在银行账户中兑现一张金额为20 000美元的支票，会计记录显示有一笔金额为 20 000 美元的付款。由于没有其他会计人员，而且企业主也没有对会计记录进行审计，所以没有人发现这一盗窃行为。此后不久，这名会计人员就开始从面包店每月贪污高达 9.8 万美元，他和妻子过着奢侈的生活，并解释说这是因为继承了一笔遗产。没有人对他们的豪车、度假、珠宝、乡村俱乐部会员资格、家庭装修，以及他们购买的其他过于昂贵的物品提出过多质疑。麦克纳特多年来一直迷惑不解，为什么他的生意明明很成功却资金匮乏，年复一年地在苦苦挣扎，他想弄清楚其中的缘由。他检查了劳动力费用、产品费用、价格以及他能想到的一切，但没有发现任何有用的线索。直到有一天，会计部门的一位新员工在系统中发现了一张奇怪的作废支票。犯罪者的好日子到头了。随着事情败露，麦克纳特发现这名会计人员使用一个简单计划就从公司盗走了 1 700 多万美元，而这本可以通过一些简单的内部控制程序加以阻止。[15]

不只是中小企业因贪污案件遭受损失。嘉吉公司（Cargill）是一家总部位于明尼苏达州的全球化公司，虽然它是私人控股企业，但其列于《财富》500 强榜单，且排名超过 AT&T。2016 年，一名会计经理承认通过将客户付款存入她的个人账户，从该公司窃取了 300 多万美元。[16]

企业需要警惕的不仅仅是高科技骗局。上述情况的发生，都是因为企业所有者对保护最有价值、最易盗取的资产之一——现金的会计政策和程序的管理过于宽松。这就是为什么当你在企业中发展时，学习基本的财务会计和人力资源管理是值得的。

14.1.5　美国联邦政府对注册会计师服务和财务报告的限制：《萨班斯-奥克斯利法案》

与公司相关的财务舞弊，如英克隆、泰科、世通（WorldCom）、安然、安达信以及其他公司的财务舞弊案，都没有躲过司法界的注意。美国联邦立法部门颁布了 2002 年《萨班斯-奥克斯利法案》（Sarbanes-Oxley Act of 2002，简称为 Sarbox 或 Sox），主要目的是恢复公众对会计实务的信任。

《萨班斯-奥克斯利法案》对注册会计师可以提供的非审计服务种类予以限制。例如，根据该法案，一家注册会计师事务所如果为客户做审计，就不能帮助该客户设计财务信息系统。假设不道德的会计师事务所在审计时故意忽略客户的虚假财务报表，客户会以丰厚的利润奖励作为回报，比如签订管理咨询等非会计服务合同。这是对安达信丑闻的核心指控。安达信是世界上最大的会计师事务所之一，它提交的审计报告未能披露安然公司真实的财务状况，最终导致了这一大型能源公司的倒闭，安达信的审计师从安然公司获得的咨询费比审计费还多。[17] 通过禁止注册会计师为同一客户既提供审计服务又提供非审计服务，《萨班斯-奥克斯利法案》鼓励独立且公正的审计。

《萨班斯-奥克斯利法案》实际上对公开交易公司的每项财务活动都提出了新的要求，对实施或隐瞒舞弊欺诈行为、销毁财务记录等处以严厉的刑事处罚。例如，首席财务官和首席执行官必须保证公司的财务状况是正常的，并且必须亲自为获取这些数据的方法和内部控制提供担保。公司必须提供一个安全的系统，让员工匿名举报不道德的会计行为和非

法活动而不必担心遭到报复。刑事处罚也提出了新的要求。表14-2对《萨班斯-奥克斯利法案》众多条款中的几项重要规定进行了描述。

表14-2　《萨班斯-奥克斯利法案》的重要条款[18]

- 创立一个全国性的会计监督委员会（Accounting Oversight Board），在其他活动中，制定注册会计师在审计工作中所使用的道德标准。
- 要求审计师在指定的时间范围内保留审计工作底稿。
- 要求审计师轮换，禁止同一个人担任主审计师五年以上。
- 要求执行总裁和财务总监以书面形式证明公司的财务报表是真实、公正、准确的。
- 禁止公司向经理人和董事发放个人贷款。
- 要求被审计公司披露是否采用高级财务官员道德准则。
- 要求证券交易委员会定期检查公司的财务报表。防止员工报复撰写负面报告的调查分析人员。
- 对弄虚作假、销毁、篡改或隐匿记录的审计师和客户实施制裁（10年徒刑）。
- 对欺诈股东的人处以罚款或监禁（高达25年徒刑）。
- 对通过邮件和无线通信进行的欺诈行为予以的惩罚从5年徒刑增至20年徒刑。
- 建立公司官员因未能用书面形式证明财务报告的刑事责任。

14.2　会计等式

所有会计人员都依靠保存的记录来从事和跟踪交易。记录程序的基础是最基本的会计工具——**会计等式**（accounting equation）：

资产＝负债＋所有者权益

每笔交易（例如，向供应商支付货款、把货物出售给客户、给雇员付工资）之后，会计等式必须是平衡的。如果不平衡，就出现了会计差错。为了更好地了解会计等式的重要性，我们必须弄懂资产、负债和所有者权益这些术语。

14.2.1　资产与负债

资产（asset）是预期能使企业或拥有企业的个人受益的经济资源。会计用途的资产包括土地、建筑、设备、库存以及应支付给公司的账款（应收账款）。以苹果公司为例，截至2016年底，苹果的总资产为2 904.79亿美元。[19] **负债**（liability）是一家公司欠外部机构的债务。截至2016年底，苹果公司的负债总额，也就是欠其他组织的所有债务，共计为1 711.24亿美元。

14.2.2　所有者权益

你可能对房主所拥有的房屋"权益"（房产净值）这一概念很熟悉，即通过出售房屋和偿还抵押贷款后可以赚到（或损失）的金额。同样地，**所有者权益**（owners' equity）是指企业所有者出售企业所有资产并支付所有债务后获得的货币数额。

苹果公司2016年的所有者权益为1 193.55亿美元。对于苹果的例子，我们看到会计等式是平衡的。具体情况如下：

　　　资产＝负债＋所有者权益

　　　2 904.79 亿美元＝1 711.24 亿美元＋1 193.55 亿美元

　　我们可以重写这个等式，突出所有者权益与资产和负债的关系。

　　　资产－负债＝所有者权益

　　与此相关的另一个术语是净值，公司所拥有的"资产"与公司所欠的"负债"的差值就是公司的净值。如果一个公司的资产多于负债，则所有者权益是正值。在苹果，所有者权益为 1 193.55 亿美元（2 904.79－1 711.24）。如果公司破产，所有者将在变卖资产偿清债务后得到现金（收益）。然而，如果负债多于资产，则所有者权益是负值，资产不足以偿还所有债务，那么这家公司就破产了。如果该公司破产，所有者将得不到现金，一些债权人的债款也将得不到偿付。

　　所有者权益对投资者和债权人同等重要。例如，在将钱借给企业所有者以前，债权人希望了解企业所有者权益的数额。如果所有者权益数额较大，那就表示债权人的安全性也较高。所有者权益由两个来源的资本组成：

　　1. 所有者最初的投资。

　　2. 公司赚取并再投资的利润（也归所有者拥有）。

　　当公司盈利时，其资产增长速度快于负债。因此，如果在业务中保留利润而不是作为股东的股息支付，所有者权益将会有所增加。如果所有者投入更多自有资金来增加资产，所有者股权也会随之增加。但是，如果公司经营出现亏损或者所有者撤回资产，那么所有者权益可能会缩减。

创业和新企业　　运用会计等式

　　也许你听过人们谈到他们拥有自己房产的权益。房主的权益即资产净值，就是房屋价值（市场价值）和银行贷款金额之间的差额。同样的道理也适用于一个人拥有的汽车。如果你花 1 000 美元现金买一辆汽车，你的权益就是 1 000 美元，但如果你先支付 50 美元现金，然后贷款支付剩下的车款，你的权益就只有 50 美元。当你偿还贷款时，你获得权益，除非汽车贬值的速度比你偿还贷款的速度快。会计是基于以下等式：

　　　资产＝负债＋所有者权益。

　　不过，美国的会计准则有一个细微的不同：在大多数情况下，企业会计使用的不是资产的市场价值，而是历史成本。

　　通常，创建企业的第一步是建立企业实体，一般通过开设企业银行账户完成这一步。假设你向国家提出申请，拿到营业执照，并将 10 000 美元存入商业银行账户，然后开办了一家木工企业。现在，你的公司有 10 000 美元的资产，你存入现金，没有负债，还有 10 000 美元的股本。那么对所有者而言，权益就是企业的价值，也就是你停止经营活动会得到的货币数额。

　　也许你已经决定，最佳的赚钱机会是为历史悠久的房屋制作定制的木制百叶窗。但是，为了能高效地完成这项工作，你需要购买一件价值 20 000 美元的昂贵设备，这大大超出了你现有的现金，于是你贷款购买设备。在这笔交易之后，你的企业现在有两项资产——10 000 美元的现金和 20 000 美元的设备，你的总资产达到 30 000 美元。你的负债是 20 000 美元，所有者权益是 10 000 美元，总负债和所有者权益之和是 30 000 美元，和总资产相等。

假设你很幸运，收到了一份定制 10 套百叶窗的订单，你在这次销售中获得的利润是 20 000 美元的销售价格减去 5 000 美元的木材和其他成本。交付百叶窗并收到货款后，你就会有 15 000 美元的现金，这将会加到你最初的 10 000 美元现金余额中。你的总资产变成 45 000 美元，其中包括 25 000 美元的现金和 20 000 的设备。你的负债保持不变，但你的权益随着你第一次销售的利润而增加，从 10 000 美元增加到 25 000 美元。因此，你的总负债和所有者权益之和是 45 000 万美元，与总资产完全相等。

最后，在你辛苦工作之后，你想犒劳一下自己，去度假享受。为此，你从企业中提取 8 000 美元现金，这就相应地减少了你的现金和你的权益。因此，总资产为 37 000 美元（17 000 美元现金，20 000 美元设备），总负债和所有者权益为 37 000 美元（20 000 美元负债，17 000 美元所有者权益），会计等式仍然保持平衡。正如你所看到的，会计等式提供了汇编财务信息的框架。

14.3 财务报表

如前所述，会计的职责是总结公司的交易结果，出具各种报表，帮助管理者在充分了解实际情况后作出决策，其中最重要的报表是**财务报表**（financial statements），主要有三种类型：资产负债表、利润表和现金流量表。总体来看，这些报表可以说明公司的财务健康状况及其影响因素，在本节中，我们将探讨这三份财务报表，了解预算表作为内部财务报表的功能。

14.3.1 资产负债表

资产负债表（balance sheets）提供了有关会计等式中各个项目的详细信息：资产、负债以及所有者权益。由于它还呈现公司在某一特定时点的财务状况，所以有时资产负债表也叫作财务状况表。苹果公司 2016 年底的资产负债表如图 14-1 所示。

资产

从会计视角来看，多数公司有三种类型的资产：流动资产、固定资产和无形资产。

流动资产 **流动资产**（current assets）包括现金及一年内可以转换为现金的资产。把某种资产转换为现金的行为叫作**变现**（liquidating）。资产一般按其**变现力/流动性**（liquidity），即转换成现金的容易程度排序。例如，借款通常用现金偿还。一个需要现金但又不能产生现金的公司，即一个不能变现的公司，可能被迫降价出售资产，甚至被迫停业。

根据定义，现金是完全流动的。作为短期投资所购买的有价证券流动性稍差，但可以

苹果公司汇总资产负债表（简明）
截至2016年12月31日
（单位：百万美元）

资产		负债与所有者权益	
流动资产：		流动负债：	
现金	21 120	应付账款	35 490
有价证券	20 481	应计费用	25 181
应收账款	16 849	其他	19 939
其他	30 928	流动负债合计	**80 610**
流动资产合计	**89 378**		
		长期负债：	
长期可销售资产		所有长期借款	53 463
长期可销售资产	**164 065**	其他	37 051
固定资产：		长期负债合计	**90 514**
财产与设备净值	22 471		
固定资产合计	**22 471**	负债合计	**171 124**
无形资产：			
无形资产	3 893	所有者权益：	
商誉	5 116	普通股和实收资本	27 416
无形资产合计	**9 009**	留存收益	91 939
		所有者权益合计	**119 355**
其他资产			
其他资产合计	**5 556**	负债与所有者权益总计	**290 479**
资产总计	**290 479**		

图 14 - 1 苹果公司的资产负债表

说明：此为苹果公司 2016 年 12 月 31 日的资产负债表。正如该资产负债表明确显示的，苹果公司的总资产与它的负债和股东权益总额相等。

资料来源：Apple, Inc. （2017）. 2016 Annual Report. Mountain View, California：Author.

很快卖出变现。有价证券包括其他公司的股票或债券、政府债券以及货币市场凭证。很多公司持有其他非流动资产如商品库存，即购买的待销售给客户但目前仍在手上未售出的商品的成本。苹果公司现货库存很少。例如，新 iphone 生产出来后，会直接运往美国国际电话电报公司或威瑞森公司等零售商，然后作为库存存货记入这些公司的资产负债表。苹果公司产生大量现金，在长期可销售资产上保持稳健的投资。

固定资产 **固定资产**（fixed assets）（如土地、建筑和设备）可以长期使用或具有长期价值，但是随着建筑和设备磨损或过时，它们的价值有所降低。会计使用**折旧**（depreciation）方法，在这些资产的有效寿命期内分摊其成本。为了反映折旧额，会计用固定资产原值与每年预计残值的差值除以估计使用年限。如图 14 - 1 所示，苹果的折旧后固定资产为 224.71 亿美元。

无形资产 虽然很难确定**无形资产**（intangible assets）的价值，但它拥有预期收益形式的货币价值，其收益可能包括其他方因获得权利或优惠而为产品支付的费用，包括专利权、商标、版权以及特许权。**商誉**（goodwill）是指购买某一现有企业时所支付的总额超出该企业其他资产价值的数额。例如，一个被收购的公司可能因其具有特别好的声誉或地理位置而享有较高的商誉。苹果公司在其资产负债表中同时填报了无形资产和商誉的价值。

负债

和资产一样，负债通常也分为不同的类别。**流动负债**（current liabilities）是必须在一年内偿付的债务，包括**应付账款**（accounts payable 或 payables）——必须支付给供应商的货款以及未来一年内的工资和税款。苹果公司的流动负债为 806.1 亿美元。**长期负债**（long-term liabilities）是至少一年内没有到期的债务。这些债务通常代表公司所借的必须付息的资金。苹果公司的长期负债为 905.14 亿美元。

所有者权益

图 14-1 中资产负债表的最后一部分显示的是所有者权益，细分为普通股和实收资本、留存收益。苹果公司成立之初，出售了少量普通股，这是公司的第一笔实收资本。**实收资本**（paid-in capital）是公司所有者投资于公司的资金。截至 2016 年底，苹果公司的实收资本已增长至 274.16 亿美元，其中包括 1980 年苹果首次公开发行股票的收益，这些收益为早期业务增长提供了所需的资金。

留存收益（retained earnings）是由公司保留下来的净利润，而不是作为股利支付给股东。当可以分配给股东的利润被保留下来时，它们就会积累起来为公司所用。截至 2016 年底，苹果的留存收益为 919.39 亿美元。所有者权益即实收资本和留存收益的总额为 1 193.55 亿美元。

因此可以说，任何公司的资产负债表都是其财务状况在某个时点上的晴雨表。通过比较当年资产负债表与上一年资产负债表，债权人和所有者能够根据其资产、负债和所有者权益的变化，更好地领会公司的财务进步以及未来前景。

14.3.2　利润表

利润表（income statement/profit-and-loss statement）对收入与费用进行描述并最终产生一个反映公司年利润或亏损的数字。换言之：

利润（或亏损）＝收入－费用

利润或亏损被普遍称为净收入（bottom line），即损益表中最下面的一行数字，它可能是任何商业企业最重要的数字。图 14-2 所示为 2016 年苹果公司的利润表，其净收入约为 533.94 亿美元。利润表细分为四个部分：收入、收入成本、经营费用，以及净收入。与资产负债表不同的是，利润表表示的是某一段时间内，如一个月、一个季度或一年内出现的财务结果，而资产负债表反映的是某一具体时点的财务状况。

收入

当一个律师事务所为准备一份遗嘱收到 250 美元，或一个超市从杂货购物者手里收款65 美元时，两者所得到的都是**收入**（revenues）——因销售商品或服务而流入企业的资金。2016 年，苹果公司报告从销售 iPhone、iPad、电脑、数字音乐及其他产品中获得的收益是2 337.15 亿美元（经四舍五入后所得的近似值）。

收入成本（销货成本）

在苹果的利润表中，**收入成本**（cost of revenues）部分显示了公司该年从其他公司获

苹果公司利润表（简明）
2016年1月1日—2016年12月31日
（单位：百万美元）

收入（总销售额）		233 715
收入成本	140 089	
总利润		93 626
经营费用：		
研发费用	8 067	
销售、行政管理和日常费用	13 044	
经营总费用		21 111
营业收入（税前）		72 515
所得税*		19 121
净收入		53 394

图 14 – 2 苹果公司利润表

说明：此为截至 2016 年 12 月 31 日苹果公司的利润表；利润表的最后一项即最后一行，报告公司的利润或亏损；＊表示近似值。

资料来源：Apple, Inc.（2017）. 2016 Annual Report. Mountain View, California：Author.

得收入的成本。这些是苹果为生产手机、平板电脑和电脑等硬件产品而向生产商支付的成本，以及为使用版权发行音乐、电影等而支付的许可费。其他成本包括苹果数据中心运营产生的费用，如劳动力、能源和处理客户交易的成本。苹果 2016 年的收入成本为 1 400.89 亿美元。

我们还应该注意到，苹果几乎不自己制造产品，大部分产品的生产都外包给亚洲低成本的生产商。传统的制造公司如福特和宝洁公司则使用了另一种报告类别，即**销货成本**（cost of goods sold），即某一年为生产销售的实体产品而获取和转化原材料的成本。

毛利 管理者通常对利润表中的**毛利润**（gross profit）感兴趣。毛利润就是只考虑收入与收入成本（获得这些收入的直接成本）这两个数据而初步快速计算得出的利润。计算毛利润时，只需从销售公司产品所获收入中减去收入成本。

经营费用 除了与收入直接相关的成本之外，每个公司都有日常支出，从办公用品到首席执行官的工资等都属于这个范畴。与收入成本和销货成本一样，**经营费用**（operating expense）是为了使公司盈利而必须流出公司的资源。如图 14 – 2 所示，2016 年苹果公司的经营费用为 211.11 亿美元。

研发费用是由于探索新的服务和技术并将它们提供给客户而产生的。销售费用来自与销售商品或服务有关的活动，如销售人员的工资和广告费。行政管理与日常费用如管理人员的工资和维持业务运转的支出，与公司的总体管理有关。

营业收入与净收入

营业收入（operating income）是把经营获得的毛利润与经营费用进行比较所得的结果。按此计算，苹果公司的营业收入为 725.15 亿美元（936.26 亿美元－211.11 亿美元）。从营业收入中减去估计的所得税（725.15 亿美元—191.21 亿美元），就得到了**净收入**（net income/net profit/net earnings）。苹果公司 2016 年的净收入为 533.94 亿美元。利润表中的分步细节显示了公司是如何获得当期净收入的，使股东和其他利益相关者更容易评估公司的财务业绩。

14.3.3 现金流量表

一些公司只编制资产负债表和利润表。但是，美国证券交易委员会要求所有公开交易股票的公司必须出具第三份财务报表：描述公司年度现金收入和现金支付情况的**现金流量表**（statements of cash flow）。因为它最详尽地提供了公司如何产生和使用现金的细节，一些投资者和债权人认为它是最重要的财务报表之一。现金流量表反映企业经营活动、投资活动和融资活动对现金流动情况的影响。苹果公司2016年的现金流量表（简明）如图14-3所示。

苹果公司现金流量表（简明）
2016年1月1日—2016年12月31日
（单位：百万美元）

年初现金/现金等价物净额		13 844
经营活动提供的现金净额		53 394
其他来源提供的现金净额		
有价证券销售收入	5 541	
普通股发行收益	543	
其他	289	
总计	6 373	73 611
现金支出净额		
有价证券付款	12 897	
无形资产付款	9 450	
普通股回购付款	24 756	
其他	5 388	
总计		52 491
年末现金/现金等价物净额		21 120

图14-3　苹果公司现金流量表（简明）

资料来源：Apple, Inc.（2017）. 2016 Annual Report. Mountain View, California：Author.

• 经营活动产生的现金流量。现金流量表的第一个部分与主要的经营活动有关：买卖商品与服务所涉及的现金交易。在苹果公司的例子中，它揭示了当年有多少现金净额是来自公司主要业务线，即iPhone、iPad、电脑和音乐的销售。2016年初，苹果有138.44亿美元流动现金，主要产品线销售活动获得的净现金流入为533.94亿美元。

• 投资活动产生的现金流量。现金流量表的第二个部分报告的是用于投资或由投资提供的现金净额。它包括出售和购买股票、债券、财产、设备以及其他生产性资产的现金收入和支出情况。这些现金来源不是公司主要业务线。例如，苹果公司从有价证券销售中获得了55.41亿美元的收入，但也花费了128.97亿美元购买其他有价证券。

• 融资活动产生的现金流量。现金流量表的第三个部分报告的是所有融资活动产生的现金净额。它包括借入或发行股票产生的现金流入，以及支付股息和偿还借款产生的现金流出。苹果的融资活动包括发行普通股股票所得的5.43亿美元现金流入，以及用于回购普通股的24.756亿美元现金流出。

所有这些来源以及其他一些次要来源的现金的总体变化情况是：现金从2016年初的138.44亿美元增加到2016年底的211.2亿美元。当债权人和股东知道一家公司在一年中如何获得和使用资金时，他们就更容易理解资产负债表和利润表年复一年的变化。

14.3.4　预算表：内部财务报表

对于计划、控制和决策而言，最重要的内部财务报表是**预算表**（budget）——预期未来某一段时间内收入和支出情况的详细报表。尽管预算的时间通常为一年，但一些公司还编制三年或五年的预算，特别是在考虑重大资本支出时更需要这样做。预算表与我们讨论过的其他财务报表不同，由于预算信息不与公司外部分享，因此被称为"内部财务报表"。

虽然会计团队可以协调预算过程，但对提议的活动和所需资源，还需要组织中许多其他管理者的支持和参与。图 14 - 4 是虚构的批发公司——完美海报有限公司（Perfect Posters）的销售预算表。在编制下一年度的预算时，会计人员必须从销售部门获得下一年度预期的单位产品销售数量和预期费用。然后，会计部门编制最终预算，并将预算与实际支出和收入在全年中进行比较。它们之间的差异预示存在潜在问题，需要公司采取行动改进财务运作状况。

完美海报有限公司
555河景街 芝加哥市 伊利诺伊州 60606

完美海报有限公司
销售预算
2018年第一季度
（单位：美元）

	1月	2月	3月	第一季度
预算销售 （单位）	7 500	6 000	6 500	20 000
单位预算售价	3.50	3.50	3.50	3.50
预算销售收入	**26 250**	**21 000**	**22 750**	**70 000**
预期现金收入：				
12月销售	26 210			26 210
1月销售	17 500	8 750		26 250
2月销售		14 000	7 000	21 000
3月销售			15 200	15 200
现金收入总额	**43 710**	**22 750**	**22 200**	**88 660**

图 14 - 4　完美海报有限公司的销售预算

14.4　编制报表的标准与惯例

会计人员在编制外部报表时，要遵循标准的报表惯例和原则。报表所用的通用语言由标准惯例加以规定，并在 GAAP 中予以阐明，旨在使外部使用者充分信赖财务信息的准确性和含义。GAAP 涵盖了一系列问题，比如何时确认经营收入、如何对财务信息进行全面公开披露。如果没有这些标准，财务报表的使用者将无法比较不同公司的信息，会对公司的真实财务状况产生误解或被误导。像普华永道的冯德拉这样的法务会计师，密切关注偏离 GAAP 的情况，视之为可能有欺诈活动的标志。

14.4.1　收入确认和活动时间界定

编制有关收入流入的报表，以及界定其他交易活动的时间，都必须遵守制约财务报表编制的会计原则。例如，**收入确认**（revenue recognition）指的是在恰当的时间对收入进行记录和报告。公司有销售就随时有收入，但直到收入循环结束，才予以报告，其他时间不报告收入。收入循环在下列两种条件下结束：

1. 销售完成，货物已交付。
2. 销售货款已经收回或可收回（应收账款）。

收入循环何时结束决定了公司财务报表中何时对收入进行确认。假如一个玩具公司在 1 月签订了一份合同，向一个零售商供应 1 000 美元的玩具，约定于 2 月交货。虽然销售在 1 月完成，但还不能确认 1 000 美元的收入，因为玩具还没有交货，销售货款还不可收回，所以这个收入循环还没有结束。收入应在会计期间即 2 月作记录，因为在 2 月将交运产品并可收回货款（或已经收回货款）。这种做法确保报表能够将交易中耗费的资源（材料、劳动力和其他生产成本及送货费用）与所获得的收益（收入）进行很好的对比。

14.4.2　充分披露

为了让使用者更好地了解公司财务报表中的数字，GAAP 要求报告包括管理部门对这些数字的解释和说明，这被称为**充分披露**（full disclosure）原则。管理者知道公司内部事件，他需要准备额外的资料解释某些事情或交易，披露某些结果背后的情况。例如，著名书店鲍德斯（Borders）在 2011 年申请破产保护之前，就已经在早先提交的年度报告和财务报表中讨论过公司面临的竞争风险和经济风险。这些披露指出，消费者的支出模式正在发生变化，他们开始远离实体店，转向互联网零售商购买电子书，这些趋势给鲍德斯书店的现金流和整体财务状况带来风险。管理层在阐述这些情况时指出，可能没有办法保证公司筹集到足够的资金来保持竞争力，事实上这种情况很快就发生了。在申请破产时，鲍德斯的负债是 12.9 亿美元，超过了 12.8 亿美元的资产。[20] 这家曾经的图书业巨头在 2011 年 9 月关闭了在美国的最后一家门店。披露的信息对投资者和其他利益相关者很有帮助，使他们在向鲍德斯公司投资时或与鲍德斯做生意时，能够对相关的风险作出明智的决策。如果鲍德斯的管理者对公司的未来作出了欺骗性的乐观评估，情况就完全不同了。

➡ 14.5　分析财务报表

财务报表以数据的形式提供了很多信息，但要如何使用这些数据呢？例如，各种报表如何帮助投资者选购股票，如何帮助借款人决定是否发放信贷？对于各利益相关者——员工、管理者、工会、供应商、政府、客户提出的这些问题，可以给予如下的回答：财务报表提供的数据可以揭示各种趋势，并用于得出不同的比率。然后，我们可以利用这些趋势和比率来评估公司财务健康状况、业务进展情况以及未来发展前景。

比率通常分为三大类：

1. 用于估计长期和短期风险的**偿债能力比率**（solvency ratios）。
2. 衡量潜在收入的**盈利能力比率**（profitability ratios）。
3. 评估管理层资产使用效率的**经营活动比率**（activity ratios）。

使用者可以根据具体需要决定全部应用、部分应用或不应用这些比率。

14.5.1 偿债能力比率：借款人偿还债务的能力

借款人偿还借款和到期利息的可能性有多大？这是银行信贷业务主管、养老基金管理者和其他投资者、供应商以及借贷公司财务经理考虑的首要问题。偿债能力比率提供了衡量公司偿还债务能力的标准指标。

流动比率和短期偿债能力

短期偿债能力比率（short-term solvency ratios）衡量的是公司变现力以及支付即期债务的能力。最常使用的是**流动比率**（current ration）或"银行比率"。它衡量的是公司通过正常有序地销售存货和从客户那里收取货款而产生现金以偿付流动负债的能力，用流动资产与流动负债的比值来计算。公司的流动比率越高，投资者的风险就越小。通常，令人满意的流动比率是 2 或者更高，即流动资产是流动负债的 2 倍以上。小于 2 的流动比率表示公司在偿还债务方面会有困难。当然，一家成功的大型公司可能能够保持较低的流动比率。

长期偿债能力

利益相关者也十分关注**长期偿付能力**（long-term solvency）。该公司是否过度借贷，而在未来数年无力偿还债务？不能偿还长期债务的公司有破产或被接管的可能，这会使债权人和投资者都十分谨慎。为了评估公司是否有陷入此类困境的风险，债权人借助资产负债表查看公司通过借款融资的程度。通过**债务**（debt）（全部负债）与所有者权益的比值来计算长期偿债能力比率。公司负债越少，投资者和债权人的风险就越小。拥有较多负债的公司可能会缺少支付利息或偿还借款所需要的收入。

有时，高债务不仅可以被接受，而且是求之不得的。借款可以给公司带来**杠杆效应**（leverage）——其他方式不可能具备的进行投资的能力。在杠杆收购中，公司有时愿意承担巨额债务去收购其他公司。如果被收购公司所产生的利润高于借款购买公司的成本即买入价格，通常杠杆就发挥了作用。但是，很多收购都出现了问题，或是因为利润小于预期水平，或是因为利率上涨增加了收购者的债务负担。

14.5.2 盈利能力比率：所有者赚取利润的能力

了解公司是否具有长期/短期偿债能力很重要，但是单凭债务风险就作出投资决策，其依据不够充分。投资者还想要了解有关预期回报率的信息。可以根据盈利能力比率衡量公司赚取利润的能力，如每股收益和股价收益率。

净收入与已发售的普通股数量的比值是每股收益。**每股收益**（earnings per share）决定公司付给股东的红利有多少。这个比率是反映公司获利潜力的一个指标，投资者据此来决定是买入还是卖出公司的股票。当这个比率上升时，股票价值就会上涨，因为投资者知道该公司能够支付更高的股息。当然，如果财务报表报告每股收益下降，那么股票自然失去市场价值。还有一个有用的盈利能力比率是**市盈率**（price earning ratio），通常称为 P/E 比率，是公司当前股价与当前每股收益的比值。

14.5.3　经营活动比率：公司如何有效使用资源？

公司使用资源的效率与其盈利能力相关。作为潜在投资者，你想知道哪个公司从其资源中获得的收益较多。可以使用利润表中的信息得出衡量公司使用资源效率的经营活动比率。例如，两个公司使用等量资源或资产从事某一特殊经营活动。如果 A 公司产生的利润或销售额高于 B 公司，那么它使用资源的效率就高于 B 公司，因此享有更高的经营活动比率。这一比率适用于许多重要的活动，如广告、销售或库存管理。

例如，零售商经常关注库存周转率。假设某一家电零售商期望在接下来的一年里平均每月销售 30 台冰箱。一种策略是订购 360 台冰箱，于 1 月 1 日到货。然而，这将是一个糟糕的策略，原因有很多：零售商需要维护巨大的仓库空间，并为此支付巨额费用；冰箱在几个月内都不会出售，这增加了冰箱损坏的风险；零售商必须现在为冰箱支付货款，而一些冰箱在几个月内都不能产生收入。更好的选择是少订购一些冰箱，这样冰箱的到货数量就会减少，但订货的间隔会缩短，需要更频繁地进货。

➡ 14.6　把职业道德带入会计等式

制定会计职业道德的目的是使公众对商业机构、金融市场以及会计专业人士的产品与服务保持信任。没有职业道德，所有会计工具与方法将毫无意义，因为会计工具是否有用最终取决于对这些工具与方法的应用是否真实可信。

在商业世界，除了有许多有利的机会和结果之外，也有一些不道德行为。在对不道德行为的公开报道中，道德领域仍然是一个愿意"做正确的事情"的人可以发挥作用的地方，幸运的是，每天都有人在这样做。职业道德在安然公司丑闻中的作用是一个经典的例子：在安然这家曾经的能源巨头公司中，琳恩·布鲁尔（Lynn Brewer）拒绝对发生在她身边的不道德会计行为视而不见，她尽力提醒公司内部人员有关公司资产误报的问题。当她的努力失败后，她与同事谢伦·沃特金斯（Sherron Watkins）以及玛格丽特·切克尼（Margaret Ceconi）一起与美国能源和商业委员会（House Energy and Commerce Committee）进行了交谈，表达了对安然公司状况的担忧。对布鲁尔来说，保持个人与职业的正直与诚实最为重要，她也是这样做的。

14.6.1　美国注册会计师协会职业行为守则

在美国，公共会计**职业行为守则**（code of professional conduct）是由美国注册会计师协会来贯彻实施的。该协会规定，会计人员要保持执业资格，就必须遵守与职业道德相关的六个方面的细则，具体如表 14-3 所示。美国注册会计师协会职业行为守则详细阐述了每个方面要求的综合细节。管理会计师协会有一个类似的守则，为管理会计专业人员提供了职业道德指南。

表 14-3　注册会计师协会职业行为守则概观

会计师本着自愿原则加入美国注册会计师协会，除遵守成文的法律法规之外，还承担下列自律义务。	
作为专业人士的责任	注册会计师在履职时，应坚守高水平的道德标准，行事敏锐谨慎，为注册会计师职业带来荣誉。
为公共利益服务	注册会计师应该不辜负公众的信任，恪守承诺，忠于职守，以为公众服务为荣。
恪守诚信	注册会计师在履行所有会计职责时，要崇尚诚信正直，以提高公众对会计职业的信任。
坚持客观性和独立性	注册会计师在履行专业职责时，要避免利益冲突。在向公众证明客户公司财务报表的可信性和真实性时，注册会计师要与客户保持相互独立。
严格遵守职业技术标准和道德标准	注册会计师要提高专业水平，遵守道德标准，持续接受会计教育，不断提高个人能力，提升服务质量，尽最大所能履行专业职责，做到尽职尽责。
在提供服务时恪守职业操守	从事公共业务的注册会计师，在确定将提供的服务范围和性质时，应该遵循职业行为守则的要义和宗旨，为客户着想，努力为客户提供力所能及的服务。

资料来源：Based on "Code of Professional Conduct," *AICPA*, at www.aicpa.org/Research/Standards/CodeofConduct/Pages/ sec50.aspx, accessed on April 19, 2017.

阅读美国注册会计师协会职业行为守则，你可以看到它禁止财务报表的误报和欺诈。欺诈行为违反了实施公正判断（在责任方面）的要求，与公众的利益相悖（通过欺骗投资者），辜负了公众的信任（在公共利益方面）。具有误导性的财务报表破坏了公众总体上对会计职业以及商业的信任。虽然职业行为守则禁止这些行为，但守则的效果最终取决于它所约束的专业人士是否接受它并加以运用。

14.6.2　违反会计职业道德和 GAAP

近年来，大众媒体报道了很多不道德和违法的会计行为。表 14-4 中的一些公司丑闻，辜负了公众对它们的信任，损害了几千名员工的养老金计划，造成企业关闭和员工失业。当你阅读这些案件的时候，你应该能够看到每起违法行为与本章讨论的编制资产负债表和利润表是如何相关联的。在这些案件中，如果员工遵循了职业行为守则，不良后果是可以避免的。涉案人员几乎都违反了守则中与职业道德相关的六个方面的规定。而且，"专业人士"都是自愿参与涉及不道德行为的活动。这种肆无忌惮的行为是制定《萨班斯-奥克斯利法案》的推动力。

表 14 - 4　无职业道德的会计违法行为实例[21]

公司	会计违法行为
美国在线时代华纳（AOL Time Warner）	美国在线公司为了使股票价格在与时代华纳合并前后保持高位，夸大了广告的收入。
房地美（Freddie Mac）	这家美国政府公司虚报骗取了 50 亿美元的收入。
HCA 公司	医疗保健协会和医院通过虚报成本和非法开具发票，诈骗医疗保险和医疗补助以及 TRICARE（必须支付 17 亿美元的民事罚款、损害赔偿金、刑事罚款以及罚金）。
泰科公司	总裁丹尼斯·科兹洛夫斯基非法使用公司资金，购买价格昂贵的艺术品归己所有（他被判数年监禁）。
废物管理公司（Waste Management）	该公司通过用非正当的方法计算设备折旧和残值，在财务报表中多报收入（虚假和误导报告）。
世通公司	该公司在年度利润表中隐瞒未报 38 亿美元的支出，使其呈现虚增（虚报）的利润，而不是亏损。

寻觅良策　　**数据分析法与审计的未来**

在 1929 年股市崩盘之后，美国会计师协会推出五大会计原则，该协会认为这五项原则已被会计界普遍接受。与此同时，联邦政府成立了证券交易委员会，负责监管上市公司的财务报告。尽管美国证券交易委员会拥有建立 GAAP 的法定权力，但随着金融交易变得日益复杂，美国证券交易委员会和会计界合作成立了会计准则委员会（FASB），这是世界上第一个专职会计准则制定和研究的委员会。

为了执行美国证券交易委员会和 FASB 的规则，会计师事务所制定了适用于公司财务报表的审计程序。作为独立审计人员，会计师事务所可以向公众保证报表是按照 GAAP 编制的。早期的审计依赖于管理层发表的郑重声明，但随着审计工作的发展，审计程序开始关注更客观的证据，如库存目视检查（实际库存盘点）和应收账款的盲点查证。

这是多年来审计领域的状况。大部分审计工作是使用手工程序、电子表格以及一些抽样和统计分析方法完成的。但现在，审计公司在审计工作中整合数据分析、机器学习和其他现代技术，改变了审计工作的广度和深度以及客户的期望，使审计职能一直在迅速发生变化。事实上，自 20 世纪 70 年代以来几乎没有改变的审计报告，可能在未来几年内进行重大修订。

正如数据分析和大数据告诉我们买什么、阅读什么新闻，甚至与谁约会一样，它现在正成为审计工作的重要组成部分。数据分析使审计师能够 100% 检查客户的交易；跟踪和分析趋势以及异常和风险，确定有问题的领域或交易；并根据行业、地理位置、规模或其他因素将公司的财务信息与其他信息进行比较。随着审计的变化，新的风险也会出现，但对精通技术的审计人员来说，新的机会也会出现。

➡ 14.7　国际会计

据悉，最早形式的会计出现于 7 000 多年前的美索不达米亚和埃及，用于记录贸易交易的相关信息，跟踪资源的使用情况。随着时间的推移，每个国家或地区的会计实务都得到改进，以满足商业方面的需要，同时也适应当地文化传统和法律的发展。每个地区都有独特的做法，这些做法都可以很好地服务每个地区，但随着国际商务活动重要性的日益突显，它们也带来了一些问题。到了 20 世纪后期，跨国组织的兴起和全球经济的迅猛发展，显然要求会计准则更加统一。通用程序的发展将允许各国政府和投资者，如中国、巴西和意大利的政府和投资者，阅读、解释和比较来自所有这些国家的财务报表，然而即使在今天，这样的比较有时也是很困难的。

14.7.1　国际会计准则理事会

国际会计准则理事会（International Accounting Standards Board，IASB）成立于 2001 年，总部设在英国伦敦，是一个独立的非营利组织，负责开发一套全球适用的会计准则，并获得世界各个会计机构的支持。

IASB 成员是来自不同国家的全职会计专家，具有专业知识和国际商业经验。[22]因为 IASB 不能命令主权国家接受它提出的国际会计准则和标准，所以它要在世界各地努力争取得到各方的合作，这是一项持久的任务。鉴于得到各国的接受是成功的关键，因此 IASB 所执行的任务需要一个长期的过程，需要与各国合作设计拟议标准的程序。比如，若要让 IASB 的任何提案在美国实行，必须首先得到 FASB 和美国证券交易委员会的批准。然而，IASB 不仅要争取得到美国的认可，还要争取得到所有国家的接受。将多地公认会计原则汇合为一套全球通用的会计实务准则任重而道远。

14.7.2　为何要有一套全球统一的会计实务准则？

虽然有超过 138 个国家采用了 IASB 的会计惯例，但还有 50 多个国家继续使用本国的一般公认会计准则。[23]总部设在美国的跨国公司，如谷歌、卡特彼勒和微软等公司，可能会根据业务所在国家的当地会计惯例编制不同的财务报表。它们还使用美国 GAAP 将公司在全球的所有子公司的财务业绩合并在一起，通过一套合并报表报告公司的总体业绩。然而，使用不同的会计准则会导致一家公司的财务状况在不同国家和地区有天壤之别。例如，采用当地的一般公认会计原则与采用 FASB 的会计原则惯例所编制的利润表、资产负债表和现金流量表，可能包含相互冲突的信息，而不一致的信息会使投资者和其他公众产生困惑和误解。

为了强调这一点，IASB 主席汉斯·胡格沃斯特（Hans Hoogervorst）指出，使用 IASB 准则的公司所填报的资产负债表数字，是使用美国 GAAP 所填报数字的两倍。[24]哪一份报告如实反映了公司的经营状况？在全球经济中，报告中的这种不一致性是不可接受的，因此，IASB 的目标之一就是防止这种情况的发生。

旨在使美国 GAAP 与 IASB 会计准则协调一致而需调整的目标领域示例

GAAP 与 IASB 的会计准则在实践中表现出诸多差异，一些报告指出了两者之间的 400 多个差异，下面的例子说明了两者之间的差异，并提出在财务报告中采用趋于通用标准的建议。

• 在评估资产（在资产负债表上报告）时，GAAP 允许资产因某种原因价值降低时进行减记，但是以后不能重写，即使资产实际价值增加，也不可以提高其账面价值。IASB 的标准则允许这种资产增记，以反映市场价值的增加，因此公司资产的报告价值可能会有很大的不同，这取决于所选择的会计准则。[25]

• 在收入确认方面，什么时候应该确认来自客户的收入（入账），应该以什么金额计入利润表中，GAAP 和 IASB 所采用的程序彼此不同。目前的联合提案如果获得批准，将消除现有不一致，并提供一个统一的标准，即在货物和服务转移到客户时确认，并将预期从客户处收到（或已经收到）的金额计入会计报表。[26]

• 在金融资产贬值方面，如在金融危机中减记坏账，GAAP 和 IASB 目前都采用同样的程序：在发生损失之后（在成为既定事实之前），贷款价值可以在公司的财务报表中减记，反映其较低的价值。然而这两个组织都认为，利用"预期信用损失模型"提前确认（并报告）可能出现的贷款损失，将为投资者和理财规划师提供更及时的信息。它们已经提出关于这一程序的一项联合提案。[27]

• 在公允价值披露方面，FASB 和 IASB 共同提出了改进财务报表公允价值披露可比性的新标准。不同于许多地方性公认会计原则采用不同的披露惯例，这两个组织都希望财务报表中的资产、负债和所有者权益项目的"公允价值"在 FASB 和 IASB 的程序中具有相同的含义。披露时应确定用于衡量公允价值的技术和投入，以便使用者更清楚地评估和比较财务报表。[28]

实施时间表

美国证券交易委员会已经设定目标，最早将于 2015 年要求美国公司使用 IASB 的财务报表程序。当年执行了一些程序，但另一些程序则被推迟和设定在几年内分阶段逐步实施。然而，为了全面执行既定的程序，IASB 必须首先证明所制定的标准足以适用于美国财务报表编制体系。为此就要确保投资者已经逐渐了解如何使用 IASB 所制定的标准，并接受这方面的教育。会计教育也必须不断更新，以帮助美国会计专业的学生为采用 IASB 报表程序做好准备，同时也要为会计师事务所从业人员提供更新的相关知识培训。美国注册会计师协会开始在注册会计师考试中逐步引入国际标准。考试中的大部分新问题都涉及 GAAP 和国际财务报告准则（International Financial Reporting Standards，IFRS）之间在某些方面存在的差异。

问题与练习

复习题

1. 谁是会计信息的使用者？他们使用会计信息的目的是什么？

2. 请指出注册会计师提供的三类服务。

3. 解释财务会计与管理会计的不同。

4. 阐述法务会计师参与的业务活动和提供的服务。

5. 三个基本的财务报表是什么？每种报表涵盖的主要信息是什么？

分析题

1. 如果你计划在一家公司投资，该公司的三份财务报表你最想看哪一个？为什么？

2. 使用会计等式来确定你的净资产，确定你的资产和负债。有了这些信息，你将来会如何增加你的净资产？

3. 考虑为什么国际会计准则理事会的会计准则要经过很长时间才能在美国完全采用。通过互联网查询信息，找出阻碍该准则实施的五个或者更多的障碍，并解释每个障碍如何（或为什么）导致实施时间延长。

应用练习题

1. 采访当地公司、非营利组织或政府机构的会计人员。回答如下问题：公司如何使用预算表？预算编制如何帮助管理者计划、控制业务活动？请举例说明。

2. 采访当地零售商、批发企业或制造企业，了解职业道德规范在这些公司会计工作中的作用。对于管理者来说，会计职业道德是至关重要的问题吗？如果公司有自己的会计人员，那么公司采取什么措施来确保内部会计人员的做法是符合职业道德标准的？在与会计师事务所的业务往来中，公司采取什么措施来保持与会计师事务所的关系符合道德标准？

案　例

犯罪现场调查：华尔街

在本章开篇，你读到了注册舞弊审查师及其在打击各种欺诈性会计行为中的作用，特别是在经济不景气时期。这一部分还广泛地讨论了公众欺诈行为的一些例子，以及由此给美国企业带来的经济损失。利用本章所学内容，你应该能够回答下列问题。

◇问题讨论

1. 你认为在选择各种防范公司欺诈的方法时，最重要的因素是什么？

2. 假设你希望成为一名注册舞弊审查师，最近的欺诈趋势如何为这一职业提供新的机会？

3. 外部审计师如会计师事务所的会计师，可能会怀疑客户公司在会计核算中存在一些违规行为。注册舞弊审查师可以在哪些方面提供帮助？

4. 假设要对某公司的员工进行反欺诈培训，请创建一个培训议程，其中包括四个（或更多）培训主题，并对每个主题给予描述。

5. 在调查一家会计活动涉嫌欺诈的公司时，涉及哪些道德问题？

现代会计人员的未来发展方向

在未来，会计人员掌握业务知识并辅以分析能力和技术能力是必要的，在这一不断变化的职业中，若想满足市场的需求，必须具备范围广泛的一组能力。

传统会计人员的作用主要是分析以往的财务数据，创建财务报表，对财务数据和财务文件进行解释，以便更好地制定业务决策。现代社会对注册会计师的期望越来越高，要求他们发挥更接近于领导者的作用，这表明财务工作影响着企业的其他许多方面，包括整体运营、战略、数据管理、人力资源和技术资源。会计人员日益从多方面参与客户公司的管理活动，其能力超越了传统的财务会计专家的能力。会计师提供的咨询服务范围很广，要指导客户解决诸多问题，包括业务开发、识别战略机遇、评估风险和威胁，以及使用大规模数据库确定开发新产品、改善客户服务、评估新的业务线以获得竞争优势的策略。除了技术专长之外，这种参与还需要会计人员全面了解客户的业务及其经营活动所处的市场情况。

以下趋势促使现代会计人员发挥更大的作用：

- 物理和地理边界的限制越来越少 。

随着全球化程度的加深，许多总部设在外国的公司都在与世界其他地区的公司进行业务往来。借助现代技术手段，会计师与其他国家的客户开展远程合作。位于内布拉斯加州奥马哈的公司办公室或家庭办公室的会计人员可以为位于新加坡的客户提供服务。

- 社交媒体改变了人际关系和商事活动的运作方式。

现代会计师通过社交媒体参与商事活动，积极建立职业关系。注册会计师不再依赖于偶尔在专业会议上所进行的面对面交流。领英等社交媒体提供了触手可及的远程互动平台，能进行交流信息、专业建议和会计人员之间的临时合作，为需要特定技能的客户提供服务。当会计人员利用社交网络建立自己的商业声誉时，新的商业机会也会出现。

- 有效沟通是会计人员必须具备的能力。

现代会计人员要向客户提供全球商业发展趋势和战略前景方面的咨询意见，沟通技能至关重要。会计人员的全面知识若要转化为有意义的建议，就必须将其及时、明确和令人信服地以口头和书面形式传达给客户。在各种交流环境中，从正式发言到临时召开的交互式小组会议，再到面对面或远程一对一的非正式对话，有效性都是至关重要的。

- 会计人员新增角色中的项目管理。

由会计人员担任项目经理一职已司空见惯，因为他们可为客户提供经营战略、整体运营和业务开发等方面的指导。这些覆盖范围广泛的问题通常需要由大型专家小组来主持，需要他们长期参与财务预测、产品和工艺工程开发、财务信息解释、成本估算和人力资源分析等活动。项目的成败取决于项目经理的能力，取决于他们能否将项目分解为可管理的任务、能否使分配的任务有人接受、能否鼓励各任务小组及时报告进展情况，以及能否整合项目的许多步骤，使项目连贯且一致，最终达成目标。

很显然，未来的会计人员不仅需要具备传统的技能，还需要掌握更多的新技能。他们需要了解客户的业务性质及竞争环境，必须知道如何帮助客户获得更大的竞争优势。[29]

◇**问题讨论**

1. 本案例中的讨论在哪些方面适用于管理会计师而不是注册会计师？解释你的回答。
2. 本案例中的讨论在哪些方面适用于法务会计师而不是注册会计师？解释你的回答。

3. 考虑《萨班斯-奥克斯利法案》条款对注册会计师服务的限制。本案例对现代会计活动的描述与该法案有何冲突？解释你的回答。

4. 长期以来，道德规范在会计职业中都发挥着应有的作用。与传统的会计人员相比，现代的会计人员要发挥新的作用，是否会更重视职业道德？对此加以解释。

注 释

第VI篇

财务问题

第 **15** 章 企业财务管理

学习目标

1. 解释货币的时间价值和复利增长的原则，讨论普通股的特征。

2. 指出投资的理由，确定共同基金和交易型开放式指数基金提供的投资机会。

3. 描述证券市场的作用，指出主要的证券交易所和证券市场。

4. 阐述风险与收益的关系，探讨如何运用多元化和资产配置降低投资风险。

5. 描述公司融资的各种方法，说明每种方法的利弊。

6. 指出公司首次公开募股的各种理由，解释如何确定股票价格，并讨论市场资本化的重要性。

7. 解释如何对证券市场进行监管。

开篇案例 　　　　　　　　　　　　　　**地上之火**

　　也许你有幸去过福戈·德乔（Fogo de Chao）餐厅，该公司 2017 年初在美国有 28 家餐厅，在墨西哥有 2 家，在巴西有 10 家。福戈·德乔是一家巴西风格的烤肉店，供应各种烤肉，由受过巴西南部烹饪风格训练的厨师在餐桌上现切。当然，由厨师提供定制肉片是吸引顾客光顾的魅力之一，厨师漫步于餐厅，根据用餐客人的需要提供切片肉，这也是一种独特配送模式的一部分。该模式允许餐厅通过减少所需服务员的数量来控制成本。为了与各种肉类搭配，食客可以前往丰盛的自助餐品区，其中有自助沙拉、小菜和甜点。

　　这家高档餐厅与 Ruth's Chris Steakhouse 和 The Capital Grille 展开了激烈的竞争，然而它的起点并不高。1979 年，两对兄弟——雅伊尔·科瑟（Jair Coser）和阿莱·科瑟（Arri Coser），豪尔赫·昂格拉托（Jorge Ongaratto）和阿莱绍·昂格拉托（Aleixo Ongaratto），在巴西阿雷格里港的一个草棚里开了一家巴西烤肉店。

这家餐厅有一种淳朴的乡村风格，正如它的名字福戈·德乔（意为"地上之火"）所体现的。在接下来的 6 年里，该公司蓬勃发展，在圣保罗又开了 2 家分店。与美国前总统乔治·布什（George H. W. Bush）的一次偶遇，推动了公司在美国的扩张。1995 年，布什在圣保罗的一家福戈·德乔分店用餐时，对那里的食物和服务非常满意，他建议兄弟俩把业务扩展到美国。两周后，雅伊尔和豪尔赫前往得克萨斯州考察。"我一直在想我为什么要来美国，"雅伊尔·科瑟说，"我无法解释。那时，我在巴西过得很好。我有自己的房子，有自己的家人，有自己的生意。那时的想法就是'我们走吧'。"2005 年，昂格拉托兄弟将他们在该公司的权益卖给了科瑟兄弟，后者成了平等的共同所有人。为了继续扩张，科瑟兄弟在第二年引入了巴西最大的投资基金之一 GP Investments，但他们仍持有控股权。2012 年，科瑟兄弟决定清算他们的投资，据报道，他们以 4.26 亿美元的价格将公司卖给了托马斯·李合伙人公司（Thomas H. Lee Partners L. P.）。当时，这家连锁餐厅在美国有多达 16 家分店，在巴西有 7 家分店。

新的所有者团队继续成功地进行连锁餐厅的扩张，留下许多高层管理人员，并引入富有才能和专业知识的新人，为会计和管理工作提供支持。

2015 年，该公司首次公开发行了 440 多万股的股票，以每股 20 美元的价格筹集到 8 820 万美元，远高于每股 16～18 美元的预期销售价格区间。托马斯·李合伙人公司为自己保留了 2 200 多万股股份，获得了公司近 80% 的控股权。福戈·德乔用这笔钱偿还了债务。从那以后，公司的收入稳步增长。

就在福戈·德乔上市之前，其他 3 家连锁餐厅也采取了同样的做法：Wingstop 连锁餐厅首次公开募股，筹集到 1.27 亿美元；Bojangles 连锁店在首次公开募股中筹集到 1.69 亿美元；汉堡包连锁店昔客堡筹集了 1.21 亿美元。[1]昔客堡以每股 46 美元左右的价格上市，几个月内股价达到 96 美元，随后进入长期下跌，2017 年中期股价低于 40 美元。Bojangles 的开盘价约为 24 美元，到 2017 年中下跌至不到 18 美元。Wingstop 自以每股 30 美元上市以来，股价一直在 26～33 美元波动。因此，2016 年和 2017 年初，整个餐饮业都很艰难，福高·德乔也不例外，尽管它的财报很乐观，但到 2017 年初，这只刚上市时每股 20 美元的股票，已经跌到每股不足 15 美元。公平地说，作为一家提供全方位服务的餐厅，它无法与 Wingstop 或昔客堡相比。以每份食物价格为 50～60 美元，福戈·德乔与更高档的牛排餐厅展开竞争，如 Ruth's Chris Steakhouse、Del Frisco's 和 the Capital Grille。然而，其股价表现一直令人失望。

股价的下跌或上涨通常没有特定的原因，但是，对于福戈·德乔来说，投资者在考虑是否买入、持有或卖出其股票时，可能会考虑几个因素。例如，虽然偿还债务可能有帮助，但这种策略也有一些缺点，特别是对于直营连锁店模式。开新餐厅需要大量资本和现金，而用首次公开发行股票所得资金来偿还债务，使该公司现金匮乏。2016 年公司销售强劲，在某种程度上是由于奥运会的附带效应。此外，由于烹饪南美菜式需要特殊技能，福戈·德乔依靠"专业知识"L-1B 签证从巴西引进厨师，这些签证已被暂停，有些甚至被追溯撤销。那么这一切意味着什么？就像对一家上市公司投资一样，实际上不可能准确预测该股票价格是会上涨还是下跌。丰富的投资经验会使你具有优势，但正如美国商业作家威廉·费瑟（William Feather）曾经说的："股票市场的一个有趣现象是，每次一个人买，另一个人卖，双方都认为自己很精明。"[5]（学完本章内容后，你应该能够回答章末的一系列讨论题。)

我能从中学到什么？

来自世界各地各行各业的企业，每日都汇聚于全球金融市场，寻求可以使用的资金，为自己的经营活动融资，为偿还债务筹款。个人投资者也汇聚于此，通过在投资场所面对面的方式以及在线方式，从事可以盈利的商品、股票和债券交易，使自己的资金带来更大价值。福戈·德乔的发展说明了这其中的每一项活动。不管你的投资目标是长期还是短期的，不管你的动机是赚取利润还是出于安全保障考虑，或只是因为你喜欢应对成功获得筹资和资本投资所固有的挑战，本章将帮助你了解各种方法，助你取得投资成功。

15.1 资本增长最大化

明智的投资是公司资金增长的关键，特别是在需要积累资本以创立（或发展壮大）企业，或者为保证未来财务稳健提供缓冲的时候。在寻找投资机会时，有许多概念在评估可选择的投资方案中发挥着重要作用。（本章后面会更详细地讨论，需要考虑的一个关键因素是潜在投资回报和投资风险之间的关系。）

15.1.1 货币的时间价值和复利增长

最久经考验、行之有效的致富之路莫过于多年一直坚持储蓄和投资的策略。一夜暴富的机会微乎其微。尽管很多人有"我想要一切，我现在就想要！"的想法，但是几乎没有财富追求者能将其变为现实。

货币的时间价值（time value of money）是企业财务管理中最为重要的概念之一，它表明了一个基本事实：将货币进行投资，经过一段时间之后，可以赚得利息或产生其他形式的收入回报，进而使投资人拥有的货币数量有所增加。时间价值产生于**复利增长**（compound growth）原则，即在一段时间内支付给投资者的利息呈现积累增长。每过一段时间，随着利息支付的积累和利息的不断增加，一项投资的收益就会增长，从而使期初投资的盈利能力成倍增加。

72 法则

通过实例，我们可以更好地理解货币的时间价值：要经过多长时间，一笔投资才能翻一番？有一种便捷的计算方法叫作"72 法则"。你可以用 72 除以年利率（按百分比）得出使投资翻一番所需要的年数。例如，以 8% 的年利率再投资，大约 9 年可以使投资翻一番：

$$\frac{72}{8}=9（年）$$

如果你以 4% 的年利率进行再投资，那么你的投资大约将在 18 年后翻一番。

72 法则还可以计算，如果你想在一定时间（年）里使自己的投资翻一番，你应该得到的年利率是多少：用 72 除以你期望的时间。如果你想在 10 年里使投资翻一番，那么你需要得到 7.2% 的年利率：

$$\frac{72}{10} = 7.2\%$$

对于投资者来说，结论很清楚：较高的利率会使投资翻番的频率更快。

更好地利用时间价值

假如你以 7% 的年利率投资 10 000 美元，为期一年，情况会怎样？10 000 美元的投资将使你第一年赚得 700 美元的利息。如果把本金加上第一年赚得的利息以及今后 4 年每年所得利息进行再投资，最终你将得到 14 025 美元。如果现在你在为退休做打算，以同样的年利率把这笔钱再投资 25 年，退休时你将得到 76 122 美元，几乎是你期初投资的 8 倍。

图 15-1 展示了 10 000 美元的期初投资在较长时间段内大幅度增长的情况。请注意，最后 10 年的收益要远远高于前 10 年的收益，这说明了复利增长的效果。每年利率应用的数额都在增加。注意，利率越高，收益也就越高。即使看似很小的利率提升，比如从 7% 到 8%，也会导致累计利息的大幅增加。

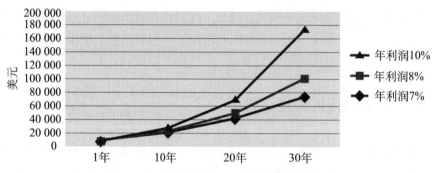

图 15-1 期初投资 10 000 美元的增长情况

从图 15-1 中可以看出，利用货币时间价值的最佳办法是获得较高的投资回报率。各式各样的投资为实现不同的财务目标提供了机会，如快速增长、财务安全等，我们将会在后面对这些加以探讨。

15.1.2 普通股投资

历史已经证明，与其他许多方式相比，获得高回报率的一种方式是投资股票市场。来看截至 2012 年初美国股市的平均回报率。1912—2012 年的 100 年间，平均年回报率超过 9%，而最近 25 年的平均年回报率超过 11.29%。**股票**（stock）是公司所有权的一部分。[2]公司的所有权被分割成可以进行交易的小份额，即股份，以此确定每位股东拥有公司多少资产（股份）。由于可以购买不同类型的股票，并且个人能够方便买卖股票的市场已经建成，因此这种所有权交易已成为可能。

股票有几种类型，其中普通股最为重要。**普通股**（common stock）的股份是公司最基本的所有权形式。个人以及其他公司购买某一个公司的普通股股票，期望它增加价值，提供股息收入；此外，普通股股份授予股东在重大问题上的投票权。

股票的价值通常以两种不同的方式来表示：市值与面值。

1. 股票的真正价值是它的**市值**（market value）——股票在市场上的现行价格。市值反映了购买者愿意为公司的股份支付的货币数额。

2. 普通股股票的**面值**（book value）由公司（记录在资产负债表上的）所有者权益与所有股东持有的普通股股数的比值确定。面值被用作比较指标，因为成功公司的股票市值通常大于股票面值。因此，当股票市值下降到接近面值时，一些追求利润的投资者会买进该股票，理由是该股票价格偏低，将来可能会上涨。

普通股的投资特点

在所有投资中，普通股投资是风险最大的投资方式之一。股票市场本身的不确定性会迅速改变某一特定股票的价值。而且，当公司某年不盈利或经济环境糟糕时，潜在投资者不再看好其股票的未来价值，这时其股票价格往往下降。例如，美国股票在2008—2009年初的经济衰退期间损失了一半的价值。在2015年能源价格暴跌时，大多数股票价格仍然保持在高位，但石油公司的股票价格下跌。不过，从积极的方面来看，普通股具有较高的增长潜力，当公司经营业绩得到提升时，如推出热销的新产品，股票价格会急剧上涨。从历史上看，股票价值通常会随着时间的推移而上升。截至2013年中，大多数美国普通股已经收回2008—2009年损失的价值，许多公司的股价再创历史新高。同样，随着2017年能源价格开始攀升，石油公司的股价也开始攀升。

股息

股息（dividend）是从公司收益中按每股应得利润支付给股东的款项。股息支付是有选择性和变数的，公司董事会决定在什么时候支付股息，确定对公司未来发展和股东最为有利的股息数额。很多公司把利润的30%～70%分给股东。**蓝筹股**（blue-chip stocks）是指由实力超强、久负盛名、财务状况良好、受人尊敬的公司发行的股票，如可口可乐和埃克森美孚等公司的股票，这些公司历来通过持续派息为投资者提供稳定的收益。但有些公司特别是发展迅速的公司，不派分股息；相反，它们把现金收入用于扩大公司的经营规模，目的是使将来的收入增长得更快。更为重要的是，任何公司都可能遇到不好的年景，这时它们会决定减少或取消给股东的股息支付。

因此，我们可以看到，资本积累成功与否在很大程度上取决于能否利用货币的时间价值，因为在多个时间段内，利息支付带来的复利增长能使公司投资的盈利能力倍增。同样，对普通股的投资也能提供增加资本增长的潜力，但前提是股票能有股息收入并且它的市值可以增加。

15.2 为实现财务目标而投资

作为购买股票的另一种替代投资方式，共同基金与交易型开放式指数基金很受投资者欢迎，因为它们为各种不同的财务目标提供了很有吸引力的投资机会，而且通常也不需要很大数额的资金。此外，简单便捷的交易方式也便于个人投资者购买。

共同基金（mutual funds）由像普信集团（T. Rowe Price）和先锋领航（Vanguard）

这样的公司创立，从购买股票、债券以及其他证券组成的投资组合的个人和组织吸纳现金。它们期望投资组合的市值增加，或以另外的方式为共同基金及其投资者带来收入。因此，随着基金资产日益增值，作为部分所有人的投资者预计会获得财务收益。如果你向一个价值 10 万美元的共同基金投资 1 000 美元，你将拥有该基金 1％的份额。当买入或卖出基金时，**免佣基金**（no-load funds）不会向投资者收取销售佣金。**有佣基金**（load funds）的投资者通常要支付 2％～8％的佣金。

15.2.1 投资的理由

在网上或打电话开立共同基金账户相对容易。有很多基金可以实现设定的财务目标。这些基金的投资目标各不相同，旨在吸引投资动机和投资目标不同的投资者。最常见的三个财务目标是：（1）稳定性与安全性；（2）保守型增长；（3）进取型增长。

•稳定性与安全性。强调稳定性与安全性的基金不管经济环境如何，只追求适中的增长而使本金价值浮动很小。这种基金包括货币市场共同基金，以及能维持基金持有者资本、有把握支付现行收入的其他基金。这些基金的典型资产包括美国公司的低风险债券和美国政府债券，以及以利息和股息形式提供稳定收入、较为安全的其他短期证券。

•保守型增长。强调保护资本和现行收入，同时寻求资本增值的共同基金被称为平衡基金。一般来说，这些基金持有长期市政债券、公司债券以及有良好股息支付记录、收益稳定的普通股股票。尽管股票市场总体下滑时存在股价下跌的风险，但是普通股可以提供市值增加的潜力。

•进取型增长。进取型增长基金寻求最大的长期资本增长。它们牺牲短期收入和可靠性，投资于新公司（甚至有风险的公司）和开发新产品与新技术的公司的股票，以及其他高风险证券。它们是为那些风险承受能力较强的投资者所设计的，这些投资者能够接受普通股价格剧烈波动所固有的亏损风险，同时也期待随时获得更高回报的可能性。

15.2.2 大多数共同基金与市场表现不一致

很多（但不是所有的）共同基金由"专家"来管理，他们为基金挑选的股票和其他证券要给基金带来收入。但据估计，在这些管理型基金中，有高达80％没有达到股票市场平均收益回报率，其原因是管理费用太高，股票表现不佳。[3]表现不佳这一劣势导致被动管理型共同基金的出现。基金经理采用预先确定的一贯策略进行这类基金的投资，而不是在买卖股票时根据判断作出选择。这些选择是由所采用的策略预先定义的，而不是由基金经理来决定。应用最广泛的被动管理型共同基金是指数型基金。指数型基金设法模仿某个特定市场指数的持股情况和表现。例如，广受关注的标准普尔 500 指数（后面将对此进行讨论）由 500 只特定的普通股组成。任何共同基金公司都可通过购买这 500 家公司的股票来创建自己的指数基金，从而让自己的基金同标准普尔 500 指数的市场表现相匹配。相对来说，往往无须过多考虑在指数型基金中选择购买哪种股票，因为它选择持有的很多股票与其所跟踪的市场表现一致，不需要太多人力投入，因此减少了管理费用。

15.2.3　交易型开放式指数基金

与指数型基金一样，**交易型开放式指数基金**（exchange-traded fund，ETF，也称交易所交易基金）是一篮子股票（或债券）组合，组合中的股票或债券取自反映市场总体走势的股票指数。然而，与共同基金不同的是，交易型开放式指数基金可以像股票一样进行交易。交易型开放式指数基金每个份额的交易价格随着所跟踪的市价的不断变化而涨落。

交易型开放式指数基金与共同基金相比有三个方面的优势：首先，可以像股票一样全天交易，操作费用低，不需要初期高投资。由于在股票市场上交易，交易型开放式指数基金可以全天随时买卖，不断定价。这种日内交易（intraday trading）意味着投资者可以在一天里掌握交易时间，在市场价格达到理想价格时（或如果市场价格理想时）买进或卖出。而共同基金一天定价一次，即在当天交易结束时定价。因此，投资者在一天里购买或出售股票时，不知道股票的价格，直到这一天结束才会知道。

其次，很多共同基金都把昂贵的主动管理成本转移给投资者，而交易型开放式指数基金受到指定哪些股票、什么时候可以购买等相关规则的约束，一旦规则确立，涉及的人为决定很少甚至没有。交易型开放式指数基金的年经营成本低，年交易费为资产的 0.04%；共同基金的年交易费平均为 1.4%。[4]

最后，与共同基金不同，交易型开放式指数基金没有最低投资要求，投资者不需要太多资金就可以便捷进入。[5] 不过，由于交易型开放式指数基金必须通过经纪人买卖，它要求支付经纪人佣金（交易费）。买卖频繁的投资者最终可能要支付较多的交易费，甚至超过共同基金的高额管理费用。[6]

因此，我们看到，由于各个公司的投资财务目标各不相同，因此除了普通股之外，它们通常还会考虑其他替代方案，如安全性和稳定性程度不同的共同基金、寻求保守型增长的基金以及风险更大的进取型增长基金。交易型开放式指数基金对于那些有时间跟踪股票市场即时走势进行日内交易的公司来说，是一种可行的选择。由于给定的最低投资门槛比较低，交易型开放式指数基金不仅年经营成本较低，还提供了进入市场的便利。

创业和新企业　　　　　　　**找到需要，满足需要**

2017 年 3 月 17 日，里奇·富洛普（Rich Fulop）和维姬·富洛普（Vicki Fulop）夫妇的小型初创企业 Brooklinen 在投资者 A 轮融资中出售了少数股份，从头标资本（First-Mark Capital）获得了令人振奋的 1 000 万美元资金。

时光倒回到短短的三年前。担任财务经理的里奇被裁员，他借机拿到了全额奖学金，回到纽约大学斯特恩商学院（NYU Stern School of Business）深造。维姬具有法律学位，但从未获得律师资格。她没有做律师而是从事公关工作，帮助公司建立品牌，赢得媒体的报道。他们在一次度假时入住了一家价格昂贵的豪华酒店，那里奢华舒适的床品令他们爱不释手，他们想买一套，但是酒店不销售床品。于是，富洛普夫妇上网搜寻，发现很难找到以合理的价格销售的优质床品，购物体验也令人失望，这对于他们而言既是挑战也是机遇。富洛普夫妇得出的结论是市场上存在未被满足的需求，于是他们着手去填补这一缺口。

富洛普夫妇从家庭成员的储蓄和贷款中筹集了少量资金，建立了一个网站 Brooklinen 和一些初步的基础设施，然后，他们在众筹平台 Kickstarter 上发起了一项活动，既是试水也是为了筹集资金。令他们惊讶的是，他们在短短 30 天内筹集了近 23.4 万美元，超过了"前 8 天众筹 5 万美元"的目标。

里奇和维姬利用他们在金融和市场营销方面的综合业务技能，使公司既结构精简又能实现盈利。美国与以色列签署了自由贸易协定，所以，通过与以色列的一家公司谈判生产加工协议，他们能够将成本削减 22%。到 2016 年 11 月，Brooklinen 的年销售额超过 2 000 万美元，客户超过 50 000 人。他们也有竞争对手，比如 Parachute、Crane & Canopy、Boll & Branch（另一对夫妻创立的初创企业）等零售商，它们销售的高支床单价格在 100～200 美元，远低于同等质量的芙蕾特（Frette）或丝菲莱（Sferra）床单的价格。

为了保持竞争力使企业成长壮大，里奇和维姬需要更多的资本。这时，风险投资公司头标资本加入。头标资本与富洛普夫妇合作，创建了首次私募优先股，使公司免于按照美国证券交易委员会规定准备烦琐的报告和备案要求。A 股优先股给予头标资本一定程度的债务担保，还有股票所有权的一些规定。A 股优先股通常包括一些有利条款如转换条款，允许投资者在公司上市时通过交易将优先股转换为普通股。

富洛普夫妇仍然对公司拥有控制权，他们计划利用风险投资基金在增加产品种类，包括枕头、被套、蜡烛和各种其他辅助产品的同时，扩大营销活动，壮大团队。这个计划会成功吗？2017 年，该公司计划销售超过 5 000 万美元的产品，并将客户基数增加 2 倍，达到 15 万人。所有这一切都源于富洛普夫妇在度假时萌发的一个想法。正如商界人士所言，成功最基本的构建要素是"找到需求，满足需求"。之后你需要做的就是努力工作和投入大量金钱。[7]

➡ 15.3 证券交易业务

股票、债券以及共同基金被称为**证券**（securities），因为它们代表了投资者对金融资产获得的宝贵所有权。出售股票与证券的市场叫作**证券市场**（securities markets）。证券市场通过促进证券的买卖为公司提供了赖以生存的资本。但是，共同基金不在证券市场买卖，而是由创建、购买与出售基金的投资公司金融专业人员进行管理。

15.3.1 一级证券市场和二级证券市场

在**一级证券市场**（primary securities markets）上，公司与政府买卖新上市的股票与债券。有些时候，新证券只卖给某个唯一的买家或小范围的买家。这些所谓的"私募"是发行者求之不得的，因为它们使发行者能够对自己的计划保密。

然而，多数新股票和一些债券在业务比较宽泛的公开市场出售。为了使新证券上市，发行公司必须得到管理美国证券市场的政府机构——**美国证券交易委员会**的批准。传统上，公司还要依赖**投资银行**（investment bank），即专门从事新股票发行与转售的金融机构所提供的服务。然而，在 2008 年金融危机中，这一切发生了改变，雷曼兄弟（Lehman Brothers）破产成为美国有史以来最大的金融破产案，贝尔斯登公司（Bear Stearns）被摩根大通收购，美国剩下的两家大投资银行——摩根士丹利（Morgan Stanley）和高盛集团（Goldman Sachs）获准成为银行控股公司（类似商业银行）。[8]不过，虽然公司结构发生了变化，但它们仍然提供三个重要的投资银行业务：

1. 就新证券发行的时间安排和融资条件向公司提供建议。

2. 承销新证券，即为新证券的发行提供担保，担负承购并包销新证券的责任，因此为发行公司提供 100％的资金（减去佣金）。未能将这些证券转售出去是银行必须承担的风险。

3. 建立分销网络，通过其他银行和经纪人将新证券转售给个人投资者。

但是，新证券只代表交易证券的一小部分。现存股票和债券在更大的**二级证券市场**（secondary securities markets）出售，由纽约证券交易所等人们比较熟悉的机构来经销，近年来，人们还通过电子交易网络进行在线交易。

15.3.2　证券交易所

有史以来，多数股票的买卖在有组织的证券交易所进行。**证券交易所**（stock exchange）是由互相配合的个人所组成的组织，提供一个可以有序进行股票交易的拍卖环境。

交易大厅

每个证券交易所都规定了交易可以发生的地点和时间。传统交易所和电子交易市场的根本区别在于交易活动的地理位置。交易所的经纪人在交易大厅（也被称为喊价市场）面对面进行交易。而电子交易市场则使分散于世界遥远地方的上千名交易商在线进行交易。

如今，交易大厅装备了大量不同的电子设备，以展示买卖指令或确认完成的交易。各种新闻服务及时提供有关世界重大事件以及商业发展的信息。这些因素的变化将迅速反映在股票的价格上。

美国主要的证券交易所

在通过交易大厅交易的美国证券交易所中，纽约证券交易所（New York Stock Exchange）是最大的。如今，它面对来自美国电子交易市场——纳斯达克（NASDAQ），以及国外大型证券交易所如伦敦和东京的证券交易所的竞争。

纽约证券交易所　纽约证券交易所成立于 1792 年，是世界证券交易所的典范。2007年与泛欧证券交易所（Euronext）合并，组成纽约泛欧交易所集团（NYSE Euronext），从而把欧洲和美国的证券市场整合到一起。只有在盈利能力、发行股票总值以及股东数量等方面达到要求的公司，才有资格在纽约证券交易所上市。[9]

今天的纽约证券交易所是一个混合市场，既使用交易大厅进行场内交易，也使用电子方式进行场外交易。当客户通过经纪人事务所或在线下订单时，订单将被传送到纽约证券交易所交易大厅的经纪人那里。希望交易该股票的场内经纪人聚集在一起，根据供求关系商定交易价格，然后执行订单。客户还可以使用纽约证券交易所的 Direct＋服务系统，以电子方式自动执行交易指令。

全球证券交易所　到 1980 年，美国市场的股票交易价值占世界市场的一半以上。然而，随着在外汇市场上市的股票价值持续增长，市场活动也发生了变化。全球各地已有数百家证券交易所。表 15－1 列出了 2016 年全球十大证券交易所，以及每家交易所当年以美元计算的股票交易量，还有挂牌上市交易的公司数量。在越南、老挝和卢旺达等地，开始出现新成立的交易所；与此同时，在上海和华沙等城市，成立更早的新兴交易所正在蓬勃发展；其他一些交易所正在不同地区通过合并或合作大展宏图。例如，纽约泛欧交易所集团通过与卡塔尔交易所（Qatar Exchange）合作，获得了在中东市场占有一席之地的宝贵机会，这也使卡塔尔交易所成为较强大的国际交易所。[10]

表 15－1　2016 年全球十大证券交易所

交易所	交易量（10 亿美元）	上市公司数量
纽约证券交易所	19 223	2 400
纳斯达克	6 831	3 058
伦敦证券交易所	6 187	3 014
东京证券交易所	4 485	2 292
上海证券交易所	3 986	1 041
香港联合交易所有限公司	3 325	1 866
泛欧证券交易所	3 321	1 299
多伦多证券交易所	2 781	1 524
深圳证券交易所	2 285	1 420
法兰克福证券交易所	1 766	3 769

资料来源：www.visualcapitalist.com，accessed on May 15，2017。

纳斯达克市场　全国证券交易商自动报价系统（National Association of Securities Dealers Automated Quotation，NASDAQ，也称为纳斯达克）是世界上最古老的电子证券市场，成立于1971年。在纽约证券市场上的买卖订单在交易大厅汇集，而 NASDAQ 订单则在连接全世界的 500 000 台终端计算机网络上汇集和执行。目前，NASDAQ 与越来越多的国家或地区合作，用电子网络取代了传统的交易所交易大厅。

大约 3 100 家公司的股票，既包括新兴公司也包括著名公司，通过 NASDAQ 进行交易，如美满科技（Marvell）、苹果、微软、英特尔和史泰博。虽然 NASDAQ 的上市公司数量超过纽约证券交易所，但在 NASDAQ 交易的美国股票总市值仍低于纽约证券交易所。

国际合并与跨界所有权

技术进步的浪潮加上监管和竞争因素，推动了证券交易所的整合，推进了跨境交易从实体平台到电子平台的转变。电子通信网络为 24 小时全天候、全球通的证券交易打开了大门。到 20 世纪末，欧洲的证券交易所都进入了电子化时代，到 2010 年，美国也迎头赶上。不精通电子技术但要保持竞争力的证券交易所，正在与拥有比较先进交易系统的证券交易所合作。证券交易所之间竞争加剧给投资者带来了好处，交易速度加快，交易费用降低。

15.3.3 非交易所交易：电子通信网络

1998 年美国证券交易委员会授权成立**电子通信网络**（electronic communication networks，ECN），通过在指定价格水平自动进行买卖订单匹配的方法，把传统证券交易所以外的买卖双方聚到一起。电子通信网络迅速受到欢迎，因为交易程序快捷高效，交易成本仅为几美分。它还使盘后（在传统市场结束一天营业活动收盘后）交易成为可能，保护了交易者的匿名权。[11]

电子通信网络必须在证券交易委员会以经纪自营商身份注册。然后电子通信网络再向订购人即其他经纪自营商和机构投资者提供服务。订购人可以在系统网站随时查看所有订单，寻找发生了什么交易、在什么时候发生的。个人投资者必须在订购人（经纪自营商）那里开立账户，才能把交易订单发送给电子通信网络。

15.3.4 个人投资交易

半数以上的美国公民持有某种形式的股票、债券或共同基金。[12]在这些投资者中，有许多人是新手，他们会向有经验的专业人士或经纪人寻求建议。而见多识广、经验丰富的投资者往往更愿意在没有外界指导的情况下独立投资。

股票经纪人

交易大厅里的一些人受雇于证券交易所，另一些人为自己交易股票，还有许多人是为外部客户执行买卖订单并赚取佣金的**股票经纪人**（stock brokers）。虽然股票经纪人能够使买卖双方达成交易，但他们自己并不持有这些证券，他们从为这些个人和组织下订单中赚取佣金。

折扣经纪人

像购买其他许多产品一样，投资者可以按折扣价格或全方位服务价格购买经纪服务。比如亿创理财和史考特证券（Scottrade）等折扣经纪人，向熟知股票交易的资深个人投资者提供快速、低成本参与市场交易的方式。2017 年，投资者在史考特证券购买 200 股价格为 20 美元的股票需要支付 7 美元的服务费，而在亿创理财，这笔交易的服务费为 7.99～9.99 美元。很明显，折扣经纪人之间存在价格差异，但是标价最高的折扣经纪人的要价仍远低于全方位经纪人。销售人员接受酬金或工资，不接受佣金。与许多全方位经纪人不同，折扣经纪人不提供深层次的投资建议或面对面的销售咨询服务。但是，他们提供自动在线服务，如股票调研、行业分析以及特殊种类股票的筛选。

全方位经纪人

尽管在线投资发展迅速，但是对于不知行情的投资新手，以及经验丰富却没有时间跟踪股市最新发展情况的投资者来说，全方位经纪人仍然是重要的信息资源。全方位服务经纪公司如美林公司，就个人财务计划、不动产计划、税收战略以及范围更广的投资产品，给客户提供咨询建议。在线金融数据像雪片般大量涌来，客户在无指导的情况下可能会不知所措，在这个时候，金融顾问除了提供和解释信息外，还可以为他们指点迷津。

在线投资

在线交易的普及产生于在线获取信息的便捷性、快捷的交易以及自我导向的投资者只需缴纳很低的交易费就能管理自己的投资。

在线投资者每天买入和卖出几千家公司的股票。因此，跟踪某一时点谁持有什么股票难度很大。解决方法来自账簿分录所有权（book-entry ownership）。股票过去以实际纸制证书的形式发行，现在它们只记录在公司的账簿上，因此消除了储存、交换以及替换证书的成本。

寻觅良策　　为退休后的生活找到资金来源

现如今，大多数公司都提供保健福利和养老金计划（比如 401（k）计划），即使我们可能理所当然地将其视为员工津贴，但对于员工来说，这两项待遇都是相对较新的福利。事实上，在 1900 年之前，只有少数几家公司效仿美国运通公司（该公司 1875 年开始提供退休福利时仍是一家快递公司）提供基本的养老金计划。设计养老金计划的初衷是创造一个更稳定的、以职业为导向的员工队伍。但那时，人们一直工作到身体无法继续工作为止，而且预期寿命相对较短，因此养老金计划在退休后持续支付的养老金数额是有限的。

之后发生了两件大事，巩固了养老金计划在美国的地位。第一件是 1929 年股市崩盘和随之而来的大萧条，数百万美国人的毕生积蓄付之一炬。为了给未来的退休人员提供生活保障，国会借鉴了私营部门的做法，通过了《1935 年社会保障法案》（Social Security Act of 1935），经富兰克林·德拉诺·罗斯福（Franklin Delano Roosevelt）签署后成为美国法律，进而创建了我们今天所熟知的由政府资助的固定收益养老金计划。这些早期的养老金计划（以及社会保障计划）基于一个公式来计算支付数额，通常承诺在有生之年按月支付。当然，1935 年的预期寿命只有 60 岁，因此应支付给退休人员的养老金总额仍然有限。到了 1942 年，为了遏制战后通货膨胀，国会通过了《工资和薪金法案》（Wage and Salary Act），有效地冻结了工资。由于冻结不适用于医疗保险和退休福利等附带福利，因此公司开始利用慷慨的福利待遇来吸引高管。随着时间推移，像全美汽车工人联合会这样的大工会游说福利适用于所有人，而不仅仅是高薪酬员工。事实上，福特公司直到 1950 年才为工时制员工提供养老金计划。

现在，潘多拉的盒子打开了。人们的预期寿命增加，工人们期望并要求得到更多的福利。但是，养老金承诺也有弊端。1963 年，总部位于印第安纳州的汽车公司斯图德贝克（Studebaker Corp）破产，该公司用于养老金计划的资产在诉讼中被用光，导致 11 000 名员工得不到养老金。这不是养老金计划失败的第一个案例，只是众多失败案例之一，但它经常被认为是促使国会再次采取行动的契机。此案之后，国会制定了《1974 年雇员退休收入保障法案》。这一行为产生了一些持久的、意想不到的后果。

首先，根据该法案创建了养老金给付担保公司（Pension Benefit Guaranty Corporation），这是一个由纳税人提供资金的养老金救助基金，每年向领不到养老金的养老金计划受益人支付数十亿美元，目前是在负债运营，亏损额达数十亿美元。根据《国内税收法》(Internal Revenue Code) 第 401 (k) 节，投资于符合新法律规定的养老金计划的资金，其收益可以免税。员工可以指定一定数额的税前收入放入基金，雇主通常会在一定程度上匹配这些资金。

现在的养老基金体系庞大臃肿，落后低效。雇主和股东都不愿意看到他们创造的负债，而固定缴款计划如 401 (k) 通常要全额出资。员工喜欢确切地知道自己的投资额是多少，并希望自己在有限的范围内能够管理好投资组合。大多数参与者都可以投资从高增长到固定收益的一系列共同基金。一些公司允许员工投资公司股票，但这种策略存在弊端。例如，2000 年底，安然公司 401 (k) 养老金计划中 21 亿美元资产的一半以上投资于安然股票。安然公司破产后，数千名员工失去了毕生积蓄。在大多数情况下，养老金给付担保公司无法提供帮助，因为它是一个固定缴款计划，而不是真正的养老金（固定福利）计划。雷曼兄弟的员工以及无线电器材公司（Radio Shack）的员工也面临着类似的困境。所有这些问题的解决方法是：尽可能多地参与 401 (k) 计划，让投资免税增长，使投资多样化。要做到这一点，最简单的方法是更多地了解共同基金，并将养老金储蓄投资于能够平衡风险和收益的领域。

15.3.5 使用股票指数跟踪市场

几十年来，投资者使用股票指数来衡量市场绩效，预测股票市场未来走向。虽然**市场指数**（market index）不能表示各个证券的状况，但它提供了具体行业和整体股票市场总体价格趋势的有益总结。例如，市场指数揭示牛市和熊市的市场趋向。**牛市**（bull markets）是股票价格上涨阶段，通常持续 12 个月或更长的时间；投资者受到激励去购买股票，因为他们确信可以实现资本盈利。**熊市**（bear markets）是股票价格下降阶段，通常比最高值下降 20%；因为预期股价会进一步下跌，所以投资者会出售股票。

如图 15-2 所示，过去 37 年股票市场的特点是以牛市为主，历史上最长的牛市从 1981 年到 2000 年初。与此相反，2000—2003 年的特点是熊市。2007—2009 年是历史上第二糟糕的熊市，仅次于 1929—1932 年的熊市。[13] 标明这些阶段特点的数据来自 4 个主要市场指数：道琼斯工业平均指数、标准普尔 500 指数、纳斯达克综合指数和罗素 2000（Russell 2000）指数（在图 15-2 中没有显示）。

道琼斯工业平均指数

道琼斯工业平均指数（Dow Jones Industrial Average, DJIA，简称道琼斯指数或道指）是美国最古老且引用最广泛的市场指数。它衡量美国股票市场工业部分的绩效，重点只放在 30 家蓝筹股、大盘股的公司，反映美国很多类似公司的经济健康程度。道琼斯工业平均指数是这 30 家大公司股票价格的平均值，交易商和投资者把它当作市场总体走势的传统晴雨表来使用。由于道琼斯工业平均指数只包含数千家上市公司中的 30 家，因此它只是市场总体价格走势的一个近似值。

最近几十年来，道琼斯工业平均指数不断进行修正和更新，以反映美国公司和产业结

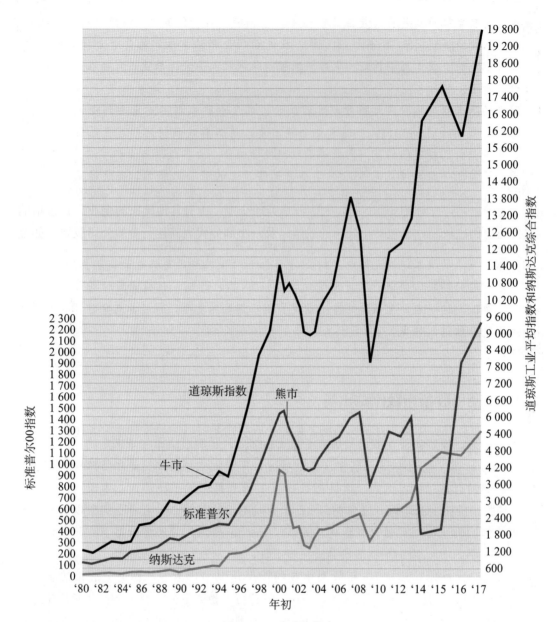

图 15 - 2　牛市与熊市

资料来源：Yahoo! Finance，at http：//finance. yahoo. com.

构的变化。2008—2009 年的修正以三家新增公司——卡夫食品公司、保险业巨头旅行者公司（Travellers' Company）以及技术巨头思科公司，取代了保险公司美国国际集团（American International Group）、银行业的花旗集团以及汽车业的代表性企业通用汽车。新增公司取代三家面临严重财务问题和重组变革的公司，更好地体现了当今以食品和技术为基础的经济以及金融产业的突出地位。卡夫食品公司在 2015 年与亨氏食品公司（Heinz）合并后，被苹果公司取代。

标准普尔 500 指数

由于道琼斯工业平均指数只考虑数量很少的公司，因此对美国整体股票市场的衡量是有限的。**标准普尔 500 指数**（S&P 500）则是一个涵盖范围更广的股市行情报告，很多公司认为它是衡量美国股票市场最好的指标。它由 500 家市场资本化率较高的大公司的股票组成，包括来自信息技术、能源、工业、金融、医疗保健、消费品和电信等不同行业的公司，均衡地代表了整个大盘股市场。

纳斯达克综合指数

由于**纳斯达克综合指数**（NASDAQ Composite Index）由更多的股票组成，所以一些华尔街的观察家把它看成是最有用的市场指数之一。与道琼斯工业平均指数和标准普尔 500 指数不同，纳斯达克综合指数不是只包括经过挑选的少数公司，而是包括所有在纳斯达克上市的公司，总计约 3 100 家，大部分是美国企业，也有其他国家的企业。它包括的科技公司比例比较高，也包括小公司的股票以及一小部分代表其他行业的公司股票，如金融、消费品以及工业股票。

罗素 2000 指数

美国小盘股市场的投资者感兴趣的是**罗素 2000 指数**（Russell 2000 Index），这是根据市值衡量美国小企业表现的一种专门指数。作为关注美国经济小盘股部分的报价最多的指数，其股票代表了金融、非必需消费品、医疗保健、科技、材料和公用事业等一系列行业。

匹配交易型开放式指数基金的指数

许多特定行业、国家和经济部门的其他特色股票指数可以满足投资者的多种需求。此外，还有很多交易型开放式指数基金可供投资者选择，它们几乎可以代表流行的股票市场指数的市场表现。例如，标准普尔存托凭证（Standard & Poor's Depository Receipts, SPDRS），也就是人们所熟悉的 Spiders，拥有一组与标准普尔 500 指数一致的成份股票。同样，富达纳斯达克综合指数跟踪股票（Fidelity® NASDAQ Composite Index® Tracking Stock）持有由一组跟踪纳斯达克综合指数的股票构成的投资组合。

我们已经看到，证券市场——买卖股票和债券的市场，提供了公司赖以生存的资本。这些市场还为公司提供了投资机会，公司可以借此机会交易证券，进而增加公司财富。发行新证券的公司在投资银行的帮助下募集资金。现有证券全天在二级证券市场（买卖双方在主要证券交易所进行交易的地方）以及通过电子通信网络进行交易。在进行证券交易时，许多个人和公司都依赖证券经纪人提供的服务，而其他自主交易者则通过线上交易来自己管理投资。投资者常用股票指数来衡量市场表现，预测股市的未来走势。市场指数揭示了牛市和熊市，揭示了证券投资固有的风险和机会。

15.4 风险-收益关系

个人投资者对安全和风险有不同的动机和偏好。这就是为什么一些个人和公司投资股票，而另一些人只投资债券。尽管所有投资者都期望未来会收到现金流，但有些现金流相比之下要更加可靠。投资者普遍认为不确定性越高，收益也越高。他们通常不指望政府债券等安全、稳定的投资会带来高额回报。投资的时间承诺也包含了风险因素。短期投资通常被认为风险较小，而长期投资会受到经济和金融市场未来不确定性的影响。截至2013年年中，美国1年期政府债券的平均收益率为0.13%，而5年期和10年期政府债券的平均收益率分别为1.02%和2.10%。因此，每种类型的投资都有一种风险-收益关系。较安全的投资往往收益率较低，风险较高的投资往往收益率较高。

　　图15-3给出了不同金融工具的风险与收益率的总体关系，以及它们所吸引的投资者类型。保守型投资者对风险的容忍度比较低，倾向于选择风险极低的美国短期政府债券（完全由政府担保），甚至选择就未来收益率而言风险低、预期收益也低的中期高等级公司债券。进取型投资者正好相反，他们喜欢长期垃圾债券和普通股股票的高风险和高收益。[14]

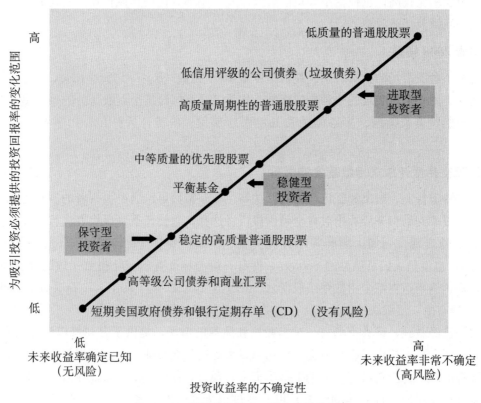

图15-3　投资风险越大，潜在收益率越高

15.4.1　投资股息（或利息）、升值与总收益

在评估投资时，投资者观察股息（或利息）收益和升值带来的收益率以及总收益。

股息

股票的股息回报率通常被称为**当期股息收益率**（current dividend yield），在有贷款利息的情况下称为**当期利息收益率**（current interest yield），通过一年的股息收入与投资的当期市价的比值来计算。例如，在最近一段时间，美国国际电话电报公司每股股票年股息是 1.80 美元。如果某一天该股票的价格是 35.67 美元，则当期收益率是 5.05%（1.80/35.67×100%）。然后，可以将其与其他投资的当期收益率进行比较。当然，较高的股息收益率比较低的股息收益率更受欢迎。

升值

另一个收益来源取决于投资的货币价值是上升还是下降。**升值**（price appreciation）是指投资的货币价值增加。例如，假设你以每股 35.67 美元的价格购买了美国国际电话电报公司的股票，然后在一年后以 37.45 美元的价格卖出股票。股票升值 1.78 美元（37.45－35.67）。这个利润产生于投资价值的增加，也就是所说的**资本收益**（capital gain）。

总收益

一项投资的当期股息（利息）收益与资本收益之和称为投资总收益。把总收益与所需要的投资加以比较，才能准确计算出总收益率。总收益率用投资总收益占投资的百分比来计算，计算公式如下：

总收益率＝(股息收益＋资本收益)/原始投资×100%。

以美国国际电话电报公司为例，一年期投资的总收益率是 10.04%((1.80＋1.78)/35.67×100%)。显然，较高的总收益率比较低的总收益率更受欢迎。

15.4.2　虚拟股市

并不只有虚拟棒球、足球和曲棍球的狂热爱好者因虚拟游戏而激情澎湃。虚拟股市能够让人们专心学习证券市场的运作方法，尝试各种投资策略，并赚取虚拟财富（或破产）。互联网游戏，如《华尔街幸存者》（*Wall Street Survivor*）和《市场如何运作》（*How the Market Works*）这种免费游戏，为玩家提供了一种集教育、挑战和娱乐为一体的投资体验。游戏伊始，参与者会得到一笔虚拟现金作为初始资金，并用这笔资金管理他们对真实公司的虚拟投资组合，他们必须接受真实的市场结果。这是一种"边干边学"的体验，参与者在网页上输入股票代码，搜索各种信息资源，从而研究他们感兴趣的公司，并作出买卖决策，然后随着投资组合的实际市场价格变化，获得财务成果。许多学生和从业者发现这些游戏是学习如何在线投资的宝贵资源。

15.4.3　通过多元化和资产配置降低风险

在选择投资时，投资者很少采用极端手段——完全不规避风险或规避一切风险。极端持仓导致极端结果。大多数投资者选择混合投资组合，将一些风险较高的选择和一些比较保守的选择组合在一起，形成总体上可接受的风险和财务收益。他们以两种方式实现风险与收益的平衡：（1）多元化；（2）资产配置。

多元化

多元化（diversification）是购买几种不同种类的投资产品，而不是只购买一种投资产品。例如，把多元化应用到普通股股票意味着，你要在几个来自不同行业、不同国家的不同公司的股票上投资。通过把投资分散到不同的股票上，投资者可以降低亏损的风险，因为任何一种股票的价格都可能下跌，但所有股票在同一时间全部下跌的概率较小。例如，2016 年石油和天然气价格下跌时（其他条件不变），壳牌和雪佛龙等石油和天然气公司的股价也会下跌，因为它们的收入减少了。然而，使用大量石油和天然气燃料的公司，如 UPS、联邦快递和达美航空等公司的股价可能会上涨，因为这些公司的运营费用有所下降。

当资产分散到各种不同的投资选择上时，如股票、债券、共同基金、贵金属、房地产等，多元化的程度就更大了。然而，如果员工没有进行多元化投资，而是将他们的养老金全部投资于自己公司的股票，那么一旦公司破产或投资不当，他们可能失去一切。2001 年，美国十大企业之一的安然公司倒闭了，对其数千名员工来说，这是一场金融灾难，因为安然的养老金计划仅投资于安然的普通股。公司股价从每股近 90 美元跌至不到 5 美元，这几乎使员工的养老金储蓄荡然无存。他们意识到将所有鸡蛋放进同一个篮子是一种极危险的做法。公司股价因为市场崩溃和丑闻而暴跌，他们的养老金也随之消失了。

资产配置

资产配置（asset allocation）是指在每种投资选择中所投资（或分配）的基金比例，即相对金额。例如，你可以决定把 50% 的资金投资于普通股，25% 投资于货币市场共同基金，25% 投资于美国长期政府债券共同基金。10 年后，你由于临近退休更加关注金融安全，偏向风险更小的资产配置，因此决定把投资组合中的比例调整为 20%、40%、40%。在这个例子中，投资者为了保护累计资本，使投资组合从中等风险转变为低风险，资产配置也随之改变。

不同投资组合的绩效差异

选择了风险水平可接受的投资目标后，投资者就要在投资组合中使用多元化和资产配置这两个工具。**投资组合**（portfolio）是任何公司和个人所持有的所有金融资产（包括股票、债券、共同基金、不动产等）的组合。

就像投资者一样，投资基金有各种不同的投资目标，从进取型增长/风险高，到稳定收入/波动性低，它们拥有的资产可以在几百种有助于实现理想目标的公司股票、公司债券或政府债券中分散投资。多元化投资组合在各种基金中以不同比例配置资金，如果一切按计划进行，那么多数基金将达到理想投资目标，投资组合总体价值将增加。

每笔商业投资都存在风险-收益关系。风险较高的投资往往收益也更高，而安全性更高的投资则收益较低。不同类型的投资在反映风险-收益关系上各不相同，大多数公司都致力于混合投资，总体而言，这些投资能够提供公司所期望的风险-收益关系。每笔投资的总收益是其资本收益和股息（利息）收益的总和。在确定了期望的风险-收益关系后，投资者用两种方法来实现它：（1）多元化；（2）资产配置。多元化是指购买几种不同类型的投资，而不仅仅购买一种投资。资产配置是投资于每种投资方案的资金比例。多元化和资产配置对于防范任何单一投资固有的不确定性（风险）至关重要。

15.5　为商业公司融资

如果你的投资很明智，而且你的目标是创立自己的公司，那么你可能有能力实现这个目标。然而，这仅是企业融资这个复杂过程的第一步。每个公司都需要现金来运转。虽然企业所有者的储蓄可能足以使公司起步和运转，但是企业要依赖销售收入来维持生存。当当期销售收入不足以支付费用支出时，公司就要挖掘其他资金来源。一般来说，融资从所有者存款开始，所有者自掏腰包提供资金或者实收资本。公司如果需要更多的资金，可以从银行借款，从外部私人投资者处募集资金，或向公众出售债券。

15.5.1　用担保贷款购买设备

购买新设备的资金通常来自商业银行的贷款。在**担保贷款/资产支持贷款**（secured loan/asset-backed loan）中，借款人通过抵押资产为贷款人提供**抵押物**（collateral），保证贷款的偿还。假设一家卡车运输公司获得了 40 万美元的银行贷款，用它购买了 8 辆自卸卡车。借款人需要承诺将卡车和公司的办公楼作为抵押物抵押给银行。如果借款人违约或未能偿还贷款，银行可以接管他的抵押资产，然后进行变卖，偿清债务。但是，在 2008 年经济衰退时，公司或家庭购买者违约贷款所购买的资产几乎毫无价值。

贷出并必须偿还的款项叫作**贷款本金**（loan principal）。为了使用所借的资金，借款人还要向贷款人支付额外的费用，即**利息**（interest）。所欠利息额取决于借款人和贷款人达成一致的**年利率**（annual percentage rate，APR）。利息额为贷款本金与年利率的乘积。

15.5.2　营运资金以及银行无担保贷款

企业日常运营不仅需要固定资产，还需要可使用的当期流动资产，以满足短期经营支出的需要，如支付员工工资和营销费用等。公司满足这些费用支出的能力用营运资金来衡量：

营运资金＝流动资产－流动负债

营运资金为正，则说明公司流动资产充足，可以偿清流动负债（见第 14 章）。营运资金为负，则说明公司的流动负债大于流动资产，公司可能需要从商业银行借款。对于**无担保贷款**（unsecured loan），借款人不必提交抵押物。但在很多情况下，银行要求借款人保持补偿性余额，即借款人必须在银行无息账户保留相当于贷款数额一部分的储蓄。

有不良信用记录的公司一般得不到无担保贷款。因为获得无担保贷款要求良好的信用记录，所以很多公司与商业银行建立关系，一段时间后通过及时偿还贷款本金与利息，建立良好的信用记录。然而，在极端情况下，即使有良好的信用记录也未必能获得贷款。在 2008 年经济衰退期间，大多数银行现金短缺，几乎所有公司客户都无法获得贷款，致使经济发展的速度更加缓慢。即使不良资产救助计划以及其他政府机构注入大量资金，银行仍然远远不能提供充足的贷款以满足现金紧张的公司借款人对流动资金的需求。

更糟糕的是，在极端情况下，财务状况良好的企业可能也会遭受损失。例如，休斯敦地区的一家房屋建筑商从一家当地银行那里获得了 2 000 万美元的信贷额度，还有 1 600 万美元的未偿余额。从账面上看，该建筑商信誉良好，还有 400 万美元的无担保贷款。然而，在 2008 年经济衰退和房地产市场崩溃期间，银行家们将该建筑商的信贷额度降至 1 000 万美元，作为整体信贷削减的一部分，并通知该建筑商有 60 天的时间来支付其现在"透支"的 600 万美元。当无力支付时，该建筑商被迫宣布破产，最终倒闭。

小企业家尤其容易低估建立银行信贷作为资金来源的价值。一些银行根据与当地其他公司业务往来的经验，提供财务分析、现金流规划和建议。一些银行则在经济不景气时为小企业提供贷款，努力使这些小企业维持运转。因此，要获得信贷，首先要找到一家能够且愿意满足小企业财务需求的银行。一旦获得信贷额度，小企业就能向其他企业寻求更加宽松的信贷政策。例如，供应商有时会给客户更长的贷款期限，如 45 天或 60 天而不是 30 天，来支付货款。同供应商之间较为宽松的交易条件可以使企业增加短期资金，并且避免向银行额外贷款。

初创企业比成熟企业更难获得长期贷款。由于还款能力未得到证实，初创企业预计要比成熟企业面临更高的利率。然而，倘若一家初创企业能给出健全的财务规划，美国小企业管理局可能会给它提供贷款担保。商业计划书向所有贷款人表明借款人信用风险良好。商业计划书是一份告诉潜在贷款人自己为何需要这笔资金、需要多少资金、如何用这笔资金改进公司以及何时偿还的文件。

现金流需求的规划对于满足小企业的财务需求尤其珍贵。它还向贷款人证明借款人会谨慎使用财务资源。公司的成败可能取决于对现金短缺或现金过剩出现时间的预期。考虑 Slippery Fish Bait Supply Co. 的老板会如何比较每月的预期现金流入、现金流出和净现金头寸（现金流入与现金流出的差额），该公司的经营活动季节性很强。Bait stores（该公司的客户）在春夏两季向该公司下了大额订单。在这两个季节中，该公司的收入超过了支出，并留有可用作投资的剩余资金。但在秋冬两季，该公司的支出超过了收入。因此，直到下一年春天收入再次回升之前，公司必须借入资金才能保障继续运营。比较销售额中的预计现金流入和现金流出，能够得到该公司的月现金流情况。对于小企业的管理者来说，这些信息可谓是无价之宝。管理者可对资金短缺进行预测，从而提前寻找资金并将成本降至最低。管理者也可对过剩现金进行预测，从而拟定利用这些资金做短期生息投资的计划。

15.5.3 天使投资人与风险资本

企业成功起步后，很可能还需要更多的资金来发展。提供资金的外部个人通常被称为**天使投资人**（angel investors）。天使投资人提供所谓的**风险资本**（venture capital），即来自在新创业型企业寻求投资机会的富人或富裕公司的私人资金（见第 2 章），帮助很多公司迅速发展起来。在多数情况下，创业型企业求助于风险资本，因为它们尚未建立起可以从商业银行或其他贷款机构获得贷款的信用记录。彼得·蒂尔（Peter Thiel）在 Facebook 成立初期为其提供了 50 万美元的风险资本。

有关专家估计，2016 年大约有 71 000 家美国创业型企业获得了 253.5 亿美元的投资。据估计，美国大约有 30 万名天使投资人为创业型企业提供资金。作为投资回报，天使投资人一般期望得到公司大部分的所有权（持股高达 50%）。他们还可能想要在公司如何管理上有正式的话语权。如果公司被更大的公司收购或公开发行股票，天使投资人可以得到额外的收入。

15.5.4 公司债券的销售

公司还可以通过发行债券来筹资。**公司债券**（corporate bond）是指债券发行者定期支付利息，到期（在预先规定的日期）偿还本金的正式承诺（本质上就是欠条）。联邦政府也发行支持项目和帮助还贷的债券，州与地方政府为了资助学校、道路、污水处理系统的建设和类似的工程项目也发行相应的债券（称为地方债券）。

公司债券的特点

债券持有人（借款人）对公司所有权没有索要权，也不享受股息分成。但是，支付利息和偿还本金是公司的财务责任，在出现财务困境时，对债券持有人的偿付要先于给股东的股息支付。

每一种新债券的发行都要有一份注明具体条款和条件的**债券契约**（bond indenture），即规定借款人的责任以及给予贷款人财务回报的法律文件。其中最重要的一个细节是**到期日**（maturity date），也叫**期满日**（due date），也就是公司必须向贷款人偿还债券**面值**（face value）（也叫作票面价值（par value），是购买时的价格）的日期。

传统上，发行公司债券是为了给未偿付的债务以及期限不同的大型项目提供资金。短期债券在发行后 5 年内到期。5～10 年的债券是中期债券，而 10 年以上的债券是长期债券。公司长期债券比短期债券的风险更大，因为它们可能更多遭遇导致违约的不可预见的经济困境。当然，一般来说，已经存在几十年的大公司如福特或通用电气，不太可能违约。但是，伊士曼柯达（Eastman Kodak）和伯利恒钢铁等大公司确实破产倒闭，并对未偿付的公司长期债券违约。

违约与债券持有人索要权

当债券到期但借款人不能向贷款人偿还所借贷款时，就出现了**违约**（default）。这时债券持有人可以就**债券持有人索要权**（bondholders' claim），即要求法庭执行债券支付条款的请求，提起公诉。陷入财务困境而无法偿还债券的公司可以申请**破产**（bankruptcy）保护，请求法庭给予公司不偿还某些债务或全部债务的许可。2009 年，通用汽车公司破产重组后，原通用汽车公司 240 亿美元债券的持有人想知道，如果有偿付，他们能从这个资金紧张的公司得到多少偿付。根据 2011 年的和解协议，持有原通用汽车公司债券的投资者获得了新通用汽车公司的股份，所得股票提供了原债券投资金额 40% 的回收率。[15]

风险评级

为了帮助投资者作出投资决定，一些服务机构可以帮助衡量债券违约风险。例如，表 15-2 所示的两个著名服务机构——穆迪公司（Moody's）与标准普尔（Standard & Poor's）都有自己的风险评级体系。最高等级是 AAA 和 Aaa，最低等级是 C 和 D。低等级债券一般被称为垃圾债券。低等级不代表投资该债券不会成功。相反，低等级促使发行者必须提高利率以吸引借款人。

表 15-2 债券风险评级体系

评级体系	高等级	中等等级 （投资等级）	投机性	不良等级
穆迪	Aaa，Aa	A，Baa	Ba，B	Caa 到 C
标准普尔	AAA，AA	A，BBB	BB，B	CCC 到 C

错误评级误判衰退风险

2008 年的金融危机引发了人们对信用评级机构是否发挥作用的质疑。美国最大的公共养老基金——加利福尼亚州公务员退休基金（Calpers），与其他投资者一起对三家顶级信用评级机构——穆迪、标准普尔以及惠誉国际（Fitch）提起公诉，指控它们"极其不准确、极为不合理"的风险评级使投资者蒙受损失。加利福尼亚州公务员退休基金的官员依赖这些风险评级进行债券投资，结果损失惨重，很多投资瞬间化为乌有。在雷曼兄弟、高盛以及花旗集团等高等级巨头瞬间崩溃，其数十亿美元抵押贷款支持证券最终成了风险很高的不良资产后，对这些机构评级结果的怀疑骤然上升。包括俄亥俄州和康涅狄格州在内的几场诉讼，指控风险评级机构草率的评级结果误导了投资者。[16]

抵押贷款支持证券（mortgage-backed securities，MBS）是 2007 年以前住房市场繁荣期间价值上万亿美元的投资产业。金融机构把住房抵押捆绑成一揽子交易，然后把它们以证券的形式出售给那些相信穆迪、标准普尔以及惠誉国际风险评级机构给出的证券风险评级的急切投资者。每种抵押贷款支持证券是捆绑在一起的一组抵押物形成的债务责任（债券），赋予债券持有人（投资者）享有抵押贷款带来的现金权利。投资者不知道，大约 3 万亿美元的抵押贷款支持证券包含次级抵押贷款——给予信誉不好、收入很低且首付也很低的申请者的高风险贷款，这些证券多数得到风险评级机构给出的高等级（AAA）。在错误的风险评级的误导下，在高等级证券变成不良资产并造成房地产市场和金融市场崩溃的时候，投资者的投资血本无归。[17]

15.6 成为上市公司

首次公开募股（initial public offering，IPO），即第一次向公众出售公司的股票，是很多公司持续增长所需资金的主要来源，同时也带来了管理上市公司所固有的诸多问题。2012 年，Facebook 首次公开募股，公司以每股 38 美元的开盘价格筹集到 1 000 多亿美元，是美国有史以来规模最大的 IPO 之一。本节将讨论上市公司面临的诸多问题，如丧失控制权、股价波动、企业如何使用市场资本化及如何选择资本来源。

动荡时期的管理   **赢家和输家**

今天的资本市场与历史上任何时候的相比，都规模更大、速度更快、程序更复杂，这意味着监管机构需要不断努力，跟上创新的步伐，紧随变革的趋势，掌控动荡的局面。例如，2005 年 1 月，纽约证券交易所完成小额交易订单的平均速度为 10 秒，到 2015 年缩短到不到 0.5 秒。这听起来是件好事。速度和伴随的技术允许交易发生的数量更多，反应速度更快，获得相关数据更及时。然而，它也会加速问题的发生，就像 2010 年的闪电崩盘一样。2010 年 5 月 6 日，股价出现暴跌，在几分钟内下跌了 10%，一些蓝筹股的交易价格一度跌至 1 美分，但在交易日结束前收复了大部分失地。美国证券交易委员会花了几个月的时间才弄清楚发生了什么，在当年 10 月发布的一份长达 100 页的报告中，工作人员指出，普遍不稳定的政治和经济环境导致一只共同基金自动提交了一份大卖单，进而促发市场出现异常剧烈的波动。

因为这种自动交易是对交易量而不是价格作出反应，所以它在 20 分钟内就自动完成了。通常这样的交易要延续几个小时。这时高频交易者（high frequency trader，HFT）可以大显身手。高频交易者是计算机化的日间交易员，它们基于复杂的算法对大量市场数据加以考虑，在数秒内而不是数小时内就完成股票买入和卖出。有时交易如此之快，买入和卖出似乎同时发生。专家们曾一度估计，高达 70% 的股市交易是由高频交易者完成的。然而，在闪电崩盘的情况下，高频交易者一开始吸收了共同基金的巨额卖单，但不久之后又再次卖出，促使共同基金卖出程序再次基于数量而不是价格作出反应。高频交易者和共同基金形成了一个反馈回路，导致市场瞬间崩溃。1 万亿美元在不到 20 分钟内蒸发，随后市场出现了部分复苏。计算机故障可能并不令人意外，但仍然具有破坏性。2010 年，由于程序错误，骑士资本（Knight Capital）在短短 45 分钟的时间内就遭受了 4.6 亿美元的交易损失。

对于企业而言，上述问题加上市场全球化、监管失察以及政治动荡，使得投资和从投资者那里获取资本成为一项不容掉以轻心的任务。在这个快速发展和不断涌现先进技术的时代，一个优秀的商人，除了要掌握市场营销、会计、管理以及经营企业所有其他方面的知识和技能之外，还必须研究市场，要懂政治和经济，成为一位敏锐和积极的资金管理者。

15.6.1 上市意味着出售公司的部分所有权

在向公众出售股票时，私人所有者失去了对公司的部分控制权。普通股股东通常在公司管理上享有投票权，所以他们选举董事会，对公司年度股东大会提出的重大问题进行表决。拥有公司大部分股份的人在决定由谁来管理公司以及如何管理公司的问题上拥有强势地位。

一个极端情况是，**公司掠夺者**（corporate raider）——违背公司意愿对公司进行恶意收购的投资者在公开市场购买股份，企图攫取对公司及其资产的控制权。然后，公司掠夺者在有利可图的时候卖掉这些资产，从而可能毁掉公司。当公司资产价值仍然很高但价格大幅下降到可以被轻易购买时，该公司就成了被掠夺的对象。

15.6.2 股票估值

股票上市后的价值是由什么因素决定的？影响股票价值的因素有很多，其中包括投资者对公司过去风险投资管理记录的评估、对公司所在行业竞争情况的预期，以及对公众对公司产品接受程度的信心。而股票价值反过来又会影响企业的价值。此外，不同的投资者衡量股票价值的方式也不同，衡量方式可能会根据情况而改变。由于股票价格具有不确定性，所以专业投资人士认为，日常价格通常不能很好地代表股票的真实价值。长期观点建议股票估值应考虑公司的整体财务健康状况、以往的经营结果和对未来的预测、管理绩效记录以及未来几年竞争获胜的总体前景。因此，任何股票的今日价值不仅要考虑当前价格，还要考虑其为股东提供的预期长期收益。

股票价格不同的原因

2017 年初的某一天，谷歌在纽约证券交易所的股票价格约为每股 562 美元，而通用电气公司的股票价格约为每股 24 美元，达美航空公司的股票价格约为每股 48.55 美元。伯克希尔哈撒韦公司（Berkshire Hathaway）的股票价格则约为每股 216 415.90 美元。

为什么股票价格差异如此之大？一个原因是每个公司的股票供求不同；另一个原因是一些公司希望其股票在一定的价格范围内出售，比如 20～80 美元，因为它们相信这样可以建立较大的资金池。如果价格变得太高，许多投资者就会买不起股票。公司可以通过**股票分割**（stock split），即以额外股份的形式支付给股东的股票红利，把股票价格恢复到理想范围。现举例说明。假如 X 公司有 100 000 股以每股 100 美元的价格交易的已发行普通股，但公司想把其价位控制在 20～80 美元。X 公司可以宣布"1 变 2"的股票分割，即公司给股东持有的每份股票增加一份。现在 X 公司拥有 200 000 股已发行股票，但它的财务表现并没有改变，所以其股票价格立即下降到每股 50 美元。但每个股东的投资价值没变：他们以前是以一股 100 美元持有股份，现在是以两股 100 美元（每股 50 美元）持有股份。

比较不同股票的价格

考虑在一个特定的交易日，百事的股价为 114.00 美元，可口可乐的股价为 43.90 美元。价格差异意味着百事比可口可乐更好，因为它的股票更贵吗？或者意味着可口可乐的股票价值更好，因为能够以低于百事股票的价格购买其股票吗？这两个解释都不正确。单凭股票价格不能提供确定谁是更好的投资对象的足够信息。表 15-3 可以帮助我们更好地进行比较。

表 15-3 财务比较：可口可乐与百事

	可口可乐	百事
股票价格（美元）	43.90	114.00
每股收益（美元）	1.42	4.63
股息收益率	3.37%	2.82%

首先，百事的每股收益比可口可乐更高（分别为每股 4.63 美元和 1.42 美元）。为了拥有百事的股份，你支付的钱更多，投资回报率也比投资可口可乐略大（百事是 4.63/114.00＝4.06％；相比较而言，可口可乐是 1.42/43.90＝3.23％）。就股东投资的投资回报率来说，两家公司的盈利能力大致相同。

现在再来考虑每年支付给股东的股息。可口可乐的股息收益率是 3.37％，即股息支付数额占股东投资的 43.90 美元的 3.37％，为 1.48 美元（43.90×3.37％）。百事的股息收益率为 2.82％，因此股息支付数额约是 3.21 元（114×2.80％）。根据这些有限的数据来看，投资可口可乐似乎要比投资百事略好。然而，在过去的 10 年里，每家公司各有 5 年表现超过另一家，但二者从来没有很大的差距。因此，这两家公司哪个是更好的投资选择，结果很不明朗。较为全面的评估将比较两家公司在过去更长一段时间内的业绩，同时对每个公司未来的发展前景进行详细分析。

15.6.3 股票市值

广泛用于衡量公司规模与价值的指标是**市值**（market capitalization/market cap），也就是公司全部已发行股票的总货币价值，等于当期股票价格与已发行股票数量的乘积。如表 15-4 所示，投资行业根据市值来对公司规模进行分类。

表 15-4 基于市值的公司规模

规模	市值
微盘股	低于 2.5 亿美元
小盘股	2.5 亿～20 亿美元
中盘股	20 亿～100 亿美元
大盘股	超过 100 亿美元

投资者通常认为投资于市值较大的公司风险较低，而投资于市值较小的公司（小盘股公司）风险较大。苹果公司的市值约为 8 000 亿美元，是美国市值最大的公司之一。

15.6.4 选择股权还是债务资本

满足公司资本需要的渠道有两个：（1）（从公司外部获得的）债务融资；（2）（让公司所有者的资本发挥作用的）股权融资。

债务融资的利与弊

从公司外部来源进行长期借贷，也就是通过借款或出售公司债券进行**债务融资**（debt financing），是多数美国公司融资计划的主要组成部分。

长期贷款 长期贷款具有吸引力的原因如下：

- 涉及的当事方不多，可以较快获得贷款。
- 公司不必公开披露其商业计划或获得贷款的原因。（发行公司债券要求披露信息。）

长期贷款也有一些不利之处。例如，借款人很难找到能够提供大笔资金的贷款人。借款人也可能要面对一些贷款条件的限制。例如，要求借款人把长期资产当作抵押物或同意在偿还贷款前不再借债。

公司债券　当公司长期需要大量资金时，公司债券很有吸引力。通过全国的债券市场，发行公司可以接触大量借款人。不过，债券的行政管理和销售成本很高；而且债券要求严格的利息支付，特别是当发行公司的风险评级不高的时候。发行公司须承担法定义务，发行公司必须支付债券持有人规定数额的年息或半年利息，即使在经形势不好的情况下也必须这样做，在很多情况下，其支付期长达 30 年。如果公司未能支付债券利息，它将违约。世通公司就是一个典型的例子，它在 2002 年申请破产的时候，还是美国第二大长途电话公司。当时，世通拥有 1 020 亿美元的资产，这也成为美国有史以来最大规模的企业破产案。然而，即便资产庞大，世通还是被 410 亿美元的债务压垮了，其中 240 亿美元是来自债券的债务。在面临世通很可能拖欠即将到期的利息的情况下，许多债权人在其贷款得到世通资产的担保之前，纷纷开始扣留额外资金。随后在花旗银行、摩根大通和瑞士信贷第一波士顿银行等 1 000 多家债权人的支持下，世通获准在破产期间继续运营。世通在 2003 年改名为 MCI 有限公司，于 2004 年解除破产状态。

股权融资的利与弊

虽然债务融资通常很有吸引力，但**股权融资**（equity financing），即在公司内部寻找长期资金，有时更受欢迎。股权融资包括发行普通股或留存公司收益。

普通股的费用　通过发行普通股的方法来进行的股权融资可能费用很高，因为股息支付要比债券利息高。支付债券持有人的利息是公司费用，因此公司可以减少纳税，而以现金支付给股东的股息没有税收减免。

作为资本来源的留存收益　如在第 14 章所述，留存收益是留在公司内继续使用的那部分净利润，而不是支付给股东股息的那部分利润。如果使用留存收益作资本，那么公司不必借钱并支付利息。公司如果曾通过对留存收益再投资获得利润，则其对一些投资者往往更有吸引力。但是，留存收益意味着减少股东所得的股息。这种做法可能降低投资者对公司股票的需求，也会降低公司股票的价格。

因此，我们已经看到，成为一家上市公司意味着需要通过首次公开募股来出售部分所有权。在股票上市后，股价由多种因素决定。日常价格是衡量股价的一个弱指标，而公司的未来财务状况、管理层的业绩记录以及对未来竞争状况的预测都是决定股价的因素。股票市值，即当前股价与发行股票数量的乘积，是一种广泛使用的衡量公司规模和市值的方法。上市公司在不断扩张的同时，还需通过以下两种途径获取更多资本：债务融资或股权融资。通过长期贷款和公司发行债券所得到的借款可为公司提供大量的资金，也会使公司承担约束性义务。发行更多普通股或增加留存收益也能募集资金，但这样做意味着股东的股息将会减少。

15.7　证券市场监管

美国政府和各种国家机构在监管和规范证券行业方面发挥着关键作用。如果企业得不到公众的信任，公众不愿拥有企业所有权，不愿与公司进行日常交易，那么企业就无法生存。美国证券市场的监管在维护公众对企业的信任方面发挥着至关重要的作用。

15.7.1　美国证券交易委员会

美国证券交易委员会是一个对证券市场进行立法管制的机构，监督证券市场的各种活动，包括证券发行的方式。美国证券交易委员会创立于1934年，旨在防止导致1929年股市崩溃的那些股票市场滥用行为。美国证券交易委员会监管新证券的公开上市，要求证券发行者在拟上市日期前提交**招股说明书**（prospectus）备案。为了使投资者免遭欺诈，招股说明书的内容要包括发行的证券及其发行公司的相关信息。提供虚假信息将受到刑事处罚。

美国证券交易委员会还实施了禁止内幕交易的法律，**内幕交易**（insider trading）指的是非法使用公司特殊信息谋取利润或收益的做法。例如，假设你为一家制药公司工作，该公司正在研发一种重要的新药，如果获批使用，将使公司的股票价值提高2～3倍。你刚刚看到了证明该药物价值的测试结果，并知道它将获得批准，在6个月后可以广泛使用。你可以告诉你的朋友和家人购买你公司的股票，这样他们就能赚大钱。然而，这样做是违法的。一般而言，公司员工在事件消息公开之前，向他人透露可能影响公司股票市值的预期事件（如即将发生的收购或合并）是违法的。掌握此类内幕信息的投资者将比其他投资者拥有不公平的优势。

15.7.2　禁止内幕交易条例

2011年3月，美国联邦检察官在纽约对帆船集团（Galleon Group）创始人拉杰·拉贾拉特南（Raj Rajaratnam）进行了刑事审判，这位亿万富翁被指控利用金融内部人事网络得到非法股票信息，并以此谋利。报告指出，被告利用非法信息，即公众无法获得的公司机密资料，赚取了高达6 000万美元的利润，这些资料揭露了各公司股价上升或下降的情况。拉贾拉特南在2009年被捕，其他26名涉案高管和证券交易人员也受到指控，其中有19人认罪。2011年5月，拉贾拉特南被判14项罪名成立，可能面临最长205年的监禁。他最终被判处11年监禁，这是有史以来违反内幕交易条例获刑时间最长的案子。除了刑事审判外，美国证券交易委员会还对他提出了其他指控。正如一名美国律师曾说："内幕交易是一种犯罪行为。在公众对公司真实的财务状况一无所知的情况下，高管应当被禁止以此私自敛财。"[18]

美国证券交易委员会对能够提供信息让非法内幕交易者受到民事处罚的人给予奖金。法院可以对非法所得的利润处以3倍以上的罚款，而奖金最多可以是该罚款金额的10%。

在美国证券交易委员会的努力下，证券交易所和证券公司采取了自我监管的方式，它们同美国金融业监管局（Financial Industry Regulatory Authority，FINRA）合作，调查并制止内幕交易和其他违反行业法规的行为。美国金融业监管局的使命是监督美国的经纪公司和证券代表来保护美国的投资者。美国主要股票市场都签署了合约，允许美国金融业监管局通过制定规章、审查证券公司、执行规章及联邦证券法来进行监管。

问题与练习

复习题

1. 解释货币的时间价值这一概念。
2. 你愿意购买个股还是共同基金？二者的区别是什么？为什么？
3. 什么是公司债券？公司为什么会用债券作为融资渠道？
4. 股票市值与股票面值有何不同？
5. 企业如何通过债务融资和股权融资来满足自己的资金需求？

分析题

1. 上网研究几只股票后，你会注意到它们的价格在持续波动。其原因可能是什么？定价高的股票比定价低的股票更好吗？购买股票时，你将考虑哪些因素？

2. 假设你是一个企业主，你需要购买新设备，还需要随时可用的资金来支付短期运营费用。你可以从哪些渠道获得所需资金？这些渠道有哪些特点？你获取资金的渠道是否受限于公司的商业形式？如果是，如何受限？

3. 假设你是一个企业主，你正在寻求资金以满足企业扩张的需要。你可以从哪些渠道获得所需资金？这些渠道有哪些特点？可选渠道是否受限于公司的商业形式？如果是，你会怎么做？这些资金来源与新设备和短期运营费用的资金来源有何不同？

应用练习题

1. 访问美国证券交易委员会的官网，研究其是如何批准新证券上市的，中间涉及哪些程序，需要多长时间。然后与相关金融机构取得联系，询问它们发行或转售新证券的有关信息。与你的同学交流分享这些信息。

2. 近年来，有关内幕交易的案件频发，引起人们的高度关注。在线搜索查找涉及内幕交易的案件。什么是内幕交易？哪些人被指控参与内幕交易？他们与公司有什么关系？他们是否因为内幕交易被定罪？如果是，那么他们受到了什么处罚？被指控参与内幕交易的人该如何避免受到这些指控？

案 例

地上之火

在本章开篇，你已了解到福戈·德乔餐厅如何从巴西的一家餐厅发展成为国际化连锁餐厅。利用本章所学内容，你应该能够回答下列问题。

◇问题讨论

1. 当科瑟兄弟和昂格拉托兄弟创建福戈·德乔餐厅时，他们的主要资金来源是什么？
2. 科瑟兄弟收购了昂格拉托兄弟的公司股份后，又引入了巴西风险投资公司 GP Investments。使用风险资本建立企业有哪些优点和缺点？
3. 在将福戈·德乔餐厅出售给托马斯·李合伙人公司后，董事会和管理团队决定发行普通股。这次首次公开募股的目标是什么？
4. 首次公开募股作为一种融资来源有什么好处？公司还有其他选择吗？
5. 你会考虑投资福戈·德乔餐厅吗？为什么？
6. 如果一名投资者在首次公开募股期间购买了该公司的股票，这笔投资现在的价值是多少？

Gogo 的时代到来了？

如果你最近坐过飞机，你可能会对 Gogo 公司的机舱内互联网接入服务很熟悉。该公司的历史可以追溯到 1991 年，当时名为 Aircell，公司开发出了可以在飞机上使用的电话服务技术。在 2006 年，该公司经美国联邦通信委员会批准，获得了机舱互联网服务的 10 年许可证，从而在战略上作出了重大改变。自 2008 年以来，维珍美国航空、达美航空、联合航空和边疆航空（Frontier）等航空业的领军企业一直在提供 Gogo 机内服务。西南航空是美国唯一一家没有与 Gogo 合作的大型航空公司，它与 Gogo 的竞争对手 Row 44 签署了合作协议。[19]

Gogo 意识到国际扩张对其长期发展计划至关重要。虽然它可以在更多的飞机上安装自己的设备，从而提高公司国内市场的饱和度，但国际扩张是盈利的关键。Gogo 已经在这方面采取了行动，它与达美航空签署了一项协议，为达美航空国际机队中的总计 170 架飞机安装 Gogo 的设备。

为了筹集大规模扩张所需的资金，Gogo 在 2013 年 6 月进行了首次公开募股，筹集到 1.87 亿美元。此次首次公开募股由摩根士丹利、摩根大通和瑞银集团（UBS）等华尔街重量级公司承销，以每股 17 美元的价格打入市场。[20] 在随后几个月里，股价迅速下跌至略高于 10 美元的最低点，随后出现反弹，并在当年 12 月触及近 33 美元的高点。此后，该股价稳步下跌，维持在 10 美元左右。

因扩大网络覆盖范围而产生的巨额技术开发费用和运营成本，每年都会给 Gogo 带来亏损，使得该公司在 2016 年 12 月 31 日的资产负债表上的负债超过资产，其中长期债务是 8 亿美元，虽有近 8.8 亿美元的资本投入，但股本余额仍为负值。该公司的大多数普通股和优先股仍由公司高管以及一些共同基金和风险投资公司所持有。[21]

该公司在提高服务速度方面进行了重大投资，研发出 Gogo 2Ku 系统，于 2016 年安装在客户的飞机上，投入商业服务。随着 Gogo 进入国际市场、扩大系统的使用范围、提高上网速度，Gogo 股票的投资者可能会得到巨大的投资回报。然而，未来肯定存在相当大的不确定性，只有时间才能证明这项风险投资是否会带来预期的回报。[22]

◇问题讨论

1. 鉴于存在的这些风险，怎么才能鼓励投资者购买 Gogo 的股票？

2. Gogo 为什么要出售股票而不进行额外的债务融资？你认为这是个好决定吗？

3. 摩根士丹利、摩根大通和瑞银集团等承销商在首次公开募股中起到了何种作用？

4. 利用网络可以获取 Gogo 股票的当前价格。在过去的 6 个月里，其股价发生了什么变化？在过去两年里，其股价发生了什么变化？

5. 利用上一问题中所获取的数据，判断 Gogo 是大盘股还是小盘股。这将如何影响与此投资相关的风险？

注　释

Pearson

尊敬的老师：

您好！

为了确保您及时有效地申请培生整体教学资源，请您务必完整填写如下表格，加盖学院的公章后以电子扫描件等形式发我们，我们将会在2～3个工作日内为您处理。

请填写所需教辅的信息：

采用教材				□ 中文版　□ 英文版　□ 双语版
作　者			出版社	
版　次			ISBN	
课程时间	始于　　年　月　日		学生人数	
	止于　　年　月　日		学生年级	□ 专科　　□ 本科 1/2 年级 □ 研究生　□ 本科 3/4 年级

请填写您的个人信息：

学　校			
院系/专业			
姓　名		职　称	□ 助教 □ 讲师 □ 副教授 □ 教授
通信地址/邮编			
手　机		电　话	
传　真			
official email（必填） (eg：×××@ruc.edu.cn)		email (eg：×××@163.com)	
是否愿意接受我们定期的新书讯息通知：　□ 是　　□ 否			

系/院主任：_____（签字）

（系／院办公室章）

___年___月___日

资源介绍：

——教材、常规教辅资源（PPT、教师手册、题库等）：请访问 www.pearsonhighered.com/educator。（免费）

——MyLabs/Mastering 系列在线平台：适合老师和学生共同使用；访问需要 Access Code。　　　（付费）

地址：北京市东城区北三环东路 36 号环球贸易中心 D 座 1208 室 （100013）

Please send this form to：copub.hed@pearson.com

Website：www.pearson.com

中国人民大学出版社　管理分社

教师教学服务说明

中国人民大学出版社管理分社以出版工商管理和公共管理类精品图书为宗旨。为更好地服务一线教师，我们着力建设了一批数字化、立体化的网络教学资源。教师可以通过以下方式获得免费下载教学资源的权限：

★ 在中国人民大学出版社网站 www.crup.com.cn 进行注册，注册后进入"会员中心"，在左侧点击"我的教师认证"，填写相关信息，提交后等待审核。我们将在一个工作日内为您开通相关资源的下载权限。

★ 如您急需教学资源或需要其他帮助，请加入教师 QQ 群或在工作时间与我们联络。

中国人民大学出版社　管理分社

教师 QQ 群：648333426（工商管理）　114970332（财会）　648117133（公共管理）
　　　　　　教师群仅限教师加入，入群请备注（学校＋姓名）

☎ 联系电话：010-62515735，62515987，62515782，82501048，62514760

✉ 电子邮箱：glcbfs@crup.com.cn

📍 通讯地址：北京市海淀区中关村大街甲 59 号文化大厦 1501 室（100872）

管理书社

人大社财会

公共管理与政治学悦读坊